Franz Josef Radermacher & Bert Beyers

# WELT MIT ZUKUNFT

*Wir widmen dieses Buch allen,*
*die sich für eine bessere Gestaltung*
*der Globalisierung einsetzen.*

---

Ziel des Senates der Wirtschaft ist es, Lösungsempfehlungen zu wichtigen Fragen im Sinne des Gemeinwohls zu finden.
Der Senat setzt sich aus Persönlichkeiten der Wirtschaft, Wissenschaft und Kultur zusammen, die sich dem Gemeinwohl national und global verpflichtet fühlen. Neben den Experten der Praxis bedarf es auch visionärer Vordenker zur Gestaltung nachhaltiger Ziele.
Die Welt verändert sich entscheidend, auch mit Wirkung auf die Regionen, in denen wir uns scheinbar sicher fühlen.
Die Erörterungen zu den dringenden Fragen der Klimaveränderung und Ernährungsgerechtigkeit müssen ein hohes Interesse für die Wirtschaft haben.
Wenn die Probleme der Klimaveränderung und der durch die Bevölkerungszuwächse entstehenden Ernährungsnotstände keine befriedigende Lösung finden, dann ist die von uns gewollte Marktwirtschaft ohne Zukunft. Staatlich notwendige Regularien werden wirtschaftliche Gestaltung behindern. Vor diesem Hintergrund haben die Gedanken der Autoren zur Zukunft, auf der Basis einer ökologisch sozialen Verantwortung der Marktwirtschaft, ganz pragmatische Bedeutung. Grund genug für den Senat der Wirtschaft, Ziele der ökosozialen Marktwirtschaft zu fördern und zu leben.

SENAT DER WIRTSCHAFT

Franz Josef Radermacher
& Bert Beyers

# WELT MIT ZUKUNFT

## Die ökosoziale Perspektive

Mit einem Vorwort von
HRH Prinz el Hassan bin Talal, Jordanien

und einem Vorwort zur zweiten Auflage von
Vizekanzler a.D. Josef Riegler, Österreich

MURMANN

Dieses Buch wurde klimaneutral produziert.

Print CO2 kompensiert
Ident-Nr. 118573

MIX
Papier aus verantwortungsvollen Quellen
FSC® C011100
FSC
www.fsc.org

Bibliografische Information der Deutschen Nationalbibliothek

Die Deutsche Nationalbibliothek verzeichnet diese Publikation in der Deutschen Nationalbibliografie; detaillierte bibliografische Daten sind im Internet über http://dnb.d-nb.de abrufbar.

ISBN 978-3-86774-111-8



1. Auflage 2007
2., weitgehend überarbeitete Auflage 2011


Lektorat: Evelin Schultheiß, Ahrensburg
Umschlaggestaltung: Rothfos & Gabler, Hamburg
Herstellung: Das Herstellungsbüro, Hamburg
Gesetzt aus der Minion und der Triplex
Druck und Bindung: Freiburger Graphische Betriebe, Freiburg
Printed in Germany

**Besuchen Sie uns im Internet: www.murmann-verlag.de**

Ihre Meinung zu diesem Buch interessiert uns!
Zuschriften bitte an **info@murmann-verlag.de**.

Den Newsletter des Murmann Verlages können Sie anfordern unter **newsletter@murmann-verlag.de**.

# Inhalt

# Vorwort zur ersten Auflage

von HRH Prinz El Hassan bin Talal, Jordanien,
Präsident des Club of Rome

Zu Beginn des 21. Jahrhunderts befindet sich die Welt in einer extrem schwierigen Situation: ökologische Probleme, Kampf um Ressourcen, eine drohende Klimakatastrophe, eine Verschärfung der Arm-Reich-Problematik, Konflikte und Unverständnis zwischen Kulturen, eine unkontrollierte Ausweitung der Geldmenge mit völlig asymmetrischem Zugriff darauf und so weiter.

Aus der Sicht des Club of Rome ist das nicht überraschend. Wir haben schon 1972 mit dem Bericht *Die Grenzen des Wachstums* die Risiken aufgezeigt, die mit der dominierenden Wirtschaftsweise und Governance-Struktur in dieser Welt verbunden sind. Dies gilt vor allem für eine Forcierung von »freien« Märkten ohne adäquate Rahmenbedingungen, also ohne ausreichende Berücksichtigung sozialer, kultureller und ökologischer Anliegen, die Voraussetzung sind für eine lebenswerte, friedliche und mit einer nachhaltigen Entwicklung kompatiblen Welt.

Eine Reihe von Club of Rome-Mitgliedern hat sich in den letzten Jahren aus unterschiedlichen Blickwinkeln mit den angesprochenen Fragen beschäftigt. So zum Beispiel Wouter van Dieren[1] in seinen Untersuchungen über eine bessere Methodik zur Messung von Wirtschaftsleistung und Wachstum, Ernst Ulrich von Weizsäcker mit Partnern in seinen Arbeiten zur Erhöhung der Ressourcenproduktivität[2] (Faktor 4) und zu den Grenzen von Privatisierungen[3] und Orio Giarini und Patrick M. Liedtke[4] in ihrem Bericht zu der sehr grundsätzlichen Frage nach der Zukunft der Arbeit. Die Studien zur Zukunft der Arbeit erfolgen vor dem Hintergrund des Übergangs in eine Wissensgesellschaft mit hohem Serviceanteil, immer weiter gehender Automatisierung und weltweiter Konkurrenz bei extrem unterschiedlichen Entlohnungsniveaus.

Alle genannten Untersuchungen reflektieren Chancen und Risiken aktueller Entwicklungen und offensichtliche Fehlsteuerungen in den weltweiten Prozessen. Das gilt auch für zwei weitere wichtige Publikationen aus dem Umfeld des Club of Rome, nämlich das 2004 erschienene 30-Jahre-Update[5] von Grenzen des Wachstums, an dem erneut Dennis Meadows als Hauptautor beteiligt war, sowie das Buch[6] des Club-of-Rome-Mitglieds Sergej P. Kapitza zur Weltbevölkerungsproblematik.

Alle genannten Berichte, die sämtlich unterstreichen, wie groß die Herausforderungen sind, liefern wichtige Bezugspunkte für den vorliegenden Text von Franz Josef Radermacher und Bert Beyers. In der Zusammenschau wird deutlich: Wir haben die Jahre seit 1972 nicht gut genutzt. Viel Zeit wurde und wird noch vertan in einem Globalisierungshype, der nur die Gewinner, nicht aber die Verlierer der weltökonomischen Prozesse im Blick hat.

Das vorliegende Buch fragt vor diesem Hintergrund nach der Zukunft der Menschheit. Hierzu hat Franz Josef Radermacher, ebenfalls ein aktives Club-of-Rome-Mitglied, in jahrelanger wissenschaftlicher Arbeit wesentliche Überlegungen angestellt. In wichtigen Themenbereichen geschah dies in enger Zusammenarbeit mit dem leider viel zu früh verstorbenen Robert Pestel von der deutschen Sektion des Club of Rome, Sohn von Eduard Pestel, eines der Gründungsmitglieder des Clubs. Die so entstandenen Arbeiten[7], an denen auch Mike Mesarovic[8], eines unserer Mitglieder der ersten Stunde, beteiligt war, zeichnen im Wesentlichen folgendes Bild: Der Welt droht ein ökologischer Kollaps, wenn sie die sozialen Fragen zulasten der Umwelt zu lösen versucht. Und ihr droht eine Brasilianisierung, das heißt eine unakzeptable Wohlstandsverschiebung von der Mehrheit der Menschen zu profitierenden Eliten inklusive der Auflösung der Demokratie, falls sie die ökologischen Probleme zulasten der sozialen Probleme zu lösen versucht.

Mit Nachhaltigkeit kompatibel ist nur eine balancierte Zukunft, ein weltweites ökosoziales Marktmodell, in dem die reiche Welt in Form einer doppelten Zurückhaltung, mittels Kofinanzierung und geeignet austarierten Marktöffnungen der ärmeren Welt ein Aufholen im Sinne einer akzeptablen Ausgleichsstruktur ermöglicht, wobei Reich und Arm bei abgestimmter Zurückhaltung gemeinsam der Umwelt und der Ressourcenbasis den Raum geben, der naturgesetzlich erforderlich ist, um einen ökologischen Kollaps zu verhindern.

Sehr überzeugend ist, wie diese Position auch aus weltethischer Sicht motiviert wird, die mit allen großen Religionen, aber auch mit der Perspektive eines interkulturellen Humanismus vereinbar ist. Das Weltethos wird in Deutschland insbesondere durch Hans Küng vertreten, mit dem ich selber, der ich aus dem islamischen Teil der Welt komme, eng zusammenarbeite. Wir verfolgen das Thema unter anderem beim Parliament of Cultures in Ankara, in dem auch Franz Josef Radermacher mitwirkt. In all diesen Kontexten geht es um ökologische Anliegen (den Globus intakt zu halten) und sozial-kulturelle Anliegen (die Würde aller Menschen zu achten), inspiriert von geeigneten Ausformulierungen der sogenannten goldenen Regel: »Was du nicht willst, das man dir tut, das füg auch keinem andern zu.« Auf diesen Fundamenten steht das vorliegende Buch.

Wird diese friedliche, nachhaltige Zukunft erreicht werden? Franz Josef Radermacher hält den vielversprechenden Weg einer weltweiten ökosozialen Logik nicht für einen Selbstläufer. Starke Kräfte wirken in eine ganz andere Richtung – nichts ist entschieden. Schwierige Zeiten! Dass es gehen kann, beweist die Europäische Union in ihren Erweiterungsprozessen. Aber sind die reichen Länder – insbesondere die USA – gegenüber dem Rest der Welt zu einer ähnlichen Politik der »Kofinanzierung gegen Standards« bereit, wie sie innerhalb der EU selbstverständlich ist? Oder werden mächtige Kräfte weiter versuchen, über Brainwash-Konstrukte, quasi zum Naturgesetz erhobene Begriffsbildungen[9] wie »freie Märkte«, den Globus zu plündern, und damit Kollaps und Terror beziehungsweise Bürgerkrieg heraufbeschwören?

Dieses Buch bleibt nicht bei der Analyse stehen. Mit dem Global Marshall Plan werden eine Initiative und ein Konzept beschrieben, um vielleicht noch rechtzeitig die Weichen in eine andere Richtung zu lenken. Der Club of Rome und ich persönlich wie auch mein Vorgänger im Amt des Club-of-Rome-Präsidenten, Ricardo Diez-Hochleitner, unterstützen die Global Marshall Plan Initiative seit ihren Anfängen im Jahr 2003. Der Plan ist eine unserer wenigen Hoffnung gebenden Optionen in schwierigen Zeiten.

Ich hoffe, dass das vorliegende Buch dazu beitragen wird, dass Politik, Wirtschaft, Wissenschaft, Medien, Nichtregierungsorganisationen und Weltzivilgesellschaft die Chance begreifen, die in dem Konzept einer weltweiten Ökosozialen Marktwirtschaft und eines Global Marshall Plan, basierend auf einem Weltethos, liegt. Immer mehr Akteure scheinen das zu verstehen. Hoffentlich rechtzeitig.

# Vorwort zur überarbeiteten Auflage

Das Buch *Welt mit Zukunft* von Franz Josef Radermacher und Bert Beyers wurde aus gutem Grund in seiner Kategorie zu einem Bestseller. In Zeiten spürbarer Fehlentwicklungen, vielfältiger weltweiter Bedrohungen und dem für jedermann spürbaren Scheitern eines ausschließlich profitgetriebenen Marktfundamentalismus sind neue, in sich schlüssige Ideen und Konzepte für eine gedeihliche, zukunftsfähige menschliche Entwicklung so etwas wie warmer Regen nach einem langen Winter.

*Welt mit Zukunft* schöpft aus dem Erfahrungsschatz einer der erfolgreichsten Perioden europäischer Geschichte: erstens den Grundprinzipien des europäischen Einigungsprozesses – Freiheit, Demokratie, Solidarität, Respektierung unterschiedlicher Nationalitäten, Kulturen und Religionen sowie dem Prinzip der Freiwilligkeit; zweitens dem Erfolgsmodell der sozialen Marktwirtschaft als Synthese von Wirtschaft und Arbeitnehmerschaft zur Überwindung des unseligen Klassenkampfes zwischen Arbeit und Kapital.

In meiner Funktion als Vizekanzler der Republik Österreich habe ich vor gut 20 Jahren gemeinsam mit einigen weit vorausdenkenden Menschen das Modell der Ökosozialen Marktwirtschaft entwickelt. Ihr Ziel ist die stets neu zu schaffende Balance zwischen einer leistungsfähigen Wirtschaft, sozialer Solidarität und Ökologie im Sinne nachhaltigen Umweltschutzes. Eine leistungsfähige Wirtschaft braucht ein Höchstmaß an Bildung, Forschung und Innovation sowie die dynamische Kraft eines freien Unternehmertums.

Soziale Solidarität bedarf sowohl der gesetzlichen Regelungen zum Schutz der Schwächeren wie auch leistungsfähiger Sozial- und

Gesundheitssysteme – aber auch der Stärkung von Familien und privaten Initiativen für gelebte Mitmenschlichkeit.

Ökologie erfordert einen fairen Ordnungsrahmen auf nationalstaatlicher, europäischer und globaler Ebene, damit sich nachhaltiger Umweltschutz für Unternehmen, Verkehrsteilnehmer und Konsumenten auch wirtschaftlich rechnet. Dazu gehören eine konsequente ökologische Kostenwahrheit, die Anwendung eines strikten Verursacherprinzips, aber auch die Weiterentwicklung von Gesetzen, Steuer- und Förderungssystemen zugunsten nachhaltigen Handelns.

Durch die vor 20 Jahren einsetzende Globalisierungsdynamik als Folge politischer und technologischer Revolutionen entwickelte sich eine immer dramatischer werdende Kluft zwischen den global agierenden Teilen der Ökonomie und einer Politik, die nach wie vor nach den Spielregeln von Nationalstaaten des 19. Jahrhunderts funktioniert. Das musste zu problematischen Verwerfungen führen. Verschärft wurde diese Fehlentwicklung durch die weltweite Dominanz der einseitigen und unduldsamen Ideologie eines profitgetriebenen Marktfundamentalismus. Seit Semptember 2008 sind viele Menschen, Unternehmen, Gesellschaften und Staaten mit den verheerenden Folgen eines von blanker Gier gesteuerten Kapitalismus konfrontiert.

Im Jahr 1999 hatte ich das Glück, Franz Josef Radermacher zu begegnen. Seine messerscharfe Analyse der globalen Entwicklungen und sein systemischer Lösungsansatz haben mich von Beginn an begeistert. So entstand rasch eine innige Verbindung zwischen seinen Aktivitäten und der Arbeit des Ökosozialen Forums Europa. Die im Mai 2003 gestartete Initiative »Global Marshall Plan für eine weltweite Ökosoziale Marktwirtschaft« wurde zur gemeinsamen Basis für eine praktikable Global Governance im Sinne einer weltweiten »Win-win-Strategie« für Nord und Süd.

Die enge Verknüpfung von fairen Entwicklungschancen für den ärmeren, benachteiligten Teil der Menschheit mit weltweit geltenden Wirtschafts-, Sozial- und Umweltstandards zur Durchsetzung eines weltweiten fairen Wettbewerbes ist die Königsidee für die Bewältigung der vor uns liegenden Aufgaben.

Die ökosoziale Idee der Balance zwischen Wirtschaft, Sozialem und Ökologie bei Respektierung unterschiedlicher Kulturen, beruhend auf den Prinzipien Solidarität, Gerechtigkeit, Humanismus, Menschenwürde und Toleranz, könnte die Basis für eine weltweite friedliche Entwicklung sein.

Das ist die »ökosoziale Perspektive«, als Kernbotschaft des neuen Buches *Welt mit Zukunft*. Sie erweitert den Rahmen des Ausgangstextes aus 2007 um tragende Bausteine und reflektiert zugleich die großen Veränderungen im weltpolitischen und weltwirtschaftlichen Umfeld der letzten Jahre. Diese waren im Ausgangstext bereits erwartet worden; insofern ist die jetzige Fortsetzung ein natürlicher Schritt.

Die Begegnung mit Franz Josef Radermacher und die seither gemeinsam gestaltete Wegstrecke gehören zu den glücklichsten Fügungen in meinem Leben.

Im Interesse einer guten Zukunft der Menschheit wünsche ich dem neuen Buch größtmögliche Aufmerksamkeit und den Lesern großen Gewinn.

Für Franz Josef Radermacher, Bert Beyers als Mitautor, dem Team in Ulm und den vielen Menschen, die mit ihm auf dem Weg sind, viel Erfolg!

*Josef Riegler*
*Vizekanzler a.D. der Republik Österreich*

# Summary
# Der Kern des Ökosozialen

## Nachhaltigkeit

Eine Gesellschaft und mit ihr die zugehörige Wirtschaftsordnung können als nachhaltig bezeichnet werden, wenn für alle Menschen ein erfülltes Leben frei von materieller Not in Frieden miteinander und mit der Natur erreicht und für nachfolgende Generationen eine Zukunft mit ähnlichen oder sogar besseren Perspektiven gesichert werden kann. Es ist offensichtlich, dass die heutige weltweite Ordnung und Ökonomie diesem Ziel nicht gerecht wird. Die Frage ist, ob dieses Ziel überhaupt in Verbindung mit Markt und Wohlstand für zehn Milliarden Menschen erreicht werden kann, die 2050 auf dieser Erde leben werden. Ist Nachhaltigkeit in der heutigen Welt überhaupt möglich?

Über die längsten Phasen ihrer Existenz hat die Menschheit nachhaltig gelebt: naturnah, einfach, wenige Menschen mit wenig Dynamik. Die Frage ist, ob auch moderne, reich entfaltete Wohlstandssysteme potenziell mit Nachhaltigkeit vereinbar sind. Ein Armutsregime kommunistisch-planwirtschaftlichen Typs, das die Umwelt schützt und alle Menschen dauerhaft auf einem etwa gleichen, niedrigen und auskömmlichen Lebensstand platziert, zum Beispiel mit Bezugsgutscheinen statt Geld, könnte wohl als nachhaltig bezeichnet werden. Aber ist das eine wünschenswerte Perspektive? Wohl kaum.

## Markt und Nachhaltigkeit

Die Vertreter einer Ökosozialen Marktwirtschaft sind davon überzeugt, dass Markt und Nachhaltigkeit gleichzeitig möglich sind. Jede Marktwirtschaft, die diese Gleichzeitigkeit leistet, heißt ökosozial. Sie ist dann Teil eines globalen Ordnungsrahmens, einer Global Governance, die Markt und Nachhaltigkeit widerspruchsfrei miteinander kombiniert. Äquivalent ist die Forderung nach Wohlstand für alle und nach globaler Nachhaltigkeit, auch in Zukunft, in einer ausgewogenen Balance unter den Menschen und in Frieden mit der Umwelt. All das ist möglich, wurde aber bisher nicht realisiert – der praktische Beweis ist noch zu erbringen.

**Markt + nachhaltige Entwicklung = Ökosoziale Marktwirtschaft**

## Gute Absichten sind nicht genug

Im Sinne der Ökosozialen Marktwirtschaft sollen Markt und Nachhaltigkeit zur Sicherung einer marktwirtschaftlichen Ordnung dauerhaft in weltweiter Perspektive für heutige und zukünftige Generationen realisiert werden, bevor die Not zu einem ökologischen Kollaps oder einer ökodiktatorischen Struktur führt. Nur die gute Absicht ist hierfür genauso wenig ausreichend wie eine im formalen Sinne gute Theorie. Entscheidend ist, wie die Realität letztlich aussieht: Markt, Wohlstand für alle und Frieden mit der Natur – genau das ist weltweit bisher nicht gelungen, im Gegenteil.

## Strikter Umweltschutz

Soll eine globale Ökosoziale Marktwirtschaft realisiert werden, müssen Umwelt- und Ressourcenschutz weltweit durchgesetzt werden: für alle Wertschöpfungsprozesse, in den Bereichen Arbeit, Freizeit und Urlaub, für alle Weltgemeingüter, für die Meere ebenso wie für die Arktis und Antarktis, für die großen Flüsse und die Wasserreservoirs, für Energie, Klima, den Landwirtschaftssektor, den Umgang mit seltenen Metallen etc. Ein nachhaltiger Umgang mit knappen Ressourcen muss gelingen, und zwar verknüpft mit konsequentem Umweltschutz, weltweit. Die Erde ist zu hüten wie ein Schatz. Die Natur hat Eigenrechte über die Nutzenerwägungen des Menschen hinaus. Die Welt muss der jeweils nächsten Generation mindestens in dem Maße intakt übergeben werden, wie sie übernommen wurde.

## Innovation als Schlüssel

Die Ökosoziale Marktwirtschaft setzt auf Innovation, ganz im Sinne von Joseph Schumpeter. Wir befinden uns als Menschheit nicht in einem Nullsummenspiel, in dem der Gewinn des einen automatisch dem Verlust eines anderen entspricht. Wir verändern die Welt durch Innovation, manchmal für mehr Nachhaltigkeit, manchmal leider auch mit gegenteiligem Resultat (Bumerangeffekt). Die Vertreter einer weltweiten Ökosozialen Marktwirtschaft setzen auf Innovationen technischer und politischer Art zur Verhinderung von Bumerangeffekten, zum Schutz der Umwelt, zur Erzeugung von mehr Wohlstand und für eine höhere soziale Balance, vor allem auch weltweit. Das Potenzial des Marktes, Innovationen hervorzubringen, ist eine der Hauptmotivationen für eine konsequente Marktorientierung. Wir setzen auf bessere technische Lösungen, aber nicht um jeden Preis und nicht zu unkalkulierbaren Risiken.

Im Rahmen des »Vorsichtsprinzips« ist eine Politik mit Augenmaß zu praktizieren. Wir haben immer den Bumerangeffekt vor Augen, dass nämlich unter ungenügenden Regulierungsbedingungen der technische Fortschritt die Umwelt- und Ressourcensituation potenziell verschlechtert, statt sie zu verbessern: Ohne den gewaltigen technischen Fortschritt der letzten Jahrzehnte wären zum Beispiel Tiefseebohrungen nach Öl mit desaströsen Folgen wie im Golf von Mexiko gar nicht erst möglich gewesen.

## Chancengleichheit ist ein wichtiges Prinzip, reicht aber nicht aus

Chancengleichheit ist als wichtiges gesellschaftliches Prinzip durchzusetzen. Dies allein wäre aber für das Erreichen einer weltweiten Ökosozialen Marktwirtschaft zu wenig. Die Ökosoziale Marktwirtschaft möchte bei gleichzeitigem hohem Umweltschutz lebenswerte Situationen für alle Menschen erreichen. Ziel ist eine balancierte Verteilung des Wohlstands in weltweiter Perspektive und damit auch die Überwindung der globalen Apartheid. Chancengleichheit ist ein wichtiges Instrument, um eine balancierte Verteilung der Einkommen zu erreichen, aber sie ist dafür längst nicht ausreichend. Sie muss mit anderen Mechanismen kombiniert werden, und im Ergebnis ist zu prüfen, ob Balance tatsächlich erreicht wurde. Chancengleichheit darf insbesondere nicht zu einem Instrument werden, mit dem gegen eine angemessene Verteilung des Wohlstands und der Einkommen argumentiert wird, zum Beispiel dadurch, dass man unbalancierte Verteilungssituationen mit vermeintlicher oder tatsächlicher Chancengleichheit rechtfertigt und den sogenannten Verlierern die alleinige Verantwortung für ihre Situation zuschreibt.

## Balance schafft die reichsten Gesellschaften

Entgegen der marktfundamentalen Überzeugung befördert Balance – empirisch und auch theoretisch evident – eine Entwicklung hin zu reichen Gesellschaften. Balance bedeutet soziale Differenzierung und Einkommensdifferenzierung mit Augenmaß. Die Differenzierung sollte also weder zu groß noch zu gering sein. Entsprechend empirischen wie auch theoretischen Einsichten sollten sich die kumulativen Einkommen der 20 Prozent der Bevölkerung mit den höchsten Einkommen (nach Steuern, Sozialtransfers und innerfamiliärem Lastenausgleich) zwischen 35 und 50 Prozent des Gesamteinkommens bewegen, die kumulierten Einkommen der übrigen 80 Prozent zwischen 50 und 65 Prozent. Die Vertreter einer Ökosozialen Marktwirtschaft fordern konsequenterweise einen balancierten Ausgleich als Staatsziel, und zwar als Ergänzung zum sogenannten »magischen Viereck der Volkswirtschaftslehre«, das im Stabilitätsgesetz von 1967 verankert ist.

## Ordnungspolitik ist zentral

Eine Ökosoziale Marktwirtschaft zeichnet sich – im Gegensatz zum Marktfundamentalismus – durch eine bessere Ordnungspolitik in weltweiter Perspektive aus. Diese umfasst das Eigentumskonstrukt ebenso wie die Förderung des Mittelstandes, die Besteuerung genauso wie die Förderung der Wissenschaft. Ordnungspolitik ist ein zentrales Thema und muss weltweit gedacht und umgesetzt werden. Eine Weltinnenpolitik, die sich durch Elemente einer weltweiten Demokratie auszeichnet, ist das Ziel, wobei die politischen Aufgaben gemäß Subsidiaritätsprinzipien verschiedenen Ebenen (weltweit, kontinental, national, regional, kommunal) angemessen zuzuordnen sind. Eine bessere weltweite Ordnungspolitik zielt auf eine Integration der großen bestehenden Regime wie WTO und

ILO, aber auch auf Klimaverträge, Finanzmarktregulierungen, UN-Abkommen sowie Elemente globaler Querfinanzierung.

## Faire Besteuerung aller Wertschöpfungsprozesse

Alle Wertschöpfungsprozesse profitieren von gegebenen gesellschaftlichen Voraussetzungen, ohne die sie nicht umsetzbar wären. Sie müssen diese deshalb konsequenterweise finanzieren, was im Besonderen für die ökonomischen Akteure mit der höchsten Wertschöpfung gilt, gerade auch im Finanzsystem. Sie müssen in komplementärem Umfang Steuern zahlen. Eine angemessene Besteuerung weltweiter Wertschöpfungsprozesse, die sich bis heute der Besteuerung weitgehend entziehen, eröffnet auch in der aktuellen Verschuldungssituation der Staaten die beste Chance, die vor uns liegenden gravierenden Probleme zu überwinden. Aus diesen und aus ordnungspolitischen Gründen gehört zur Ökosozialen Marktwirtschaft die Besteuerung globaler Transaktionen und günstiger Kredite an Kreditnehmer mit bestem Rating *(leverage money tax)* genauso wie die konsequente Einhegung der Steuerparadiese. Privilegierte Kreditnehmer bekommen heutzutage Kredite fast beliebiger Größenordnung zu sehr niedrigen Zinssätzen und können damit im großen Stil »gehebelte« Geschäfte betreiben. Für diesen privilegierten Zugriff auf die Mechanismen der Kreditgewährung und Geldneuschöpfung sollen entsprechende Steuern gezahlt werden, auch zur Abdeckung der damit verbundenen gesamtgesellschaftlichen Risiken. Besteuerung darf in Zeiten der Globalisierung nicht länger primär ein Thema innerstaatlicher Wertschöpfungsprozesse sein und damit eine Belastung in erster Linie für den Mittelstand und die Arbeitnehmer darstellen.

## Wachstum

Die Ökosoziale Marktwirtschaft zielt auf Wachstum, gerade auch mit Blick auf die große weltweite Armut und die Tatsache, dass die Weltbevölkerung bis 2050 noch einmal um drei Milliarden Menschen zunehmen wird. Aus Sicht einer weltweiten Ökosozialen Marktwirtschaft kann eine Ökonomie auch ohne Wachstum bestehen. Selbst Vollbeschäftigung ist ohne Wachstum möglich. Dennoch halten wir Wachstum im Moment für wichtig, vor allem mit Blick auf die rasch zunehmende Weltbevölkerung und die Not in vielen Ländern und bei vielen Menschen. Wachstum ja, allerdings kein Wachstum auf der Grundlage von »Plünderung«, sondern von mehr Intelligenz und Kooperation. Angestrebt wird ein doppelter Faktor 10, die Verzehnfachung der Weltwirtschaftsleistung über die nächsten 70 Jahre, jedoch nur insoweit, wie parallel dazu auch eine Verzehnfachung der Ökoeffizienz, sogenanntes Grünes Wachstum, gelingt. Mit demselben Naturverbrauch wie heute und bei konsequentem Schutz knapper Ressourcen soll der zehnfache Wohlstand erschlossen werden. Dieser zukünftige Wohlstand ist dann allerdings ein fundamental anderer als der heutige, auch die Lebensstile sind ganz anders – stärker suffizienzbestimmt – als heute: Konsequenter Umwelt- und Ressourcenschutz steht an erster Stelle zusammen mit sozialer Balance und kulturellem Miteinander, erst danach kommt das Wachstum.

## Doppelstrategie

Unter ungenügenden Governance-Bedingungen gilt es, sich einzurichten auf das, was möglich ist. Manches von dem, was langfristig richtig und notwendig ist, lässt sich zumindest im Moment noch nicht umsetzen. Doch das, was entschieden und getan wird, ist immer auszurichten auf das Ziel, die Governance-Bedingungen im

Zwischenschritt in Europa und später weltweit so zu verändern, dass eine bessere Welt möglich wird. Die Dynamik der Veränderung entfaltet sich dabei in der Wechselwirkung von Regierungen, Unternehmen und Zivilgesellschaft. Der sich in den letzten Jahren aufbauende Druck führt hoffentlich zu besserer Governance durch die Politik, zu Branchencodes der Wirtschaft, zu vermehrten *Corporate Social Responsibility*-Programmen von Unternehmen und zu einer zukunftsweisenden Orientierung der Einzelnen.

# Einleitung

Seit mehr als vier Millionen Jahren wächst die Anzahl der Menschen auf diesem Planeten, von ein paar tausend Hominiden in Afrika bis zu den heutigen rund sieben Milliarden Menschen. Obwohl die Erde, das Biotop, diesem Wachstum immer wieder Grenzen setzt, vor allem beim Nahrungsangebot oder bei der verfügbaren Energie, haben wir als Gattung diese Grenzen wiederholt gesprengt. Wird das auch in Zukunft so sein? Der Schlüssel zum Verständnis dieser Zusammenhänge liegt in einer systemischen Betrachtung der Menschheit und ihrer Geschichte.

Unser Körper besteht aus Milliarden Zellen, die kommen und gehen, solange wir leben. Die Menschheit als Ganzes zählt Milliarden Individuen, auch sie kommen und gehen. Vieles spricht dafür, nicht nur den einzelnen Menschen als Organismus aufzufassen, sondern ebenso komplexe Strukturen oberhalb dieser Ebene, zum Beispiel Unternehmen, Städte und Staaten. Sie sind Teilsysteme des Superorganismus Menschheit. Dieser transportiert Ideen und Innovationen, er ist ein Wissen generierendes, Wissen verbreitendes und Wissen tradierendes System. An erster Stelle stehen dabei Organisation, Technologie und Materialbeherrschung. Pfeil und Bogen sind Material gewordene Ideen, ebenso moderne Flugzeuge.

Die Fähigkeit, Feuer zu machen, hat der Menschheit einen vielfach größeren Umweltraum mit den entsprechenden Nahrungsquellen erschlossen. Jede technologische Neuerung hat direkt oder indirekt zur Folge, dass mehr Menschen länger leben, mehr miteinander kommunizieren und sich immer mehr ausdenken. Die Konsequenz ist der nächste Wachstumsschub hinsichtlich der Anzahl der Menschen und der Innovationen – ein ständiger Kreislauf. Mittlerweile katapultieren Informations- und Kommunikationstechniken in Verbindung mit immer leistungsfähigeren Transportsystemen die Geschichte nach vorne. Sie bringen den ultimativen Wachstums- und Beschleunigungsschub.

Alle zwei Jahre erleben wir eine Verdoppelung des Preis-Leistungs-Verhältnisses in der Rechnerleistung, alle 20 Jahre eine Vertausendfachung. In der Folge bilden wir heute auf einem Chip in der Größe eines Fingernagels die Komplexität einer Millionenstadt mit all ihren Telefonleitungen, den Wasser-, Abwasser- und Stromleitungen, den Straßen- und Zugverbindungen ab. Dieser Prozess der Miniaturisierung verändert alles. Vor allem ermöglicht er, unter Nutzung von Glasfaserverbindungen und Satellitentechnik, in Sekundenschnelle die weltweite Kommunikation. Der Superorganismus Menschheit schafft sich in diesem Prozess ein technisches Nervennetz und gewaltige Intelligenzverstärker. Milliarden von Menschen sind zugleich über wenige Stationen persönlicher Bekanntschaft eng miteinander verknüpft. Würde der Superorganismus in demselben Maße weiterwachsen wie bisher, würde er schon bald alle Grenzen sprengen – sowohl die des Biotops und seiner Ressourcen, zum Beispiel Wasser, Nahrungsmittel, Öl, als auch die der eigenen Kapazitäten. Hierzu zählen die menschliche Lern- und Anpassungsfähigkeit – und damit die Grenzen des Gehirns beziehungsweise unserer biologischen Nervennetze. Beides ist physikalisch wie biologisch unmöglich.

Wir stehen daher vor einem Phasenübergang in der Entwicklung des Superorganismus Menschheit, entfernt vergleichbar mit dem Phasenübergang von Eis zu Wasser in der Physik. Ein über vier Millionen Jahre erfolgreiches Wachstumsmuster geht in unseren Tagen zu Ende. Die Menschheit muss diese Botschaft zur Kenntnis nehmen. Der Superorganismus Menschheit mit ausreichender Intelligenz und Handlungsfähigkeit wird seine Größe auf einem geeigneten Niveau stabilisieren müssen, mit angepasster Technik, mit adäquaten Lebensstilen, mit allen Träumen, Wünschen und Ambitionen seiner Mitglieder, im Rahmen der Kapazität des Trägersystems Erde. Aus der aktuellen Weltfinanz- und Weltwirtschaftskrise heraus, und konfrontiert mit dem drohenden Klima- und Ressourcenkollaps, gilt es, eine lebenswerte Zukunft für zehn Milliarden Menschen zu schaffen. Dafür haben wir etwa 70 Jahre Zeit. Gelingt es, einen hohen weltweiten Wohlstand mit sozialem Ausgleich, auch zwischen den Staaten, zu schaffen, wird die Weltbevölkerung etwa ab der Mitte des Jahrhunderts rasch absinken. Wenn ein hoher allgemeiner Wohlstand für alle mit einem hohen sozialen Ausgleich in einer weltweiten Perspektive gekoppelt würde, nähme zwar die Geschwindigkeit der Innovationsprozesse wieder ab, aber die weitere Entwicklung verliefe in ruhigeren Bahnen.

Die heutige Lage ist eine völlig andere – sie gleicht dem Tanz auf dem Vulkan. Der Planet steht unter Stress, denn seine ökologischen Systeme sind bereits aus dem Gleichgewicht. Und immer mehr Menschen sind in ihrem Alltag überfordert. Die Dynamik, die gegenwärtig im Superorganismus Menschheit herrscht, ist schwer erträglich und nur noch begrenzt zu steuern. Es ist durchaus möglich, dass wir uns ins Aus manövrieren und es nicht verhindern können. Alle Probleme, die wir derzeit haben – mit einem weiteren absehbaren Bevölkerungswachstum von heute sieben Milliarden in Richtung zehn Milliarden Menschen, mit knappen Ressourcen, mit Technikfolgen, mit immer schneller auf den Markt drängenden Innovationen und dem damit verbundenen Stress –, sind nicht Folgen punktueller Fehler oder Fehlleistungen Einzelner. Die Ursache ist strukturell-systemischer Natur. Das wird in diesem Buch herausgearbeitet.

Das Werk liegt nun in einer vollständig überarbeiteten und erweiterten Fassung vor. Die Konzeption der globalen Ökosozialen Marktwirtschaft hat dabei eine Vertiefung und Fokussierung erfahren, wie im neuen Untertitel »Die ökosoziale Perspektive« deutlich wird. Diesem Thema sind zwei neue Kapitel gewidmet. Ebenfalls neu sind die Kapitel über »Nahrung und Energie«, »Klima und neue Wälder« sowie »Die drohende Insolvenz der Staaten«. Das zuletzt genannte Kapitel thematisiert die Ursachen der jüngsten Weltfinanzkrise und zeigt, welche Konsequenzen daraus zu ziehen sind.

Das erste Kapitel erklärt den Begriff des Superorganismus Menschheit und beschreibt seine Geschichte, die durch Kommunikation und Interaktion immer wieder neu angetrieben wird. Technische Systeme – erst die der Antike, dann die des Mittelalters und später jene der industriellen Revolution – lösen einander ab. Wie entwickelt sich dabei die »Intelligenz« des Superorganismus?

Das zweite Kapitel analysiert das Verhältnis von Mensch und Natur. Die Themen Nahrung und Energie sind dabei eng miteinander verknüpft. Der Blick in die Geschichte schärft die Sicht auf die Herausforderungen des 21. Jahrhunderts. In Zukunft benötigt die Menschheit viel Energie, sauber und preiswert erzeugt. Technisch ist das durchaus möglich. Innovationen sind der Schlüssel für eine Welt mit Zukunft.

Aber Technik ist es nicht allein. Das zeigt das dritte Kapitel am Thema Klimawandel. Erst wenn Innovationen auf dem Gebiet der Governance hinzutreten, ist eine Lösung in Sicht. Die Klimakonferenz Ende 2009 in Kopenhagen endete für viele Teilnehmer und Beobachter mit erheblicher Frustration. Schaut man sich die Ergebnisse jedoch genauer an, ergibt sich ein anderes Bild. Das Entgegenkommen der Schwellenländer, namentlich von China und Indien, zu »relativen« Emissionsreduktionen eröffnet bei kluger Politik der Industrieländer eine große Chance. Das hat sich auf der Klimakonferenz Ende 2010 in Cancún bestätigt. Daraus ergibt sich ein Verhandlungsmodell mit niedriger Einstiegshürde, bei dem zu Beginn nicht alle Staaten mitmachen müssen, das im weiteren Verlauf aber eine große Wirkung entfalten kann. Bei diesem Vorgehen könnten WTO-konforme Grenzausgleichsabgaben genutzt werden. So wird Druck auf Trittbrettfahrer ausgeübt und eine Lösung für alle befördert.

Ein Baustein des Konzepts ist ein *beschleunigtes Weltaufforstungsprogramm*, das nicht nur ökologische, sondern zugleich wirtschaftliche und soziale Vorteile mit sich bringt, insgesamt ein gewaltiges globales Investitions- und Beschäftigungsprogramm, ganz im Sinne eines *green new deal* oder eines Global Marshall Plan.

Der Klimawandel trägt das Potenzial des ökologischen Kollapses in sich. Dabei sind die Dinge durchaus beherrschbar. Das betrifft Wissen, Können, finanzielle, humane und technische Ressourcen. Allerdings erfordert die aktuelle Situation die breite Kooperation der Staaten und mutige Schritte, politische, technologische und finanzielle, vor allem auch in der Finanzierung eines globalen Ausgleichs.

Im vierten Kapitel werden zentrale Begriffe der Systemtheorie, die in der vorliegenden Analyse verwendet werden, erläutert: Was ist ein Gefangenendilemma? Was steckt hinter dem Bumerangeffekt, und wie kann man ihn vermeiden? Was macht Gesellschaften reich? Hier geht es um eine Analyse unserer globalisierten Welt, verbunden mit einigen Hinweisen zu Lösungsmöglichkeiten.

Die Kritik am »Mythos vom freien Markt« wird im fünften Kapitel am Beispiel des Weltfinanzsystems vertieft. Fehlende internationale Regulierung hat sich in eine exorbitante Geldvermehrung, Vermeidung von Steuerzahlungen, Intransparenz und individuelle Bereicherungen zulasten des Gemeinwohls übersetzt. Droht im Klimabereich der ökologische Kollaps, so auf ökonomischem Gebiet der Zusammenbruch des Weltfinanzsystems. Die Weltfinanzmarktkrise führt die »Verlogenheit« des Regimes der freien Märkte für jeden erkennbar vor Augen. Als letzte Instanz haben die Staaten das Finanzsystem stabilisiert und sich dabei noch weiter verschulden müssen.

Die größte Gefahr geht derzeit von einer möglichen Insolvenz der Staaten aus. Glücklicherweise hat eine längst überfällige Diskussion nun begonnen. Marktwirtschaft ja, aber sozial und ökologisch adäquat reguliert. Zur Zukunftssicherung und nachhaltigen Entwicklung der Welt sind global funktionierende Regelwerke erforderlich.

Das sechste Kapitel behandelt die Kernaussagen des Buchs, verbunden mit einer Kritik an den gegebenen marktradikalen Verhältnissen, deren Folgen Tag für Tag offensichtlicher werden, ganz besonders auch in der aktuellen Weltfinanzmarktkrise. Weite Teile der Bevölkerung im Norden erleben eine Verschlechterung ihrer wirtschaftlichen Lage, überall nimmt die soziale Spaltung zu, die ökologischen Systeme des Globus geraten immer mehr unter Stress, im schlimmsten Fall droht der Kollaps. Die erste und wichtigste These lautet: Ökosozial statt marktradikal. Die Welt braucht – ganz im Sinne der klassischen Nationalökonomie – leistungsfähige Rahmenbedingungen der Märkte. Das bedeutet angesichts der Globalisierung der Wirtschaft weltweit gültige und durchsetzbare Regelwerke und konsensfähige Vereinbarungen im Sinne einer auf das Wohl der Menschen ausgerichteten Global Governance.

Die zweite These: Eine bessere Globalisierung ist möglich; vor allem eine gerechtere. Das ist das Thema einer besseren Global Governance, wie sie insbesondere im Finanzsektor vonnöten ist. Die Folge wäre eine reichere Welt und eben kein Verzichtprogramm! Aber dem stehen gut organisierte Kräfte entgegen. Sie profitieren von einer falsch laufenden Globalisierung, verstecken sich hinter Begriffen wie dem »freien Markt« und nutzen ihre Macht im Rahmen globaler Prozesse bei der Festlegung von Spielregeln, um die Interessen der großen Mehrheit der Weltbevölkerung auszuhebeln.

Den ethischen Bezugspunkt der Kernaussagen bilden die Positionen des Weltethos. Die Entwicklung dieser globalen Werte-Plattform geht wesentlich auf die Weltethos-Initiative des Theologen Hans Küng zurück, eng verknüpft mit Initiativen von Altbundeskanzler Helmut Schmidt und dem Interaction Council ehemaliger Staats- und Regierungschefs. Zentral ist die goldene Regel »Was du nicht willst, das man dir tu', das füg auch keinem anderen zu«.

Das siebte Kapitel des Buches wagt einen Blick in die Zukunft. Die drei in diesem Kontext skizzierten Szenarien beschreiben die prinzipiellen Muster möglicher Entwicklung. Das heißt, in einer dieser Zukünfte werden wir schließlich landen. Das Szenario »Kollaps« führt in die ökologische Katastrophe. Das Szenario »Ökodiktatur / Brasilianisierung« verkörpert eine gefährliche Weltordnung, in der sich eine kleine Macht- und Finanzelite, gegebenenfalls unter Nutzung staatlicher oder suprastaatlicher Strukturen, mit Gewalt den Zugriff auf die entscheidenden natürlichen Ressourcen sichert. Sie hat ein extremes Auseinanderklaffen in Arm und Reich zur Folge, nicht nur in den Ländern des Südens, sondern auch in der heute reichen Welt. Prozesse in Richtung einer solchen Entwicklung sind bereits heute zu erkennen. Eine unkontrollierte, nicht mehr beherrschbare Weltfinanzmarktkrise, die auf die physische Ökonomie übergreift, oder eine Verlagerung der Rückzahlpflichten der horrenden Staatsverschuldungen auf die Normalbevölkerung statt auf wohlhabende Eliten würde den Prozess stark beschleunigen. Ob dies friedlich ausgehen kann, ist mehr als fraglich.

Das Wunschszenario ist die »Globale Ökosoziale Marktwirtschaft«, eine mit Nachhaltigkeit und Frieden kompatible Langfristperspektive für die Menschheit. Das ist der Gegenstand des achten, des zentralen Kapitels dieses Buches. Im Kommunismus versucht die Politik, auch noch die Wirtschaft zu steuern. Im Marktfundamentalismus will die Wirtschaft die Politik dominieren. Beides funktioniert nicht. Die Alternative ist eine ordoliberale Position: Der Staat setzt – möglichst demokratisch – die Regeln, dabei orientiert er sich an ethischen und gesellschaftlichen Anliegen. Das Leitbild Ökosoziale Marktwirtschaft ist in der Diskussion längst angekommen. Die Formulierung, auch in Varianten, findet sich zum Beispiel bei dem Friedensforscher Johan Galtung, bei Heiner Geißler, bei Alois Glück, dem Präsidenten des Zentralkomitees der deutschen Katholiken, bei dem früheren Agrar-Kommissar der EU Franz Fischler, dem ehemaligen Bundespräsidenten Horst Köhler, dem bereits erwähnten Hans Küng, dem Vizekanzler a.D. der Republik Österreich Josef Riegler und dem ehemaligen Chefredakteur der *Zeit* Roger de Weck. Die Grundfigur der Ökosozialen

Marktwirtschaft bildet dabei das Dreieck der Nachhaltigkeit. Das Ziel ist eine Balance zwischen leistungsorientierter Wirtschaft, Solidarität und dem Schutz der Umwelt, und zwar auf staatlicher, europäischer und globaler Ebene.

So wichtig ökonomisches Wachstum dabei ist, es stellt, entgegen dem, was immer wieder suggeriert wird, keine Lösung für alles und jedes dar. Auf Dauer entfaltet Wachstum positive Wirkungen sowieso nur dann, wenn es innerhalb der ökologischen Kapazitäten des Biotops und zugleich unter Bedingungen sozialer und kultureller Balance erfolgt. Dazu braucht es zukünftig neue Technik und andere Lebensstile, vor allem aber die entsprechenden Rahmenbedingungen der Märkte und damit adäquate Preisgestaltung und regulative Vorgaben.

Im neunten Kapitel geht es um die Frage, warum die Einkommensspreizung balanciert sein sollte. Das richtige Maß zwischen einer zu großen gesellschaftlichen Gleichheit und zu viel Ungleichheit gehört zum »genetischen Code« der Konzeption einer weltweiten Ökosozialen Marktwirtschaft. Überlegungen zur Umsetzung münden in die konkrete Vision »Rio+20«.

Das letzte Kapitel behandelt die politischen Konsequenzen, die sich aus der Analyse ergeben und die für den vorliegenden Text ein Hauptanliegen darstellen. Dabei handelt es sich um eine substanzielle Erweiterung der anstehenden Maßnahmen im Klimabereich und hinsichtlich des Weltfinanzsystems sowie der Steuerparadiese im Sinne eines Global Marshall Plan. Der Text schlägt die Brücke zu einer breiten Initiative in Politik, Wirtschaft, Wissenschaft und der Zivilgesellschaft, die sich bereits seit einigen Jahren für einen solchen Plan engagiert. Ein Global Marshall Plan ist ein gut durchdachtes Paket von Regelungen, Finanzierungs- und Umsetzungsvereinbarungen, das unter den bestehenden Machtverhältnissen eine Umsetzungschance besitzt. Zu diesem Paket gehören das Generalziel einer weltweiten Ökosozialen Marktwirtschaft, internationale Vereinbarungen wie ein angestrebtes, gerechtes Weltklimaregime und die bis zum Jahr 2015 weisenden Millenniumsentwicklungsziele der Vereinten Nationen, Elemente supranationaler Besteuerung, Regelveränderungen bei großen internationalen Organisationen wie der Welthandelsorganisation und innovative Entwicklungskonzepte wie zum Beispiel Kleinstkredite. Der Global Marshall Plan ist zugleich ein Investitionsprogramm für die Welt als Ganzes: Entwicklungsländer, Schwellenländer und industrialisierte Staaten. Wir brauchen einen vernünftigen Gesellschaftsvertrag für diesen Globus, einen Weltvertrag und damit die Basis für eine Weltinnenpolitik, aufbauend auf einer weltweiten Ökosozialen Marktwirtschaft. Ein Global Marshall Plan eröffnet in Zeiten extremer Bedrohung substanzielle neue Chancen.

# 1. Superorganismus Menschheit

## Bevölkerungswachstum – ein Programm läuft aus

Auf einem See teilen sich Nacht für Nacht die Seerosen, sie verdoppeln jede Nacht ihre Zahl und bedecken zunehmend die Wasseroberfläche. Irgendwann wird der See voller Seerosen sein. Zehn Nächte vor diesem Zeitpunkt sind von ferne nur einige versprengte Blüten zu sehen, nur ein Tausendstel des Sees ist bedeckt. Fünf Nächte vorher sind es etwa 3 Prozent der Oberfläche, noch immer fallen sie kaum auf. Plötzlich wächst der See rasend schnell zu. Zwei Nächte vorher sind bereits 25 Prozent der Wasserfläche bedeckt. Ob es nun zehn Tage oder zehn Jahre dauert, bis die Oberfläche des Sees vollständig mit Seerosen gefüllt ist – wesentlich für das Phänomen des exponentiellen Wachstums ist die Tatsache, dass die zweite Hälfte des Sees erst in der letzten Nacht bedeckt wird. In exponentiellen Prozessen geschieht das Entscheidende zum Schluss.

Dieses Muster liegt auch unserer Bevölkerungsentwicklung zugrunde. Eine Million Jahre entsprechen etwa 50 000 Generationen. Seit Christi Geburt sind erst 100 bis 150 Generationen vergangen. Bei einem Zeitraum von vier Millionen Jahren reden wir vielleicht über 150 000 Generationen. Diese vier Millionen Jahre hat die Menschheit gebraucht, um die Schwelle zur ersten Bevölkerungsmilliarde zu durchbrechen, etwa zu dem Zeitpunkt[10], als Goethe starb, im Jahr 1832. Rund 130 Jahre später, 1965, waren wir schon drei Milliarden Menschen und nur 35 Jahre später, im Jahr 2000, bereits sechs Milliarden. Die Geschwindigkeit des Zuwachses nahm beständig zu, erst seit kurzem geht sie leicht zurück. Über Jahrhunderte und Jahrtausende war Bevölkerungswachstum immer die richtige Politik: mehr Menschen, mehr Leistung, mehr Konsum, mehr Lebenschancen. Wachstum bedeutet Macht, Entfaltung, Reichtum. In der Folge füllt die Menschheit aber auch zunehmend den Globus aus.

Das Charakteristikum exponentieller Wachstumsprozesse ist, dass sie Größenordnungen überwinden. Der Mensch beginnt als winzige befruchtete Eizelle, die nur unter dem Mikroskop zu sehen ist. Bis er geboren wird, aufwächst und voll entwickelt ist, müssen Größenordnungsunterschiede von bis zu zehn Milliarden ($10^{10}$) überwunden werden. Nur explosive Wachstumsprozesse sind dazu in der Lage. Ein exponentielles Wachstum in endlichen Biotopen hat aber prinzipiell Grenzen; und Systeme, die weiterleben wollen, müssen diese Grenzen beachten. Permanentes exponentielles Wachstum ist für keine Art, egal ob Pflanzen, Tiere oder Menschen, auf der Erde möglich.

Heute sind die Vorzeichen des Neuen bereits unübersehbar. Innerhalb der menschlichen Bevölkerung zeichnet sich ab, dass sie nicht immer weiter wächst, sondern vielleicht sogar einmal zurückgehen wird. Diesen Prozess erleben wir heute schon in den industrialisierten Ländern, teils mit spürbarem und von vielen Beobachtern als zu schnell empfundenem Tempo. Die Gesamtzahl der Menschen auf diesem Planeten wächst unterdessen noch weiter, doch auch dies wird sich schon bald ändern.

Wir sind bereits mitten in einer historischen Entwicklung, in der die Menschheit einen Phasenübergang in ihrer Evolution erlebt, das Grundmuster des Bevölkerungswachstums sich ändert und, einer inneren Logik folgend, ändern muss. Damit fände eine Erfolgsgeschichte sondergleichen ihren Abschluss, und vieles würde anders werden. Wir haben das Privileg, Zeuge eines spannenden Übergangs zu sein, der nicht ohne Gefahren ist. Wie wir ihn bewältigen werden und was danach kommt – niemand weiß es.

Ein Leser, der im Jahr 1950 geboren wurde, war Zeuge einer gewaltigen Zunahme der Bevölkerung: von 2,5 Milliarden Menschen auf heute rund sieben Milliarden. Gleichzeitig hat er in der zweiten Hälfte des 20. Jahrhunderts eine Steigerung der Weltwirtschaft um das Siebenfache[11] erlebt. Nach den beiden Weltkriegen folgten drei Jahrzehnte, die Historiker das Goldene Zeitalter nennen. In Europa, Nordamerika und in Japan erfuhren breite Bevölkerungsschichten einen Wohlstand, der zu Zeiten ihrer Großeltern nur Millionären vorbehalten war, mit Telefon, eigener Waschmaschine und Auto. Wer 1950 geboren wurde, hat eine Steigerung des globalen Wasserverbrauchs um das Dreifache, des Kohlendioxidausstoßes um das Vierfache und der Anlandung von Fisch um das Fünffache erlebt. Demgegenüber hat die ökologische Kapazität der Erde, also die Basis für die Erzeugung dieses Wohlstands, sogar etwas abgenommen. Und würden alle Menschen auf dem Konsumniveau eines Europäers oder Amerikaners leben, bräuchten wir mittlerweile drei oder sogar fünf Planeten.

Werden unsere Kinder, die im Jahr 2000 geboren wurden, bis 2050 ein ähnliches Wachstum erleben? Zunächst wird die Weltbevölkerung weiter auf neun bis zehn Milliarden Menschen zunehmen. Ungefähr in der Mitte des 21. Jahrhunderts dürfte ihre Größe hoffentlich den Höhepunkt erreichen. Allein in China und Indien werden jeweils etwa 1,5 Milliarden Menschen leben. Zusammengenommen entspricht das der Anzahl der Weltbevölkerung von 1965.

Wächst auch die Wirtschaft weiter? Selbstverständlich führt eine steigende Anzahl der Menschen fast automatisch zu einem absoluten Wachstum der Wirtschaftsleistung. Und dann hat die Aufholjagd bevölkerungsreicher Schwellenländer wie China, Indien, Brasilien oder Indonesien und damit das Wachstum der Wirtschaftsleistung pro Kopf in diesen Ländern erst richtig begonnen. Die Ressourcenknappheiten zeichnen sich parallel dazu allerdings schon heute deutlich ab. Die weltweiten Fischgründe sind am Limit. Die ertragreichen Böden werden weniger beziehungsweise verlieren an Qualität, und die Grundwasserspiegel fallen auf allen

Kontinenten. Für Nahrungsmittel braucht man Wasser: die überraschend große Menge von 1000 Litern, um ein Kilogramm Brot zu erzeugen, 4000 Liter für ein Kilogramm Reis und 13 000 Liter für ein Kilogramm Rindfleisch. Wasser wird immer knapper und kostbarer.[12]

Der Förderhöhepunkt von konventionellem Öl ist nach Angaben der Internationalen Energieagentur (IEA) in Paris bereits erreicht[13], ob nichtkonventionelles Öl, zum Beispiel aus Ölsanden, die Lücke schließen kann, ist zweifelhaft. In absehbarer Zeit wird die Nachfrage das Angebot gewaltig übersteigen. Die Ära der billigen Energie auf Basis fossiler Rohstoffe geht unweigerlich zu Ende. Auch die Klimaveränderung schreitet zügig voran.[14] Nicht nur unsere Kinder werden die daraus sich ergebenden Folgen erleben, sondern wohl die allermeisten, die dieses Buch lesen. Gemeinsam werden wir damit fertig werden müssen.

Der Höhepunkt dieser Entwicklung ist noch nicht erreicht, aber er ist in Sicht. Um das Jahr 2030 herum würden wir unter Beibehaltung der alten Wachstumsmuster alle Grenzen sprengen. Weil das nicht geht, ändern sich jetzt bereits die Entwicklungsmuster. Das ist naturgesetzlich unvermeidbar! Prozesse, die einmal Millionen Jahre gedauert haben, durchlaufen wir nun in ein oder zwei Generationen. Was wir gerade durchleben, geschieht in bisher unvorstellbar kurzen Zeiträumen. Die Eigenzeit des Systems Menschheit schrumpft zusammen, und die Dichte der Ereignisse steigt. Unterdessen nimmt die allgemeine Geschwindigkeit – der Entstehung neuer Ideen, der Verbreitung von Ideen, des Warenaustauschs, der Innovationen und unseres Alltags – weiter zu.

Der historische Übergang, den wir derzeit durchleben, und die aktuellen Schwierigkeiten, denen wir ausgesetzt sind, haben wesentlich etwas mit Grenzen zu tun. In der Sichtweise des Club of Rome sind es die durch die Ressourcenknappheit vorgegebenen Begrenzungen, die durch die Aufholprozesse von Schwellenländern im Rahmen der Globalisierung erheblich verschärft werden.[15]

Andererseits macht uns ein zu hohes Tempo der sozialen und kulturellen Veränderung, die wir in kürzester Zeit bewältigen müssen, zu schaffen. Früher wurde das Neue immer von den Kindern und Enkeln akzeptiert und durchgesetzt, die Eltern durften bleiben, wie sie waren. Heute dagegen sind wir gezwungen, lebenslang zu lernen und uns immer wieder und immer schneller anzupassen. Und das bei erheblichen Unterschieden in den Erfahrungen und vor allem kulturellen Perspektiven, die nun gnadenlos und brutal aufeinandertreffen, ohne dass große Distanzen oder Anpassungszeiträume dazwischen lägen und dämpfend wirken könnten. Vor allem im kulturellen Bereich scheinen die Spannungen geradezu zu explodieren. Warum? Das Neue verdrängt das Alte, was früher galt, das gilt nicht mehr, Erfahrung wird entwertet, ja teilweise zum Hemmschuh, zum Problem.

Ein Beispiel: Kinder lieben ihre Großmutter. Wenn die Großmutter etwas erzählt, das für ihr Leben wichtig war, bewahren ihre Enkel dies tief im Herzen. Wenn nun aber die Werte der Großmutter zerstört werden, wenn sie die Welt nicht mehr versteht, dann ist dies auch für die Kinder und Enkel nur schwer zu bewältigen. Das Neue kann emotional sehr wehtun, wenn es das Alte entwertet, lächerlich macht oder gleich beseitigt.

Ein Problem der Globalisierung heutigen Typs ist, dass sich die dominanten Kulturen sehr rasch verbreiten und Menschen mit anderem Hintergrund tiefgreifende Veränderungen aufzwingen. Aus der Perspektive der bedrängten Kultur stellt sich das wie eine Vergewaltigung dar und ist vollkommen inakzeptabel. Stellen wir uns eine Frau vor, die ihr ganzes Leben lang in der Öffentlichkeit verschleiert war, das für sich akzeptiert und unermüdlich daran gearbeitet hat, dies auch ihren Töchtern zu vermitteln. Was läuft in ihr ab, wenn sie im Fernsehen Bilder westlich gekleideter oder fast nackter Frauen sieht und ihr vermittelt wird, sie habe bisher alles falsch gemacht, solle sich auf das Neue freuen und es als Fortschritt begreifen? Manche werden sich umstellen, andere nicht. Konflikte untereinander und mit der Tradition, die am Althergebrachten festhält, es verteidigt und Andersdenkende als Überläufer behandelt, sind unvermeidlich die Folge.

## Chaotische Zustände?

Zukunft hat Herkunft. Nur wer die Vergangenheit begreift, kann das Kommende richtig einschätzen. Dazu hat die Systemwissenschaft in den vergangenen Jahren entscheidende Beiträge geleistet. Heute ist es uns möglich, die Geschichte der Menschheit als Ganzes zu lesen. Danach werden die abstrusen, die brutalen, die mannigfaltigen Geschehnisse, von den ersten Hominiden über den Lehnsherrn im Mittelalter bis hin zum heutigen Investmentbanker, als *ein* Prozess der Entwicklung der Menschheit als Superorganismus[16] verstanden. Wir sehen die Entwicklung dieses »Lebewesens« Menschheit als einen Wachstumsprozess, der zu unseren Lebzeiten seinen quantitativen Höhepunkt erreicht. Ein Muster endet, ein neues wird folgen. Es steht ein Phasenübergang an, von dem wir noch nicht wissen, wohin er führen wird. Wir befinden uns bereits in einem nahchaotischen Zustand. Nicht wir bestimmen die Entwicklungen, die Entwicklungen nehmen ihren Lauf. Ein solcher Zustand ist nicht zu verantworten, weder mit Blick auf die natürlichen Ressourcen noch auf die weltsoziale Situation und die interkulturelle Balance. Ein solcher Zustand ist auch mit dem Prinzip der Nachhaltigkeit nicht zu vereinbaren. Einzelne Ereignisse wie die Terroranschläge vom 11. September 2001 oder die Ölkatastrophe 2010 im Golf von Mexiko charakterisieren ihn – wie auch unsere Hilflosigkeit. Werden wir nun zudem noch den Übergang in ein vollchaotisches Stadium erleben, in dem die Dinge überhaupt nicht mehr zu steuern sind?

## Der Motor der Geschichte: Kommunikation und Interaktion

Die Atmosphäre des Planeten Erde ist ein offenes komplexes System. Sie wird aufgeheizt von der Sonne und befindet sich in Interaktion mit der Oberfläche der Kontinente und Ozeane auf einem sich drehenden Globus. Die Formen der Selbstorganisation der Atmosphäre sind vielfältig. Wirbelstürme, Tiefdruckgebiete und Wetterfronten sind am besten aus großer Höhe zu sehen. Die Bilder der Wettersatelliten zeigen solche Muster sehr klar, aber von der Erdoberfläche aus gesehen bleiben diese Zusammenhänge verborgen. Es ist für selbstorganisierte Systeme typisch, dass man aus großer Nähe ihr Wesen und ihr Funktionieren nicht erkennt, denn die Struktur erschließt sich erst aus größerer Distanz. Die Turbulenzen, durch die die Menschheit derzeit geht, kann man wie einen Klimawandel verstehen, es ist eine Verschiebung des gesamten Systems und seiner Regelwerke.

Für den russischen Physiker Sergey Kapitza[17], Mitglied des Club of Rome, ist die Menschheit ein offenes System, weil die Menschen von ihrem Biotop, dem Planeten, und von seinen Ressourcen leben. Die Wechselwirkung mit dem Biotop ist Voraussetzung für das Leben der Menschen. Kapitza beschreibt die Bevölkerungsentwicklung von den allerersten Anfängen bis heute und hat eine spezifische mathematische Formelstruktur dafür entwickelt. Diese führt zu einer überraschenden Sicht auf die Geschichte der Aborigines in Australien, der Neandertaler, der Eskimos, der Urwaldindianer am Amazonas: Wie kann man ihre Art, sich als Gesellschaft zu organisieren, ihre »Selbstorganisation«, auf einen Nenner bringen? Was haben sie gemeinsam?

Um dies zu beantworten, muss man in die Distanz gehen. Welche Parameter sind universell, welche bestimmen die menschliche Geschichte? Zunächst einmal geht es um Zeit, im Wesentlichen verstanden als ein Maß zur Beschreibung von Wachstumsprozessen.

Und dann um die Anzahl der Menschen, die als grobes Maß für die Leistungsfähigkeit der Menschheit zum jeweiligen Zeitpunkt gelten kann. Das Bevölkerungswachstum beschreibt Kapitza als eine hyperbolische, also der mathematischen Grundform der Hyperbel folgende Entwicklung. Dabei tut sich über lange Zeit hinweg scheinbar gar nichts, das Wachstum erscheint linear mit ganz geringer Steigerung, dann wächst die Kurve merklich, überlinear, erst langsam, dann immer schneller, plötzlich explosionsartig, sogar überexponentiell, und endet schließlich fulminant. Mathematisch ausgedrückt vollzieht sie eine Entwicklung gegen unendlich. Es hat mehrere Millionen Jahre gedauert, bis die menschliche Population im frühen Paläolithikum auf 150 000 Menschen angewachsen war – diese Anzahl schaffen die Menschen heute jede Nacht als Zuwachs!

Mittlerweile leben auf der Erde rund sieben Milliarden Menschen. Sieht man einmal von Haustieren ab, schlagen sie damit vergleichbar große Säugetiere zahlenmäßig um einen Faktor 1000 und mehr. Wenn diese Menschen nur hochentwickelte Tiere wären, Teil der Biosphäre, wie viele andere Arten, zum Beispiel unsere nächsten Verwandten, würden sie wie diese in einem eng begrenzten Territorium leben, in einer ökologischen Nische. Sie befänden sich dann im Zustand eines dynamischen Gleichgewichts mit ihrer Umgebung. Das Gegenteil aber ist der Fall: Es herrscht kein Gleichgewicht, sondern der Zustand permanenten Wachstums. Mit dem Auftauchen des Menschen während der Evolution geschah etwas völlig Neues. Was ist es? Worin liegt das Geheimnis dieser hyperbolischen Kurve?

Es liegt in der Sprache, in der Kommunikation und der Interaktion. Wissen und Technik, Gebräuche und Fertigkeiten, Kunst und Religion und schließlich die Wissenschaft – all das ist charakteristisch für Menschen und ihre Gesellschaft, und genau darin liegt auch der entscheidende Unterschied zum Tier.

Mathematisch betrachtet wächst die Anzahl der Kommunikationsbeziehungen im Quadrat zur Anzahl der Teilnehmer am Geschehen. Es handelt sich dabei um einen typischen Netzwerkeffekt. Erfindungen und ihre Wirkungen nehmen durch die Quadrierung der Wechselwirkungen sehr viel schneller zu, als die Anzahl der Menschen selber wächst. Und es ist das Quadrat dieser Anzahl, das über die erhöhten Wechselwirkungsmöglichkeiten und die damit verbundenen Potenziale zum Austausch und zur Kombination von Wissen direkt in technisch-organisatorische Möglichkeiten der Menschen eingeht, was sich wiederum auf die Wachstumsgeschwindigkeit bezüglich der Größe der Menschheit auswirkt. Kapitza beschreibt diese fundamentalen Zusammenhänge im Gesetz des quadratischen Wachstums, das er mit einer hyperbolischen Grundstruktur verknüpft.

Kern des Gesetzes ist eine Kopplung zwischen Wachstum und Entwicklung, genauer gesagt: ein numerisches Wachstum der Anzahl der Menschen im Verhältnis zu ihrer Interaktion untereinander und damit von Wissens- und Erfahrungsaustausch. Die Menschheit wird in dieser Sichtweise zu einem Wissen generierenden, Wissen verbreitenden und Wissen tradierenden System, zu einem Lebewesen *sui generis* und zu einem intelligenten Superorganismus. Wissen zieht sich dabei durch das gesamte System, durch die ganze Bevölkerung und erreicht schließlich jeden Einzelnen. Es erstreckt sich von den ersten Hominiden, die von Afrika aus in die Welt zogen, bis in die Gegenwart, in der die Menschen über Handy und Internet in Kontakt miteinander stehen. Stets wachsen die Kommunikationsmöglichkeiten quadratisch, weil jeder mit jedem kommunizieren kann und es quadratisch viele mögliche Paarbeziehungen gibt.

Eine praktische Konsequenz ist, dass die Menschen immer sehr eng über persönliche Beziehungen und deren Verkettung miteinander verknüpft waren und es bis heute sind. Alle sieben Milliarden Menschen sind maximal neun Handschläge voneinander entfernt, selbst der einsamste Indianer im brasilianischen Regenwald von dem einsamsten Eskimo. Auch der einsamste Eskimo kennt nämlich wenigstens einen normal vernetzten Eskimo, und der kennt einen Eskimohäuptling. Der wiederum ist mit dem Eskimobeauftragten des Landes bekannt, und dieser mit dem Staatspräsidenten. Der Staatspräsident kennt natürlich den Präsidenten von Brasilien und dieser den Regierungsbeauftragten für die Indianer des Landes, der wiederum einen direkten Kontakt zu jedem Häuptling hat, und so weiter. Die Menschheit war und ist ein einziges System mit enger Verknüpfung seiner Elemente.

Der Superorganismus Menschheit hat auch grausame Seiten, denn die Menschen kommen und gehen, aber die Menschheit als Superorganismus bleibt bestehen. Das ist mit unserem Körper vergleichbar: Die Zellen kommen und gehen, solange wir leben. Für die einzelne Zelle ist es bedeutsam, dass gerade sie lebt und vergeht, für den gesamten Körper ist diese »Perspektive« der einzelnen Zelle vergleichsweise nebensächlich. Wir selbst bemerken es gar nicht. Was auf Dauer bleibt, ist – in Analogie – nur der Superorganismus Menschheit, nicht der einzelne Mensch. Der Superorganismus lebt seit mehr als vier Millionen Jahren und wächst stetig. Wir sind die einzige biologische Spezies, die das vermag: dauernd aus eigener Kraft zu wachsen, obwohl das Biotop uns immer wieder Grenzen setzt.

Die Geschichte der Menschheit begann nach Kapitza vor etwa 4,5 Millionen Jahren mit dem Auftauchen der ersten Hominiden in Afrika, die damals in überschaubaren Horden oder Clans lebten. Geschichtliche Entwicklungen vollzogen sich in dieser Anfangsphase unendlich langsam. Während der ersten Epoche, die etwa drei Millionen Jahre dauerte, war das Wachstum äußerst bescheiden. Die Vorläufer der Menschen waren eher noch Teil der Natur, und der quadratische Wachstumsfaktor spielte noch keine spürbare Rolle. Vor 1,6 Millionen Jahren trat *Homo habilis* auf, das war ein entscheidender Schritt in der menschlichen Entwicklung. Nun hatte die Interaktion, etwa beim Gebrauch von Werkzeugen, ein hohes Niveau erreicht, und die ersten Stufen des systemischen Lernens und auch der organisierten Weitergabe von Erfahrungen setzten ein. Auch wenn es noch keine entwickelte Sprache gab, tauchte zum ersten Mal so etwas wie genuine menschliche Intelligenz auf. Entscheidend dafür sind Austausch, Interaktion und Kommunikation. Dies war der Beginn des spürbaren quadratischen Wachstumseffekts, der bis heute anhält, aber in unseren Zeiten abrupt einbricht und einbrechen muss.

Wohl die größte »Innovation« der menschlichen Geschichte war das Aufkommen der Sprache im Paläolithikum. Wie viel leichter war es jetzt, Ideen weiterzutragen! Dies geschah nun über Worte und Sätze und nicht mehr nur über Gesten, Laute, Schläge oder gemeinsames Tun. Sprache ist Kommunikation pur. Wer sich heute in einem fremden Land sprachlich nicht verständigen kann, sondern nur »mit Händen und Füßen«, der bekommt ein Gefühl dafür, was fehlt, selbst wenn es bei einer Vielzahl alltagspraktischer Fragen mit Händen und Füßen auch irgendwie funktioniert.

Selbst Krieg ist eine Form der Wechselwirkung und der Kommunikation. Und das gilt ebenso für Plünderung, Vergewaltigung und Terror, die teils sogar als Mittel der Kommunikation sehr wirksam sind. Und wenn jemand kein Gehör findet oder seine Sicht der Dinge ausgeblendet wird, dann ist ein Selbstmordanschlag eine Mitteilung, die nicht so einfach »überhört« werden kann.

Kommunikation und Interaktion sind überlebenswichtig. Sie sind Teil eines Prozesses, mit dem sich überlegene technisch-organisatorische Möglichkeiten ständig durchsetzen. Stellen wir uns einmal vor, dass eine Hominidengruppe sehr erfolgreich eine neue Jagdmethode beherrscht. Dadurch erweitert sie ihren Lebensraum und drängt andere Gruppen in ihren Möglichkeiten zurück. Wild, das diese anderen zum Überleben brauchen, wird für sie unerreichbar; es sei denn, sie übernehmen die neue Technik. Beides ist Kommunikation – Verdrängung wie Übernahme. Und schon vorher ist klar, dass die neue Technik sich durchsetzen wird. Mord und Totschlag sind dafür meist nicht erforderlich.

Vergleichbare Abläufe kennen wir aus der Frühgeschichte im Nebeneinander von Neandertaler und modernem Menschen oder in der Neuzeit bei der Besiedelung Nordamerikas, Südamerikas oder Australiens. Die selbständige Kultur der Prärieindianer war endgültig verloren, als der weiße Mann mit neuen Gewehren innerhalb von wenigen Jahren etwa fünf Millionen Bisons getötet hatte, denn die indianische Lebensweise basierte auf dem Vorhandensein einer ausreichenden Zahl von frei lebenden Büffeln.

Kapitza führt ein weiteres Beispiel verheerender Kommunikation an. Im Jahre 1345 belagerten die Türken den Genueser Handelsposten Kaffa am Schwarzen Meer. Zwei Jahre lang hatten die Italiener dem Ansturm bereits widerstanden. So lange, bis die Türken zu einer Form der bakteriologischen Kriegsführung[18] übergingen und infizierte Ratten in die Festung warfen. In der Folge brach die Pest aus. Die Überlebenden flohen auf Schiffen zunächst nach Konstantinopel, dann nach Genua, und nahmen die Pest mit. Von dort aus verbreitete sich die Epidemie über den ganzen Kontinent. In einigen Ländern Europas haben die Pestepidemien des Mittelalters die Hälfte der Bevölkerung dahingerafft. Es hat einige Zeit gedauert, bis die Verluste kompensiert waren – ähnlich wie nach einem Weltkrieg oder während der Eiszeit. Solange aber das erreichte Wissensniveau gerettet und weitergegeben werden konnte, wurde die Lücke rasch wieder gefüllt. Denn die Obergrenze der Anzahl von Menschen, die zu einem gegebenen Zeitpunkt ernährt werden können, wird im Wesentlichen durch das Wissen und die Technologie definiert, über die die Menschen verfügen. Davon hängt es ab, was man aus dem Biotop an Nahrung herausholen kann.

Wenn also viele Menschen starben, bedeutete das nicht unbedingt, dass die Menschheit einen prinzipiellen Schritt zurück getan hätte. Solange nämlich die Innovationen, die sie bis dahin hervorgebracht hatte, nicht verloren waren, solange ihr Wissen noch in Form eines kulturellen Gedächtnisses vorhanden war, konnten die nachfolgenden Generationen daran anknüpfen. Das ist der Grund, weshalb die Zahl der Menschen rasch wieder wuchs und die Geschichte der Menschheit, trotz aller Gräuel, Kriege und Katastrophen, einem Grundmuster quadratischen Wachstums gefolgt ist.

Das kollektive Gedächtnis kann geografisch aus dem eigenen Kulturraum ausgelagert werden. Deshalb war es für das Wachsen der Menschheit auch nicht hinderlich, dass Europa ein dunkles Mittelalter durchlebte. Das Wissen der Antike wurde in dieser Zeit mit dem Wissen Persiens und Indiens verknüpft, in Arabien vorgehalten und weiterentwickelt und gelangte später über die spanische Halbinsel, über Sizilien und Venedig wieder nach Europa zurück. An welchen Orten und in welchen Kulturen das Wissen im Superorganismus Menschheit gespeichert und tradiert wird, ist nicht entscheidend, Hauptsache, es »lebt«, wird kommuniziert und tradiert. Gefährlich wird es für Kulturen dann, wenn sie sich isolieren und aus dem Austausch verabschieden. In Zeiten der Globalisierung steigen die Risiken, die eine solche Isolation in sich birgt, sogar noch weiter. Denn gegen das Innovationspotenzial der großen Zahl kann ein isoliertes, kleineres Subsystem auf Dauer nicht bestehen.

Seit einiger Zeit hat sich das Wort von der Informationsgesellschaft eingebürgert; demgegenüber zeigt Kapitza, dass die menschliche Gesellschaft bereits von Beginn an informationsgetrieben gewesen ist, denn Interaktion ist ihr entscheidendes Merkmal. Die Informationsgesellschaft ist also nicht erst mit den Computern entstanden, nicht einmal mit dem Aufkommen der Sprache, Interaktion war immer zentral für die Menschheit und ihre Entwicklung.

Zurzeit erleben wir allerdings eine Potenzierung der Kommunikations- und Interaktionsprozesse und des Tempos und Umfangs, in dem die Menschheit als Superorganismus ihr eigenes Nervensystem entwickelt. Mit den Möglichkeiten der Telefonie, der Medien und des Internets entsteht eine globale Informations-

und Kommunikationsstruktur, die in ihrem Potenzial der Übertragungskapazität, der Schnelligkeit und in ihrer globalen Verteiltheit alles Bisherige in den Schatten stellt. Zugleich werden in diesem globalen Netzwerk mit Multimedia die Voraussetzungen geschaffen, um auf technischen Wegen beliebige Sensorsignalinformationen zu identifizieren, zu nutzen, zu generieren, zu integrieren und weiterzuverarbeiten. Und zwar völlig unabhängig davon, ob es sich um Bilder, Töne, haptische Eindrücke etc. handelt. Der Superorganismus Menschheit wird hinsichtlich seiner Informationskapazität in Kürze auf sämtlichen Ebenen sogar weit über das hinausgehen, worüber Menschen von Natur aus verfügen. Parallel dazu läuft ein Prozess, in dem Wissens- und Datenbanken ungeahnter Mächtigkeit entstehen und immer mehr Vorgänge der Wissensverarbeitung automatisiert werden. Darunter sind auch solche, die hohe Intelligenz verlangen. Damit sind weitere Schritte in eine Welt neuer Möglichkeiten getan worden, deren Auswirkungen wir heute noch gar nicht in ihrem vollen Umfang überblicken können.

In der Summe kann man es vielleicht so formulieren: Die Menschheit musste wachsen und dem Druck des Wachstums ausgesetzt sein, um das Wissen zu produzieren, das es ihr erlaubte, anschließend weiterzuwachsen. Die vielleicht wichtigste Leistung technischen und organisatorischen Fortschritts bestand darin, immer mehr Menschen auf einem immer höheren Niveau lebensfähig zu halten.

## Der Mensch hält das hohe Tempo nicht mehr aus

Die Existenz von heute knapp sieben Milliarden Menschen ist vor allem eine Folge des Wissenschafts- und Techniksystems des Superorganismus Menschheit. Kapitza hat eine Philosophie der Zeit entwickelt, die uns hilft, die Beschleunigungsprozesse zu begreifen und damit den Stress besser einzuordnen, dem wir heute ausgesetzt sind. Er unterscheidet nämlich zwischen der objektiven Zeit der Gestirne, also der Newton'schen oder Einstein'schen Zeit, und der subjektiven, inneren Zeit der menschlichen Erfahrung im historischen Prozess. Letztere nennt er die *Eigenzeit* des Systems Menschheit. Sie hängt direkt mit der Bevölkerungsentwicklung zusammen und zeichnet sich durch eine starke Beschleunigung aus. Er definiert die Eigenzeit der Menschheit als die Zeit, die sie braucht, um zehn Milliarden Menschen zu »produzieren«. Zählt man die Gesamtheit der Menschen zusammen, die je gelebt haben, kommt man auf etwa 100 Milliarden. Dabei hat die erste Phase dieses Prozesses Millionen Jahre gedauert, die letzte dagegen gerade einmal 100 Jahre. Mathematisch betrachtet bewegt sich der Prozess auf einen Phasenübergang zu, der sich etwa im Jahr 2030 ereignen wird. Dann läuft die Wachstumskurve gegen unendlich und zugleich gegen ein prinzipielles Problem: dass nämlich die Anpassungszeit der Menschen, das zu lernen, was sie lernen müssen, um den Prozess der rasanten Vergrößerung der Menschheit noch beherrschen zu können, kürzer wird als diejenige Zeitspanne, die notwendig ist, um neue Gehirne mit neuem Wissen in die Welt zu bringen und die Anpassungsprozesse im Bereich Wissen und Technologie zu bewältigen. Bis heute war das nie ein Problem.

Die Hauptthese von Kapitza besteht darin, dass wir uns dem Punkt nähern, an dem die bisherigen Wachstumsmuster der Menschheit zwangsläufig abbrechen, weil der Superorganismus Menschheit die nötigen Innovationen nicht mehr schnell genug liefern kann. In der Sprache der Wirtschaftswelt formuliert, ist das Veränderungstempo mittlerweile so hoch, dass einerseits die Zeit nicht mehr ausreicht, die benötigten Erfindungen rechtzeitig hervorzubringen, und andererseits die Abschreibungsfristen für Innovationen nicht mehr lang genug sind, um Finanzierungen zu ermöglichen. Zugleich halten die Menschen das Tempo nicht mehr aus, denn die Veränderungen geschehen während unserer Lebenszeit und nicht mehr im Laufe der Generationen. Lebenslanges Lernen wird zum Programm, aber wir sind dabei dauernd überfordert. Dass es in großen Firmen heute Motivationsseminare für lebenslanges Lernen gibt, sagt alles. Wir brauchen solche Seminare, weil wir instinktiv ablehnen, was von uns erwartet wird. Es überrascht deshalb nicht, dass viele Manager und Mitarbeiter heute arbeitsbedingt krank sind und sich völlig überfordert fühlen.

Die ultimative Grenze für die Größe der Menschheit ist die Leistungsfähigkeit des menschlichen Gehirns, der entscheidende Engpass ist die erreichbare Innovationsgeschwindigkeit. Die Innovationen, die heute notwendig wären, um die Probleme der Menschheit bei weiterem Wachstum gemäß der bisherigen Logik zu lösen, würden die »Hardware« des Menschen völlig überfordern. Selbst die jetzt bereits absehbaren Probleme in Bezug auf Ressourcen und Verschmutzung, weltweiten sozialen Ausgleich und weltweite kulturelle Balance, bei einer Stabilisierung der Weltbevölkerung auf neun bis zehn Milliarden Menschen im Jahre 2050, übersteigen möglicherweise schon unsere Lösungspotenziale.

Der schon erwähnte Phasenübergang ist insofern unausweichlich und ähnelt hinsichtlich der Dimensionen des Umbruchs dem Übergang von Eis zu Wasser oder von Wasser zu Wasserdampf, wenn man kontinuierlich die Temperatur erhöht. Das System wechselt in einen fundamental anderen Zustand, wobei – für uns anders als bei den Phasen des Wassers – heute offen ist, wie dieser aussehen wird. Ein Muster, das mehr als vier Millionen Jahre lang erfolgreich war, wird jedenfalls zu Ende gehen. Dass wir in diesem einzigartigen Moment dabei sind, ist nicht so unwahrscheinlich, wie man zunächst glauben mag. Der errechnete Kulminationspunkt kommt zwar erst nach mehr als vier Millionen Jahren Menschheitsgeschichte, aber nach Kapitzas Analysen existiert in der kritischen Übergangszeit ein Zehntel der Menschen, die jemals die Erde bevölkert haben, nämlich zehn Milliarden von 100 Milliarden. Wir leben in einer spannenden Zeit, es ist ein einzigartiger Moment in einem langen geschichtlichen Ablauf.

## Achtung Bumerang: Neue Technik gebiert neue Probleme

Das Mittelalter hat als Höhepunkt einer Entwicklung von vielen Millionen Jahren ein leistungsfähiges technisches System hervorgebracht, das sich praktisch ausschließlich aus regenerativ erzeugter Energie speiste. Ob Wasser- oder Windmühlen, ob Holz zum Heizen oder tierische Zugkraft – alle diese Energiequellen sind solaren Ursprungs. Jacques Neirynck[19], ein Technikphilosoph belgischer Abstammung, spricht von »ökologischer Perfektion innerhalb eines technischen Systems«, dessen Wurzeln bis ins Neolithikum zurückreichen, also in eine Zeit vor rund 10 000 Jahren, als die Menschheit Ackerbau und Viehzucht erfand und damit die Tür in neue Größenordnungen öffnete. Das System war ein riesiger Fortschritt, aber es blieb stets im Rahmen erneuerbarer Energien, es lebte vom Fluss der Ressourcen, nicht von der Nutzung endlicher Depots.

Die Ingenieure des Mittelalters entwickelten zum Beispiel die Windmühle so, wie wir sie heute noch kennen: mit einer horizontal gelagerten Achse und einem Orientierungsmechanismus, der die Mühlenblätter im Wind hält. Verbreitet waren diese Maschinen vor allem im Nordwesten Europas, zum Beispiel in den Niederlanden.

Man setzte erhebliche Mühe daran, die tierische Zugkraft zu verbessern. Im Altertum waren die Pferde noch mit einer Art Halsband angespannt. Das hatte den Nachteil, dass die Tiere gewürgt und so daran gehindert wurden, mehr als 500 Kilogramm zu ziehen. Zur Zeit der Griechen und Römer wurden Pferde hauptsächlich geritten, allenfalls zogen sie leichte Wagen, um Personen zu transportieren. Das Straßensystem der Römer umfasste zwar rund 300 000 Kilometer, aber darauf bewegten sich vor allem Reisende zu Fuß, zu Pferd oder mit leichten zweirädrigen Karren. Größere Wagen hatten kein bewegliches Vordergestell und waren deshalb nur mühsam zu manövrieren. Das änderte sich im Mittelalter. Nun kamen moderne Anspannmethoden auf, und die Zugtiere wurden beschlagen. Auf diese Weise konnte ein Pferd rund 2500 Kilogramm ziehen – etwa das Fünffache des Eigengewichts und eine Verbesserung um den Faktor 5.

Wenn man in Frankreich im 12. Jahrhundert die Klugheit besessen hätte, die Bevölkerung auf etwa zehn Millionen Einwohner zu beschränken, hätten die Menschen mit den damaligen technischen Systemen problemlos 3000 Jahre lang weiterleben können, analysiert Neirynck. Die Geschichte hat aber einen anderen Verlauf genommen, denn die Völker Europas haben sich über bestehende Grenzen hinausbewegt. Und zwar mit den Kolonien sowohl über die ihrer Territorien als auch durch bahnbrechende neue Erfindungen über die bis dahin existierenden technischen Möglichkeiten.

Jede nicht regenerative oder nur langsam erneuerbare Ressource geht einmal zu Ende. Um 50 Kilogramm Eisen herzustellen, benötigte man 25 Festmeter Holz. In sechs Wochen konnte eine Gruppe Köhler einen Quadratkilometer Wald abholzen und in Holzkohle verwandeln. Nachdem das geschehen war, war der Wald verschwunden. In England begann man deshalb bereits sehr früh damit, Kohle abzubauen, die an verschiedenen Orten zutage trat, und vom 12. Jahrhundert an importierte die Handelsstadt Brügge bereits englische Kohle aus Newcastle. Dies war ein gewaltiger historischer Umbruch, der durch die wissenschaftliche Revolution der Renaissance angetrieben wurde und schließlich in die industrielle Revolution mündete.

Jahrhundertelang wurde Kohle auf menschlichen Rücken oder mit Hilfe von Seilen an die Oberfläche transportiert. Vielfach lieferten Pferde und Wasserräder zusätzliche Energie. Auf die gleiche Weise musste Sickerwasser ausgeschöpft werden. Als eine Maschine erfunden wurde, die die Wärmeenergie der Kohle zur Förderung dieses Rohstoffs in mechanische Energie verwandeln konnte, war ein völlig neues technisches System geboren. Die Dampfmaschine ermöglichte eine effizientere Förderung von Kohle, die wiederum den Brennstoff der Maschine und darüber hinaus einen Überschuss an nutzbarer Energie lieferte. Durch die üppige Energiebasis konnte Stahl nicht nur in seiner Qualität verbessert, sondern in bis dahin nicht vorstellbaren Mengen hergestellt werden. Der große Bereich der Mechanik, einschließlich des Maschinenbaus, erlebte eine Blüte. Ohne die industrielle Revolution wäre beispielsweise die mechanisierte Textilindustrie nicht möglich gewesen. Während des Winters zitterten die Menschen vor Kälte und mussten ihre schmutzigen und rauen Kleidungsstücke direkt auf der Haut tragen. Mit der Verbreitung von industriell hergestellten Unterhosen, Unterhemden und Socken wurde die Textilbranche angekurbelt. Der gesteigerte Warenaustausch machte ein leistungsfähigeres Transportsystem notwendig. Dabei spielte bald die Eisenbahn eine wichtige Rolle, die mehr Ressourcen herbeischaffen konnte und den Handel belebte. Alles in allem war es ein überaus erfolgreiches, sich selbst perpetuierendes und wachstumsintensives System.

Fundamental neue Entwicklungen sind dann erforderlich, wenn technische Systeme an ihre Grenzen stoßen und sich zugleich durch ihre eigenen Erfolge gefährden. Eine Scheidelinie wird erreicht, wenn eine Bevölkerung stark wächst oder sich ein höheres Konsumniveau einstellt. Eher statische Systeme sind dagegen länger überlebensfähig; Neirynck führt beispielhaft das ägyptische Reich an, das über annähernd 3000 Jahre auf ein und derselben Kultur- und Technikstufe verharrte. Am Beispiel Roms zeigt er, dass ein System an den selbsterzeugten Bedingungen zugrunde geht, wenn weder technische noch politische Entwicklungen einsetzen, die es ermöglichen, eine wachsende Bevölkerung mit gestiegenen Ansprüchen ausreichend zu versorgen.

Daran zeigt sich ein bestimmtes Prinzip: Sobald die durch neue technische wie politische Lösungen rasch wachsende Bevölkerung auf dem Stand der nun veralteten Technologie nicht mehr ernährt werden kann, überfordert ihre Zahl das alte technische System. Ein »Zurück in die Steinzeit« hieße heute, dass fast alle Menschen in kürzester Zeit verhungern würden. Etwas Neues muss erfunden und eine Scheidelinie überschritten werden, der Weg zurück ist ohnehin verbaut.

Dieses Muster bleibt immer gleich. Als die dramatischste Folge technischer Evolution erweist sich die Zunahme der Bevölkerung, die jetzt ernährt werden kann, aber in der Folge dann auch ernährt werden muss. Hinzu kommen die gestiegenen Ansprüche der Bevölkerung. Ein Haus, ein Auto und Ferienreisen zum Beispiel sind über die vergangenen ein bis zwei Generationen in den industrialisierten Ländern für breite Teile der Bevölkerung zum Standard geworden. Diese Bedürfnisse müssen auch in Zukunft befriedigt werden, andernfalls drohen politische Unwägbarkeiten und chaotische Zustände, denn wer nicht mehr bekommt, woran er sich gewöhnt hat, wird schnell nervös und aggressiv. Und das aus verständlichen Gründen, ist das Gewohnte in der »Hardware« unserer neuronalen Netze doch tief verankert. Wenn gegen diese Einspeicherungen verstoßen wird, setzen körperliche Abwehrreaktionen ein.

In Zahlen: Im Laufe der letzten 10 000 Jahre ist die Bevölkerung der Erde um den Faktor 3000 gewachsen. Das Konsumniveau, das sich zum Beispiel grob am spezifischen Energieverbrauch festmachen lässt, nahm ebenfalls massiv zu. Daraus ergibt sich eine Steigerung der Gesamtbelastung des Biotops durch die Menschen während der vergangenen 10 000 Jahre um etwa den Faktor eine Million.

Gleichzeitig hat der technische Fortschritt Entlastung gebracht, wie das Beispiel Papier zeigt. Das Grundrezept ist noch das gleiche wie vor 2000 Jahren: Man nehme pflanzliche Faserstoffe, verdünne sie in Wasser, gebe das Ganze auf ein Faservlies und lasse es trocknen. Im Mittelalter wurden Lumpen (Hadern) zerstückelt, in Wasser eingeweicht und zerstampft. Die Masse gab man in Bütten, aus denen das Papier mit feinen Sieben herausgefischt wurde. Heutige Zellstofffabriken kosten dreistellige Millionenbeträge, und die Papiermaschinen dort sind so groß und teuer wie ein Jumbojet und auf höchste Effizienz getrimmt. Über die gesamte Produktionskette betrachtet, erfordert Papierherstellung zwar immer noch viel Wasser, Energie und Holzfasern, verglichen mit früher aber nur noch einen Bruchteil an natürlichen Ressourcen pro Quadratmeter. Im Laufe ihrer 2000-jährigen Geschichte wurde die Papierherstellung gründlich dematerialisiert. Allgemein gilt, dass die Dematerialisierung, also weniger erforderlicher Input für mehr Output, eine übliche Begleiterscheinung des technischen Fortschritts ist.

Unterm Strich bleibt dennoch ein gewaltiger und immer noch zunehmender Druck auf das ökologische Trägersystem, die Erde, denn die Entlastung durch saubere Technik über alle Produktionsprozesse hinweg wird immer wieder durch das außerordentliche Wachstum des Gesamtsystems überkompensiert. Es ist noch gar nicht so lange her, als man sich vom »papierlosen Büro« eine deutliche Ressourcenersparnis versprochen hat – mittlerweile ist das nur noch ein schlechter Witz.

Der Grund, weshalb die gewünschte Wirkung nicht eingetreten ist, ist der sogenannte Bumerangeffekt[20] oder Rebound-Effekt, wie er sich durch die gesamte Technikgeschichte zieht. Dieser Aspekt, der ein Hauptanliegen von Jacques Neirynck ist, zeigt, dass der Fortschritt in der Regel einen gesteigerten Forderungsdruck auf das jeweilige technische System und die Natur erzeugt, weil durch bessere Technik und neue technische Systeme der Zugriff auf mehr und andere Ressourcen möglich wird (zum Beispiel Ölbohrungen auf dem Meeresgrund in 1500 Metern Tiefe) und der Preis für Güter tendenziell sinkt. Wenn es dann keine geeignete gesellschaftliche Ordnung oder Governance-Struktur gibt, die Ressourcenzugriffe gesellschaftlich begrenzt, wird durch die technische Verbesserung der Gesamtzugriff der Menschheit auf die Umwelt erhöht, auch wenn er pro Wertschöpfungseinheit sinkt. Das heißt, je effizienter die Technik, desto mehr Ressourcen werden insgesamt verbraucht, sofern nicht auf der Governance-Seite gegengesteuert wird.

Beim direkten Bumerangeffekt führt effizientere Technik zu

geringeren Preisen, wodurch die Nachfrage stimuliert wird. Zu beobachten ist dieses Phänomen immer wieder im IT-Bereich. Heute steckt in jedem Handy und in jedem Auto mehr Rechenleistung als in den altehrwürdigen Maschinen, wie sie ein Computerpionier wie Konrad Zuse in den 1940er Jahren aus Telefonrelais zusammengebaut hat. Und während Rechner vor nicht allzu vielen Jahren noch ganze Räume füllten, Unsummen kosteten und folglich nur von Konzernen, großen Organisationen und dem Militär genutzt wurden, sind Personal Computer mittlerweile aus dem Lebens- und Berufsalltag von Millionen Menschen nicht mehr wegzudenken. Da hilft auch die Miniaturisierung der Geräte wenig. Der Siegeszug der Computer, von einigen wenigen Exemplaren hin zu Hunderten von Millionen, bedeutet einen gewaltigen Aderlass an Ressourcen.

Selbst wenn durch fallende Preise in gesättigten Märkten keine direkten Nachfrageeffekte mehr nachweisbar sind, sprich: wenn jeder Haushalt bereits über mehrere Computer, Fernseher, Autos etc. verfügt, selbst dann kann Effizienz zu verstärktem Konsum führen. Dann fährt man eben mit dem aufgrund billigerer Produkte eingesparten Geld in Urlaub – der sogenannte indirekte Bumerangeffekt.

Schließlich gibt es noch vielfältige Formen des Bumerangeffekts, die sich durch die gesamte Ökonomie ziehen. Ob Eisenbahn, Schifffahrt, Individualverkehr oder Luftfahrt: Leistungsfähigere Verkehrsmittel haben immer wieder neue Produkte, neue Dienstleistungen und neue Bedürfnisse, sogar neue Kulturen ermöglicht. Man denke nur an die Erfindung des Autos und die Folgen für die Mobilitätsgewohnheiten, die Raumplanung, die gesamte Kultur, zuerst in Nordamerika, später in Europa und schließlich weiten Teilen der Welt. Von Fords Modell T vor 100 Jahren bis hin zu Billigautos, die demnächst in Hunderttausenden oder Millionen von Exemplaren in den Schwellenländern zu finden sein werden.

Die Verhältnisse sind daher rückblickend nicht einfacher, sondern schwieriger geworden. Immer mehr Menschen auf einem immer höheren Konsumniveau tragen immer größere Erwartungen und unerfüllte Konsumwünsche mit sich herum: »Die ich rief, die Geister, werd ich nun nicht los« – das literarische Zitat umschreibt diese Logik treffend. Eine Entspannung ist nicht in Sicht. Technik ist eine Chance, nicht mehr, und solange entscheidende Fragen der Governance nicht gelöst sind, verschärft technischer Fortschritt die Umwelt- und Ressourcenprobleme in ihrer Gesamtheit eher, als sie zu lösen. Das spricht nicht gegen den technischen Fortschritt, wohl aber für die Notwendigkeit erheblicher Innovationen und Fortschritte im Bereich der Governance.

## Technischer Fortschritt?

Die erste industrielle Revolution begann mit der Erfindung der Dampfmaschine. Von 1750 bis 1850 entstand ein bis dahin unbekanntes technisches System, das seinerseits von kulturellen und gesellschaftlichen Innovationen begleitet wurde. Es war eine komplett neue Welt: Man bewegte sich nun mit der Eisenbahn oder mit dem Dampfschiff, und der Planet wurde langsam von Europa aus erobert. Nur Zentralafrika und die Pole galt es noch zu entdecken. Gas und Kohle waren die entscheidenden Energiequellen. Die Städte wurden immer größer, die Straßen waren nun gepflastert und mit Laternen versehen. Der Telegraf machte die Kommunikation über den Ärmelkanal möglich. Die Fotografie wurde erfunden, die Nähmaschine und das Nitroglyzerin. Hätten die Menschen es dabei bewenden lassen und ihre Reproduktionsrate auf diese Technik eingestellt, hätten sie einige Jahrhunderte und vielleicht sogar Jahrtausende in diesem ziemlich komfortablen System leben können. Aber so stellte sich das Thema nie dar – und wer hätte darüber entscheiden sollen? Stattdessen wollten die Menschen mehr, und sie konnten auch mehr, weil sie erfinderisch waren und der Wettbewerb sie antrieb. Damit schufen sie die Voraussetzungen für eine weitere Expansion, ohne dass ihnen die Natur unüberwindliche Grenzen setzte.

Das Ergebnis der zweiten industriellen Revolution war die Elektrotechnik. Die Erfindung der Glühlampe datiert auf 1879. Im Jahr 1890 wurde in London die erste elektrisch betriebene U-Bahn-Linie eröffnet, und 1907 folgte die erste elektrifizierte Eisenbahn. Parallel dazu gewann die Informationstechnik an Fahrt. Die Erfindung des Telefons geht auf das Jahr 1876 zurück, und das Radio ist ebenfalls ein Beitrag der zweiten industriellen Revolution. Aber auch das Maschinengewehr, das Giftgas, insgesamt eine gewaltige industrielle Tötungsmaschinerie, die während des Ersten Weltkriegs zum Einsatz kam. Die Kohle, die bis dahin der wichtigste Brennstoff gewesen war, wurde mehr und mehr vom Erdöl verdrängt.

Im Übergang von der ersten zur zweiten industriellen Revolution entstand also ein neues technisches System, aber diesmal unter einem besonderen Vorzeichen. Dabei war die Ressourcenbasis der ersten industriellen Revolution noch lange nicht erschöpft. Ausschlaggebend war diesmal nicht, dass die Grenze des alten Systems erreicht worden wäre, die Treiber bildeten vielmehr Wissenschaft und durchorganisierte Innovationsstrukturen, die von Staaten und Unternehmen in Gang gebracht worden waren. Das Zentrum der technischen Innovation verlagerte sich von England zuerst nach Deutschland, dann in die USA. Deutschland entwickelte Ende des 19. Jahrhunderts ein System von technischen Hochschulen[21], an denen die Ingenieure eine Ausbildung in Physik, Chemie und Mathematik erhielten.

Der Übergang von der ersten zur zweiten industriellen Revolution ist für die heutige Ressourcendiskussion von besonderem Interesse, denn er zeigt, dass man nicht warten muss, bis die Knappheiten offenkundig geworden sind. Wenn es im Laufe der technischen Entwicklung gelingt, die entscheidenden Wertschöpfungsprozesse von knappen, nicht erneuerbaren Ressourcen auf verfügbare, insbesondere auf erneuerbare Ressourcen zu transferieren, dann verschwindet der Engpass. Das Gehirn ist dabei der Motor, aber ebenso der Engpass. Das ist die Argumentation von Kapitza, der die Grenzen des Wachstums, wie oben dargestellt, nicht im Bereich der Ressourcenbasis verortet, sondern in der begrenzten Innovationsgeschwindigkeit des Menschen, also letztlich im Gehirn.

Die dritte industrielle Revolution, die durch den permanenten Innovationsschub der Informations- und Kommunikationstechniken befeuert wird, vollzieht sich gegenwärtig vor unseren Augen. Sie verläuft noch schneller als alles bisher Dagewesene und erfolgt wiederum zu einem Zeitpunkt, in dem die Ressourcenbasis der vorangehenden Revolution noch längst nicht erschöpft ist. Diesmal wird sie durch die immer höhere Bewertung, Förderung und Instrumentalisierung der Wissenschaft vorangetrieben. Wissenschaft wird vielfach sogar zur Pseudoreligion erhoben.

All das kumuliert in einem Zustand der Welt, den Jacques Neirynck als höchst gefährlich einschätzt. Wir befinden uns auf dem geschichtlichen Höhepunkt der Fähigkeit, weltweit Unordnung und Zerstörung auszulösen. In allem, was wir tun, und mit jedem Versuch, die Welt für die Menschen vermeintlich besser zu gestalten, machen wir sie noch verwundbarer, und wir bedrohen die Lebensgrundlagen insgesamt. Der Bumerangeffekt destabilisiert die ökologischen Systeme weiter, stört den Zusammenhalt und die Balance zwischen den Kulturen und hat uns bereits in nahchaotische Zustände gebracht. Wir sind kaum noch in der Lage, diese zu durchschauen, und in politischer wie gesellschaftlicher Hinsicht beherrschen wir sie erst recht nicht, weil das Tempo und die Innovationsgeschwindigkeit viel zu hoch sind. Wir leben jetzt in einer Welt, in der die Verhältnisse uns treiben und nicht wir sie. Wir sind nahe am Chaos. Wir reagieren mehr, als dass wir agieren, auch wenn uns in der medialen Kommunikation täglich etwas anderes suggeriert wird. Selbst wenn Führungspersönlichkeiten aus Politik und Wirtschaft Entschlossenheit demonstrieren und so tun, als hätten sie alles im Griff – nichts haben sie im Griff; die Entwicklung hat sie im Griff, exemplarisch zu studieren an der Umweltkatastrophe 2010 im Golf von Mexiko.

## Eine zukünftige stabile Welt ist denkbar

All das ist keine Technikschelte. Technik hat unser Leben sehr viel angenehmer gemacht. Technikfeindlichkeit wäre keine aussichtsreiche Strategie, denn bei den Ansprüchen, die heute im Raum stehen, benötigen wir zukünftig eine noch viel exzellentere Technik, aber korrespondierend dazu auch gesellschaftlichen Fortschritt bei den Governance-Strukturen. Letzteres ist mindestens so wichtig wie die technische Seite. Selbstverständlich brauchen wir parallel auch Märkte, Wettbewerb und eine exzellente Ausbildung, damit die neue Technik, aber auch die neuen Governance-Strukturen überhaupt entstehen können.

Technik ist wie ein Wunder. Welcher Segen liegt in der Erfindung des Penicillins oder der nichtinvasiven Verfahren der Chirurgie! Das Leben ungezählter Menschen wurde durch Waschmaschine, Kühlschrank, Elektroherd, Kinderbuggy und Aufzüge signifikant verbessert. Welche neuen Möglichkeiten schafft ein Computer oder ein Flugzeug! Oder nehmen wir das Auto, eine der großartigsten Maschinen, die der Mensch je gebaut hat. Es ist ein zunehmend intelligentes, sensomotorisches System mit bereits mehr als 1000 Chips zur Sicherung seiner Funktion.

Es lohnt sich, unter Wertschöpfungsaspekten einmal zu bedenken, wie nützlich ein Auto ist. Nehmen wir als Beispiel eine Mutter mit zwei Kindern, die irgendwo draußen vor der Stadt wohnt. Was dieses Auto an Gewichten transportiert, zum Beispiel beim täglichen Einkauf oder im Urlaub! Wie könnte das funktionieren, wenn man nur die menschliche Kraft zur Verfügung hätte? Wie viele Sklaven würde man benötigen, um die Dinge vergleichbar zu erledigen? Vom Tempo einmal ganz abgesehen.

Gesetzt, man könnte 100 Sklaven befehligen. In den meisten Fällen würden sie nicht das schaffen, was ein einziges Auto bringt. Und rechnet man nun die 100 Sklaven als Arbeitnehmer mit einem Einkommen von 25 000 Euro im Jahr – dann bekommt man eine Vorstellung davon, wie günstig ein Auto ist. So wird deutlich, welche unglaublichen Wertschöpfungspotenziale in solchen Maschinen stecken, welche Vorteile es hat, sie nutzen zu dürfen, und welche Bedeutung die Fähigkeit hat, sie auf Weltmarktniveau produzieren zu können. Deutlich wird auch, warum und dass es diese Maschinen sind, die uns reich machen – was nicht davon ablenken soll, dass die ökologischen Effekte erst noch bewältigt werden müssen.

Mensch und Werkzeug – das ist fast ein Synonym, denn der Mensch und seine Artefakte sind beinahe untrennbar miteinander verbunden. Die Werkzeuge und technischen Lösungen sind es, die uns zum Menschen machen und damit vom Tier unterscheiden.[22]

Dennoch hilft ein naiver Glaube an den technischen Fortschritt, ein sogenannter *technology fix*, nicht weiter. Technik ist ambivalent, weil technische Lösungen über den Bumerangeffekt stets auch neue Probleme generieren, wenn man keine gesellschaftlichen Vorsorgemechanismen gegen diesen Effekt etabliert beziehungsweise zu etablieren in der Lage ist. Als Gesellschaft ist uns das mittlerweile so sehr bewusst, dass Innovationen mit Akzeptanzkampagnen begleitet werden. Die Entwicklung der Gentechnik stößt, beispielsweise bei der Verwendung von Embryonen in der Forschung, immer wieder an geltende ethische Grenzen. Das wichtigste Argument der Befürworter lautet unterdessen, dass wir hier forschen müssen, weil uns sonst andere zuvorkommen und der Markt uns bestraft.

Wir haben keine Zeit mehr, die Dinge gründlich zu durchdenken und sie dann international abgestimmt zu verfolgen. Und insofern sind es unvernünftige Ordnungsbedingungen, die dazu führen, dass wir Dinge tun müssen, ob wir wollen oder nicht, ob sie einzusehen sind oder nicht. Das gilt vor allem für sogenannte »freie« Wettbewerbsstrukturen ohne eine ausreichende Regulierung des Erlaubten und Nichterlaubten. Typische Situationen verlaufen so: Ein Teilnehmer nutzt seine »Freiheit« und prescht vor, oft sogar wider besseres Wissen, einzig und allein, weil er sich daraus einen Vorteil verspricht, den er genau dann hat, wenn die anderen sich zurückhalten. Dadurch entsteht eine neue Situation, die letztlich alle zwingt mitzugehen. Die überwiegende Mehrheit der Bevölkerung würde das bei freier Wahl keineswegs tolerieren. Die Aktiven aber, die die Bewegung nach vorne tragen – oft sind es die Forscher selber oder Investoren –, sind froh über diese Verhältnisse, denn Freihandelsbedingungen erzeugen Marktzwänge, über die sie bekommen, was sie wollen. Unter anderen Ordnungsbedingungen, ohne Zeitdruck und unter der Voraussetzung mehrheitlich getragener Entscheidungen, könnten sie ihre Positionen kaum durchsetzen. Sie würden sie wohl nicht einmal vertreten.

Das Argument, mit neuen medizinischen Methoden könnten wir zukünftig Menschen retten, ist in diesem Kontext zwar richtig, aber genauso richtig ist, dass die Menschen anschließend eine andere Krankheit entwickeln oder aus anderen Gründen sterben würden. Das wäre zumindest so lange der Fall, wie uns die Unsterblichkeit nicht gelingt. Und bei allem medizinischen Fortschritt sind wir heute, vielleicht mehr als je zuvor, obsessiv mit Gesundheit und Angst vor Krankheit beschäftigt – von Krebs über Parkinson, Herz-Kreislauf-Krankheiten bis hin zu Diabetes. Das spricht nicht gegen den Fortschritt an sich, aber es relativiert seine Verheißungen.

Sicher kann ein potenzieller Fortschritt nicht als Totschlagargument verwendet werden, um Debatten zu verhindern oder umzufunktionieren. Demokratische Gesellschaften brauchen einen offenen Diskurs darüber, welchen Fortschritt sie wollen und welches Tempo sie dabei einschlagen. Entscheidungen sollten demokratisch gefällt werden, sowohl im Hinblick auf den Einsatz finanzieller und intellektueller Mittel, insbesondere auf der öffentlich finanzierten Seite, als auch in Abwägung anderer Nöte, die auf diesem Globus offensichtlich sind. Aber in Zeiten der Globalisierung würde das nur weltweit funktionieren. Die Voraussetzung wären Schritte in Richtung auf eine weltweite Demokratie – und die sind leider noch nicht zu erkennen.

Jacques Neirynck führt die Diskussion über die Ambivalenz des technischen Fortschritts unter den Begriffen der »Janusköpfigkeit« und der »technischen Illusion«. Er warnt davor, von der Technik Dinge zu erwarten, die sie nicht leisten kann, oder sich einer Magie oder Pseudoreligion hinzugeben, die nicht nur negative Seiten hat, sondern unvorstellbare Katastrophen heraufbeschwört. In der Geschichte der Atombombe, ihrer Anwendung und der nach wie vor von ihr ausgehenden Bedrohung ist die Skepsis gegenüber dieser Technologie mittlerweile Allgemeingut. Neirynck wird hier besonders deutlich, wenn er sagt, die Atombombe sei das unabwendbare Ergebnis der Arbeit der intelligentesten, selbstlosesten und friedfertigsten aller Menschen. Technische Illusionen sieht er aber auch in vielen anderen und scheinbar harmlosen Erfindungen: in der Verkehrstechnik, der Weltraumtechnik und der Medizin.

Als ordnendes Prinzip der Analyse des technischen Evolutionsprozesses verwendet Neirynck den zweiten Hauptsatz der Thermodynamik, also das Gesetz von der unausweichlichen und andauernden Zunahme der globalen Entropie. Anschaulich gesprochen geht es um den Verlust an Ordnung oder Homogenität im Universum. Der Mensch ist in dieser Sicht ein Lebewesen, das immer effizienter dazu beiträgt, in einem globalen Sinne Ordnung zu zerstören und Energien zu verbrauchen. Und zwar infolge seines Bemühens, für sich lokal und kurzfristig über mehr Ordnung das zu verwirklichen, was er jeweils als ein erfülltes menschliches Leben ansieht. Insgesamt beinhaltet diese Sicht der Technikentwicklung eine große Desillusionierung, weil sich die Hoffnung auf rein technische Lösungen, der genannte *technology fix*, als Illusion erweist. Oder anders ausgedrückt: Zu lösen sind in erster Linie die großen gesellschaftlichen und politischen Fragen.

Neiryncks Perspektive ist ein technisches System mit niedriger Entropie. Auf diesem Wege ist eine zukünftige stabile Welt durchaus vorstellbar. Es wäre eine Welt mit einer Ökonomie, die weitgehend auf erneuerbaren Ressourcen basiert, die ihre Rohstoffe sehr effizient und effektiv einsetzt, deren Stoffwechselprozesse mit ihrem Biotop langfristig und nachhaltig angelegt sind und die somit »in Frieden« mit ihrer Umwelt lebt. Eine Welt, die künftig, vielleicht in 300 Jahren, nicht mehr sieben oder acht oder zehn Milliarden Menschen beherbergt, sondern deutlich weniger, vielleicht sogar nur noch eine Milliarde, wie es gegen Mitte des 19. Jahrhunderts der Fall war. Damit ließe der Druck auf die Natur trotz hohem Konsumstandard von selber nach. Denkbar ist auch eine Welt, die ohne weitere Innovationen auskommt und stattdessen Technologien nutzt, über die sie bereits verfügt und die sich die Menschheit zuvor im Laufe vieler Generationen erarbeitet hat. Das wäre eine reiche Welt, die sehr ausgeglichen ist und die ihre Verhältnisse über Bürokratie, Gewerkschaften oder eine aktive Bürger- und Zivilgesellschaft organisiert. Eine Welt mit Zukunft.

Zurzeit ist das noch ein fast unerreichbares Fernziel, weil die heutige Welt völlig anders aussieht. Hier gelten andere Bedingungen, und Wachstum wird fast zur Notwendigkeit. Die heraufziehenden Gefahren sind dabei kaum zu unterschätzen, dennoch ist eine stabile Welt mit Zukunft denkbar. Es gibt in längerer Perspektive auch keinen permanenten Wachstumszwang in der Wirtschaft. Das zu wissen ist mehr als nichts.

## Rechner verändern die Welt

Eine Zeitenwende steht an, ein Phasenübergang. Wir haben den ultimativen Beschleunigungsschritt in einem Prozess vor uns, der gemäß einem Wachstumsmuster verläuft, das über Jahrmillionen das Schicksal der Menschheit bestimmt hat, in dieser Form nun aber nicht mehr fortgesetzt werden kann. Kommunikationstechnologien sind der entscheidende Treiber in diesem Prozess.

Viele Telefonate, die wir auf der Straße, im Zug oder im Restaurant miterleben, sind von einer gewissen Trivialität: So ist Kommunikation! Vielleicht werden Beziehungen durchs Handy oder unter Nutzung des Internets nicht unbedingt tiefer, dafür aber vielfältiger, variabler und über Distanz gestaltbarer. Ob privat oder beruflich, durch die permanente Erreichbarkeit werden Austausch, Abstimmung und Meinungsbildung immer stärker miteinander verzahnt. Das ist nicht nur in bereits entwickelten Ländern der Fall, denn auch die sich entwickelnden Länder holen in großen Schritten auf.

Dieser Prozess basiert auf dem sogenannten *leapfrogging*. Es bedeutet, dass die jeweils besten Lösungen übernommen werden, die es irgendwo schon gibt. Zu den typischen *leapfrogging*-Prozessen gehört in der Telekommunikation, sehr viel leistungsfähigere und zugleich preiswertere Glasfaserkabel statt Kupferkabel zu verlegen. In ärmeren Regionen erspart man sich zunächst den aufwendigen Aufbau eines Kabelnetzes ganz, stellt stattdessen Funkmasten auf und ermöglicht so Telekommunikation.

Es begann mit der Erfindung der Sprache, der Schrift, des Buchdrucks. Der ultimative Treiber der großen Veränderungen der letzten Jahrhunderte ist die Informations- und Kommunikationstechnik: Telefon, Radio, Fernsehen und schließlich das Internet. Insbesondere die letzte Hälfte des 20. Jahrhunderts war ein einziger Kommunikationsrausch. Die Menschheit, verstanden als Superorganismus, ist im Begriff, ihr Nervennetz zu organisieren und ständig auszuweiten.

Die Informations- und Kommunikationstechniken der dritten industriellen Revolution sind noch relativ jung. Und doch haben sie die Welt schneller und in weit größerem Maße verändert als alle Technologien zuvor. Auch ihre Ausbreitung erfolgte schneller als bei allen anderen vorangehenden technischen Systemen. In den Foren der Technologiefrüherkennung werden nun für die Zukunft als aussichtsreichste Felder zwar immer wieder Material-, Nano- oder Biowissenschaften genannt. Analysiert man die Potenziale aber genauer, zeigt sich, dass sie ihre Bedeutung zu einem großen Teil daraus ziehen, dass sie die Möglichkeiten der Informations- und Kommunikationstechnik noch weiter zu steigern versprechen. Diese bleibt wohl auch weiterhin der größte Treiber von Veränderungen, und zwar deshalb, weil hier viele Intelligenzdimensionen technisch verfügbar werden – man denke nur an heutige Navigationssysteme im Auto, die eine radikal neue Möglichkeit der Orientierung in fremdem Terrain bieten. Wobei sich die technische Lösung, nämlich die Nutzung eines Signalaustauschs mit mehreren Satelliten zur Bestimmung der eigenen Koordinaten, radikal unterscheidet von der Art, wie sich Menschen oder Tiere zurechtfinden. Das bedeutet, die Lösung einer Aufgabe durch eine technische Form muss nicht immer dem biologischen Vorbild folgen.

Vor einem halben Jahrhundert begann die Ära der Großrechner, später kamen Personal Computer auf, die nächste Stufe ist ein weltumspannendes Netz mit Multimedia-Qualitäten. Diese Technologien erlauben es, Wissen vielfältiger Art vorzuhalten, zu speichern, zu tradieren, zu nutzen und weiterzugeben; teilweise sogar ohne jegliche Beteiligung von Menschen. Durch ihre Möglichkeiten der komplexen Wissensverarbeitung und -generierung geht die moderne Rechner- und Netzwerktechnologie einen entscheidenden Schritt über traditionelle Techniken wie zum Beispiel das Buch hinaus. Keine Stadtverwaltung, kein größeres Unternehmen ist heute mehr ohne entsprechende Datenbanken denkbar. Rechner jonglieren nicht nur mit Wissen, sie agieren auch, denn sie senden Signale, steuern Flugzeuge, korrigieren Texte und unterhalten Kunden.

Wie konnte es sein, dass in so kurzer Zeit so dramatische Veränderungen möglich wurden? Und warum ist das gerade im Bereich der Informations- und Kommunikationstechnologie geschehen? Hier muss man an die Väter der modernen Informationstechnik erinnern, namentlich an Alan Turing, John von Neumann und Kurt Gödel. Vor etwa 60 Jahren haben sie bereits die vollständige mathematische Charakterisierung der digitalen Informationsverarbeitung entwickelt. Im Wesentlichen reicht es, technisch-physikalisch Strukturen zu realisieren, die das kleine Einmaleins auf den beiden Zahlen 0 und 1 durchführen können. Damit ist gemeint, dass das Zusammenbringen der Zustände »null« und »eins« an den Eingängen einer Schaltung, etwa in Form »Spannung am ersten Eingang nicht angelegt« (also 0) und »Spannung am zweiten Zugang angelegt« (also 1), zu dem Ausgangszustand »Spannung angelegt« und damit »eins« führt (da im Zweiersystem $0 + 1 = 1$ ist).

Dass es gelang, die Kernaufgabe einerseits so prägnant im Bereich der physikalischen Realisierung und andererseits so einfach zu formulieren, ist in seiner intellektuellen Brillanz wunderbar und vermittelt uns die Idee einer tieferen Harmonie des Kosmos. Erst diese Verdichtung der Aufgabenstellung hat den gewaltigen technischen Innovationsprozess in Gang gesetzt, der heute den Kern der Dynamik in den Innovationsprozessen im Bereich der Informations- und Kommunikationstechnologie bildet.

Vieles spricht dafür, dass wir auf diesem Weg Potenziale zur Verfügung haben werden, die heute noch unvorstellbar sind. Bis vor kurzem galten Dimensionen, die wir üblicherweise mit Gefühl, Intuition und Handeln »aus dem Bauch heraus« verbinden, als exklusive menschliche Fähigkeiten. Dabei geht es um eine ganzheitliche Beurteilung, angefangen bei der Gesichtserkennung über das automatische Fahren bis hin zur Einschätzung sicherheitsrelevanter Situationen. Sensorsignale aller Art gilt es dabei zu verarbeiten.

Technische Wahrnehmungssysteme, die den menschlichen Sinnesorganen nachgebildet sind – wie Sehen, Hören und Fühlen –, sind hierfür erforderlich und schaffen eine enge Anbindung der Maschinen an die reale Welt.

Ein einfaches Beispiel sind RFID-Chips, die aussehen wie Etiketten und zum Beispiel auf Flughäfen genutzt werden, um Gepäckstücke zu markieren. Die Chips tragen Informationen und stellen sie auf Anfrage zur Verfügung. Die Übertragungsenergie kommt in diesem Fall immer vom Lesegerät, der Chip selber bleibt passiv. RFID-Chips haben ein großes Potenzial. Sie halten Informationen vor, die von anderen Systemen bei Bedarf abgerufen werden können, um ein intelligenteres Verhalten zu ermöglichen. Wissen über die Welt, wie der Mensch es besitzt, kommt auf diese Weise auch Gegenständen zu. Man denke an einen Tisch, der mit einem RFID-Chip ausgestattet ist und Informationen über seine Bauform oder Oberflächenbeschaffenheit einem Reinigungsroboter zur Verfügung stellt.

Nun sind erstmalig in der Geschichte die Voraussetzungen dafür geschaffen, dass technische Systeme (wie biologische Systeme schon immer) mit vielfältigen Sinneseindrücken ganzheitlich und integrativ umgehen können. All dies führt zu technischen Systemen großer Komplexität und Leistungsfähigkeit, die es vielleicht erlauben werden, den bisherigen »Engpass Mensch« mit seiner begrenzten Lern- und Verarbeitungsfähigkeit in vielen Anwendungsbereichen zu umgehen. Möglicherweise kann das – je nach Art der politischen Organisation und der Machtstrukturen – für Menschen dramatische Konsequenzen haben, wenn sie nämlich infolge technischer Innovationen der beschriebenen Art im ökonomischen Geschehen nicht mehr gebraucht werden.

## Die Intelligenz von Superorganismen

Der einzelne Mensch bildet mit seinen körperlichen, seelischen und geistigen Dimensionen einen Organismus, der aus Milliarden lebender Zellen besteht. Begreift man nun in Analogie komplexe Strukturen oberhalb dieser Ebene – etwa Schulen, Städte, ja die gesamte Menschheit – als übergeordneten Superorganismus, eröffnet dies im Hinblick auf historische wie aktuelle Entwicklungen neue Einsichten. Denn Superorganismen sind, gemäß Definition, aus Teilsystemen aufgebaut, die ihrerseits lebensfähig sind, das heißt eine eigene Dynamik und eigene Entwicklungsprozesse entfalten können.

Verfügt ein Superorganismus über so etwas wie Intelligenz? Um diese Frage beantworten zu können, gilt es zunächst, einige Grundlagen der Intelligenz und des Bewusstseins in systemtheoretischer Sicht zu erörtern. Der hierfür verfolgte Ansatz setzt bei Verarbeitungsebenen von Informationen und Wirkungen an, wie sie in biologischen Systemen in unterschiedlichem Umfang vorhanden sind.[23] Es handelt sich um vier Ebenen, die im Evolutionsprozess über Hunderte von Millionen Jahren nacheinander entstanden sind und jeweils aufeinander aufbauen. Der Mensch mit der besonderen Leistungsfähigkeit seines Gehirns steht dabei als letztes, am weitesten entwickelte Glied in dieser langen Kette, deren Entwicklungsstufen in seinem Gehirn- und Nervensystem, in seiner embryonalen Entwicklung sowie in späteren Lern- und Wachstumsphasen erkennbar bleiben.[24]

Auf der ersten Entwicklungsebene liegt Wissen in Form einer dreidimensionalen Entsprechung vor. Ein typischer Mechanismus ist das Schlüssel-Schloss-Prinzip, wie es vielfach in der belebten Natur zu finden ist. Vereinfacht gesagt handelt es sich dabei um zwei molekulare Strukturen, die wie Schlüssel und Schloss zueinander passen müssen, um eine bestimmte Funktion zu erfüllen. So müssen beispielsweise Spermien ein entsprechendes Protein an der Oberfläche der zu befruchtenden Eizelle vorfinden, um in sie eindringen zu können. Artfremde Spermien passen nicht in dieses »Schloss« und haben keine Chance. Ein anderes Beispiel sind Viren, die zur Infektion ihres Wirtes bestimmte biochemische »Andockstationen« benötigen. Auch Kopiervorgänge, wie sie in der DNS ablaufen, funktionieren nach dem Schlüssel-Schloss-Prinzip. Information und Interaktion hängen in diesem Fall an der dreidimensionalen geometrischen Struktur von Dingen, die zueinander passen – Sensor- und Aktorfunktionen – oder nicht, kurz: Wissen und Handeln sind auf der 3-D-Ebene noch nicht getrennt.

Bei der zweiten, der neuronalen beziehungsweise holistischen Ebene ist das Wissen in Form von »Können« in neuronalen Netzen vorhanden. Zecken verfügen beispielsweise unter Nutzung der Mechanismen auf dieser Ebene über ein sehr erfolgreiches Modell der Welt. Nehmen sie Buttersäure und eine Körpertemperatur von etwa 37 Grad Celsius wahr, lassen sie sich auf das (vermutete) Opfer fallen und beißen sich fest. Ein vergleichsweise einfaches Programm sichert das Überleben der Zecke seit Millionen Jahren.

Wissen und Handeln sind auf dieser evolutionären Stufe erstmalig getrennt. Mit der Folge, dass es so etwas wie eine Schlusskontrolle geben muss, die die Aktion schließlich freigibt. Entscheidungen zu treffen spielt eine wichtige Rolle, auf welchem Niveau auch immer. In kritischen Situationen gibt es häufig nur eine einzige Chance, sich zu entscheiden. Oft ist das eine Frage von Leben und Überleben.

Voraussetzungen für die neuronale Ebene sind schnelle Signalleitungen und Nervennetze. Im Laufe der Evolution sind vielfältige Ausprägungen bei Tieren und Menschen entstanden. In mathematischer Sicht leisten komplexe neuronale Netzwerke die Approximation (Näherung) genügend glatter hochdimensionaler Funktionen. Sie stellen beispielsweise den Zusammenhang her zwischen den Lichtreizen, die ein herannahender Tennisball auf der Retina des Auges eines Spielers erzeugt, und der Ausübung der motorischen Leistungen der Spielhand, um den Ball zurückzuschlagen. Eine der wichtigsten Leistungen auf neuronaler Ebene beim Menschen ist das Erlernen und Beherrschen komplexer Körperbewegungen, etwa Gehen oder Fahrradfahren.

Auf dieser Ebene befinden sich auch alle Fähigkeiten von Menschen und erst recht von Tieren, ganzheitliche und intuitive Bewertungen und Einschätzungen von Situationen »aus dem Bauch heraus« vornehmen zu können. Wenn wir einem Menschen zum ersten Mal begegnen, drängt sich uns meist ein spontaner Eindruck auf, der die Person zum Beispiel als sympathisch oder nicht sympathisch erscheinen lässt. Erst die Erfahrung zeigt dann, ob dieses intuitiv gewonnene Bild zutrifft.

Verhalten, das auf der neuronalen Ebene verankert ist, können wir auch bei Hunden oder Katzen studieren, wenn sie Situationen bewerten und in ihrem Sinne interpretieren: in der Begegnung mit Menschen, anderen Tieren, im Kampf um Positionen in Rangordnungen, bei der Futtersuche oder im Spiel.

Die zweite Ebene ist auch die Dimension, in die sich die Technik derzeit mit hohem Tempo hineinbewegt. Das Schlagwort Multimedia steht in diesem Kontext für einen vielfältigen und ganzheitlichen Umgang mit der Welt. Wenn es beispielsweise gelänge, verstorbene Schauspieler virtuell, das heißt in aktuellen Filmproduktionen, erneut auftreten und damit scheinbar »wiederauferstehen« zu lassen, könnte man damit beim Publikum erhebliche emotionale Effekte erzielen – möglicherweise ein wichtiges zukünftiges Marktsegment im Multimediabereich.

Erkenntnisse der vergangenen 30 Jahre zeigen, dass die Mechanismen auf der zweiten Ebene im Prinzip die Fähigkeit besitzen, alle – im mathematischen Sinne – stetigen, das heißt in den Übergängen »glatten« Funktionen zu erlernen. Darin liegt gleichzeitig das Potenzial, schon auf dieser Ebene alle Informationsverarbeitungsprozesse auszuführen, die ein Rechner prinzipiell verarbeiten kann. Insofern ist die neuronale, ganzheitliche Ebene, die oft mit der rechten Gehirnhälfte des Menschen assoziiert wird, weder »defizitär«, noch ist sie »mystisch«. Sie ist eine legitime, weitgehend verstandene und sehr wirkungsmächtige Form der Informationsverarbeitung, wie sie auch bei allen höheren Säugetieren vorliegt.

Die dritte, die Symbolebene, repräsentiert Wissen in Form von Sprache, Logik und symbolischen Kalkülen. Die Wurzeln reichen in den vorsprachlichen Bereich hinein. Der zwischen Sensorik und Aktorik, zwischen Wissen und Handeln, liegende Kontrollmechanismus beginnt zu überlegen, was zu tun ist. Das Bewusstsein beschäftigt sich simulativ mit der Zukunft, allerdings ohne Sprache. Vor unserem geistigen Auge laufen im Gehirn abgelegte multimediale »Filmsequenzen« ab, Bilder, Töne, Gerüche. Wir erleben das insbesondere in kritischen Situationen, schnellen Skiabfahrten oder gefährlichen Begegnungen im Autoverkehr. Der Bilderfluss erreicht das Gehirn äußerst intensiv. Wir reagieren mit voller Aufmerksamkeit, hochkonzentriert und sehr bewusst – wie in einem Zeitraffer, ohne begleitende Worte.

Der Endpunkt in der evolutionären Entwicklung auf der dritten Ebene ist schließlich die Fähigkeit des Menschen, eine interpersonelle Sprache zu entwickeln und auf begrifflicher Ebene zu denken, Theorien zu entwerfen, zum Beispiel die klassische Philosophie, all dies in einem gesellschaftlich-kulturellen Kontext. Das schließt die Fähigkeit ein, logisch-argumentativ mit Symbolen umzugehen und daraus Schlüsse zu ziehen, die dann ihrerseits wieder in das Verhalten einfließen können. Ein Vorteil liegt darin, über Klassifikation von Objekten und Zuständen die Komplexität in der Beschreibung von Situationen und Gegebenheiten in der realen Welt extrem zu reduzieren, unter anderem, um gezielter lernen zu können.

Die entsprechenden Fähigkeiten der dritten Ebene sind bereits bei Singvögeln und niederen Säugetieren in rudimentärer Form vorhanden. Wechselwirkungen und Kommunikation zwischen Lebewesen sind so möglich, auch über Artengrenzen hinweg. Aus der anhaltenden Kommunikationserfahrung mit Haustieren sind

Menschen immer wieder zu dem Schluss gekommen, dass diese Tiere in mancherlei Hinsicht ein ähnliches Innenleben haben wie wir. Im Sinne der zweiten und teilweise auch der dritten Ebene scheint bei Katzen oder Hunden also durchaus so etwas wie Bewusstsein auf. Sehr gut entwickelt ist die dritte Ebene bei allen Primaten, und natürlich in besonderer Form beim Menschen. Die Unterschiede zwischen Menschen und Primaten präzise herauszuarbeiten, insbesondere bei der Sprachentwicklung, ist eine spannende und schwierige Frage.[25]

Charakteristisch für das Bewusstsein auf abstrakter Ebene ist, dass es sich um einen Ausschnitt in der Informationsverarbeitung bestimmter (intelligenter) Superorganismen handelt, der auf einer sehr abstrakten Ebene eine Prozessverfolgung vornimmt. Seine wichtigste Funktion ist die Kontrolle und Entscheidungsfindung hinsichtlich des Einsatzes knapper Ressourcen, vor allem auch in überlebenskritischen Situationen. Die Steuerung von Aufmerksamkeit ist ein Beispiel dafür. Auch wenn das Denken manchmal schneller geht als das Sprechen, können wir doch nur einen Satz pro Zeiteinheit formulieren. Und dann noch einen. Und nicht zwei gleichzeitig. Bedingt durch derartige Knappheiten, zum Beispiel wegen der Verarbeitungskapazität und Struktur unserer Sinnesorgane, ist unser Bewusstsein ein einkanaliges System. Sieht man von gewissen Formen des »Time sharing« ab – zum Beispiel Musikhören *und* Lesen, Sprechen beim (bewussten) Gehen –, können Menschen auf bewusster Ebene konzentriert nur eine Sache zu einem Zeitpunkt machen. Der Grund ist wohl der, dass es aus evolutionärer Sicht nicht besonders effizient gewesen wäre, die begrenzte Gehirnkapazität, die immer ein Engpass war, so zu nutzen, dass mehrere »Bewusstseine« im Sinne einer Parallelverarbeitung voll ausgebaut wären, so dass man gleichzeitig mathematische Aufgaben lösen, ein Gedicht schreiben und mit jemandem eine intensive Unterhaltung führen könnte. Denn dann wäre jedes dieser »Bewusstseine« in der Leistungsfähigkeit eingeschränkter gewesen, als das jetzt der Fall ist. Bei Entscheidungen über Leben und Tod, etwa Verhalten im Kampf oder bei der Flucht, hätte dies die Überlebenschancen geschmälert. Ganz abgesehen davon, dass die verschiedenen »Bewusstseine« immer wieder auf dieselben knappen Ressourcen, etwa unsere Gliedmaßen, versuchen würden zuzugreifen. Die aber gibt es bei jedem nur ein einziges Mal, also hätte hier ohnehin wieder eine Koordinierung und Ressourcenzuordnung stattfinden müssen.

Sprache und Bildsequenzen sind die wichtigsten Beschreibungs- und Verarbeitungsmechanismen unseres Gehirns. Die Mächtigkeit dieses »Rechners« unterscheidet uns von allen anderen Tieren. Dies ist eine Abgrenzung. Die durchgängige Koppelung des »Rechners« mit dem Nervensystem unterscheidet uns bis heute von der Welt der Roboter – eine andere Abgrenzung.

Von der Symbolebene mit ihren Begriffssystemen erschließt sich die Möglichkeit, zu mathematischen beziehungsweise naturwissenschaftlichen Theorien und Modellen zu gelangen und aus Modellrechnungen Schlüsse zu ziehen, die wieder auf die anderen Ebenen und letztlich auf die Realität und das Verhalten von Menschen in dieser Realität zurückwirken.

Damit ist die vierte, die Modellebene erreicht. Hierzu zählen die bahnbrechenden Erfolge von Wissenschaft und Forschung in der Spätphase der kulturellen Evolution des Menschen innerhalb der letzten Jahrhunderte beziehungsweise Jahrzehnte. Es handelt sich um ein exklusives Produkt des Systems Menschheit in der jüngsten Phase seiner Existenz. Diese Leistungen entstehen nicht einfach in einem menschlichen Gehirn durch Vorprägung im Evolutionsprozess. Vielmehr resultieren sie aus dem koordinierten Zusammenwirken von Tausenden und Millionen Menschen als Folge von langwierigen Prozessen der Strukturbildung in Kultursystemen. »Wir sind alle Zwerge auf den Schultern von Riesen«, nämlich den Generationen vor uns.

Die Fähigkeit, mathematische und andere komplexe Modelle

der Realität zu schaffen, steht in Wechselwirkung mit der Entwicklung entsprechender Technologien, wie zum Beispiel Rechnern. Diese führen wiederum dazu, dass das entsprechende Wissen in Güter und Services diffundiert. Das Auto, der MP3-Player oder das Flugzeug sind geronnenes Wissen der vierten, also der Modellebene – *mathematics inside.*

Alle vier Ebenen sind Wissensebenen, die in jeweils unterschiedlichen Kontexten angesiedelt sind. Sie beruhen auf verschiedenen Wirkungsweisen und agieren oft in Wechselwirkung miteinander. Sämtliche Ebenen sind im Verlauf der Evolution entstanden. Wenngleich die Dinge am Schluss, nach einem langen Entwicklungsprozess, so anders und so komplex sind, dass die Wurzel nur schwer zu erkennen ist. Mindestens die ersten zwei, manchmal auch die ersten drei Ebenen finden wir, jeweils in spezifischer Ausprägung, bei anderen Säugetieren, rudimentär auch in Insektenstaaten, bis hin zu Zählmechanismen, die unter Bienen nachgewiesen sind. Alle vier Wissensebenen sind ferner potenziell in Rechnersystemen repräsentiert.

Wissen ist also keine exklusive Fähigkeit des Menschen, sondern ebenso in der Natur, im Evolutionsprozess, in Versteinerungen und Eiskernen, in Maschinen und in menschlichen Organisationen zu finden. Aus dieser Perspektive ergibt es dann durchaus auch Sinn zu fragen, ob sich eine Firma, ein Staat oder die Menschheit insgesamt ihrer beziehungsweise seiner selbst bewusst ist.[26]

## Superorganismus Menschheit – eine Chance

Man muss nur durch eine Großstadt mit Millionen von Menschen und Tausenden von Gebäuden gehen. Der Einzelne darin ist unendlich klein, nur ein Schräubchen in einem gigantischen System, das seine eigene Logik hat. Und nur weil diese Logik in Gebäuden, Straßen, Versorgungssystemen materialisiert ist, ist der Organismus samt seiner Bewohner überhaupt lebensfähig. In diesem Sinne hängt die Intelligenz von Einzelnen und die von Superorganismen – hier einer Stadt – auch an dem physischen Vorhandensein von Strukturen, die wiederum das Ergebnis von früheren Materialisierungen und Entscheidungen sind. So bekommt man ein Gefühl für die Dimensionen von Superorganismen.

Historisch gesehen katapultiert sich die gesamte Menschheit, die mit enormen Wachstums- und Beschleunigungsprozessen konfrontiert ist, derzeit in den Zustand eines intelligenten Superorganismus. Noch ist er allenfalls rudimentär vorhanden. Die Weltgemeinschaft ist als intelligentes System erst begrenzt entwickelt und fällt in ihrem Leistungsvermögen in vielen Aspekten noch weit hinter das Potenzial hochentwickelter Lebewesen zurück. Andererseits ist das in der Breite vorgehaltene Wissen gigantisch und übersteigt das vorhandene Wissen auf der individuellen Ebene um viele Größenordnungen, auch wenn es bisher überaus schwierig ist, dieses in kollektiven Entscheidungsprozessen nutzbar zu machen. Der Superorganismus Menschheit befindet sich noch in einer frühen Phase der Intelligenzentwicklung, vergleichbar der Situation von Lebewesen, die noch nicht über leistungsfähige Nervensysteme verfügen. Damit ist eine breitflächige bidirektionale interne Kommunikation und eine schnelle Reaktion noch nicht machbar. Die Frage ist, wie man sieben und zukünftig zehn Milliarden Individuen wirkungsvoll koordinieren kann. Information läuft beim Menschen durch Einzelgehirne, die mit anderen Gehirnen kommunizieren. Trotz Internet und moderner Medien – hier liegt der Engpass. Im Vergleich zu der langsamen Reaktion solcher Superorganismen waren Saurier bereits schnell.

Aber die Dinge ändern sich. Denn der Superorganismus Menschheit hat unglaubliche Potenziale. Während bei Insektenstaaten die vorhandenen Reaktionsmuster fest vorgegeben sind, ist das Denken der einzelnen Menschen und der Menschheit offen. Hier existieren große Chancen, Verhalten durch Kommunikation und Aufklärung zu erweitern und den Prozess von den informationstechnischen Hilfsmitteln her signifikant zu verbessern. Diese Position vertritt seit Jahrzehnten der Geologe Ernst Schlegel, der allerdings auch immer sehr deutlich darauf hinweist, dass die bisher erreichten Fortschritte bezüglich kollektiver Intelligenz und Entscheidungsfindung (die alle Menschen einbezieht) noch sehr dürftig sind.[27]

Der Superorganismus Menschheit bewegt sich, wenn auch langsam, auf eine höhere Intelligenzebene zu, entwickelt sogar so etwas wie ein eigenes, *ein planetarisches Bewusstsein.*[28]

Doch wird der Superorganismus Menschheit die Intelligenz aufbringen, sein Überleben im Rahmen der Möglichkeiten seines Biotops zu sichern? Und wie kann es, in den Worten Schlegels, gelingen, mit verbesserten informationstechnischen Mitteln alle Menschen fair in globale Entscheidungsprozesse einzubinden und dabei den allgemeinen Wissens- und Verständnisgrad dramatisch anzuheben? Wird es möglich sein, die vielen Individuen des Superorganismus Menschheit in Form eines fairen Weltvertrags angemessen in ein funktionierendes Ganzes zu integrieren und zu organisieren? Können wir als Menschen in Frieden miteinander und die Würde aller Menschen achtend leben? Wird unser Biotop auf Dauer geschützt und in seiner Schönheit erhalten bleiben?

# 2. Nahrung und Energie

## Frieden mit der Natur

Aus dem Weltraum betrachtet, zeigt der Planet Erde ein ebenso faszinierendes wie ehrfurchtgebietendes Schauspiel. Wie Ebbe und Flut ziehen die jahreszeitlichen Wellen der Vegetation mit wechselnden Farben über die Kontinente, die Steppen, Wälder, Äcker und Weideflächen, angetrieben durch die Photosynthese. Der kontinuierliche Fluss der Sonnenenergie wird von Pflanzen dazu genutzt, aus Kohlendioxid Sauerstoff zu produzieren und Biomasse aufzubauen. Die Photosynthese ist damit der Ausgangspunkt für alle Nahrungsketten und der Motor fast aller Energie- und Stoffkreisläufe der Biosphäre.

Kein anderer Prozess hat die Evolution der Natur so stark geprägt wie die Photosynthese. Sie war es, die maßgeblich zum Aufbau der Atmosphäre beigetragen hat. Ihr ist es zu verdanken, dass die Oberfläche des Planeten sich über Hunderte Millionen Jahre hinweg von einem unwirtlichen Ort in ein sich selbst reproduzierendes und regulierendes System mit seiner ganzen Vielfalt an Lebewesen verwandelt hat. Ohne diese wundersame »Biomaschine« wäre der Planet Erde so tot wie der Mars.

Nach Millionen Jahren Evolution ist schließlich der Mensch entstanden und hat in vergleichsweise kurzer Zeit technische Systeme entwickelt, die es ihm ermöglichen, immer tiefer in die natürlichen Regelkreisläufe einzugreifen. Damit ist er gleichsam aus der Evolution der Natur herausgefallen und hat seine eigene Welt geschaffen, mit Städten, Autobahnen und Flughäfen, mit Landwirtschaft, mit Energie- und Mobilitätssystemen.

So wie der einzelne Mensch atmen, trinken und essen muss,

ist die gesamte Menschheit mit ihrem Stoffwechsel auf eine intakte Biosphäre angewiesen. Als Jäger und Sammler nutzten die Menschen etwa eine Tonne Natur pro Kopf und Jahr für ihre Ernährung, einfache Behausungen und Waffen. In Agrargesellschaften waren es bereits etwa 3 bis 5 Tonnen. In Industriegesellschaften schließlich liegt der durchschnittliche Naturverbrauch pro Kopf um die 50 Tonnen jährlich, ohne Wasser und Luft.[29]

Das hat seinen Preis. Der Nordpol wird in absehbarer Zeit eisfrei sein, die Fischgründe der Ozeane sind seit langem bereits am Limit, die Gletscher schmelzen, und auf allen Kontinenten fallen die Grundwasserspiegel. Die »Grenzen des Wachstums« sind spürbar. Im 21. Jahrhundert ist die Wechselwirkung mit der Biosphäre für den Menschen zu einem existenziellen Thema geworden.

Was wäre, wenn die Natur ihre wunderbaren Dienste plötzlich nicht mehr bereitstellen könnte? Wenn es beispielsweise zu wenig Wasser gäbe, um Leben und wirtschaftliche Aktivitäten überhaupt möglich zu machen? Wenn die Fischgründe in den Ozeanen noch weiter schrumpften oder gar kollabierten, die Nachfrage aber weiter stiege und Fisch – trotz wachsender Produktion aus Aquakulturen – nicht nur seltener, sondern vielleicht auch extrem teuer werden würde? Bedingung für unsere dauerhafte Existenz als Gattung ist ein zukunftsfähiger Stoffwechsel zwischen Mensch und Natur. Das Wohlergehen der heutigen wie der künftigen Generationen hängt entscheidend davon ab, dass wir in Frieden mit unserem Planeten Erde leben.

## Der unterirdische Wald

Die Biosphäre wird energetisch aus zwei Quellen gespeist: von der Strahlung der Sonne und dem heißen Inneren des Planeten. Der Einfluss unseres Zentralgestirns auf das Leben an der Oberfläche der Erde ist ungleich größer. Dagegen erreicht der enorme Energievorrat, der in unserem Planeten gespeichert ist, die Erdoberfläche nur in relativ kleinen Dosen. Die geothermische Energie hatte und hat jedoch maßgeblichen Einfluss auf die Gestaltung der Landschaften, der Berge, des Grundes der Ozeane und die Bewegung der mächtigen Erdplatten.[30] Die Formen der Energie sind vielfältig: Wärme, Bewegung, Licht, auch die Energie, wie sie in Treibstoffen und Nahrungsmitteln enthalten ist.

In der Abfolge der verschiedenen technischen Systeme der Zivilisation war der Übergang vom regenerativ gespeisten Mittelalter hin zu einem neuen, fossil geprägten Energiesystem von besonderer Bedeutung. Die solarbasierten Agrargesellschaften schalteten sich über Flächen in Stoff- und Energieflüsse ein, etwa Weideflächen, die das Futter für die Muskelkraft der Zugtiere lieferten. Die natürlichen Bestände in diesem System waren klein. Auch Wälder, worin Biomasse immerhin über einige Jahrzehnte gespeichert wird, konnte man nicht über die Maßen nutzen, ohne sie zu zerstören. Im agrarischen Solarenergiesystem waren Energiedichte und Energieflüsse deshalb immer gering. Wenn aber Energie knapp ist, dann ist alles knapp. Über Jahrtausende war der Alltag der meisten Menschen oft von Armut und Hunger gezeichnet.

Das änderte sich radikal, als die Menschen lernten, in großem Maßstab Kohle (den »unterirdischen Wald«), später Öl und Gas zu nutzen. Zu Beginn der Industriegesellschaft gelang es, die Tresore aus geronnener Sonnenenergie der Vergangenheit zu öffnen; damit standen scheinbar unendliche Energiedepots zur Verfügung.

Mit dem Übergang von der solarbasierten Agrargesellschaft hin zur Industriegesellschaft haben die Menschen einen neuen, entscheidenden Entwicklungspfad eingeschlagen. Der Energieverbrauch pro Kopf stieg deutlich, die Bevölkerungsdichte nahm rasch weiter zu. Das Ressourcenproblem war erst einmal gelöst.

## Ein neues Denkmodell

Im Energiebereich spielt der Bumerangeffekt, der Gegenspieler des technischen Fortschritts, eine wichtige Rolle. Die wohl erste Beschreibung stammt von dem britischen Ökonomen Stanley Jevons Mitte des 19. Jahrhunderts: »Es ist eine vollständige Verwirrung der Ideen anzunehmen, dass der sparsame Gebrauch von Kraftstoffen zu einem geringeren Verbrauch führt. Das genaue Gegenteil ist der Fall. Die Regel ist vielmehr, dass neue Formen der Sparsamkeit eine Zunahme des Verbrauchs nach sich ziehen, und zwar in vielerlei Hinsicht.«[31] Jevons nennt als Beispiel die Dampfmaschine des James Watt. Sie war zwar ungefähr 17-mal energieeffizienter als ihre Vorgängermodelle, aber sie führte zu einem gewaltigen Anstieg des Kohleverbrauchs.

Im Energiebereich ist dieses sogenannte Jevons-Paradox von Ökonomen beobachtet worden, auch über längere Zeiträume.[32] Danach hat die Energieeffizienz seit 1800 in industrialisierten Ländern etwa 1,3 Prozent pro Jahr zugelegt, bis in unsere Tage um mehr als den Faktor 10. Im selben Zeitraum aber betrug das Wirtschaftswachstum jährlich rund 3 Prozent, ein Anstieg um den Faktor 200.[33]

Auch in Zukunft brauchen wir technischen Fortschritt, um mit weniger Ressourcen mehr Güter und Dienstleistungen bereitzustellen. Aber ein naiver Glaube an die Technik *(technology fix)* und Effizienzsteigerung hilft nicht weiter. Wenn wir einen zukünftigen Globus wollen, auf dem die Menschen in Frieden leben können, sowohl untereinander wie mit der Natur, zugleich auf einem Niveau, das nicht durch Mangel gekennzeichnet ist, sondern den Individuen die Möglichkeit gibt, sich zu entfalten, ist ein anderes, ein ökosoziales Denkmodell für die Ökonomie erforderlich. Ziel ist es, den Schutz der Umwelt mit der Balance im Sozialen weltweit umzusetzen, und zwar über eine geeignete Regulierung ansonsten freier Märkte. Marktwirtschaft und Nachhaltigkeit sind die zentralen Säulen einer weltweiten Ökosozialen Marktwirtschaft.

Entscheidend sind Bedingungen, unter denen die Dynamik und Innovationskraft der Märkte im Schumpeter'schen Sinne[34] sich entfalten können, verbunden mit konsequentem Umweltschutz und sozialem Ausgleich, und zwar in weltweiter Perspektive. Über entsprechende ökonomische Rahmenbedingungen kann es auch gelingen, den Bumerangeffekt zu vermeiden.

## Das Gespenst des Hungers

Der gewöhnliche Speiseplan in einem bäuerlichen Haushalt in Süddeutschland Anfang des 18. Jahrhunderts sah folgendermaßen aus. Gegessen wird fünfmal am Tag. Morgens, eine Stunde nach dem Aufstehen, gibt es ein Mus aus geschrotetem Korn. Das zweite Frühstück um 9.00 Uhr besteht aus Brot – ausschließlich Brot. Überwiegend wird es aus Roggenmehl gebacken, von Zeit zu Zeit ist etwas Gerste darunter. Um 11.00 Uhr dann das Mittagessen. Es besteht aus Sauerkraut und Nudeln. Um 15.00 Uhr erfolgt die vierte Mahlzeit: Brot und im Sommer saure Milch mit »Topfen«, also Quark. Das Nachtmahl schließlich wird gegen 18.00 Uhr gereicht. Erneut gibt es Sauerkraut, Nudeln aus Roggenmehl oder Milchsuppe. Fleisch fehlt auf dem Speiseplan fast zur Gänze, es sei denn, im Haus wird ein Rind geschlachtet, was aber nur selten geschieht.

So geht es Tag für Tag. Im Jahr gibt es 365-mal Sauerkraut. Weißkohl wurde gesalzen, und durch natürliche Gärung gesäuert, blieb er lange Zeit haltbar. Neben Getreide und Milch bildet Sauerkraut die dritte Grundlage der ländlichen Küche. Getrunken wird Wasser. Bier gibt es nur zu seltenen Anlässen: an Weihnachten, Ostern, Pfingsten, am letzten Faschingstag sowie gegen Ende der Ernte- und Dreschperiode.

So sah es im Jahr 1721 in Unterfinning aus, einem Dorf mit 240 Einwohnern, 50 Kilometer westlich von München. Wir verfügen über eine äußerst genaue und lebendige Rekonstruktion des alltäglichen Lebens in einer ländlichen »Welt vor Anbruch der Moderne«, wie es im Untertitel einer Studie heißt.[35]

Eine Welt, die mit einem verklärten Bild der traditionellen ländlichen Großfamilie nicht viel zu tun hatte. Die Familien hatten in der Regel vier Mitglieder, eine Kernfamilie, bestehend aus Ehepaaren oder Witwen, die mit ihren Kindern zusammenlebten. Großeltern gehörten nur selten zum Haushalt dazu, weil sie ihr Erbe erst spät übergaben und dann häufig nicht mehr lange lebten. Die Frauen hatten zwar viele Geburten, aber hoch war auch die Kindersterblichkeit. Die überlebenden Kinder gingen früh, oft schon mit 14 Jahren, aus dem Haus und in Stellung oder in die Lehre. So hatte man zu Hause nicht mehr gar so viele Mäuler zu stopfen.

Insgesamt war es ein hartes, ein arbeitsreiches und kärgliches Leben in Unterfinning, immer knapp an der Grenze zum Sattwerden. Dabei war das Jahr 1721 ein Friedensjahr. In Kriegszeiten ging es ungleich härter zu. Ausschlaggebend für diese mühseligen Lebensbedingungen war ein aus heutiger Sicht äußerst ineffizientes Agrarsystem. Der übergroße Teil der Getreidesaat ging erst gar nicht auf, 80 Prozent der Samenkörner verdarben im Boden. Auch die Energiebasis war dürftig. Holz- und Holzkohle waren bis in das 19. Jahrhundert hinein der einzige Brennstoff, den es in Bayern gab. Und vor dem 18. Jahrhundert galt das mehr oder weniger für ganz Europa. So ähnlich, wie sich das Leben in Unterfinning damals angefühlt hat, dürfte es in vielen Teilen der Welt über lange Zeiträume gewesen sein. Das Gespenst des Hungers war allgegenwärtig.

In Unterfinning spannten die Menschen ein oder zwei Pferde vor ihren Pflug. Während der Rast aß der Bauer sein Brot buchstäblich im Schweiße seines Angesichts. Wenn ein Farmer heute dagegen seine scheinbar unendlichen Felder in Nordamerika pflügt, sitzt er auf einem gepolsterten Sessel in einer Kabine mit Klimaanlage und Stereosound. Der Motor seines Hightech-Pflugs entwickelt mehr als ein Hundertfaches an Leistung als die damals verfügbare Kraft zweier Pferde. Das tut er so lange, wie er ausreichend

Diesel hat. Aus energetischer Sicht war der limitierende Faktor der Ernteerträge in vorindustrieller Zeit eindeutig die schwache »Motorisierung« durch menschliche und tierische Muskeln.

Historisch aufschlussreich ist es, sich anzuschauen, wie viele Menschen ein Hektar – also 100 mal 100 Meter – bebautes Land in dem jeweiligen Agrarsystem ernähren konnte. Im alten Ägypten reichte die Ernte nur für einen Menschen pro Hektar, das zeigt eine Rekonstruktion der damaligen Landwirtschaft. In China wurden möglicherweise Spitzenwerte von fünf Menschen pro Hektar erreicht, allerdings bei fast durchgängig vegetarischer Ernährung. Im vorindustriellen Europa stieg der durchschnittliche Wert nie über zwei Menschen pro Hektar. Ende des 19. Jahrhunderts betrug der Hektarertrag von Weizen in den Vereinigten Staaten etwa eine Tonne, in Frankreich lag er bei 1,3 Tonnen, nur in England und den Niederlanden erreichte man 2 Tonnen pro Hektar.[36] Demgegenüber beträgt die Weizenproduktion in Deutschland heutzutage gut 80 Tonnen pro Hektar, in Spitzenlagen in Mecklenburg-Vorpommern auch schon einmal 120 Tonnen.

Für die Grüne Revolution, einen gewaltigen Produktivitätsschub der Landwirtschaft während der zweiten Hälfte des 20. Jahrhunderts, war jedoch nicht nur die energetische Seite, einschließlich des Kunstdüngers, entscheidend, sondern auch die Zucht neuer ertragreicher Getreidesorten. Angestoßen wurde die Forschung 1942 von der Rockefeller-Stiftung und dem mexikanischen Landwirtschaftsministerium zur Verbesserung von Mais- und Weizensorten für den Anbau in Mexiko. Der Durchbruch bei Weizen kam, als es gelang, Kurzstrohsorten zu züchten: hohe Körnererträge auf Kosten der Länge der Halme und hohe Standfestigkeit auch bei schlechtem Wetter. Es folgte eine ähnlich rasante Entwicklung beim Reis, auch hier brachten Kurzstrohsorten den Erfolg. Das Ergebnis der Grünen Revolution war, dass in einer Zeit, in der das globale Bevölkerungswachstum gleichsam explodierte, die Zahl der Hungernden auf der Welt leicht abnahm.[37]

Die Produktivitätssteigerung in der Landwirtschaft war im Verlauf der Geschichte regelmäßig von Rückschlägen begleitet. Oft, wenn die Menschen versuchten, die Grenzen der Natur zu überwinden, ging dies mit der Übernutzung von Ökosystemen einher. Dann kam ein Bumerang aus unerwarteter Richtung wieder zurück. Das erste Zeugnis dieser Art haben wir von den Sumerern, etwa 2400 vor Christus.[38] Aufgrund der geologischen Gegebenheiten des Tals zwischen Euphrat und Tigris war die Lebensmittelproduktion dort immer mit besonderen Schwierigkeiten verbunden. Vor ihrer Regulierung führten die beiden Flüsse im Frühjahr, bedingt durch die Eisschmelze im anatolischen Hochgebirge, große Mengen Wasser, zwischen August und Oktober waren sie lediglich kleine Rinnsale. Das aber ist die Zeit, in der die Landwirtschaft dringend Wasser benötigt. Die Sumerer waren klug und entwickelten Techniken, um Wasser zu speichern und es für den Getreideanbau zu nutzen – eines der ersten künstlichen Bewässerungssysteme der Welt. Die Produktivität in den Ökosystemen stieg, der Ertrag an Getreide ebenso. Nur so konnte sich eine der frühesten Hochkulturen überhaupt entwickeln.

In diesen Breiten ist es im Sommer sehr heiß, um die 40 Grad Celsius. Das Wasser in den Gräben und auf den Feldern verdunstet schnell. Zurück bleibt Salz, das ursprünglich im Wasser gelöst war. Ab dem Jahr 2000 vor unserer Zeitrechnung häuften sich Berichte, wonach »die Erde weiß wurde«. Die Folge war ein schwerer Einbruch der Getreideproduktion, ausgelöst durch eine Versalzung der Böden. Dies ist übrigens eines der Hauptprobleme der künstlichen Bewässerung bis heute.

## Das Imperium der Rinder

Keine Frage, dass die Produktivität in der Landwirtschaft weiter gesteigert werden muss. Das globale jährliche Wachstum in der Landwirtschaft schwankt zwischen 1,5 und 2 Prozent.[39] Die globale Bevölkerung wächst ebenfalls. Bei besserer und gesünderer Ernährung, einer wachsenden globalen Mittelschicht und einer Zunahme der Weltbevölkerung auf neun bis zehn Milliarden in der Mitte des Jahrhunderts sind Knappheiten vorgezeichnet. Knappheiten von Ressourcen im Allgemeinen und von Nahrungsmitteln im Besonderen können zu einer Frage von Krieg und Frieden werden.

Die Produktivität der Äcker und Weiden ist es aber nicht allein. Entscheidend sind Bevorratung, Verteilungs- und Marktmechanismen. Das gegenwärtige Bild zeigt Licht und Schatten. Die asiatischen Länder haben sich beispielsweise auf eine gemeinsame Vorratshaltung, begleitet von entsprechender Dokumentation in Datenbanken, verständigt: virtuelle Getreidespeicher, wie sie weltweit sinnvoll wären. Neben solchen kooperativen Ansätzen gibt es einen breiten Trend, die Welt in Mein und Dein einzuteilen. Dazu zählt das sogenannte *land grabbing*. Investoren aus reichen Ländern, private ebenso wie staatliche, nutzen zunehmend Land in Afrika und produzieren dort Nahrungsmittel.[40] China beispielsweise hat im Kongo 2,8 Millionen Hektar gepachtet, um Palmöl anzubauen. Ägypten hat sich Hunderttausende Hektar Land im Sudan für die Weizenproduktion gesichert. Libyen investiert in großem Stil in Mali, um dort ebenfalls Weizen anzubauen. Die ansässigen Bauern werden aus dem fruchtbaren Niger-Delta vertrieben – irgendwohin, wo sie weniger Wasser und schlechteren Boden vorfinden. Die Großinvestoren sacken die Ernte ein und verschwinden. An einer nachhaltigen Landwirtschaft sind sie wenig interessiert.

Die Menschheit hat bisher alle Grenzen ihres Wachstums gesprengt, und zwar durch Innovationen. Wissenschaft und Forschung sowie der Zugang zu leicht erschließbaren Energiequellen sind die Voraussetzung dafür, dass immer mehr Menschen immer besser leben können. Hinzu kommen ihre Nutztiere. Das Lebendgewicht aller Hausrinder allein – nicht der Schweine, Schafe oder Ziegen – übertrifft heute das der rund sieben Milliarden Menschen auf der Erde um das Zwei- bis Dreifache.[41] Ein »Imperium der Rinder«[42], wie es trefflich in einem Buchtitel heißt. Natürlich gibt es nicht deshalb so viele Rinder, weil sie so intelligent sind, sondern weil die Menschen Steaks essen wollen und Milchprodukte lieben und ihr Großhirn in der Lage ist, für so viele Rinder zu sorgen.

Während in der reichen Welt auch für Katzen und Hunde erhebliche Summen aufgebracht werden und obwohl derzeit genügend Nahrung produziert wird, um mehr als zehn Milliarden Menschen zu ernähren, sind es nach Angaben der Welternährungsorganisation (FAO)[43] eine Milliarde Menschen, die hungern. Die Finanz- und Wirtschaftskrise, beginnend im Jahr 2008, hat das Leid noch einmal vergrößert. Tag für Tag verhungern 24 000 Menschen.[44]

Man fragt sich, wo die ganze Nahrung bleibt. Die Antwort: bei den Rindern, den Schweinen, den Hühnern. Weil Gesundheit und hochwertige Ernährung in der reichen Welt einhergehen mit Braten, Putenbrust und Joghurt. Für diejenigen, die es sich leisten können, bedeutet dies einen großen Fortschritt. In den Veredelungsprozessen gehen je nach Tierart unterschiedlich große Mengen von Biomasse »verloren«. Wenn man sich primär von Filetsteak vom Angusrind ernährt, beträgt der Faktor etwa 12.

Global ist die Menschheit in der Lage, Biomasse zu produzieren und zu veredeln. Aber nur, wenn eine zahlungsfähige Nachfrage vorhanden ist. Dort wandert die Biomasse hin, dem Preismechanismus folgend. Der Kern des Hungerproblems besteht darin, dass die Kaufkraft bei einem kleinen Teil der Menschheit signifikant größer ist als beim Rest. Deshalb essen die einen Steaks, und die anderen verhungern. Ein einfacher Verzicht der Steakesser führt allerdings nicht weiter, wenn die Kaufkraft nicht gleichzeitig zu den Hungernden wandert, weil dann einfach weniger Nahrung produziert würde. Das Problem ist nicht einfach zu lösen. Schuldzuweisungen sind problematisch.

Aber sollte die Globalisierung weitergehen und die Weltbevölkerung sich in Richtung zehn Milliarden bewegen, von denen ein erheblicher Teil reicher wäre als heute, könnte das zu gewaltigen Engpässen im Nahrungsbereich führen. Ländern, die ökonomisch zurückfielen, drohten gigantische Hungersnöte. Die Vorstellung, dass die reiche Welt Biomasse aus der armen Welt als Agrartreibstoffe in ihre Tanks füllt, während im Umfeld des Energiepflanzenanbaus die Menschen in großem Umfang verhungern, ist kaum erträglich. Hunger ist der größte Terror – so hat es Mahatma Gandhi formuliert.

## Saubere und preiswerte Energie

Alle terrestrischen Lebewesen sind auf Sonnenenergie angewiesen. Die Sonne ist der Motor für die Photosynthese der Biosphäre und damit Grundlage aller Nahrungsproduktion. Auch die moderne Welt kann sich dem nicht entziehen. Dagegen unterscheidet sich das heutige Energiesystem von allen anderen in der menschlichen Geschichte. Nicht nur ist es gelungen, die fossilen Energiedepots von Kohle, Öl und Gas in großem Umfang zu nutzen, auch die Steuerung unserer Welt ist in hohem Maße auf elektrische Energie angewiesen, wie sie in Rechnern, für das Internet oder für Telefone benötigt wird. Moderne Gesellschaften basieren auf hohen Energie-Inputs, überwiegend erzeugt durch die Verbrennung von fossilen Energieträgern, die in Millionen von Jahren aufgebaut worden sind.

Dies gilt aber nur für den reichen Teil der Welt, die Hälfte der Menschheit ist noch nicht einmal ans Stromnetz angeschlossen. Und eine Zivilisation mit viel Energie, wie sie für die meisten Leser Alltag ist, wäre für alle sieben Milliarden Menschen aus ökologischen Gründen gar nicht denkbar. Zumindest nicht mit heutiger Technologie.

Das größte Problem in diesem Zusammenhang ist, dass die Wertschöpfung eng mit dem Einsatz von Energie gekoppelt ist. Weitere Wohlstandsmehrung bedeutet mehr Energie. Mehr Energie führt bei vorhandener Technologie zu mehr Treibhausgasen. Was fehlt, sind spürbare ökonomische Nachteile, wenn man den Emissionsumfang weiter erhöht. Bislang ist es in diesem Bereich nicht gelungen, externe Kosten ausreichend zu internalisieren.

Die Welt ist deshalb hinsichtlich der Klima- wie der Energiefrage in einer schwierigen Situation. Das rasche globale Bevölkerungswachstum, der zunehmende Wohlstand einer »Mittelschicht« in bevölkerungsreichen Schwellenländern und die überwiegend fossile Energiegewinnung spielen hier zusammen. Ein Anstieg der mittleren Temperatur auf der Erde um etwa 2 Grad ist nicht mehr zu verhindern. Die Hoffnung ist, dass der Globus dies gerade noch verkraftet. Kann es gelingen, das Klimasystem im Verlauf des Jahrhunderts auf diesem Niveau zu stabilisieren, oder steigen die Temperaturen weiter?

Will man tatsächlich bei der Marke 2 Grad plus die Bremse ziehen, müssten die von Menschen verursachten Treibhausgasemissionen bis zum Jahr 2050 etwa auf ein Drittel reduziert werden. Das ist äußerst ambitioniert. Angesichts der ökonomischen Wachstumsprozesse und der vergleichsweise niedrigen Energieeffizienz in Ländern wie China, Indien oder Brasilien zeigen die Trends bis zur Mitte des Jahrhunderts unter Berücksichtigung der Ergebnisse der Klimagipfel aus jüngster Zeit in eine ganz andere Richtung: statt 30 Prozent der heutigen Kohlendioxidemissionen eine deutliche Steigerung in Richtung Verdoppelung.

Dabei ist die Energieeffizienz von Land zu Land sehr unterschiedlich, übrigens auch in der reichen Welt. In den USA ist sie etwa halb so groß wie in Europa, wenn man auf das Bruttoinlandsprodukt fokussiert und die Rolle von Staaten in der internationalen

Arbeitsteilung außer Acht lässt. Durchschnittlich betrachtet liegen die sich entwickelnden Länder etwa um den Faktor 3 unterhalb des Werts der Industrieländer. Hier gibt es also Potenziale, die aber nicht leicht zu erschließen sind. Erfordern sie doch Aufklärung und Ausbildung der Bevölkerung, veränderte Lebensstile, vor allem aber massive Investitionen in bessere technische Lösungen.

Die Klimafrage ist ein Senkenproblem. Die Ökosysteme, insbesondere Ozeane und Wälder, können Kohlendioxid nicht in der Geschwindigkeit absorbieren, wie es erzeugt wird. Folglich nimmt die Konzentration des Klimagases in der Atmosphäre zu. Gehen wir auf die andere Seite des Prozesses, zu den Quellen. Auch hier sind Engpässe vorgezeichnet. Die verfügbaren Mengen an Öl und Gas gehen zurück. Kohlevorräte tragen zwar noch weiter, aber mit gegebener Technologie ist die Verstromung von Kohle mit erheblichen Kohlendioxidemissionen verbunden. Eine billige Kompensationstechnik ist nicht in Sicht. Mit der Atomkraft liegt zwar eine alternative Energiequelle vor. Aus Sicht vieler Menschen aber bietet sie eine eher ambivalente Lösung, insbesondere weil sie mit großen Folgeproblemen – Stichworte: Sicherheit, Entsorgung, Akzeptanz – behaftet ist.

Wenn wir also keine Rückschritte erleben wollen, wenn wir Milliarden weiterer Menschen in die globale Ökonomie integrieren und für bessere Lebensbedingungen sorgen wollen, braucht es Alternativen. Die Welt benötigt dringend andere Energiesysteme ohne *end of pipe*-Probleme, die nicht durch massive Kohlenstoffemissionen das Klimasystem des Planeten beschädigen.

Wie ein Blick in die Geschichte zeigt, ist Energie ein Schlüsselthema. Die Nahrungsproduktion, die Versorgung mit Wasser, Wohnen, Heizen, Mobilität, die gesamte Frage einer nachhaltigen Entwicklung im 21. Jahrhundert hängt an einer zentralen Voraussetzung: viel, umweltfreundlich und preiswert erzeugte Energie.

## Wichtiger denn je: der »göttliche Ingenieur«

Ein Mann, der sich brennend für solche Fragen interessierte, war Ludwig Bölkow. Mehr als ein halbes Jahrhundert hat er zum technischen Fortschritt beigetragen. Er war der Vater der deutschen Luft- und Raumfahrt, Forscher, Entwicklungsingenieur und Firmengründer. Im Zweiten Weltkrieg hat er an der Aerodynamik des ersten serienmäßigen Düsenjägers der Welt gearbeitet, der Messerschmitt ME 262, danach hat er Fabriken automatisiert, Panzerabwehrraketen und Hubschrauber entwickelt. Mit 71 Jahren begann er etwas völlig Neues und gründete eine Stiftung, die sich mit Energiefragen befasst. »Wir leben zu 90 Prozent von Energien«, so Bölkow, »die aus der Geschichte der Erde kommen und wozu es Hunderte von Millionen Jahren gebraucht hat, um sie zu speichern.« Die aus seiner Sicht einzig sinnvolle Alternative war die Sonnenenergie im Verbund mit der Wasserstofftechnologie.

In seinem Büro vor den Toren Münchens hing ein Foto des Blauen Planeten. Unter Wolkenschleiern erkannte man die Umrisse Afrikas. Mitten in die Sahara hinein waren drei schwarze Quadrate gezeichnet, von denen selbst das größte – 500 mal 500 Kilometer Kantenlänge – auf dem Foto kaum zu erkennen war. Diese Fläche, mit Solarzellen bestückt, reicht aus, um den gesamten Energiebedarf der Zivilisation zu decken. Deutlich geringer der Flächenbedarf für Europa und Deutschland, dafür standen die zwei kleineren Quadrate. Bölkows Botschaft war klar: Sonnenenergie gibt es in Hülle und Fülle, viel mehr, als wir jemals benötigen werden. Er war stolz auf dieses Foto, es stammte von einem Satelliten, der noch von Messerschmitt-Bölkow-Blohm, einem seiner früheren Unternehmen, auf den Weg gebracht worden war.

Nur wenige Jahre nach Ludwig Bölkows Tod ist seine Vision bereits auf dem Weg, Wirklichkeit zu werden. Sie heißt Desertec.[45] Ein Konsortium großer Unternehmen, darunter Munich Re und Siemens sowie Energieversorger wie E.on und RWE, beabsichtigt,

Milliardenbeträge in solarthermische Kraftwerke in Nordafrika zu investieren. Es geht um einen wesentlichen Beitrag für eine nachhaltige Stromversorgung für Nordafrika, den Nahen Osten und Europa, mit einer Perspektive bis 2050. Mittels Gleichspannungsleitungen soll der Strom aus der Sahara bis in den Nahen Osten und nach Nordeuropa geleitet werden. Leitungsverluste werden sich aufgrund neuer technischer Möglichkeiten im niedrigen Prozentbereich bewegen.

Desertec geht auf ein Projekt des Club of Rome zurück und funktioniert schlicht nach dem Motto: Ihr, die Afrikaner, habt die Sonne, wir, die Europäer, geben Know-how und Investitionen und bekommen dafür einen Teil des Stroms. Angedacht ist auch, mit dem Wüstenstrom Entsalzungsanlagen an der Küste zu betreiben, um auf diese Art Wasser zu produzieren und die regionale Versorgung mit Lebensmitteln zu stärken. Desertec ist ein Zeichen der Hoffnung.

Satellitengestützte Daten und mehrere Studien des Deutschen Zentrums für Luft- und Raumfahrt bestätigen das überreiche Angebot an Solarenergie. Parabolspiegelkraftwerke und Solartürme haben einen technischen Reifegrad erlangt, der keinen Raum mehr für Zweifel lässt. Ein weiterer Baustein sind Aufwindkraftwerke. Sie könnten überwiegend in sonnenreichen Gegenden entstehen. Unter weit ausladenden Glasflächen erhitzt sich die Luft. Anschließend wird sie durch einen hohen Turm abgeleitet. Dabei entsteht ein enormer Sog, der über Windturbinen in elektrischen Strom verwandelt wird. Die europäischen Staaten planen zudem ein gewaltiges Energienetz in der Nord- und Ostsee, das sogenannte Supergrid, um sich so mit Strom aus Windparks zu versorgen.

Vor wenigen Jahren noch hat man sich nicht vorstellen können, wie Tausende und Millionen von Rechnern in einem weltweiten Netzwerk kooperieren können. Eine vergleichbare Struktur im Energiebereich mit großen und kleinen Kraftwerken, mit einem Mix unterschiedlicher Technologien, zusammengebunden über ein intelligentes Netz, das die Schwankungen von Angebot und Nachfrage ausgleicht, ist derzeit im Entstehen. Der Sonnenenergie gehört die Zukunft.

Ein anderes riesiges Energiepotenzial ist dem Zeitgeist noch relativ fremd. Im Inneren unseres Erdkörpers sind unvorstellbare Mengen Energie gespeichert. Dabei handelt es sich auch um Restwärme aus der Zeit der Erdentstehung, der größere Teil allerdings entstammt radioaktiven Zerfallsprozessen, wie sie über Jahrmillionen stattgefunden haben und immer noch stattfinden. Die Temperatur des Erdkerns beträgt deutlich mehr als 5000 Grad Celsius, 99 Prozent des Planeten sind heißer als 1000 Grad. Sollte es gelingen, diese gewaltigen Potenziale zu erschließen, wäre die energetische Versorgung der menschlichen Zivilisation über Jahrtausende gesichert.

Mit den bestehenden geothermischen Anlagen geschieht dies nur in einem marginalen Umfang. Anders als bei der Sonnen-, der Wasser- und der Windenergie ist die Technologie für eine umfassende Nutzung der Erdenergie noch nicht reif.

Ingenieure haben dennoch längst weitergedacht. Die Idee klingt ein wenig nach Science-Fiction. Wie wäre es, wenn man bei der Erschließung der Erdwärme nicht mehr bohren, sondern die Erde »wegschmelzen« würde? Konventionelle Methoden mit aufwendigem, dazu ständig wechselndem Bohrgestänge sind für echte Tiefenbohrungen nicht ausreichend, außerdem langwierig und teuer. Ein innovatives Schmelzbohrverfahren sieht vor, sich mit einem hocherhitzten Eisenpfropfen durch Sand und Stein hindurchzubrennen. Eisen und Energie werden dabei beständig nachgeführt. Bei entsprechender Temperatur schmilzt selbst Granit und fließt wie Wasser. Im Verlauf des Schmelzvorgangs wird das geschmolzene Metall in die Wand des Bohrlochs gepresst. Das Ergebnis ist ein sauberes, gusseisernes Rohr, das 15 Kilometer in die Tiefe reicht. Dort herrschen 500 Grad Celsius und großer Druck, und zwar überall, in Afrika ebenso wie in Sibirien.

Führt man nun mehrere solcher Bohrschächte aus und befüllt sie mit Wasser, entsteht in der Tiefe ein gewaltiger Wärmetauscher. Durch den hohen Druck und die gewaltigen Temperaturen entsteht sogenannter superkritischer Wasserdampf mit hoher Energiedichte. Der Wasserdampf soll dann über ein anderes Druckgussrohr wieder an die Oberfläche geführt werden, um dort konventionelle Turbinen über Wärmetauscher anzutreiben. So hat man überall auf dem Planeten hochkonzentrierte Energie zur Verfügung, was man von der Solarenergie nicht sagen kann.

Gibt es dafür eine Chance? Warum nicht? Wenn der »göttliche Ingenieur« in der Lage ist, Atom-U-Boote zu bauen, warum sollte es nicht möglich sein, einige Kilometer tiefer zu bohren (oder zu brennen), als man es heute schon kann? Das Schmelzbohrverfahren ist nur eine Idee unter vielen, wie sie in den Köpfen der Wissenschaftler und Ingenieure existieren. Man denkt zum Beispiel an vollautomatische Solarkraftwerke *(solar islands)* in den Weiten der Ozeane, die die gewonnene Energie in Wasserstofftanks speichern. Tanker bringen den Treibstoff an Land. In einer weiteren Entwicklungsstufe könnten die *solar islands* bei aufziehenden Orkanen zum Schutz unter die Wasseroberfläche tauchen, um nach dem Sturm ihre Dienst wieder aufzunehmen.[46]

Zur Diskussion steht hier nicht die »richtige« Technik. Es geht vielmehr darum, den »richtigen« Denkrahmen für eine positive Zukunft abzustecken. Mit dem gebotenen historischen Abstand lässt sich leicht erkennen, dass fossile Energieträger nur für eine relativ bescheidene Spanne der menschlichen Geschichte den Schlüssel zur Energieversorgung abgeben können. Heute steht eine Energiewende an.

Derzeit wird konventionelle Technik für die regenerative Energieversorgung in bemerkenswertem Tempo alltagstauglich gemacht: Offshore-Windkraftanlagen, solarthermische Kraftwerke, Photovoltaik. Aber diese Alternativen allein werden nicht reichen. Wir benötigen fundamental neue Lösungen, um die Menge an umweltfreundlich und preiswert erzeugter Energie zu bekommen, die wir benötigen. Denn nur so ist ein hoher Wohlstand für zehn Milliarden Menschen um 2050 erreichbar. Dafür sind Grundlagenforschung und die dazu nötigen Investitionen erforderlich. An Einfallsreichtum und Engagement der technischen Intelligenz wird es nicht mangeln. Aber während heute Milliarden öffentlicher Mittel in Rüstungsetats investiert werden, bleiben für dieses Gebiet vergleichsweise minimale Beträge übrig. Ein entscheidender Grund ist, dass die Rahmenbedingungen nicht stimmen. Die viel zu hohen Renditen auf Eigenkapital im Finanzsektor erschweren die Finanzierung langfristiger Innovationsprozesse, fördern die Kurzfristigkeit des Handelns ökonomischer Akteure noch mehr, und der Staat ist für eine angemessene Förderung von Innovation viel zu hoch verschuldet.

## Eine reiche Welt, keine des Verzichts

Wenn es noch kein Penicillin gibt, kann man sich eine Welt mit Penicillin kaum vorstellen. Die Welt der Alpen ist heute, *mit* Seilbahnen, eine völlig andere als vorher, *ohne* diese Technik. Und ohne künstliches Hüftgelenk wird jemand, der nicht mehr laufen kann, schnell zum Pflegefall. Mit einem neuen Gelenk dagegen wird der Betreffende wieder zu einem voll leistungsfähigen Mitglied der Gesellschaft. Er fährt sogar weiter Ski, ist kein Kostenfaktor, sondern trägt vielfältig zur Wertschöpfung bei. Und wenn schließlich eine Frau in Indien ein Solarpaneel auf ihrer Hütte hat, dann kann sie auch abends ihre Körbe flechten und mit ihren Kindern Hausaufgaben machen. Das Mobiltelefon hilft ihr, die Märkte abzutelefonieren, um vorab einen angemessenen Preis für ihre Körbe auszuhandeln. Und wenn Licht im Haus ist, läuft häufig auch ein Fernseher. Das ist nicht nur ein Segen, aber eine der wichtigsten Folgen dieses Gerätes ist, dass die Zahl der Kinder sinkt. Die Frau in Indien nimmt intensiver an bezahlten Wertschöpfungsprozessen teil. Sie produziert Wachstum, aber in dematerialisierter Form, weil sie ihre Energieversorgung aus erneuerbaren Quellen bezieht.

Durch Innovation kommt das Neue in die Welt. Und in kaum einem Bereich ist sie so wichtig wie bei der Energieversorgung. Dabei geht es nicht nur um Kraftwerke, sondern auch um die effiziente Nutzung von Energie. Ausschlaggebend aus ökologischer Sicht ist immer das ganze technische System und sein stofflicher Austausch mit der Natur. Wir, die Menschen, sind die Gäste, unser Gastgeber ist die Biosphäre. Unser Interesse muss es sein, einen vitalen, einen großzügigen, einen (arten)reichen Gastgeber zu haben.

Wenn man in Zukunft also über leichtere Autos und Maschinen verfügt als heute, benötigen sie nicht mehr so viel Energie. Und das gilt auch, wenn neue Leistungshalbleiter das Arbeiten der Motoren verbessern. In Zukunft wird es auch keine Müllhalden mit ausrangierten Photovoltaikpaneelen oder Rotorblättern von Windkraftanlagen mehr geben. Bauteile sollten nicht 10 oder 20, sondern 50 Jahre halten. Und anschließend werden sie in den ökonomischen Kreislauf zurückgespeist. Absehbar werden Spezialmetalle wie Kobalt, Nickel oder seltene Erden wie Neodym knapp, wodurch sich ein Problem für die Technologie der Zukunft, für die gesamte Steuerungselektronik, für Hochleistungsbatterien oder Elektrofahrzeuge ergibt. Immer wichtiger wird es, die Stoffströme klug zu organisieren.

Die Tatsache, dass die Klimabalance heute gefährdet ist, hängt nicht damit zusammen, dass die Treibhausgase als solche gefährlich wären. Kohlendioxid in normalen Konzentrationen ist nicht giftig, weshalb wir es auch täglich, beispielsweise gelöst in Mineralwasser, trinken können. Das Problem besteht darin, dass der Mensch über längere Zeiträume die Zusammensetzung des Gasgemischs in der Lufthülle des Planeten verändert und damit die Bilanz von ein- und ausstrahlender Energie in den Weltraum gestört hat. In großem Maßstab verlagern wir Kohlenstoff von den Depots in der

Erdkruste in die Atmosphäre. Dort ist der Anteil an Kohlendioxid seit Beginn der industriellen Revolution um ein Drittel gestiegen. Im Kern geht das Klimaproblem also auf eine Störung der globalen Stoffströme zurück.

Auch erneuerbare Energien haben ihre Tücken. Sicher könnte man den Klimakollaps verhindern, indem man in großem Maßstab auf Agrartreibstoffe setzt. Eine Steigerung der globalen Produktion ist aber nur möglich, wenn die Anbauflächen erheblich ausgeweitet werden. Durch die Abholzung von tropischen Regenwäldern und Savannen würde die Emission von Treibhausgasen deutlich zunehmen, noch mehr Kohlenstoff, bisher in der Vegetation und in den Böden gespeichert, freigesetzt werden. Außerdem würde sich mit steigender Weltbevölkerung die Konkurrenz zwischen Nahrungs- und Energieproduktion verschärfen.

Wissenschaftlich ist es durchaus möglich, einen zukunftsfähigen Stoffwechsel zwischen Mensch und Natur zu beschreiben, auch bei steigender Weltbevölkerung. Das beginnt mit deutlichen Effizienzgewinnen durch die Dematerialisierung (Faktor 4, Faktor 10 oder mehr) und geht weiter über Formen der Rematerialisierung. Ein Beispiel ist die kaskadenhafte Nutzung von Biomasse, indem man mit der stofflichen Nutzung von Pflanzen beginnt und bei der energetischen Verwertung endet. Bei dieser Vision einer industriellen Photosynthese wird das anfallende Kohlendioxid nicht mehr, wie heute, als Schadstoff gesehen, sondern als Ausgangsmaterial genutzt. Mittels einer intelligenten Weiterverarbeitung, durch regenerative Energie gespeist, kann es in Zukunft gelingen, wertvolle Materialien und Energieträger aus Kohlendioxid zu gewinnen.[47] Eine Bedingung dafür ist allerdings ausreichend Energie. Auch deshalb ist es so wichtig, andere, nichtfossile Quellen der Energiegewinnung zu erschließen.[48]

Was viele Menschen sich nur schwer vorstellen können: Eine reiche Welt mit Zukunft ist möglich. Vielleicht kann man Strom in naher Zukunft sogar noch billiger erzeugen als heute, zugleich

Wohlstand für zehn Milliarden Menschen schaffen und Bumerangeffekte vermeiden. So ist eine Verzehnfachung der globalen Wertschöpfung im Verlauf dieses Jahrhunderts durchaus denkbar – und das in Frieden mit der Natur und innerhalb der von ihr gesetzten Grenzen (Grünes Wachstum).

Technische Innovationen allein werden dafür aber nicht ausreichen. Der kritische Punkt sind korrespondierende Innovationen auf dem Gebiet der Governance, zum Beispiel ein neues Klimaregime, wie es im folgenden Kapitel entwickelt wird.

# 3. Klima und neue Wälder

## Klima und Ozeane

Das Klimasystem der Erde ist ausgesprochen träge. Selbst wenn es gelänge, die Konzentration von Treibhausgasen in der Atmosphäre zu stabilisieren, würden sich die oberflächennahen Luftschichten mindestens ein Jahrhundert lang weiter erwärmen. Auch der Meeresspiegel würde über viele Jahrhunderte steigen. Weil die Wärme in den Ozeanen zwischengespeichert wird und Eisschilde nur langsam reagieren, würde es mehr als ein Jahrtausend dauern, bis ein neuer Gleichgewichtszustand des Meeresspiegels erreicht wäre.[49]

Aber so weit ist es noch nicht. Lange nicht. Während die Klimawissenschaftler eine Drittelung der globalen Kohlendioxidemissionen bis zur Mitte des Jahrhunderts fordern, weisen die Trends genau in die entgegengesetzte Richtung, nämlich eine Steigerung der Emissionen um ein Mehrfaches im selben Zeitraum. Diesen Trend zu drehen ist eine äußerst schwierige Aufgabe.

Im Kohlenstoffkreislauf, wie er dem Klimasystem zugrunde liegt, spielen die Ozeane eine wichtige Rolle, weil sie enorme Mengen Kohlendioxid zwischenspeichern. Gelöstes Kohlendioxid aber senkt den ph-Wert, und so geraten die Ozeane in Gefahr zu versauern. Über Millionen Jahre war der ph-Wert in den Weltmeeren weitgehend konstant, im 20. Jahrhundert ist eine Veränderung bereits messbar. Dadurch verändert sich die gesamte Meerwasserchemie. Wissenschaftler haben einen massiven Rückgang des pflanzlichen Planktons nachgewiesen.[50] Die marinen Nahrungsketten sind bereits an der Basis geschädigt.

Verschärft wird die Lage durch eine massive Überfischung der Meere. Bis vor wenigen Jahrzehnten galten die weiten Ozeane und ihre Fischpopulationen schlicht als unerschöpflich. Heute jagen dort riesige Fabrikschiffe. Sie finden die Fischgründe dank GPS mit hoher Präzision, orten die Fischschwärme mit Echolot und kesseln sie mit gewaltigen ringförmigen Netzen ein. Ganze Schwärme von Heringen, Makrelen oder Thunfischen werden an Bord gehievt, anschließend sofort zerlegt und im bordeigenen Kühlhaus tiefgefroren. Solche Hightech-Fischzüge können Bestände, die jahrhundertelang traditionelle Fischerei verkraftet haben, binnen kürzester Zeit vernichten.

Hinzu kommen Umweltkatastrophen wie die im Golf von Mexiko. Als die Ölbohrplattform *Deepwater Horizon* am 20. April 2010 nach einer Explosion sank, war zunächst die Rede von 1000 Barrel Öl, die sich täglich ins Meer ergießen. Im Mai sprach die US-amerikanische Regierung von 19 000 Barrel, im Juni gingen die Experten von 40 000, später von 60 000 Barrel aus.[51] Seit Jahren bemüht sich der Betreiber der Ölbohrplattform um ein zukunftsorientiertes Image; BP steht nicht mehr für *British Petroleum*, sondern für *beyond petroleum*. Was den Konzern allerdings nicht daran hindert, mit Tiefseebohrungen weiter hohes Risiko zu fahren. Ist der Schaden da, wird vertuscht und verschleiert.

Ein Kollaps der Ozeane, die zu den Weltgemeingütern zählen, und der weitgehende Zusammenbruch der globalen Fischindustrie sind durchaus im Bereich des Möglichen, bei einem *business as usual* sogar unvermeidbar. Dabei sind Milliarden Menschen auf Fisch als wichtigste Eiweißquelle angewiesen, Tendenz steigend. Mit Aquakulturen kann man dagegenhalten. Aber wird das reichen? Die Ernährungssicherheit auf diesem Planeten ist eng mit der Klimafrage verknüpft.

## Klimagerechtigkeit

Die Klimafrage ist eine globale Frage. Wo die Treibhausgase erzeugt werden, ob in Europa, Amerika, Afrika oder Asien, ist im Resultat nicht von Belang. Sie alle landen in derselben Atmosphäre, die zu den Weltgemeingütern gehört. Deshalb ist im Grunde allen klar, dass der Ausstoß der Klimagase global geregelt, sprich: gedeckelt werden muss.

Erforderlich ist also ein globales Cap für Kohlendioxidemissionen, das heißt, die Gesamtmenge wird abgeriegelt. Eigentumsrechte an Emissionen werden zugeordnet und können anschließend gehandelt werden. Ökonomisch betrachtet wäre dies eine höchst effiziente Methode. Geldmittel könnten dort eingesetzt werden, wo sie mit vergleichsweise wenig Aufwand substanzielle Einsparungen von Kohlendioxidemissionen bringen. So könnte man Technologie des Nordens in den Süden lenken und es auch finanzieren. Gleichzeitig könnte es gelingen, ganze Industriezweige effizienter zu gestalten oder Wiederaufforstung in großem Stil zu betreiben. Technische Innovation ginge mit sozialer und entwicklungspolitischer Innovation Hand in Hand.

Eine Schlüsselfrage ist allerdings: Wer darf wie viel Emissionen produzieren? Im Zusammenhang mit dieser Frage werden international unterschiedliche Ansätze diskutiert. Ein Vorschlag, besonders vorteilhaft für reiche Länder, setzt auf eine Orientierung am Bruttoinlandsprodukt. Ein anderer favorisiert das sogenannte Großvaterprinzip, das besagt: Wenn die Menschheit 20 Prozent weniger Kohlendioxid emittieren will, muss jeder 20 Prozent einsparen, es geht also um eine proportionale Anpassung. Der Großemittent, der am meisten »Dreck« macht, wird dann am Ende erklären, er sei der Einzige, der wirklich einspart.

Für Chinesen und Inder ist diese Art der Lösung vollkommen inakzeptabel. Ihre Vorstellung vom Großvaterprinzip geht davon aus, dass Familien Konten haben, die sie vererben. Wenn man nun das Pech hat, dass der eigene Großvater das Familienkonto bereits geplündert hat, dann ist dort leider nichts mehr zu holen. Die Chinesen und Inder haben in dieser Betrachtung den Vorteil, dass ihre Großväter das Konto zulässiger Kohlendioxidemissionen kaum spürbar angetastet haben. Sie meinen deshalb, sie dürften pro Kopf erst einmal nachholen, was wir im Norden an Emissionen bereits herausgepustet haben. Und es ist offensichtlich, dass eine (welt)demokratische Entscheidung dieser Frage nach dem Prinzip *one person, one vote* eher die chinesische oder indische Position stützen würde als die der OECD-Länder.

Vor diesem Hintergrund setzt der Club of Rome auf einen Kompromiss: Vergesst die Großväter! Heute hat jeder Mensch ein Recht auf sieben Milliardstel der zulässigen Emissionen. Diese Rechte sind zwischen Staaten jährlich global handelbar. Dies ist der dritte Ansatz, das Prinzip der Klimagerechtigkeit *(carbon justice)*, zu dem sich auch die deutsche Bundeskanzlerin Angela Merkel bekannt hat.[52] Danach muss jemand, der viel emittiert, weil er reich ist, in Zukunft bezahlen, da er Verschmutzungsrechte verbraucht, die anderen gehören. Umgekehrt wird, wer weniger verbraucht, als er Rechte hat, dafür bezahlt. Die Preise für Emissionsrechte werden jährlich zwischen Anbietern und Nachfragern neu ausgehandelt.

## Besteuerung direkt an der Quelle

Viele Deutsche sind in einer Illusion gefangen. Sie glauben, je mehr Windkraftanlagen und Solarpaneele hierzulande gebaut werden, desto weniger Kohlendioxid würde in die Atmosphäre gelangen. Das stimmt leider nicht. Tatsächlich wird unter den Bedingungen des europäischen Zertifikatehandels kein einziges Kilogramm des Klimagases vermieden. Der Gesamtausstoß in der EU ist durch dieses Instrument nämlich von vornherein abgeriegelt. Wenn nun in Deutschland weniger Zertifikate nachgefragt werden, weil wir vermehrt erneuerbare Energien nutzen, werden sie in anderen europäischen Ländern verkauft, etwa in Spanien oder Griechenland. Die Summe der in Europa emittierten Mengen an Kohlendioxid bleibt gleich.[53]

Das europäische Emissionshandelssystem hat viele Schwachstellen. Besonders problematisch ist das sogenannte *carbon leakage*. Danach darf ein Kraftwerk oder ein Zementwerk in der EU, das mit Verschmutzungszertifikaten ausgestattet ist, eine bestimmte Menge Kohlendioxid ausstoßen. Wenn nun das Unternehmen mit einem Teil seiner Produktion aus der EU abwandert und am neuen Standort möglicherweise keine Emissionsauflagen vorfindet, kann es pro Wertschöpfungseinheit noch mehr Klimagase in die Luft pusten als zuvor. Dennoch werden innerhalb der Union seine Zertifikate frei und können verkauft werden. Der Käufer dieser Zertifikate bezahlt also im Endergebnis dafür, dass andernorts mehr Emissionen verursacht werden, als innerhalb der EU stattgefunden hätten, und der Verkäufer und Verursacher wird sogar bezahlt.

Was lernen wir daraus? Ein globales Cap-and-Trade-System zur Lösung des Klimaproblems ist unumgänglich. So wäre auch das europäische *leakage*-Problem erledigt, weil es keine Ausweichmöglichkeiten mehr gäbe. Man könnte auch die Subventionen für Windkraftanlagen und Solarpaneele bei ihrem richtigen Namen nennen, nämlich als Beiträge der Technologieförderung, um den Übergang in ein postfossiles Zeitalter zu erleichtern. Kein nationaler Hersteller könnte mehr argumentieren, er müsse Zertifikate umsonst erhalten, weil er sich sonst auf dem Weltmarkt nicht halten könne. Man käme schließlich auch von sektoralen europäischen Ansätzen weg. So könnten im Gebäudebereich etwa mehr Einsparungen realisiert werden als im Automobil- oder im Energiesektor, weil sie dort preiswerter möglich sind. In der Klimapolitik gibt es heute viel zu viele Detaileingriffe, viel zu viele Vorgaben[54], was die Sache nur kompliziert, den Markt unflexibel und die Lösungen übermäßig teuer macht.

Ohne einen globalen Ansatz geht es nicht. Die eleganteste Lösung wäre eine Regelung über eine Direktbelastung von Kohlendioxid, Methan und anderer Klimagase, und zwar dort, wo die Emissionen entstehen, direkt an der Quelle, alternativ und vielleicht noch wirksamer, eine Kontingentierung der Rechte, entsprechende Energieträger überhaupt fördern zu dürfen. Praktisch wäre es sogar möglich, diesen Ansatz steuerneutral zu gestalten, allerdings nur auf nationaler Ebene. Der Kunde würde zwar entsprechend mehr bezahlen, die Volumina würden aber eingesammelt und zurückverteilt, im günstigsten Fall pro Kopf gleich. Im Resultat würde jemand, der direkt oder indirekt viel Öl, Gas oder Kohle verbraucht, überproportional belastet. Ein anderer, der sparsamer wäre, zum Beispiel, weil er nur über ein geringes Einkommen verfügt und einen »einfachen« Lebensstil hat, könnte sogar Geld zurückerhalten.

In einem solchen System könnten auch einzelne Staaten ihren Reduktionsverpflichtungen besser nachkommen. Sie würden mit einer bestimmten Rechtemenge ausgestattet – zum Beispiel nach dem Grundsatz *one human, one emission right* – und müssten auf ihrem Hoheitsgebiet ordnungspolitisch dafür sorgen, dass nicht mehr emittiert wird, als Rechte vorhanden sind. Das gelänge am besten durch die genannte Direktbesteuerung oder bei der Kontingentierung der Produkte und des Imports entsprechender Energieträger. Ökonomisch betrachtet ergäbe sich ein Einnahmestrom an der Quelle der Emissionen, aus dem auch fremde Rechte erworben werden könnten.

Auch Staaten würden weitere Verschmutzungsrechte dazukaufen. Dies würde zu höheren Steuern führen. Und zwar so lange, bis Unternehmen und Verbraucher ihre Emissionen zu den jeweiligen Preiskonditionen nicht mehr weiter erhöhen würden. Das kann durch eine Steigerung der Ökoeffizienz, den Einsatz neuer Technologie oder veränderte Lebensstile geschehen. Ab diesem Punkt bliebe der Staat mit seinen Emissionen schließlich im Rahmen der nach Zukauf insgesamt verfügbaren Rechte.

Im weltweiten Maßstab durchgeführt, käme als weiterer Effekt hinzu, dass sehr viel Geld aus dem Kauf von Emissionsrechten von der reichen in die ärmere Welt fließen würde. Die wiederum könnte sich mit moderner Technik ausstatten und versuchen, ihre Energieeffizienz zu erhöhen mit dem Ziel, sich bei wachsendem, so ermöglichtem Wohlstand überzählige Emissionsrechte langfristig zu sichern, um sie später verkaufen zu können.

So sähe eine mathematisch elegante und effektive Lösung aus. Aber was ist, wenn sie politisch nicht durchsetzbar ist? Hier kommt eine Alternative.

## Das »Wunder von Kopenhagen«

Ende 2009, Klimaverhandlungen in Kopenhagen. Eine der größten Konferenzen aller Zeiten endet mit einer chaotischen Nachtsitzung. Das Wort vom Klimabasar macht die Runde. Konferenzteilnehmer, Beobachter und engagierte Streiter bleiben frustriert zurück. Kann es überhaupt noch gelingen, ein Folgeabkommen für das 2012 endende Kyoto-Protokoll auszuhandeln? Ist das Klima noch zu retten?

Schaut man sich die Vereinbarung von Kopenhagen[55] genauer an, ergibt sich ein nicht ganz so düsteres Bild. Die Staaten kommen, wenn auch nicht völkerrechtlich bindend, darin überein, die globale Erwärmung auf unter 2 Grad Celsius zu begrenzen, als Vergleichswert gilt die »vorindustrielle Zeit«. In einem Anhang wird aufgelistet, was die einzelnen Länder bis 2020 zur Erreichung des Ziels beitragen: teils Emissionsminderungen, teils auch nur Verbesserungen bei der »Emissionsintensität«.

Für die USA gilt die Zusage von Präsident Barack Obama, die Kohlendioxidemissionen seines Landes bis 2020 um 17 Prozent gegenüber dem Stand von 2005 zu reduzieren. Japan will seine Emissionen bis 2020 um ein Viertel gegenüber 1990 vermindern. Die

Europäische Union hatte intern bereits eine Reduktion von 20 Prozent bis 2020 im Verhältnis zu 1990 vereinbart und ist bereit, weiter zu gehen. Dabei ist allerdings zu beachten, dass der weitaus größte Teil der 20 Prozent bereits erreicht ist – es sind ja seit 1990 auch schon 20 Jahre vergangen. Bezogen auf das Jahr 2005 strebt China eine Reduzierung im Verhältnis zu seiner Industrieproduktion von 40 bis 45 Prozent an, und Indien will seine »Emissionsintensität« um 20 bis 25 Prozent verringern. Mehr als 76 Staaten haben mittlerweile ihre Klimaziele für 2020 erklärt. In der Summe reicht das bisher bei weitem nicht, um das Zwei-Grad-Ziel zu erreichen.

Jetzt kommt ein entscheidendes Aber: In diesen Zahlen steckt eine große Chance. Indien und China verzichten mit ihren Angeboten auf einen großen Teil dessen, was sie unter dem Vorzeichen von Klimagerechtigkeit an finanziellen Kompensationen hätten fordern können – das »Wunder von Kopenhagen«. In dieser Großzügigkeit liegt der Schlüssel für einen pragmatischen Lösungsansatz des Klimaproblems, in dem das Wort »Basar« sogar einen positiven Klang erhält. Nennen wir es das Kopenhagen-Modell.

Der Vorschlag setzt auf individuelle Verpflichtungen einzelner Staaten und auf eine Kooperation, die schrittweise, flexibel und individueller zustande kommt als eine Generalverankerung unter der Überschrift Klimagerechtigkeit. Zu Beginn müssen gar nicht alle mitmachen. Im Laufe des Prozesses wird der Ansatz rasch seine Dynamik entfalten. So könnte es also gelingen, die Übrigen bald ins Boot zu holen. Ein Basar ist als Markt oft sehr wirksam. Warum nicht auch in der Klimafrage?

So viel ist klar: Ein internationales Abkommen benötigt die Staaten, weil nur sie Partner im völkerrechtlichen Sinne sein können. Die Staaten sind und bleiben der Anker eines jeden Klimaregimes.

Zur Verdeutlichung noch einmal ein Vergleich mit dem bereits skizzierten globalen Cap-and-Trade-System unter Bedingungen der Klimagerechtigkeit, das heißt eine Deckelung der Gesamtemissionen und die Zuordnung gleicher Emissionsrechte für jeden – ob Äthiopier oder Australier – und deren Handelbarkeit. Die menschliche Zivilisation als ganze einigt sich also auf eine jährliche Obergrenze für Treibhausgasemissionen. Ganz gleich, was sonst auf dem Globus geschieht, die Emissionsgrenze ist gesetzt, wasserdicht, mit Kontrollen ausgestattet, auch mit Strafen bei Nichtbefolgung. Die einzelnen Staaten erhalten, je nach Bevölkerungsgröße, Nutzungsrechte, mit denen sie in einem weiteren Schritt handeln können.

Theoretisch ist das Vorgehen durchaus plausibel, vielleicht sogar naheliegend, politisch und lebenspraktisch betrachtet ist dieser Weg aber eher unwahrscheinlich. Das haben wir spätestens in Kopenhagen gelernt.

Erschwerend kommt hinzu, dass die Bedingungen der einzelnen Staaten sehr unterschiedlich sind, woraus sich je verschiedene, auch nachvollziehbare Vorstellungen von Gerechtigkeit ergeben. Die USA haben eine gewachsene Siedlungsstruktur mit großen Entfernungen vom Wohn- zum Arbeitsort, ebenso zur Schule, zur Universität und zurück. Das ist so schnell auch nicht zu ändern. China ist die »Fabrik der Welt« – wem sind die daraus resultierenden Emissionen zuzurechnen?

Ein globales Cap-and-Trade-System unter Bedingungen der Klimagerechtigkeit fordert von den Staaten, frühzeitig eine Grundsatzentscheidung zu treffen: Wollen wir dem Prozess beitreten oder nicht? Wer sich nicht beteiligt, hat sogar Vorteile. Belastet werden nur diejenigen, die mitmachen. Die Auswirkungen des Systems über Jahre und Jahrzehnte sind schwer zu kalkulieren. Volumina und Preise ergeben sich über eine Mechanik, die den Gesetzen der Mathematik und der Märkte folgt. Ist man einmal aufgesprungen, fährt der Zug einfach weiter. Ob man will oder nicht. Sollen Politiker sich darauf einlassen? Können sie das verantworten?

Ein anderer Weg ist möglich. Im Kopenhagen-Modell ist es für die Staaten deutlich einfacher, sich zu beteiligen. Dass dieser Ansatz durchaus Chancen hat, ist Folge der großzügigen, in ihrer potenziellen Wirkung öffentlich nicht wahrgenommenen Angebote der Schwellenländer, wie sie bereits genannt wurden. Jetzt gilt es, ebenso klug wie entschlossen zu sein und diese Abfahrt nicht zu verpassen. Das Entgegenkommen von China, Indien und anderen eröffnet einen Weg, in dem die reiche Welt das Prinzip der Klimagerechtigkeit – pro Kopf gleiche Emissionsrechte – vorerst nicht akzeptieren muss. Im Gegenzug zahlt der Norden in einen Klimafonds, der es dem Süden erlaubt, seine Klimaeffizienz deutlich zu verbessern. So ergeben sich Vorteile für beide Seiten, im Endeffekt vielleicht sogar ein ähnliches Ergebnis wie in der ursprünglich angedachten Lösung. Das hat sich auf der Weltklimakonferenz Ende 2010 in Cancún bestätigt. Das allgemeine Prinzip lautet: absolute Reduktion von Kohlendioxidemissionen aus fossilen Quellen bei Industrieländern, Reduktion in Relation zum weiteren Wirtschaftswachstum bei Nichtindustrieländern – ein intelligenter Kompromiss. Auch auf diesem Weg, das wird im Folgenden deutlich, ist es möglich, zu einer Minderung der globalen Emissionen von Klimagasen zu kommen, zu einem Cap. Wobei es weniger auf die genaue Größe des Cap ankommt, sondern darauf, dass überhaupt eine Größe fixiert wird. Über die Stilllegung von Zertifikaten kann man anschließend auf ein niedrigeres Grenzniveau nachregulieren.[56]

## Die Aufgabe

Praktisch ist ein Anstieg der mittleren Temperaturen der Atmosphäre um 2 Grad Celsius kaum mehr zu vermeiden: Zu viele Klimagase sind bereits unterwegs. Zugleich warnen Klimawissenschaftler davor, dass eine Erwärmung über diese Schwelle hinaus zu unbeherrschbaren Folgen führen könnte. Das Zwei-Grad-Ziel ist mittlerweile auch im politischen Raum weitgehend akzeptiert – ein wichtiges Ergebnis des Weltklimagipfels in Cancún. Was es genau bedeutet, wenn es eingehalten würde, wissen wir nicht. Ebenso wenig kennen wir die Folgen im Detail, sollte diese Schwelle überschritten werden. So viel wissen wir: Das Klimaproblem hat das Potenzial, einen Kollaps der entscheidenden Ökosysteme des Planeten herbeizuführen. Möglicherweise ist eine Klimakatastrophe auch nicht mehr zu verhindern. Wie Zauberlehrlinge werden die Menschen dann mit den Folgen ihres Handelns konfrontiert sein. In jedem Fall ist davon auszugehen, dass weniger Erwärmung besser ist als mehr, weil unsere Zivilisation sich in ihren Siedlungsstrukturen ebenso wie in ihrem wirtschaftlichen Tun perfekt an das bisherige Klima angepasst hat. Auch wenn das Zwei-Grad-Ziel nur noch sehr schwer zu erreichen ist, sollten wir alles daransetzen, diese Leitplanke nicht zu durchbrechen!

Die Berater der deutschen Bundesregierung[57] leiten aus dem Zwei-Grad-Ziel eine Restmenge von zulässigen Emissionen ab. Danach darf die Menschheit bis zur Mitte des Jahrhunderts höchstens noch 750 Milliarden Tonnen Kohlendioxid freisetzen (sogenannte Budgetrestriktion). Sollte das gelingen, haben Wissenschaftler ebenso errechnet, liegt die Wahrscheinlichkeit, unter der Zwei-Grad-Grenze zu bleiben, trotzdem nur bei 66 Prozent.

Derzeit sind es jährlich etwa 31 Milliarden Tonnen Kohlendioxid, die global durch die Verbrennung fossiler Energieträger freigesetzt werden. Davon werden etwa 18 Milliarden Tonnen von der Biosphäre absorbiert, durch die Vegetation an Land und durch die Ozeane. Heute kommen allerdings noch Emissionen im Umfang von etwa 20 Milliarden Tonnen hinzu durch die Landwirtschaft, aber auch durch das Abbrennen von Wäldern.

Diesen Verlust können wir uns einfach nicht mehr leisten. Verschieben, Vertagen und Verzögern ebenso wenig.

## Joker gesucht

Selbst wenn man das Abbrennen der Wälder rasch unterbinden könnte und selbst wenn man im Jahr 2013 bereits zu Verhandlungslösungen kommen und zeitnah mit klimarettenden Maßnahmen beginnen würde, wären die Herausforderungen gewaltig. Um einen halbwegs sicheren Reduktionspfad einzuschlagen, müsste man den globalen Ausstoß von Kohlendioxid Jahr für Jahr um eine Milliarde Tonnen zurückfahren. In diesem Fall läge der Ausstoß im Jahr 2025 rechnerisch bei 18 Milliarden Tonnen – als Zwischenschritt auf dem Weg zu 13 Milliarden Tonnen, die das Ziel für 2050 sind und die die Biosphäre des Planeten aus eigener Kraft absorbieren kann. Das heißt, die Menschheit muss sehr schnell sehr viel reduzieren. Anschließend kann sie langsamer vorgehen, um die 750-Milliarden-Grenze einzuhalten. Politisch leichter zu beschließen wäre das umgekehrte Programm: erst langsam, dann viel, aber das lässt die Budgetrestriktion nicht zu.

Und weil man Sparerfolge am ehesten dort erzielen kann, wo viel verbraucht wird, träfe die Reduzierungspflicht vor allem die Industrieländer. Sie müssten innerhalb weniger Jahre ihre Kohlendioxidemissionen halbieren. Der internationale Schiffs- und Flugverkehr mit etwa einer Milliarde Tonnen Kohlendioxid pro Jahr ist Teil der Rechnung. Und hinzu kommt die rasch wachsende Weltbevölkerung.

Wie man es auch dreht und wendet: Ohne massive Wohlstandseinbußen, das zeigt die Beispielrechnung, ist der skizzierte Vermeidungspfad nicht realisierbar. Aus der Geschichte wissen wir, dass ein breiter Verlust von Wohlstand für die Menschen allenfalls nach Krisen akzeptabel ist. Der beschriebene massive Sparkurs ist also keine politische Option, unter demokratischen Vorzeichen schon gar nicht. Muss die Menschheit sich also mit einer Klimakatastrophe abfinden? Geht es fortan nur noch darum, Schäden zu minimieren?

In dieser Lage werden Joker dringend benötigt. Die Abscheidung von Kohlendioxid in modernen Kohlekraftwerken (Sequestrierung) könnte solch ein Joker sein. Allerdings ist die Technik in großem Stil noch nicht erprobt. In jedem Fall wird sie den Wirkungsgrad der Kraftwerke deutlich reduzieren. Auch die Lagerung des Kohlendioxids im Boden ist mit erheblichen Schwierigkeiten verbunden.

Eine viel naheliegendere Möglichkeit ist ein umfangreiches *weltweites Aufforstungsprogramm,* also eine biologische Sequestrierung, ein wirkungsvoller Prozess, der seit Hunderten von Millionen Jahren funktioniert. Das Programm eröffnet die Chance, gewaltige Mengen Kohlendioxid zu binden und somit die Atmosphäre zu entlasten. Seine Wirkung kommt jedoch nur zum Tragen, wenn der neu gewonnene Wald erhalten bleibt. Sterben die Bäume ab oder werden sie von Menschen genutzt, ohne im gleichen Umfang wieder aufzuforsten, wird der im Holz gespeicherte Kohlenstoff früher oder später wieder freigesetzt. Dieser Joker sticht also nur ein einziges Mal.

Sollte es aber tatsächlich gelingen, Kohlendioxid in großem Maßstab und auf Dauer in der Biomasse einzulagern, gewinnt man Zeit, um die nötigen Anpassungsprozesse – neue Technik, neue Politik, neue Kultur – vornehmen zu können, was dann aber auch geschehen muss. Den Joker gilt es also wohlüberlegt ins Spiel zu bringen. Er ist ein unverzichtbarer Teil eines komplizierten »Puzzles«, einer Gesamtstrategie, die darauf abzielt, eine Klimakatastrophe doch noch abzuwenden.

## Bäume, nichts als Bäume

Der Baumstamm einer 100 Jahre alten Fichte hat einen Durchmesser von etwa 60 Zentimetern. Ihr gesamtes Holz, einschließlich der Äste, ohne Wurzeln, besitzt rund 3,5 Kubikmeter Volumina.

Die darin enthaltene Biomasse hat ein Trockengewicht von etwa 1,5 Tonnen. Davon besteht die Hälfte aus Kohlenstoff, also etwa 0,7 Tonnen. Im Verlauf von 100 Jahren hat diese ausgewachsene Fichte durch die Photosynthese 2,6 Tonnen Kohlendioxid absorbiert.[58]

Bäume gehören zu den langlebigsten Organismen auf dieser Welt. Und Wälder haben als Biomassespeicher in der Geschichte immer wieder eine bedeutende Rolle gespielt, sei es als Quelle für Baumaterial oder als Energiedepot. Vielleicht erweist uns der Wald ein weiteres Mal einen entscheidenden Dienst und hilft, die negativen Folgen der fossilen Energiegewinnung abzupuffern.

Die Trends zeigen derzeit allerdings in eine andere Richtung. Vor einigen tausend Jahren noch war die Waldfläche auf dem Planeten etwa doppelt so umfangreich wie heute. Und der Verlust geht in hohem Tempo weiter. Jahr für Jahr gehen unvorstellbare 16 Millionen Hektar Wald verloren – durch Rodung oder durch Abbrennen.

Aber es gibt auch Hoffnung. Das United Nation Environment Programme (UNEP) hat unter der Schirmherrschaft von Nobelpreisträgerin Wangari Maathai und Prinz Albert II. von Monaco zur *Billion Tree Campaign* aufgerufen, an der sich jedermann beteiligen kann. Im Jahr 2007 sollten eine Milliarde Bäume gepflanzt werden.

Inspiriert von Wangari Maathai, beendet der damals neunjährige Schüler Felix Finkbeiner am 19. Januar 2007 sein Schulreferat zur Klimakrise mit den Worten: »Lasst uns in jedem Land der Erde eine Million Bäume pflanzen!« Mit seinen Freunden pflanzte er an seiner Schule den ersten Baum und startete, gefördert durch die Global Marshall Plan Foundation, die Schülerinitiative *Plant-for-the-Planet.*[59] Die Erwachsenen- und Kinderinitiative zusammen heißen *Plant-for-the-Planet – The Billion Tree Campaign.* Am 21. September 2009 gaben Wangari Maathai, Prinz Albert II. von Monaco und Felix Finkbeiner auf einer Pressekonferenz in New

York bekannt, dass bereits mehr als sieben Milliarden Bäume gepflanzt wurden. In Deutschland pflanzten Kinder am 4. Mai 2010 anlässlich des Petersberger Klimadialogs zusammen mit 45 Umweltministern ihren millionsten Baum.

Aktivitäten wie diese waren Anlass, ein großes globales Aufforstungsprogramm, als Baustein einer umfassenden Klimastrategie, zu entwickeln. Das Programm ist durchgerechnet, nicht nur hinsichtlich seines Umfangs und seiner zeitlichen Abläufe, sondern auch der entstehenden Kosten. Wie diese Mittel aufgebracht werden können, ist ein entscheidender Teil der Überlegungen.

Doch bevor es ans Aufforsten geht, muss zunächst der Kahlschlag beendet werden. Wie kann der Verlust an Wald auf unserem Planeten – insbesondere der borealen Wälder in Russland und Kanada, mehr noch der Regenwälder auf der südlichen Hemisphäre – gestoppt werden? Die Antwort lautet: mit Geld. Dem in den Wäldern gespeicherten Kohlenstoff wird ein monetärer Wert gegeben (Kapitalisierung), um den Prozess der Entwaldung ökonomisch beschreiben und anschließend bewerten zu können.

Das Aufforstungsprogramm, wie es hier vorgeschlagen wird, zielt darauf ab, ein Weltwaldregime über internationale Verträge zu etablieren, und zwar zügig, ab dem Jahr 2013. In diesem Rahmen sollen die heutigen massiven Kohlendioxidemissionen durch Waldrodungen, Landnutzung und Verbrennung gestoppt werden. Die Emissionen belaufen sich auf sechs Milliarden Tonnen jährlich. In einer ersten Abschätzung entstehen für den Erhalt der Wälder pro Jahr Kosten in Höhe von 20 Milliarden US-Dollar. Über einen Zeitraum von 2013 bis 2022 ergibt sich für einen Stopp des Waldverlustes ein Finanzierungsvolumen von 200 Milliarden US-Dollar.

Wären die bestehenden Wälder gesichert, kämen die Maßnahmen für eine beschleunigte weltweite Aufforstung hinzu. Viele Staaten bewegen sich bereits in diese Richtung. In China beispielsweise haben Menschen in den vergangenen Jahren 45 Millionen Hektar neuen Wald angelegt. Zum Vergleich: Der gesamte deutsche Wald hat einen Umfang von elf Millionen Hektar. Auch Marokko und Äthiopien verfügen über anspruchsvolle Aufforstungsprogramme.

Ein Weltaufforstungsprogramm kann nur gelingen, wenn die heimische Bevölkerung die gigantischen Pflanzaktionen unterstützt und realisiert. Weil die Aktivitäten in Zehntausenden von Dörfern und Distrikten gleichzeitig vonstattengehen, sind lokales Wissen wie auch fachliche Anleitung vor Ort unabdingbar. Wichtig für die Wiederaufforstung von Savannen und Steppen ist ein angepasstes Bewässerungssystem mit Brunnen und Pumpen. Die Technik wiederum benötigt Energie, und zwar dezentral verfügbar. Moderne Sonnen- und Windkraftanlagen, einschließlich Photovoltaik, sind dafür wie geschaffen. Das Weltaufforstungsprogramm ist deshalb – über die spätere Nutzung des Waldes hinaus – auch ein Investitionsprogramm für Anlagen zur Gewinnung von regenerativer Energie. In vielen Fällen wird der neue Wald dazu dienen, Feldern und Gärten Schutz zu geben; ähnlich wie die Bannwälder in den Alpen. So könnte er dazu beitragen, die Ernährungssituation der Bevölkerung vor Ort entscheidend zu verbessern und die Millenniumsentwicklungsziele der Vereinten Nationen endlich zu verwirklichen.[60]

Packt man die Sache richtig an, ergeben sich vielfältige Möglichkeiten und Synergieeffekte. Auf der ökonomischen Seite wird die lokale Wirtschaft gestärkt – in der Wirkung vergleichbar einem Global Marshall Plan oder *global new deal.* Holzprodukte werden nun möglich, nachwachsende Energiequellen entstehen. Ökologische Vorteile der Pflanzungen sind: ein besser regulierter Wasserhaushalt, saubere Luft, Humusbildung und eine gesteigerte Artenvielfalt durch neuen Lebensraum für Tiere und Pflanzen. Auf der sozialen Seite entstehen für viele Menschen, die heute noch an der Armutsgrenze leben, neue Jobs, insgesamt ein gewaltiges dezentrales Arbeitsbeschaffungsprogramm. Außerdem bietet der Wald vielfachen Schutz vor Wind, Sonne und Erosion. Kurz, die Menschen vor Ort haben ganz konkrete Vorteile davon.

Wir reden hier von einem Programm, das auf 20 Jahre angelegt ist und insgesamt 500 Millionen Hektar umfasst. Flächen, die in Frage kommen, darunter abgeholzte Regenwaldareale, Savannen, Grasland, aber auch Wüsten und Halbwüsten, gibt es auf der Erde mehr als genug. In der Regel handelt es sich dabei um minderwertige, teils degradierte, früher einmal bewaldete Flächen, die durch die Aufforstung an Qualität und Wert gewinnen. Was sich auch günstig auf die Kosten auswirken dürfte.

Läuft das Projekt über 20 Jahre und beteiligen sich 50 Staaten, ergibt sich pro Jahr und Land eine Aufforstungsfläche von 5000 Quadratkilometern, was etwa einem Quadrat mit einer Kantenlänge von 70 Kilometern entspricht. Das ist viel, aber machbar. Die Programme wird man ausschreiben und somit Qualität und Standards der Aufforstung sichern. Dabei übernimmt die Weltgemeinschaft Planung, Regulierung und Aufsicht.

Zwei Jahrzehnte sind eine Menge Zeit. Zeit, in der die Projekte in verschiedenen Ländern mit je unterschiedlichen klimatischen, biologischen, kulturellen und politischen Bedingungen ihre Erfahrungen austauschen sollten. So können sie voneinander lernen.

Ist der Wald ausgewachsen *(steady state)*, kann er klimaneutral bewirtschaftet werden. Wird abgeholzt, muss im selben Umfang neu aufgeforstet werden. So können die gigantischen Waldressourcen zumindest in Teilen nachhaltig genutzt werden, zum Beispiel als Baumaterial. Dabei ist es durchaus kein Zufall, dass das Wort von der Nachhaltigkeit seinen Ursprung in der Forstwirtschaft hat.

## Das Weltwaldregime und die Kosten

Wer will und über die entsprechenden finanziellen Mittel verfügt, kann sein Leben bereits heute klimaneutral führen. Im Internet findet man Firmen oder NGOs[61], die Aufforstungszertifikate für einen Preis von unter 20 US-Dollar pro Tonne gebundenes Kohlendioxid anbieten. Wer eine Reise tut, ob per Auto, Bahn oder Flugzeug, kauft sich die entsprechenden Zertifikate. Die Menge an Kohlendioxid, die während der Reise anfällt, wird durch Aufforstung kompensiert. Ähnlich kann man mit Veranstaltungen verfahren. Sogar mit Autos: Emittiert ein Premiumfahrzeug, das im Schnitt zehn Liter Benzin auf 100 Kilometer verbraucht, während seiner Lebenszeit 40 Tonnen Kohlendioxid, kann man es über die gesamte Zeit für etwa 800 US-Dollar klimaneutral fahren. Ein Preis, den viele Menschen aus Verantwortung oder unter Rechtfertigungsdruck gerne zahlen werden. Die Waldbewirtschaftung finanziert sich zudem nicht allein aus dem Zertifikateverkauf, sondern mittel- und langfristig aus der Bewirtschaftung der Wälder.

Je stärker die Debatte um die Zukunft der Menschheit und die Verantwortung für die künftigen Generationen wird, umso mehr wird auch das Thema Klimaneutralität für Organisationen, Unternehmen und Privatpersonen an Bedeutung gewinnen. Bereits heute organisieren viele große Unternehmen die Reisen ihrer Mitarbeiter klimaneutral, um ihre Kohlendioxidbilanz zu verbessern, um den ethischen Erwartungen ihrer Stakeholder zu entsprechen oder schlicht um den innerbetrieblichen Dokumentationsaufwand zu vermeiden. Die Deutsche Lufthansa und die Deutsche Bahn bieten derartige Programme bereits mit Erfolg an.

Künftig werden viele wohlhabende Menschen ihr komplettes Leben klimaneutral stellen wollen, in bestimmten Kreisen wird es als selbstverständlich, vielleicht sogar als chic gelten. Selbst für Personen, die viel Kohlendioxid »verbrauchen«, sind die anfallenden Beträge mit deutlich weniger als 2000 US-Dollar pro Jahr überschaubar. Wenn nur ein Prozent der Menschheit, die Reichsten nämlich, so verfahren würde, ergäbe sich eine Summe von mehr als 100 Milliarden US-Dollar pro Jahr. Das ist etwa die Größenordnung, wie sie für ein Weltaufforstungsprogramm benötigt wird.

Die Finanzierung des Weltwaldregimes über den Verkauf von Zertifikaten an den privaten Sektor wäre eine ausgesprochen elegante Lösung. Darin liegt der Clou dieses Vorschlags. Die Beispielrechnungen zeigen, dass dies durchaus im Bereich des Möglichen liegt. Sollte es aber nicht in vollem Umfang gelingen, müsste die Deckungslücke durch den angesprochenen Klimafonds ausgefüllt werden.

Überschlägt man die jährlichen Kosten für das gesamte Weltwaldregime, ergeben sich pro Jahr 20 Milliarden US-Dollar für den Erhalt des existierenden Waldbestandes (Kapitalisierung). Hinzu kommen jährlich während der Aufforstungsperiode 50 bis 100 Milliarden US-Dollar (bei Kosten von 10 bis 20 US-Dollar pro gebundener Tonne Kohlendioxid). Jahr für Jahr würden dabei fünf Milliarden Tonnen Kohlendioxid gebunden, was für einen Zeitraum von 40 Jahren 200 Milliarden Tonnen ausmacht.

Rechnet man nun zur Restmenge von 750 Milliarden Tonnen Kohlendioxid, die bis zur Mitte des Jahrhunderts noch emittiert werden darf, diese 200 Milliarden Tonnen durch Aufforstung absorbiertes Kohlendioxid dazu, stellt sich die Situation bereits deutlich entspannter dar.[62] Durch ein Win-win-Programm hätte sich die Menschheit Zeit gekauft, um ihre Anpassungsprozesse besser managen zu können. Wie gesagt, diese Chance gibt es genau ein Mal.

## Russland, Saudi-Arabien und die anderen

Ein kritischer Punkt bei jedem Klimaregime ist die Rolle der Staaten, die Öl, Gas oder Kohle produzieren. Entscheidend aus Klimasicht ist nämlich, welche fossilen Energieträger aus dem Boden geholt werden und welche nicht. Denn einmal gefördert, werden sie auch verbraucht. Und sofern Kohlendioxid nicht abgeschieden und deponiert wird, entweicht es in die Atmosphäre.

Für ein wirkungsvolles Klimaregime ist es deshalb notwendig, dass nur so viele fossile Brennstoffe produziert werden, wie es das jeweilige jährliche Emissions-Cap zulässt. Anders formuliert:

Bei konsequentem Vorgehen auf der ersten Handelsstufe dürften fossile Energieträger nur in dem Umfang gefördert und auf den Markt gebracht werden, wie weltweit Kohlendioxidzertifikate vorhanden sind. Ein Land, das beispielsweise Kohle fördern will, muss für jede produzierte Tonne die entsprechenden Zertifikate vorweisen (eigene bei Eigennutzung für die heimische Energieproduktion und fremde bei Export). Weitere eigene Zertifikate können für den Import für die heimische Energieproduktion genutzt werden.

Eine Begrenzung der Produktion von fossilen Rohstoffen hat in jedem Fall Rückwirkungen auf das Verhältnis der Staaten untereinander, etwa ölproduzierende wie Saudi-Arabien, Produzenten von Gas wie Russland oder Länder, die Kohle fördern, wie Australien oder China. Saudi-Arabien argumentiert bereits heute gegen ein Klimaregime, da es dem freien Welthandel widersprechen und in jedem Falle die Forderung von Entschädigungen nach sich ziehen würde.

Was würde geschehen, wenn diese Länder sich nicht am Klimaregime beteiligten? Sie könnten sogar noch weiter gehen und mit anderen Staaten, die dem Abkommen ebenfalls fernbleiben, zusammenarbeiten und sich darauf verständigen, Güter, deren Herstellung besonders viel Energie benötigt, zu produzieren. Das trifft beispielsweise auf viele Metalle zu, zum Beispiel Aluminium, aber ebenso auf die Produktion von Düngemitteln, von Glas oder Zement. Dies würde ein massives *carbon leakage*-Problem bedeuten. Das Klimaregime wäre gefährdet.

In diesem Fall wären Grenzausgleichsabgaben sehr wirkungsvoll. Das gilt insbesondere dann, wenn beispielsweise Staaten des Mittleren Ostens versuchten, in großem Stil und zu niedrigen Preisen Erdöl oder Erdgas zu exportieren, und damit das Bemühen um Klimaschutz gefährden. Würde ein Staat, der sich am Klimaregime beteiligt, fossile Energieträger oder energieintensive Produkte von einem Nichtmitgliedsstaat importieren, ergäben sich zwei Möglichkeiten. Erstens, es liegen für alle Transaktionen entsprechende

Zertifikate vor. Das wäre der klimaschutzkonforme Fall. In dem anderen Fall müsste der importierende Staat eigene Zertifikate abgeben und so den Einsatz fossiler Energie auf seinem Territorium auf das zulässige Emissionsniveau begrenzen. Beim Import von energieintensiven Gütern würden Grenzausgleichsabgaben verhängt, die jeden »Vorteil des Trittbrettfahrens« neutralisieren, so dass es sich nicht lohnte, Klimaschutz zu verweigern. Wichtig ist die WTO-Konformität eines derartigen Vorgehens. Wären alle großen Staaten im Klimaschutz dabei, wie sich das in einem Vertrag nach dem Kopenhagen-Ansatz abzeichnet, würde dieser Punkt kein Problem darstellen.

Dies ist ein komplexes Thema, weil es WTO- und GATT-Standards berührt. Zugleich gelten in den Energiemärkten auch viele Sonderbestimmungen. Die Staaten argumentieren in diesem Zusammenhang nämlich generell mit der eigenen Energiesicherheit – so entstehen Ausnahmeregelungen. Auch Fragen der Infrastruktur spielen hinein, Pipelines beispielsweise, über die Gas und Öl erst in die Märkte kommen. Dadurch eröffnen sich weitere staatliche Interventionsmöglichkeiten und Handelsbeschränkungen. Grenzausgleichsabgaben WTO-konform zu gestalten ist in diesem Umfeld nicht einfach, als Teil eines weltweiten Klimaschutzabkommens ist es aber äußerst wünschenswert und auch erreichbar.

Will man das Klima retten, muss die Produktion von fossilen Energieträgern deutlich sinken. Für die OPEC-Staaten, deren Wohlstand auf diesen Exporten beruht und denen die Welt zu Dank verpflichtet ist, weil sie die Ölversorgung seit Jahrzehnten sicherstellen, wären die Folgen erheblich. Wie können die Interessen dieser Staaten gewahrt werden? Und wie kann zugleich die angesprochene WTO-Konformität erreicht werden?

Leitschnur der Überlegungen sollte die Maxime sein: Kooperation statt Konflikt. Aber auch: intelligente Rohstoffnutzung statt Vergeudung. Der bisherige Umgang mit einer so wertvollen Ressource wie Erdöl stellt eine gigantische Verschwendung dar, denn rund 85 Prozent des geförderten Öls werden verbrannt. Ein geologischer Schatz, der über Millionen Jahre entstanden ist, wird einfach in die Luft gejagt. Wo ihn doch künftige Generationen für Kunststoffe, für Medikamente und andere hochwertige Produkte nutzen könnten. Es sollte eher im Interesse der produzierenden Staaten sein, ihre Vorräte zu strecken und über viele Jahrzehnte in einer klugen und maßvollen Weise zu nutzen. Auch müsste allen Staaten daran gelegen sein, schwierige, teure und gefährliche Bohrungen zu vermeiden. Die im Golf von Mexiko gesunkene Ölplattform *Deepwater Horizon* wird hier in schlechter Erinnerung bleiben.

Durch eine erfolgreiche Klimapolitik würde die Nachfrage nach fossilen Energieträgern sinken. Der Markt würde für deutlich fallende Preise bei Erdöl, Erdgas und Kohle sorgen. Diese Entwicklung wäre mit Klimaschutz allerdings kaum vereinbar. Stattdessen sollte der Staat auf der ersten Handelsstufe ansetzen und primär über Steuern und zusätzlich über Zertifikate gegensteuern. Der Preis für Heizöl und Benzin müsste massiv erhöht, verdoppelt oder verdreifacht werden. Was für den Verbraucher nicht unbedingt zu höheren Belastungen führen sollte, Energieeffizienz sei Dank. Natürlich bedarf eine solche Preiserhöhung sozial flankierender Maßnahmen, wie beispielsweise einer ausgewogenen Umverteilung von zusätzlich gewonnenen Steuern.

Ansonsten würden die erheblich steigenden Staatseinnahmen teils in den Klimafonds wandern, teils würden sie für den Kauf von Zertifikaten genutzt, vor allem aber wanderten sie in den innerstaatlichen sozialen Ausgleich. Ein Teil der zusätzlichen Mittel sollte aber bei den Erdöl und Erdgas exportierenden Staaten verbleiben. Denkbar ist ein Kompromiss mit der OPEC, die ihre Produktion drosselt, dafür höhere Rohölpreise erzielt und so ihre bisherigen Einnahmen weitgehend halten kann. Der Endpreis von Benzin würde davon nur unwesentlich berührt, macht der Rohölpreis doch nur einen vergleichsweise geringen Teil von ihm aus.

## Ein Weltklimavertrag nach Kopenhagen und Cancún

Hier folgt die Skizze eines neuen Klimavertrags, der anschließt an das Kyoto-Abkommen. Er sieht vor, dass Erstunterzeichner bis Ende 2012 beitreten können. Die Mitgliedsstaaten verpflichten sich, jährlich in Verhandlungsrunden zusammenzukommen, um in abgestimmten Schritten weitere Klimagasreduktionen und Querfinanzierungsbeiträge zu vereinbaren.[63]

### § 1 Vertragsstaaten

Staaten, die an dem Vertrag teilnehmen, erklären einen individuellen Verpflichtungspfad, wie sie ihre Kohlendioxidemissionen aus fossilen Quellen zunächst bis 2020 begrenzen wollen. Für andere Klimagasemissionen ist ein gesonderter Vertrag vorgesehen. Die Zusagen sind bindend in dem Sinne, dass sie durch eigene Erklärung weiter abgesenkt, aber nicht mehr erhöht werden können (wie Zölle im Rahmen von GATT/WTO). Um Vertragsteilnehmer werden zu können, müssen die Staaten bestimmte Bedingungen erfüllen. Dabei werden sie in drei Kategorien eingeteilt: Industriestaaten, emissionsstarke Schwellenländer und niedrig/niedrigst emittierende Staaten.

### § 2 Weltwaldregime

Die Staaten der Welt vereinbaren, dass sie Kohlendioxid mit Hilfe eines Weltwaldregimes in großem Umfang binden. Möglichst bald (angestrebt 2013) soll eine Verringerung der Waldfläche oder ein Absenken von Waldqualität durch die Staaten nicht mehr möglich sein. Abholzungen an einer Stelle sind dann national oder weltweit durch mindestens gleichwertige Aufforstungen zulasten des jeweiligen Staates zu kompensieren. Noch zugestandene kompensationsfreie Abholzpotenziale von (Nicht-)Industrieländern sind möglichst sofort zu kapitalisieren.

Parallel wird ein forciertes Weltaufforstungsprogramm mit

einer Größenordnung von 5 Millionen Quadratkilometern initiiert. Ziel ist die permanente Bindung von 200 Millionen Tonnen Kohlendioxid, um Zeit zu gewinnen. Gleichzeitig entsteht ein gewaltiges soziales Entwicklungsprogramm für die Welt, das einem Global Marshall Plan nahekommt. Finanzierungsbasis sind primär Klimaneutralitätsanliegen interessierter Organisationen, Unternehmen und Privatpersonen.

**§ 3 Internationaler Schiffs- und Flugverkehr**

Um sein Geschäft weiter aufrechterhalten zu können, muss der internationale Schiffs- und Flugverkehr sich nach § 10 mit Zertifikaten versorgen. Dafür wird auf UN-Seite ein besonderes, über die Jahre geeignet dimensioniertes Segment von Zertifikaten vorgehalten. Da die Kohlendioxidemissionen des Flugverkehrs in den oberen Luftschichten besondere Probleme bereiten, kann für diesen Teil ein Zertifikatesystem etabliert werden, das auf deutlich höhere Kosten abzielt.

**§ 4 Compliance**

Das Klimaregime besteht aus selbstgewählten Reduktionsverpflichtungen für Kohlendioxid, den Pflichten im Rahmen des Weltwaldregimes und der Einbindung des Schiffs- und Flugverkehrs. Die Maßnahmen werden teilweise durch Querfinanzierung über einen Klimatopf erreicht. Als Bezugsgrößen sind Bruttoinlandsprodukt (BIP) und Umfang an Klimagasemissionen, die Größe der Flächen und der Qualität der Wälder und der Umfang von internationalem Schiffs- und Flugverkehr verbindlich zu definieren. Volumina, Referenzzeiträume, Regeln und deren Einhaltung werden zwischen den Partnern verbindlich fixiert.

**§ 5 Verpflichtungen von Industriestaaten**

Staaten, deren BIP pro Kopf im Jahr 2007 mindestens 9000 US-Dollar betrug, werden als Industriestaaten geführt. Hinzu kommen

Bulgarien und Rumänien als EU-Staaten. Bis auf wenige Ausnahmen hatten diese Staaten im Jahr 2005 Pro-Kopf-Emissionen von Kohlendioxid im Umfang von 4 Tonnen und mehr. Industriestaaten müssen ihre Emissionen bis 2020 jährlich absolut senken. Dies wird individuell festgelegt und veröffentlicht. Beitragsstaaten dieser Kategorie müssen zudem einen jährlichen Betrag in einen Klimafonds entrichten. Im Minimum soll der Betrag eines Industriestaates 5 US-Dollar pro Tonne Kohlendioxidemission betragen.

### § 6 Emissionsstarke Schwellenländer

Beitragsstaaten, deren Pro-Kopf-Emissionen zum Stichtag 2005 oberhalb von 2 Tonnen und unterhalb von 4 Tonnen liegen, müssen das Wachstum ihrer Kohlendioxidemissionen Jahr für Jahr auf höchstens 50 Prozent des Wachstums ihres Bruttoinlandsprodukts im Vergleich zum Vorjahr beschränken. Diese Möglichkeit eines Emissionswachstums, wenn auch relativ abgesenkt gegenüber dem BIP-Wachstum, besteht noch bis zum Jahr 2020. Danach müssen die Kohlendioxidemissionen absolut sinken.

### § 7 Niedrig und niedrigst emittierende Staaten

Staaten, deren Pro-Kopf-Emissionen zum Stichtag unterhalb von 2 Tonnen lagen, haben das Recht, ihre Emissionen zunächst noch parallel zum Wachstum ihres Bruttoinlandsprodukts zu steigern, aber nicht darüber hinaus. Dieses Privileg gilt bis 2020. Anschließend werden höchstens 50 Prozent Zuwachs, gemessen am Wachstum des Bruttoinlandsprodukts des Vorjahrs, gefordert. Spätestens ab 2025 müssen auch niedrig/niedrigst emittierende Staaten Jahr für Jahr weniger Treibhausgase emittieren, und zwar absolut.

### § 8 Klimafonds

Insbesondere die Industriestaaten statten einen Klimafonds mit finanziellen Mitteln aus. Erwartet wird ein Betrag von mindestens 5 US-Dollar pro Tonne Emissionsvolumen. Der Klimafonds ist ein zentrales Element im Kopenhagen-Ansatz. Die Gelder des Klimafonds werden im Wesentlichen dafür eingesetzt, Nichtindustriestaaten und aufholende Staaten mit niedrigen und niedrigsten Emissionen zu unterstützen und ihnen die Möglichkeit zu geben, einen Pfad der Vermeidung einzuschlagen. Der Klimafonds wird in einem begrenzten Umfang an der internationalen Handelsplattform für Klimazertifikate beteiligt. Ein besonderes Segment der Zertifikate dient dem Weltaufforstungsprogramm und ist für Organisationen, Unternehmen und Privatpersonen vorgesehen, die sich klimaneutral stellen wollen. Der Klimafonds springt auch ein, falls die Mittel aus dem Zertifikateverkauf für das Aufforstungsprogramm nicht reichen sollten.

### § 9 Globales Cap

Die bisher beschriebenen Maßnahmen schaffen Jahr für Jahr ein globales Cap, das recht genau abgeschätzt werden kann. Insbesondere wenn alle großen Emittenten eingebunden sind – was durch die vorliegenden Erklärungen und Zusagen in der Folge der Kopenhagen-Konferenz ja bereits gegeben ist. Die jährlichen Emissionen kleiner Staaten, die nicht mitmachen, können abgeschätzt und in den Folgejahren nachkorrigiert werden. Die harte Cap-Linie beginnt 2012 mit 31 Milliarden Tonnen Kohlendioxid. Jahr für Jahr werden die globalen Emissionen um eine halbe Tonne reduziert. Im Jahr 2025 sind es 24,5 und 2050 schließlich 12 Tonnen. Gleichzeitig kommen die entlastenden Effekte des Weltaufforstungsprogramms zum Tragen. Etwa ab 2030 bis 2035 nimmt der Anteil von Kohlendioxid in der Atmosphäre nicht mehr zu. Die maximale zulässige Restmenge an Emissionen von 750 Milliarden Tonnen Kohlendioxid bis 2050 wird mit Sicherheitsreserven eingehalten.

### § 10 Handelbare Klimazertifikate / Cap-and-Trade-System

Die absolut und relativ gesetzten Obergrenzen der Emissionen werden in jährlich erzeugte (UN-)Klimazertifikate übersetzt, die zwischen den Staaten handelbar sind. Die Zertifikate sind eindeutig identifizierbar und werden auf einer Handelsplattform international fixiert. In dem vorgeschlagenen System handelt es sich um echte Zertifikate in dem Sinne, dass nur solche Emissionen möglich sind, für die ein Zertifikat vorgewiesen wird. Staaten können die ihnen zugeordneten Zertifikate entweder im eigenen Land oder in Kooperation mit anderen Staaten nutzen, zum Beispiel im Rahmen von Technologietransfers. Sie können sie ebenfalls verwenden, um Unternehmen und Personen im eigenen Land preiswert Klimaneutralität zu ermöglichen. Außerdem ist ein Zertifikatehandel mit anderen Staaten möglich. Hinzu kommen erhebliche Mittel zugunsten des Fonds aus dem Verkauf von Zertifikaten im Zusammenhang mit dem internationalen Schiffs- und Flugverkehr. Der gesamte Handel sowie die Handelsplattform werden international unter UN-Aufsicht organisiert.

**§ 11 WTO-konforme Grenzausgleichsabgaben**

*Free riding*-Vorteile von Staaten, die nicht am Klimaregime teilnehmen, sollen vermieden werden, ebenso Phänomene des *carbon leakage*, also Verlagerung besonders energieintensiver und damit potenziell besonders $CO_2$-intensiver Produktion aus klimaregulierten Staaten in nicht beteiligte Staaten. Importe aus diesen Ländern werden an der Staatsgrenze mit einer Ausgleichsabgabe belegt, so dass Kostenvorteile *(windfall profits)* nicht auftreten. Das betrifft auch korrespondierende Regelungen für Erdöl, Erdgas sowie Kohle exportierende Staaten und den Umgang mit der direkten und indirekten Begrenzung von Förderrechten für fossile Energieträger. Bei Exporten in solche Länder ist entsprechende Förderung zulässig. Das Ziel ist eine im WTO-Sinne praktizierte Gleichbehandlung in Märkten, wie heute im Fall des Mehrwertsteuerausgleichs bei Grenzübergängen. In der Folge wird bei Beteiligung der großen Staaten sichergestellt, dass Nichtbeteiligung am Klimaschutz sich nirgendwo mehr rechnet.

### § 12 Kapitalisierung / Wegkauf von Emissionszuwachsrechten

Um weitere Reduktionsverpflichtungen von Staaten zu erreichen, werden Mittel des Klimafonds eingesetzt, und zwar in einem Umfang, wie die Vertragspartner dies wollen, die Geldmittel ausreichen und das Preis-Leistungs-Verhältnis stimmt. Außerdem sind durch Kauf von Zertifikaten bei gleichzeitiger Nichtnutzung weitere absolute Einsparungen möglich. Das gilt für Staaten ebenso wie für Organisationen, Unternehmen oder Privatpersonen, die sich klimaneutral positionieren möchten. Indem sie Zertifikate aus dem Verkehr ziehen, erhöht sich tendenziell deren Preis. Denkbar ist eine Versteigerung auf der internationalen Handelsplattform an interessierte Staaten oder an den Klimafonds; dies alles im Rahmen eines geeigneten Verfahrens der Preisgestaltung.

### § 13 Klimazertifikate und Klimaneutralität

In gewissem Umfang können Zertifikate von Unternehmen gekauft werden, um sich klimaneutral zu stellen. Bei exportorientierten Unternehmen mit Sitz in Staaten, die sich am Klimaregime nicht beteiligen, ist das unter Umständen der beste Weg, in Mitgliedsstaaten exportieren zu können, ohne Grenzausgleichsabgaben zahlen zu müssen. Organisationen, Unternehmen und Privatpersonen haben unter ethischen Aspekten außerdem die Möglichkeit, Klimaneutralität zu erreichen. Der Kauf von Zertifikaten erfolgt dann aus dem einzigen Grund, sie aus dem Verkehr zu ziehen. Diese Möglichkeit wird die Weltgemeinschaft allerdings nur in dem Maße vorsehen, wie es in den Verhandlungen nicht gelingt, eine harte Cap-Linie einzuziehen. Für den Markt nicht mehr verfügbare Zertifikate werden in einem Stilllegungsregister geführt, wie es auf EU-Ebene bereits existiert. Klimaneutralität ist heute schon für viele Organisationen, Unternehmen und Privatpersonen ein großes Thema. Den wichtigsten Ansatzpunkt hierfür bilden das Weltwaldregime und das forcierte Weltaufforstungsprogramm.

## Die Schicksalsfrage

Im Kern ist der Kopenhagen-Ansatz ebenfalls ein staatenbasiertes globales Cap-and-Trade-System auf Jahresbasis. Der entscheidende Unterschied zu bisherigen Vorschlägen liegt im Prozess, denn zunächst müssen nicht alle Staaten mitmachen. Es sieht aber so aus, als könnten alle großen dafür gewonnen werden. In diesem Fall könnte es gelingen, den Vertrag so auszuhandeln, dass anschließend WTO-konforme Grenzausgleichsabgaben möglich sind, um Vorteilnahme von Nichtmitgliedern des Klimaregimes *(free riding)* zu verhindern. Gemeinsam können die großen Staaten dazu beitragen, die übrigen bald mitzunehmen.

Im Kopenhagen-Ansatz ist für die ganze Welt sichtbar, welche Zusagen ein einzelnes Land bei Klimazielen im Verhältnis zu seinem Bruttoinlandsprodukt, seiner Bevölkerungszahl und seiner Energie- und Klimaeffizienz macht. Bekannt ist auch, wie viel ein reiches Land in den Klimafonds einzahlt, um ökonomisch schwächeren Ländern das Mitmachen zu erleichtern. Zwar gestehen reiche Länder sich ein höheres Emissionsniveau zu, zahlen aber einen Ausgleich in den Klimafonds, um eine Balance herzustellen. Letztlich fordert der Kopenhagen-Ansatz von den Staaten politisch, technologisch und finanziell, vor allem hinsichtlich der Finanzierung weltweiter Kompensation, gravierende Schritte. Die Schicksalsfrage wird sein, ob die Staaten zu diesen Entscheidungen willens und fähig sind.

Dabei sollte die entwickelte Welt sich glücklich schätzen, dass die Lösung des Klimaproblems nun in Reichweite ist, und das sogar zu überschaubaren Kosten. Grund ist das Entgegenkommen von Staaten wie China und Indien. Gemeinsam können Energie- und Klimafrage Teile eines *global green new deal* werden. Das umfasst sowohl Hightech-Elemente, zum Beispiel Innovationen im Bereich von Halbleitern mit dramatisch verbesserter Energieeffizienz, wie auch ein beschleunigtes Weltaufforstungsprogramm, das erhebliche soziale Vorteile bringen würde. Eine Welt mit Zukunft ist möglich: Wenn es gelingt, die Klimakatastrophe zu verhindern, die Energiefrage zu lösen und zugleich die weltweite Armut zu überwinden. Alles hängt mit allem zusammen. Dabei wird in der Klimafrage besonders deutlich, wie sehr die Zeit drängt.

## Klimadoppelstrategie[64]

Der Klimawandel ist die größte ökologische Bedrohung unserer Zeit. Ein Anstieg des Meerwasserspiegels, schmelzende Gletscher, Trinkwassermangel, Wüstenbildung, gigantische Bedrohung der Nahrungsmittelproduktion, das sind die Folgen, wie sie der vom ehemaligen Chefökonom der Weltbank, Sir Nicholas Stern, im Jahr 2006 vorgelegte Bericht[65] über die wirtschaftlichen Folgen des Klimawandels beschrieben hat. Demnach sind für das Jahr 2050 rund 200 Millionen »Klimaflüchtlinge« zu erwarten und können die Kosten des Klimawandels bis zu 20 Prozent des Weltbruttosozialprodukts betragen. Demgegenüber wäre lediglich ein Prozent davon für Maßnahmen zur Vermeidung katastrophaler Folgen des Klimawandels notwendig.

Die Trends der Emission von Klimagasen weisen jedoch unverändert steil nach oben, obwohl wir wissen, dass eine Drittelung der Kohlendioxidemissionen über die nächsten Jahrzehnte notwendig wäre, um das Klimasystem des Planeten einigermaßen intakt zu halten. Wie in einem Brennglas sind die Herausforderungen der Global Governance in der Klimafrage zu erkennen. Was soll die deutsche Politik in dieser Situation tun? Was die europäische? Über ein globales Cap-and-Trade-System zu reden und ansonsten die Hände in den Schoß zu legen reicht genauso wenig aus, wie lokaler Aktionismus wenig Überzeugungskraft hat. Die Problematik muss an der Wurzel, das heißt global gepackt werden.

Was hilft, ist eine Doppelstrategie, in der einerseits für die Notwendigkeit einer vernünftigen globalen Lösung, ausgestaltet als globales Cap-and-Trade-System, argumentiert wird und andererseits konkrete Maßnahmen ergriffen werden, um jetzt bereits zu handeln, bevor eine globale Lösung Wirklichkeit wird. Dadurch, dass sie konkrete Aktionen mit Glaubwürdigkeit, Kooperationsfähigkeit und langfristiger Perspektive kombiniert, erfordert diese Doppelstrategie einiges an Klugheit und vorausschauender Fähigkeit.

Nur so eröffnet sich eine realistische Perspektive und können Menschen mitgenommen werden. Jeder kann bei sich anfangen, jedes Unternehmen, jede Stadt. All das sollte aber mit Impulsen und Initiativen der Zivilgesellschaft auf nationaler und internationaler politischer Ebene verzahnt werden. Niemand erwartet, dass die Klimafrage von einzelnen Menschen oder Gruppen geschultert werden kann. Wie in einem Orchester können einzelne Spieler oder Instrumentengruppen aber schon einmal anfangen, sich einzuspielen. Immerhin, die eigene Melodie ist schon erkennbar. Bis die Partitur ausgegeben wird und der gesamte Klangkörper einsetzt, mag es noch eine Weile dauern. Aber die Musik spielt schon mal.

Das Land Baden-Württemberg hat übrigens als erstes deutsches Bundesland in einem Bericht seines Nachhaltigkeitsbeirats[66] eine solche Klimadoppelstrategie bereits für sich beschlossen. Darin enthalten ist ein konkretes Aktionsprogramm zur Einsparung von Energie, verbunden mit klimapolitischen Partnerschaften vor allem in Entwicklungs- und Schwellenländern. Dazu zählt, wissenschaftliches und technisches Know-how bereitzustellen, etwa für die energetische Sanierung von Gebäuden, konkrete Vorschläge und Initiativen für internationale Steuerungs- und Lenkungsgremien zu erarbeiten und, nicht zuletzt, in öffentlichen Diskussionen klar Position zu beziehen. Auch kleine Initiativen haben Wirkung. Manchmal, wenn man ein Zeichen setzt, hat dies unerwartete Resonanz und verändert die gesamte Lage.

# 4. Der Mythos vom freien Markt

## Wir haben nur diesen einen Planeten

Es war der Ostersonntag des Jahres 1722, als der niederländische Seefahrer Jacob Roggeveen im Pazifik eine völlig abgelegene Insel entdeckte. Die Ufer waren von riesigen Statuen gesäumt, manche von ihnen so hoch wie ein fünfstöckiges Haus. Die Insel bot ein Bild der Verwüstung: Viele der Statuen mit den schlanken Schädeln und seltsam spitzen Nasen waren umgeworfen, nur noch wenige Einwohner führten ein kümmerliches Dasein auf einem baumlosen Geröllhaufen am Ende der Welt.

Über drei Jahrhunderte hinweg machten seltsame Spekulationen die Runde. Manche behaupteten sogar, die Figuren stellten Raumfahrer in ihren Anzügen dar und Außerirdische hätten sie mit ultramoderner Technik aus dem Stein gebrochen. Mittlerweile haben Wissenschaftler das Rätsel der Osterinsel in einem akribischen Puzzlespiel gelöst.

Eintausend Jahre bevor sie von den Niederländern wiederentdeckt worden war, hatten sie Vorfahren der Polynesier mit offenen Booten erreicht und besiedelt. Seinerzeit waren weite Teile der Insel noch mit üppigem Wald bedeckt. Aus den Baumstämmen fertigten die Bewohner Kanus und machten Jagd auf Delphine und Thunfische. Und aus der Rinde wurden Seile gedreht. Mit ihrer Hilfe schafften es jeweils 500 Bewohner, die bis zu 90 Tonnen schweren Kultfiguren zu bewegen. Holzbalken dienten dabei als Schlitten. An Festtagen setzten die Priester Augen aus weißer Koralle mit einer Pupille aus Rotschlacke in die Augenhöhlen der Giganten – dann richtete sich ein durchdringender, ehrfurchtgebietender Blick aufs Meer.

Die Bewohner der Osterinsel bauten weiter an ihren imposanten Figuren, und der Wald schmolz dahin. Damit verschwanden auch die Seevögel. Regenwasser floss nun ungehindert über die Insel, und der Boden wurde ausgelaugt. Holzstämme, die man für den Kanubau hätte verwenden können, gab es nicht mehr. Die Zivilisation der Osterinsel brach zusammen, und in der Folge kam es zu Hungersnöten und Kannibalismus. Wie konnte es zu dieser Katastrophe kommen? Vermutlich wegen der Eitelkeit und dem Machthunger der Häuptlinge in einem absurden Wettbewerbssystem. Auf der Osterinsel lebte ein Dutzend Sippen, unter denen offenbar ein Wettstreit über die Frage ausgebrochen war, wer die meisten und größten Kultfiguren errichtete. Dem konnte sich niemand entziehen. Jeder Häuptling, der kleinere, bescheidenere Statuen hätte bauen lassen, um die Wälder zu schonen, wäre abgesetzt worden. Die Eliten waren in einer Konkurrenzspirale gefangen, aus der es für sie kein Entrinnen gab.[67]

Die Parallelen zwischen der Osterinsel und dem Planeten Erde liegen auf der Hand: Beide sind isoliert, ob im Pazifik oder im Weltraum, werden von außen nicht bedrängt, bekommen aber auch keine Hilfe. Alle Raumfahrer berichten von der überwältigenden Schönheit des Planeten Erde, aber auch von seiner Gefährdung und Verletzlichkeit. Als abgeschlossenes materielles System bezieht er seine Energie weit überwiegend von außen, nämlich von der Sonne. Nur ein geringer Teil der geothermischen Energie aus dem Erdinneren gelangt an die Oberfläche. Welche Auswirkungen die Eingriffe des Menschen in die komplexen und bisher lebenserhaltenden Regelwerke der Natur letztlich haben, weiß niemand genau.

Und doch gibt es ein zuverlässiges Buchhaltungssystem für den Naturverbrauch, den *ökologischen Fußabdruck*[68]. In der Wirtschaft nutzen wir für diesen Zweck Geld. Der ökologische Fußabdruck verfügt dagegen über eine andere »Währung«: die biologisch produktive Erdoberfläche. Eine Ware oder Dienstleistung kostet in diesem Sinne eine bestimmte Menge Natur, genauer: Erträge, die ein Wald, ein Acker oder Weideland in einem Jahr abwirft. So weit die Nachfrageseite.

Das Angebot der Natur kennen wir dank moderner Technik ebenfalls. Satelliten liefern uns aktuelle Bilder unseres Planeten. Sie zeigen, wo Wälder, Felder, Städte, Straßen, Wüsten, Seen, Weiden oder Steppen zu finden sind. Für die meisten Flächen gibt es zudem Abschätzungen, wie produktiv sie sind. Die Buchhaltung des ökologischen Fußabdrucks führt beide Seiten, Angebot und Nachfrage, zusammen. Das Resultat ist eine wissenschaftliche Beschreibung: Wie viel Natur haben wir? Wie viel brauchen beziehungsweise verbrauchen wir? Und wer nutzt wie viel? Dieses Berechnungssystem ist mittlerweile eine anerkannte wissenschaftliche Methode, zum Beispiel bei der EU. Hinter dem Fußabdruck steht ein Datengerüst, das Millionen von Zahlen zusammenführt, die mit Hilfe von Satelliten, Handelsstatistiken, Volkszählungen und Fragebögen gewonnen werden. Seit dem Jahr 1961 erheben die Vereinten Nationen für den Globus komplette Datensätze. Von diesem Zeitpunkt an kann der Fußabdruck von Nationen konsistent berechnet werden. Das geschieht heute für mehr als 150 Länder. Für jedes einzelne Land benötigt die Methode derzeit rund 5400 Daten. Auf diese Weise ergibt sich für jedes Land auch ein Fußabdruck-Wert für den durchschnittlichen Verbrauch seiner Bewohner, außerdem eine Berechnung der Naturkapazität des Landes.

In der Fußabdruck-Methode spielt der Verbrauch von Kohle, Gas und Öl eine entscheidende Rolle. Danach macht die fossile Energiegewinnung allein rund die Hälfte des globalen Flächenbedarfs aus: Wälder und Ozeane, die Kohlendioxid absorbieren. Gelänge es, Energie ohne Kohlendioxidemissionen zu erzeugen, änderte sich der ökologische Fußabdruck erheblich. Die Menschheit würde nicht mehr 1,5 Planeten Erde wie zurzeit verbrauchen, sondern deutlich weniger. Doch jegliche Energieproduktion (physikalisch genauer: Energie-Umwandlung) benötigt Fläche – auch Windmühlen oder Solarpaneele.

Spanien hat einen gewaltigen Wirtschaftsaufschwung hinter sich, es ist eine der Erfolgsgeschichten innerhalb der EU. Allerdings ist der ökologische Fußabdruck dieses Landes mittlerweile dreimal größer als die eigene ökologische Kapazität. Selbst die weitläufigen USA benötigen, um ihren Bedarf zu decken, eine Fläche, die etwa doppelt so groß ist wie das eigene Territorium. Die meisten industrialisierten Länder sind ökologische Schuldner: Sie konsumieren mehr Biokapazität, als sie selber auf ihrem Territorium produzieren. Ob Energie, Früchte oder Holz für die Papierproduktion – man löst das Problem über Importe, insbesondere aus deutlich ärmeren Ländern. Das wiederum heißt nicht, dass diese Länder insgesamt eine ausgeglichene Bilanz hätten. Ganz im Gegenteil: Gerade in armen Ländern verhungern viele Menschen.

Der Planet steht unter Stress. Er würde 1,5 Jahre brauchen, um zu reproduzieren, was die Menschheit heute in einem Jahr konsumiert. Sie schlägt mehr Holz als nachwächst, fängt mehr Fische, als die Fischgründe dauerhaft (im *steady-state*) hergeben, und entlässt mehr Kohlendioxid in die Atmosphäre, als die ökologischen Systeme problemlos absorbieren können. Auf dem Globus leben immer mehr Menschen, die immer mehr konsumieren. Und dabei »essen« wir Öl. Hinter jeder Kalorie, die wir an Lebensmitteln zu uns nehmen, stehen bis zu zehn Kalorien fossiler Energie, die für den Kunstdünger, für Traktoren, für die Kühlung und für den gesamten Transport aufgebracht werden müssen.

Auch die Versorgung mit Sonnenlicht ist begrenzt, und ebenso die Fähigkeit der Erde, Nutz- und Wildpflanzen hervorzubringen. Die Menschheit nutzt bereits rund ein Viertel[69] der terrestrischen Nettoprimärproduktion[70], also des Überschusses, der aus der Fähigkeit der Pflanzen resultiert, Sonnenenergie zu fixieren. Dies geschieht entweder direkt (beispielsweise für Getreide, Baumwollplantagen und Golfplätze) oder indirekt, nämlich für die Ernährung von Nutztieren oder für die Nutzung von Biomasse zur Energiegewinnung. Wenn wir so weitermachen, werden wir bis zur Mitte des Jahrhunderts den überwiegenden Teil der Nettoprimärproduktion beanspruchen.[71] Für andere Lebensformen ohne unmittelbaren Nutzen für uns bleibt dann nicht mehr viel übrig. Das gilt ebenso für den Erhalt genetischer Vielfalt. Wir leben von der Substanz. Systemwissenschaftler sprechen in diesem Fall von *overshoot*. Leider können wir keinen Handel mit anderen Planeten treiben, um das Problem zu lösen. Damit sind wir wieder bei der Osterinsel.

Der ökologische Druck, den die Menschheit auf ihr Trägersystem, die Erde, ausübt, speist sich aus der Anzahl der Menschen, deren Konsumniveau und dem Stand der Technik. Auch wenn die Bevölkerung in den meisten entwickelten Ländern bereits abnimmt, so wächst sie weltweit noch erheblich – tendenziell von heute rund sieben Milliarden auf voraussichtlich zehn Milliarden Menschen im Jahre 2050. Allein schon aus diesem Grund ist die Entwicklung einer sauberen und effizienten Alternativtechnik so wichtig.

Tatsächlich findet auf globaler Ebene bereits eine relative Entkoppelung von Wirtschaftswachstum und Ressourcenverbrauch statt. Um einen Euro Wertschöpfung zu erzeugen, wird weltweit ein Viertel weniger Material benötigt als noch vor 20 Jahren. Die Weltwirtschaft produziert also immer effizienter, gleichzeitig aber entstehen immer mehr Güter und Dienstleistungen, so dass die – relative – Entkoppelung nicht zu einer Entlastung des Planeten führt, sondern ganz im Gegenteil zu einer erhöhten Belastung. Das ist ein Beispiel für den bereits erwähnten Bumerangeffekt. Während das Weltbruttoinlandsprodukt in den vergangenen 20 Jahren um 83 Prozent wuchs, stieg der Ressourcenverbrauch um immerhin noch 35 Prozent.[72] Relativ, das heißt pro Wertschöpfungseinheit, ist das zwar eine Entlastung, aber in der Summe der Belastung ein erheblicher Zuwachs – trotz oder wegen der besseren Technik.

Ressourcen sind in den vergangenen Jahren deutlich teurer geworden. Ursache ist unter anderem der wachsende Hunger Chinas und anderer Schwellenländer, die den Markt förmlich leer saugen.

Hierbei handelt es sich nicht um eine temporäre Entwicklung, sondern um eine dauerhafte Nachfrageverschiebung. Aus der Geschichte kennen wir ähnliche Prozesse beim Wiederaufbau Europas nach dem Zweiten Weltkrieg oder beim Aufstieg Japans in den 1960er und 1970er Jahren.

Neu ist dabei nicht das Wachstumsmuster, sondern dass große Teile der Weltbevölkerung das zu tun beginnen, was die reiche Welt ihnen vorlebt. Wir hatten uns daran gewöhnt, dass 20 Prozent der Weltbevölkerung – Europa, die USA und Japan – 65 Prozent der Ressourcen der Welt verbrauchen. Dieses Muster ist durch die rasche Entwicklung der Schwellenländer bereits in Bewegung. In Zukunft werden 35 Prozent der Menschen, oder sogar noch mehr, ihren Rohstoffhunger auf einem ähnlichen Niveau wie bisher 20 Prozent auf den internationalen Märkten zu stillen versuchen. Die Knappheiten werden sich dramatisch verschärfen.

## Wie löst man ein Gefangenendilemma?

Der Zusammenbruch der Zivilisation auf der Osterinsel erscheint uns deshalb so sinnlos, weil die Folgen des Fehlverhaltens so offensichtlich waren. Die Inselwelt war überschaubar, und dass man den Wald benötigte, war klar, denn er hielt das Regenwasser auf der Insel, das man für die Landwirtschaft brauchte. Aus dem Wald kam auch das Holz für die Kanus, und Fischfang brachte die Hälfte der Nahrung. Vielleicht hatten einige der Alten gewarnt: »Als wir jung waren, sah die Insel noch ganz anders aus. Sägen wir nicht den Ast ab, auf dem wir sitzen! Ohne Wald können wir gar keine Statuen mehr bauen. Das würde den Geistern kaum gefallen. Wir brauchen den Wald, unsere Welt soll weiterleben!« Möglicherweise haben einige der Häuptlinge ähnlich gedacht, vielleicht hat es Gespräche darüber gegeben. Einige Sippen haben weniger Statuen gebaut und einen neuen Kult gefunden, bei dem sie die alten Statuen noch mehr verehrten. Worauf die anderen Sippen im Wald noch stärker wüteten, noch größere Statuen errichteten und wildere Feste feierten.

Die Bewohner der Osterinsel hätten ihre Welt nur gemeinsam retten können, allerdings hätten sie dazu alle die Prestigekonkurrenz um den Bau großer Statuen durchbrechen müssen. Da sich Einzelne verweigerten, blieben sie alle Gefangene einer fehlgeleiteten Konkurrenzsituation, in der jeder etwas tun musste, weil er glaubte, dass der andere es auch tat und er einen Nachteil haben könnte, wenn er sich selber zurückhielt. In diesem Sinne blockierten sich alle gegenseitig, und der Prozess der Zerstörung setzte sich fort. Alle befanden sich in einem Gefangenendilemma.

Der gesamten Zivilisation geht es heute nicht anders. Die von der Natur vorgegebenen Grenzen sind in vielen Fällen bereits erreicht, was beim Öl, beim Kohlendioxid und beim Klima besonders deutlich ist. Aber wer soll sich nun zurücknehmen, wenn manche nicht dazu bereit sind und sogar vorübergehend ökonomische Vorteile haben, wenn andere sich zurücknehmen, sie selbst aber nicht? Kann es unter diesen Umständen gelingen, die Knappheiten der Natur in die globalen ökonomischen Regelwerke zu integrieren und damit in den Preisstrukturen der Weltmärkte zu internalisieren? Und zwar vor dem Hintergrund, dass eine solche Integration einen breiten Konsens aller Staaten voraussetzt und die Ausgangssituation und die Interessenlage in den verschiedenen Staaten sehr unterschiedlich sind.

Fast sämtliche Wertschöpfungsprozesse sind mit Kohlendioxidemissionen verbunden. Geradezu rauschhaft knackt die Menschheit in kürzester Zeit die in Jahrmillionen entstandenen Depots mit geronnener Sonnenenergie – Kohle, Gas und Öl – und schaufelt gigantische Kohlenstoffmengen von der Erdkruste in die Atmosphäre, in der der Kohlendioxidgehalt seit Beginn der industriellen Revolution bereits um ein Drittel zugenommen hat. Die Regelkreisläufe beim Klima sind aus den Fugen geraten.[73]

Das Gefangenendilemma ist komplett, weil die Schwellenländer ökonomisch aufholen wollen. Zwar sind die Industriestaaten zu Kompromissen bereit, aber, weil sie sich um ihre Wettbewerbsfähigkeit sorgen, nur innerhalb enger Grenzen.

Das Problem ist systemischer Natur. Die Parteien sind gleichsam in einem bitterbösen Spiel verfangen, aus dem es kein Entrinnen gibt, wie im Falle der zwölf Sippen auf der Osterinsel. Es braucht andere Spielregeln, um aus dieser verfahrenen Lage herauszufinden. Dabei drängt die Zeit, denn im Jahre 2012 läuft das Kyoto-Protokoll aus, und die Verhandlungen sind kompliziert und festgefahren.

## Die Rolle der WTO

Die Welthandelsorganisation (WTO) ist heute die wohl wirkungsmächtigste weltweite Organisation. Sie ist außerhalb des UN-Systems angesiedelt, arbeitet weitgehend im Konsens, hat eine Schiedsgerichtsbarkeit und die Macht, die Verhängung von Strafzöllen zu ermöglichen. Ihr wichtigstes Anliegen ist die Förderung des Welthandels, umgekehrt kann sie politische Aktionen, die dem zuwiderlaufen, eingrenzen. Themen wie Umweltschutz, sozialer Ausgleich oder Menschenrechte sind Teil ihrer Orientierung auf der Präambelebene, stehen aber in der konkreten Politik eher am unteren Ende der Agenda. Viele nichtstaatliche Organisationen (NGOs) fürchten, dass weitgehende Umweltschutzmaßnahmen über die WTO immer wieder ausgehebelt werden.

Ist die WTO Teil des Problems oder Teil der Lösung? Ist es überhaupt denkbar, dass die großen Umwelt- und Sozialverträge Eingang ins Reglement der WTO finden? Wie Pascal Lamy, WTO-Generalsekretär und früherer Handelskommissar der Europäischen Union, mit Blick auf die Präambel des WTO-Vertrags erläutert, ist Nachhaltigkeit ein entscheidendes Ziel seiner Organisation: »Wenn wir auch auf Marktliberalisierung setzen, so braucht die den Markt lenkende ›unsichtbare Hand‹ doch manchmal jemanden, der sie ›bei der Hand nimmt‹. Wichtig für das richtige Funktionieren von Märkten ist vor allem die volle Inkorporierung aller externen Kosten und Effekte in den Markt. Dafür ist die WTO ebenfalls verantwortlich. Es ist insbesondere auch darauf zu achten, dass die Regeln der WTO nicht die Implementation multinationaler Umweltabkommen torpedieren.«[74] Genau in diese Richtung zielen die Vorschläge, die hier unterbreitet werden als Teil einer »großen Lösung«. Hätten Ausgleichsabgaben für Klima-»Sünder« vor dem WTO-Schiedsgericht eine Chance?

Die Chance ist durchaus gegeben, und in jedem Fall ist es den Versuch wert, Klarheit zu schaffen. In der Präambel des WTO-Vertragswerks werden zwei Ziele besonders hervorgehoben: die Hebung des Lebensstandards der beteiligten Staaten und die Nachhaltigkeit. Wichtig in diesem Zusammenhang ist zudem, dass sich das Kyoto-Protokoll auf allgemeine, internationale Kompetenz, langjährige internationale Verhandlungen und einen weitgehenden Konsens zwischen den Staaten stützen kann. Gerade auch amerikanische Wissenschaftler waren wesentlich in den Prozess eingebunden.

Die Klimaproblematik wird sich verschärfen. Jede weitere wissenschaftliche Studie zeichnet ein immer dramatischeres Bild. Die Diskussion wird sich hoffentlich bald verändern. In den USA gibt es seit dem Amtsantritt von Präsident Obama viele einsichtige Stimmen. Zum Beispiel hat sich der Bundesstaat Kalifornien verpflichtet, die Kohlendioxidemissionen privater Pkw bis zum Jahr 2050 um 80 Prozent zu reduzieren. Der amerikanischen Firma Dupont ist es gelungen, ihre Treibhausgase seit 1990 um mehr als 70 Prozent zurückzufahren und dabei 2 Milliarden US-Dollar einzusparen. Andere Unternehmen wie IBM oder 3M verfolgen dieselbe Politik.

Die Perspektive ist ein globaler Lösungsansatz für den Zeitraum nach dem Jahre 2012. Europa sollte den Mut haben, hier eine Vorreiterrolle zu besetzen. Gegenüber den europäischen Bürgern wäre das Signal wichtig, dass man die Initiative ergreift, um endlich den Stillstand zu überwinden.

Die Erde betrügt uns nicht. Wenn es ihr gut geht, tut sie nicht so, als ginge es ihr schlecht. Wenn es ihr aber schlecht geht, hilft auch kein Zureden mehr. Die Menschheit muss ihren Stoffwechsel, ihren Metabolismus, an die Möglichkeiten ihres Biotops anpassen. Mit der Natur führt man keine Konsensgespräche und handelt auch keinen Tarifvertrag aus.

## Reiche verursachen die meiste Verschmutzung

Ohne eine weltweite Begrenzung der Emission von Klimagasen ist eine Lösung der aktuellen Umweltprobleme nicht denkbar. Die Schwierigkeit, sich auf eine Deckelung zu verständigen, liegt wesentlich in der extremen Ungleichverteilung der heutigen Emissionen begründet. Sie reflektiert die wirtschaftlichen Verhältnisse wie ein Spiegel.

Rund 20 Prozent der Menschheit verfügen über 80 Prozent des Welteinkommens, dabei produzieren sie ungefähr 60 Prozent der anfallenden Verschmutzungen. Die Reichen sind also pro Wertschöpfungseinheit deutlich sauberer als die Armen, weshalb die Bereitstellung von 80 Prozent des Kuchens nicht 80 Prozent der Umweltbelastungen erzeugt, sondern »nur« etwa 60 Prozent. Das ändert aber nichts daran, dass die meisten Umweltbelastungen in der reichen Welt mit der umweltschonendsten Technik hervorgebracht werden. Die entwickelten Länder werden pro Einheit erzeugter Wertschöpfung zwar immer sauberer, aber die Anzahl der Werteinheiten nimmt so schnell zu, dass wir in der Summe immer noch mehr Dreck machen. Was wie ein Widerspruch klingt, ist in Wahrheit keiner.

Zugleich transportieren die Menschen in der reichen Welt via Fernsehen weltweit eine Vorstellung davon, wie man leben kann und soll. Das ist eine mächtige Kraft der Veränderung. Kinder aus den Slums rund um den Globus bekommen mit Hilfe dieser Bilder eine Vorstellung davon, wo sie hinwollen – nämlich dorthin, wo wir sind. Das setzt große Energien frei, hat aber auch gewaltige negative Begleiterscheinungen: Prostitution, Menschenhandel, moderne Sklaverei, Drogenanbau, Drogenhandel und illegale Einwanderung. Deshalb haben wir in dieser Welt nicht nur viele reiche Menschen auf einem hohen Verbrauchsniveau, sondern wegen der enormen Ungleichheit bei vielen auch massive Erwartungen an Aufholprozesse. Denn die 80 Prozent wollen dorthin, wo die 20 Prozent sind, und die 20 Prozent wollen rasch weiter, um den Abstand zu halten.

## Wohlhabende Länder sind sozial ausgeglichen

Mehr als zehn Jahre führte Bill Gates unangefochten die *Forbes*[75]-Liste der reichsten Menschen auf diesem Globus an. Im Jahr 2010 machte erstmalig ein Mann aus einem Schwellenland dem Microsoft-Gründer den Platz streitig. Dass der mexikanische Multimilliardär Carlos Slim mit 53,5 Milliarden US-Dollar die neue Nummer eins ist, dürfte die meisten Mexikaner nicht überraschen. Sein Telefonkonzern Telmex beherrscht das Festnetz des Landes. Hinzu kommt die Mobilfunkgesellschaft América Móvil, mit der Slim fast ganz Südamerika aufgerollt hat. Dem scheuen Multimilliardär gehört ein Großteil der mexikanischen Banken, Versicherungen, Investmenthäuser, Restaurants, Kaufhäuser, Minengesellschaften und Autozulieferer. Er kauft angeschlagene und niedrig bewertete Unternehmen, saniert sie und stößt sie schließlich mit hohem Gewinn wieder ab. Die Zahl der »Superreichen«, also der Besitzer von Vermögen über eine Milliarde US-Dollar, nimmt ständig zu, und das nicht nur in den USA, Japan und Europa, sondern auch in Indien, China und Mexiko. Milliardäre sind mehrheitlich kultivierte und gebildete Menschen, bereit, sich für gute Zwecke zu engagieren. Sie leben, oft weitgehend von der Öffentlichkeit abgeschirmt, in einem Beratungsumfeld höchster Kompetenz und sind umgeben von Ökonomen, Juristen, Steuerberatern, Mathematikern, Sicherheitsfachleuten, Marketing- und Kommunikationsspezialisten. Die Superreichen und ihre Apparate haben mittlerweile eine weitgehend unkontrollierte Macht zugunsten vielfältiger Interessen entfaltet, wie sie selbst Könige, Kaiser und Päpste nicht kannten.

Jeder weiß, dass in einer Weltökonomie, die jährlich um 4 Prozent wächst, Renditen von 20 Prozent und mehr auf risikolos eingesetzte Finanzmittel nur dann möglich sind, wenn man anderen etwas wegnimmt: eine massive Umschichtung des Realvermögens zugunsten der »oberen Zehntausend«, im Besonderen der »oberen Tausend«, der Superreichen. In den letzten zehn Jahren hat sich dieser Prozess noch einmal beschleunigt, und daran ändert auch die Wohltätigkeit einzelner Milliardäre wie Bill Gates, Warren Buffett und anderer nichts.

Es gab einmal die Hoffnung, dass, wenn sich der Aufzug »Wachstum« in Bewegung setzt, er auch die Armen ein Stück des Wegs nach oben mitnehmen würde. Davon kann nicht mehr die Rede sein. Heute leben wir in einer Welt, in der 60 Prozent der Weltbevölkerung gerade über 2 Prozent des globalen Reichtums verfügen. Während ein Prozent der Menschen mehr als 40 Prozent des Vermögens hält. Die Weltbank hat ihre Grenze der absoluten Armut auf 1,25 US-Dollar pro Tag und Kopf fixiert. Nach dieser Definition ist ein Mensch, der über mehr als 500 US-Dollar pro Jahr verfügt, *nicht* arm. Würde man diese Grenze auf 2,50 US-Dollar anheben, bräuchte man für die Unterstützung aller Menschen, die unterhalb dieses Niveaus existieren, einen Betrag von 500 Milliarden US-Dollar jährlich – etwa zwei Drittel des US-amerikanischen

Militärbudgets. In der Formulierung von Thomas Pogge[76] sprengt die globale Armut, in menschlichen Kategorien gedacht, jegliches Vorstellungsvermögen, im Ökonomischen erscheint sie hingegen als begrenzt und erträglich. Zwei Drittel des US-amerikanischen Militärbudgets würden ausreichen, um die Armut auf dem Planeten zu beenden. Weil die Globalisierung aber extrem asymmetrisch verläuft, ist mittlerweile klar, dass die Reichen im Expressfahrstuhl sitzen und die Armen (in einer relativen, prozentualen Betrachtung) immer weiter in den Keller rutschen.

Zu spüren ist das mittlerweile auch im Norden – als Debatte über die »neue Armut« oder, systemisch betrachtet, in der sogenannten Brasilianisierung.[77] Darunter versteht man, dass, während das Bruttosozialprodukt pro Kopf wächst, der relative Anteil der 80 Prozent der Bevölkerung mit den geringeren Einkommen ständig abnimmt.[78] Dies hat seine Ursache darin, dass von den hochentwickelten Ländern immer mehr Arbeitsprozesse in Schwellenländer verlagert werden, was auch eine Folge der entgrenzten Ökonomie ist. Andererseits können international operierende Konzerne, Kapitalbesitzer und Investoren sich immer besser der nationalen Besteuerung entziehen. Wer nicht weglaufen kann und wer hier sein Auskommen finden muss, ist der Dumme, den belangt das Finanzamt. Das hat zur Folge, dass sich die globale Wertschöpfung von unten nach oben verschiebt, während die Investoren an der Spitze der Pyramide ihr Geld gezielt weltweit einsetzen. Dabei profitieren die, die über große Vermögen und Sicherheiten verfügen, erneut durch weit überproportionalen und günstigen Zugriff nicht nur auf Kredite, sondern auch auf neu geschöpftes Geld bei einer sich dramatisch ausweitenden Geld- und Kreditmenge. Dies ist unter anderem eine Folge veränderter Regulierungen im Weltfinanzsystem (Beispiel Basel II).

Für die große Mehrheit der Bürger in entwickelten Demokratien, darunter viele Mittelständler[79], ergibt sich daraus eine neue Lage, denn sie geraten massiv unter Druck. Sie lernen nun, was es heißt, ohnmächtig zu sein. Das ist eine Erfahrung, die Milliarden Menschen im Süden schon lange machen müssen. Als Folge falsch organisierter Globalisierungsprozesse droht das globale Muster von 20 Prozent Reich versus 80 Prozent Arm nun auch in reichen Ländern, selbst innerhalb der EU. Als Konsequenz macht sich schlechte Stimmung breit, und es kommt zum »Ausfransen« an den Rändern des politischen Spektrums.

Stellen wir die Frage einmal andersherum: Wie viel von der gesamten Wertschöpfung einer Gesellschaft sollte als Einkommen nach Steuern (und Sozialtransfers) die 20 Prozent mit den höchsten Einkommen erreichen, damit ein Land reich werden kann? Wären es genau 20 Prozent, ergäbe dies die ideale kommunistisch-planwirtschaftliche Lösung. Aus der Geschichte wissen wir, dass das nicht funktioniert, Frustration auslöst und der Individualität der Menschen nicht gerecht wird. Denn sowohl in dem, was sie wollen, aber auch in dem, was sie leisten können, sind die Menschen höchst unterschiedlich. Genau hier liegt der psychologische Hebel, den der Marktfundamentalismus ansetzt. Wenn man den Kommunismus überwindet und zunächst Leistung stärker entlohnt, mehr Freiheit erlaubt und weniger Vorgaben, Regeln und Kontrollen einsetzt, entwickelt sich die Gesellschaft zunächst dynamischer und wird wohlhabender.

Aber warum sollte dieses Programm einer stärkeren Umverteilung nach oben in Ländern mit funktionierenden sozialen Demokratien Vorteile bieten? Oder gar in Ländern, die ohnehin schon so ungleich organisiert sind wie die USA oder, noch viel extremer, in Südafrika oder Brasilien mit ihren fortlebenden Apartheid- oder Kolonialstrukturen? Nein – ab einem bestimmten Niveau sozialer Differenzierung wirkt mehr Ungleichheit nicht mehr positiv und wachstumsfördernd, sondern gefährdet die Demokratie und macht ein Land arm. Um das zu verstehen, betrachtet man am besten gleich den Extremfall. Was würde geschehen, wenn die gesamte Wirtschaftsleistung gleich bei den 20 Prozent Leistungsträgern als

Einkommen nach Steuern landet? Wenn man die marktradikale Idee zu Ende denkt, wäre die Folge, dass 80 Prozent der Bevölkerung verhungern. Ist Wohlstand für alle das Ziel, wird bei diesem Extrem sofort deutlich, dass ein Programm, das wenige immer stärker profitieren lässt, keine Perspektive hat. Marktradikalismus ist also mindestens so schädlich wie Kommunismus, macht zu viele Menschen arm und verhindert die gute Ausbildung aller Menschen. Weil nämlich die Finanzierung einer guten Ausbildung für alle teuer und eines der wichtigsten Instrumente des sozialen Ausgleichs ist.

Irgendwo zwischen den radikalen kommunistischen Fundamentalisten, die Freiheit für Gleichheit opfern, und den heutigen marktradikalen Fundamentalisten, die Solidarität und Chancengleichheit für die Freiheit der Raffgier weniger aufgeben, muss es bessere oder sogar optimale Lösungen für mehr Reichtum und Balance geben.

Empirisch ist der Befund eindeutig. In reichen Ländern verfügen die reichsten 20 Prozent der Bevölkerung mit den höchsten Einkommen (nach Steuern und Sozialtransfers) über 35 bis 50 Prozent des Kuchens. In den sogenannten Konsensdemokratien, also Ländern wie Finnland, Schweden, Norwegen, Dänemark und Österreich, sind es etwa 35 bis 40 Prozent.

Konsensdemokratien sind nach innen und außen friedlich, es wird viel diskutiert, die Bildung ist auch in der Breite auf einem hohen Niveau. Mann und Frau haben vergleichbar gute Möglichkeiten, ihre Potenziale zu entwickeln, und die Investitionen in Ausbildung und Forschung sind zukunftsweisend. All dies sind Indikatoren für reiche Gesellschaften.

Ein interessanter Input aus der angelsächsischen Welt zu dieser Thematik sind die aktuellen Beiträge von Richard Wilkinson und Kate Pickett[80]. Sie zeigen für OECD-Staaten, dass für eine Vielzahl wichtiger Parameter – vom Gesundheitszustand bis zur Lebenserwartung, vom Vertrauen in die Zukunft bis zu geringeren Zahlen an Straffälligen und Gefängnisinsassen, von niedrigeren Zahlen von Teenagerschwangerschaften bis zu weniger Fettleibigkeit – die Situation umso besser ist, je ausgeglichener die Verhältnisse sind – unabhängig von der Höhe des durchschnittlichen Bruttoinlandsprodukts. Dies gilt oberhalb materieller Notstände und bei balanciertem Ausgleich. In diesem Verteilungsspektrum liefert also nicht das höchste Bruttoinlandsprodukt pro Kopf die besten gesellschaftlichen Parameter, sondern das höchste Ausgleichsniveau – ein bemerkenswerter Befund und im Einklang mit der ökosozialen Position.[81] Zu demselben Resultat kommen übrigens Garry Jacobs und Ivo Šlaus (Mitglied des Club of Rome) in einer weiteren Analyse.[82]

Wenn die 20 Prozent mit den höchsten Einkommen etwa die Hälfte des Gesamtvolumens erhalten, spitzen sich die Dinge von der Tendenz her zu. In diesem Bereich liegen die Verhältnisse in Großbritannien und in den USA. Die USA sind das Land mit dem höchsten Grad an Ungleichheit unter den voll entwickelten Ländern.

Als Einwanderungsland und als mächtigster Staat auf dem Globus sind die Vereinigten Staaten in jeder Hinsicht ein Sonderfall. Als ein US-Präsident einmal berichtete, er habe wieder mehr als vier Millionen neue Arbeitsplätze geschaffen, meldete sich jemand aus dem Hintergrund und sagte: »Ich kann das bestätigen, ich alleine habe drei davon.« Von 100 000 Einwohnern in den USA sitzen mehr als 700 Menschen im Gefängnis (in europäischen Staaten sind es weniger als 100), und insbesondere der Anteil von jungen farbigen Männern in den Gefängnissen ist außerordentlich hoch. Kleine Delikte werden brutal verfolgt, Wirtschaftsdelikte deutlich weniger. Auch die Arbeitslosenstatistik wird so in ein freundlicheres Licht getaucht. Die USA können diesen Grad an Ungleichheit bislang auch nur deshalb durchhalten, weil sie viele potenzielle Konflikte durch die Einwanderung von Menschen mit ausgewählten Kenntnissen und Fähigkeiten und einer spezifischen Motivationslage – etwa durch Green Cards – abfedern konnten. Als Staat, der hervorging aus der Kolonisation eines vergleichsweise dünn besiedelten Kontinents, dessen Kulturen um ihr Land gebracht und ausgerottet wurden, hatten sie den Vorteil, über viel Raum und kostenloses Land verfügen zu können. Das ist natürlich nicht auf ewig ein Vorteil, irgendwann wird es dort so voll wie überall sein.

Als größter Nutznießer des globalen ökonomischen Systems profitieren die USA zudem von Finanzzuflüssen zum Dollar als Weltreservewährung. Auch lassen sie sich ihre Rolle als Letztgarant der Welteigentumsstruktur in verschiedener Weise honorieren. Das zahlt sich unter anderem bei den exzessiv genutzten Möglichkeiten der Geldneuschöpfung unter den Bedingungen des heutigen Weltfinanzmarktsystems aus. Die wichtigste Wertschöpfungsquelle ist der Export von Dollars, nicht der von Gütern oder Dienstleistungen, und ihre Strategie ist deshalb nicht auf die übrige Welt übertragbar.

Jenseits der 50 Prozent, also bei einem noch höheren Grad der Ungleichheit, haben wir es nur noch mit armen Ländern zu tun. Die schlimmsten Zustände findet man in Afrika und Lateinamerika, prototypisch sind Südafrika und Brasilien, Länder also, in denen alte Kolonialstrukturen mit ihrem »Oben« und »Unten« fortleben. Dort verfügen 80 Prozent der Bevölkerung über 35 Prozent der finanziellen Ressourcen, und 20 Prozent über 65 Prozent. Wobei sich die Situation in Brasilien dank der Politik Lula da Silvas während seiner Präsidentschaft und seiner »Bolsa-Familia«-Hilfe für arme Familien in den letzten Jahren etwas verbessert hat.

Dieses Missverhältnis wird nur noch übertroffen vom Gesamtzustand des Planeten, wo 20 Prozent der Bevölkerung über 80 Prozent der Einkommen verfügen. Im Verhältnis zum Globus als Ganzes ist also selbst Brasilien beinahe eine Oase des sozialen Ausgleichs. Das heißt, die Welt als Ganzes ist sozial noch viel stärker gespalten als jedes einzelne Land in sich, oder anders ausgedrückt: Die größten sozialen Ungleichheiten finden sich heute zwischen den Staaten, nicht innerhalb der Staaten. De facto befinden wir uns in einer *globalen Apartheid,* einem absolut nicht friedens- und zukunftsfähigen Zustand.

## Reichtum ist systemischer Natur

In den brasilianischen Favelas kommt es häufig vor, dass die Mütter abends einen Topf Wasser zum Kochen bringen und Steine hineinlegen. Die Kinder weinen vor Hunger. In der Hoffnung, dass sie bald einschlafen werden, sagen die Frauen ihren Kindern: »Das Essen ist gleich fertig.«[83]

Die Verteilung des Wohlstands in einer Gesellschaft ist auch eine Frage der Perspektive. Von unten betrachtet, aus der Sicht der Armen, ist große Ungleichheit mit Gefühlen der Scham verbunden, sogar mit Schmerzen, und oft endet sie tödlich. Von oben betrachtet ergibt Ungleichheit durchaus einen Sinn.

Ein Gedankenexperiment: Eine Dorfgemeinschaft spielt gemeinsam Lotto, und der Hauptgewinn beschert jeder Familie eine Million Euro. Geht es ihnen dann besser? Nur wenn sich am Wohlstand der Menschen außerhalb des Dorfes nichts ändert und die Bewohner schnell wegziehen. Lebten hingegen die Millionäre alle miteinander auf einer Insel, die ökonomisch isoliert ist und auf der sonst niemand wohnt, bliebe der Lottogewinn fast wirkungslos: Was macht man mit einer Million Euro, wenn die anderen ebenso viel besitzen? Der eigentliche Wert der Million besteht offensichtlich darin, dass die anderen sie nicht haben. Nur wenn die anderen das Geld wollen, das man selber besitzt, bekommt man zum Beispiel die Dienstleistung, die man von ihnen haben will.

Gerade das macht den »Charme« von Ländern wie Brasilien aus, einem wunderschönen, mit Ressourcen aller Art gesegneten Land. Eliten geht es nicht unbedingt um den Reichtum eines Landes, es geht ihnen um die eigene Lebenssituation. In São Paulo, der drittgrößten Stadt der Welt, leben die Reichen in Villen oberhalb der Stadt, und Hunderte von Hubschrauberlandeplätzen auf den Dächern ihrer Häuser zeigen, dass sich die Bewohner möglichst wenig dem Smog, dem Elend und den Gefahren der Straßen aussetzen wollen. Bei Bedarf fliegen sie einfach auf einen ihrer Landsitze.

Eine nicht gut ausgebildete Bevölkerung ist zur Fortschreibung asymmetrischer Machtverhältnisse durchaus hilfreich, auch wenn es kaum jemand an der Spitze so offen aussprechen würde. Die Eliten Brasiliens schätzen die Tatsache, dass es diese Ungleichheit gibt. Personennahe Dienstleistungen zum Beispiel sind dort spottbillig, und es gibt Menschen, die für wenige Euro am Tag mit der Teetasse hinter anderen herlaufen. Das ist ein Zustand, der, »von oben« betrachtet, gottgefällig sein mag, aber auch einer, der ein Land arm macht – denn die tatsächliche Wertschöpfung ist dabei sehr gering – und den Zustand hoher sozialer Ungleichheit weiter fortschreibt.

In unseren Breiten belegen bestimmte Vertreter der Eliten die hiesigen Verhältnisse manchmal mit Begriffen wie »Dienstleistungswüsten«. Das gilt aber nicht für Dienstleistungen, die mit 300 Euro pro Stunde oder auch mit »nur« 50 Euro pro Stunde entlohnt werden wie Rechtsanwälte oder Handwerker. In diesem Segment kann man sich auch bei uns vor Angeboten kaum retten. Das gilt nur für Dienstleister, die mit wenigen Euro pro Stunde dankbar und glücklich sind. Die gibt es bei uns nicht, und das ist gut so, weil bei uns alle Menschen als Teil einer Gesellschaft verstanden werden, die über gute Sozialsysteme, gute Schulen und gute Krankenhäuser verfügt. Das ist ein kreatives und innovatives System, in dem die Menschen werthaltigen Beschäftigungen nachgehen und nicht einfachen personennahen Dienstleistungen ohne hohen Wertschöpfungsgehalt. Es funktioniert nach dem Ausgleichsprinzip. Im Rahmen der Globalisierung, wie sie derzeit läuft, könnte es aber durchaus dahin kommen, dass das Erreichte bei uns zurückgebaut wird, letztlich auch die Demokratie, wovor viele Menschen instinktiv Angst haben. Dann würde es auch hier wieder ein Heer von Dienstboten auf Taschengeldniveau geben, was Deutschland deutlich ärmer machen würde.

Dass wir in einem Land leben, das funktioniert, in einer sozialen Marktwirtschaft mit ökologischer Orientierung und entwickelter Demokratie, ist übrigens nicht die Folge freier Märkte und unregulierten Wettbewerbs. Es ist das Ergebnis langer historischer und teilweise brutaler Auseinandersetzungen, aber auch die Folge von verlorenen Kriegen. Das Erreichte ist hart erkämpft. Nichts ist selbstverständlich, nichts garantiert, vor allem nicht der soziale Ausgleich.

Seine wesentliche Funktion ist dabei nicht, »Faulenzer« in Hängematten mit Champagner zu versorgen, damit sie sich amüsieren, während die anderen arbeiten, wie es immer wieder in klarer Absicht über die Medien transportiert wird. Die Sozialhilfe (heute: Arbeitslosengeld II) macht nur rund ein Prozent des deutschen Bruttoinlandsprodukts aus.[84] Vielmehr geht es als Kern des sozialen Ausgleichs darum, die gesamte Bevölkerung, darunter auch die Kinder der weniger Begüterten, auf ein hohes Ausbildungsniveau zu heben. Um Erziehungseinrichtungen, Schulen und Universitäten zu finanzieren, braucht ein Land als wichtigsten Beitrag des sozialen Ausgleichs eine substanzielle Querfinanzierung. Weiterhin muss eine gut ausgebildete Bevölkerung gesund erhalten und mit exzellenten Infrastrukturen versorgt werden – andernfalls würden sich die Ausbildungsinvestitionen nicht rechnen. Und letztlich müssen die Menschen in Würde alt werden können. Schließlich ist die Ökonomie für die Menschen da und nicht die Menschen für die Ökonomie. Etwas anderes ist in Demokratien mit einer gut ausgebildeten Bevölkerung politisch auch kaum durchsetzbar.

Wohlstand ist also systemischer Natur und weniger das Werk einzelner »Wertschöpfer«. So wichtig der Einzelne – der talentierte, engagierte und motivierte Unternehmer, Richter oder Politiker – auch sein mag, noch wichtiger ist ein funktionierendes

Gesamtsystem, wobei ein gutes System Voraussetzung dafür ist, dass eine Gesellschaft viele Persönlichkeiten mit Spitzenqualitäten hervorbringt.

Leistungsfähige Länder wissen um die Bedeutung ihrer Infrastruktur, also um die Bedeutung der Nervennetze und Transportwege für die Organisation des Stoffwechsels des Superorganismus Menschheit. Wie wichtig der elektrische Strom für moderne Gesellschaften ist, merkt man spätestens dann, wenn er ausfällt: Aufzüge bleiben stehen, Heizungen funktionieren nicht mehr, und Computerbildschirme sind plötzlich schwarz.

Dabei steht die allgemeine Durchdringung mit Informations- und Kommunikationstechnik noch immer am Anfang. Sie beschreibt ein Entwicklungsmuster, das bei der Kraftentfaltung, auf der Ebene der Motoren, bereits weitgehend abgeschlossen ist. Zu Zeiten der industriellen Revolution hatten Dampfmaschinen noch eigene Häuser, später stellte man sie auf Räder. Elektromotoren wurden immer weiter dezentralisiert und sind heute so vollständig in unsere Lebenswelt integriert, dass wir sie kaum mehr wahrnehmen. Wer im Auto den Fensterheber bedient, will eben nur das Fenster öffnen, und an den Motor, der diese Arbeit verrichtet, denkt niemand mehr. Technik tritt in die Kulisse zurück, was bleibt, ist die Anwendung an sich.

Entsprechend wird der Ort der Rechnerleistung »unsichtbar«, er wandert in Häuser, Straßen und Brillen, damit der Benutzer bei jeder Gelegenheit auf die entsprechenden Dienste zurückgreifen kann. Das Ferngespräch mit China ist, sobald es maschinell simultan übersetzt werden kann, eine leichte Übung, und das Internet wird omnipräsent und in die alltägliche Lebenswelt integriert sein.

Schon heute kann jedes aktivierte Handy geortet werden, und die Kontroll- und Überwachungsmöglichkeiten werden noch einmal enorm steigen – das ist die Kehrseite. Vor allem schafft eine entsprechende Infrastruktur große Abhängigkeiten. Sobald sämtliche Transport- und Kommunikationsmittel mit einem Schlag ausfallen, wie das in der Zukunftsliteratur bereits detailliert beschrieben wurde[85], stehen elementare Bedürfnisse wie Essen, Trinken und Schlafen wieder ganz obenan, und wenn es plötzlich keine funktionierenden staatlichen Strukturen, keine Stadtverwaltung, keine Polizei mehr gibt, bricht sich das Faustrecht in kürzester Zeit wieder Bahn. Die Zivilisation ist ein fragiles Gebilde.

Und doch müssen wir die Nervennetze und Transportsysteme pflegen, ausbauen und absichern, denn sie sind das Herzstück jeder innovativen und produktiven Ökonomie. Zudem muss ein leistungsstarkes Governance-System hinzukommen – das betrifft alle politischen, rechtlichen und administrativen Regelungssysteme, die eine moderne Gesellschaft am Leben erhalten. Heute sind praktisch alle erfolgreichen Länder Demokratien. Offene Gesellschaften im Sinne Poppers[86] sind am besten geeignet, Kreativität zu entwickeln und Innovationen zu befördern.

Was für reiche Länder nötig zu sein scheint, muss nicht unbedingt für aufholende Länder gelten. Autoritäre Strukturen, wie es sie früher in Singapur gegeben hat und wie sie heute in China und in Russland existieren, sind in Aufholprozessen, wenn die Macht klug eingesetzt wird, offensichtlich erfolgreicher. Autoritäre Formen von Governance scheinen auch hilfreich zu sein, wenn es darum geht, ökonomisch schwächere Länder, die sich voll dem Welthandel öffnen, vor dem Zugriff von Akteuren aus reichen Ländern zu schützen. Interessanterweise sind auch die heute reichen Länder nur hinter »Schutzmauern« reich geworden, auch wenn sie heute vielfach vorgeben, Offenheit und Demokratie wären die Lösung für alle.

Zu den systemischen Voraussetzungen für Reichtum zählen aber auch ein hervorragender Kapitalstock (hochtechnisierte Arbeitsplätze kosten bis zu 300 000 Euro und mehr), der Zugriff auf benötigte Ressourcen, eine leistungsfähige Forschung und konkurrenzfähige Innovationsprozesse, ein leistungsfähiges Geld- und Finanzsystem sowie die Einbindung von Unternehmen und Menschen in leistungsfähige weltweite Wertschöpfungsnetze. Hinzu kommt die zentrale Bedeutung von Bildung und Ausbildung. Dabei geht es auch um intakte Familien, die genügend Zeit für emotionale Zuwendung und intelligente Ansprache ihrer Kinder finden.[87] All dies macht Gesellschaften reich, muss aber auch finanziert werden. Es gibt deshalb kein produktives und kein innovatives Land ohne hohe Steuern.

Es wäre wohl zu viel verlangt zu erwarten, dass jemand gerne Steuern zahlt. Nachvollziehbar ist auch, dass es einem Menschen mit hohem Einkommen schwerfällt, progressive Steuern zu akzeptieren, obwohl er immer noch vielfach mehr übrig hat als Menschen mit niedrigem Einkommen. Entscheidend aber ist, dass es ohne ausreichende Steuern keine sicheren Straßen, keine guten Schulen und kein Umfeld geben kann, in dem Begüterte mit ihren Familien sorgenfrei leben und ihren Geschäften nachgehen können.

## Konkurrenz ist wichtig, Kooperation ist wichtiger

Dass das marktradikale Verständnis von Wohlstand die systemische Dimension eher ausblendet und die Rolle des Einzelnen überhöht, hängt einerseits mit seiner verdeckten Zielsetzung, nämlich der extremen Begünstigung Einzelner, zusammen und wurzelt andererseits in seinem Menschenbild, dem *Homo oeconomicus*: »Wenn jeder an sich denkt, ist an jeden gedacht.«

Marktfundamentalisten beschwören in diesem Zusammenhang immer die »unsichtbare Hand« von Adam Smith, dem Klassiker der Theorie der Märkte, die angeblich dafür sorgen soll, dass sich Eigeninteresse und Allgemeininteresse decken. Wie muss man sich das vorstellen? Ein kluger Analytiker hat einmal gesagt, dass hinter der »unsichtbaren Hand« immer eine »unsichtbare Faust« steht, die der »unsichtbaren Hand« zeigt, wo die Reise hingeht. Diese Rolle übernimmt in der heutigen globalen Ökonomie als letzter Garant der Eigentumsstruktur das US-Militär.

Der Wettbewerb allein ist es jedenfalls nicht, der der »unsichtbaren Hand« den Weg weist. Mathematisch gesprochen ist der Wettbewerb ein Suchalgorithmus für gute Lösungen unter bestimmten Rahmenbedingungen wie Steuern, Preisstrukturen, Geboten und Verboten. Wettbewerb erzeugt *Effizienz,* also eine gute Input/Output-Relation, mit der ein Output erreicht wird. Bei Märkten gibt es aber noch eine weitere, wahrscheinlich wichtigere und oft vergessene Kategorie, nämlich die *Effektivität*: Sie sorgt dafür, die Ziele zu erreichen, die es zu erreichen gilt. Deshalb sind die Rahmenbedingungen noch wichtiger für das Ergebnis als der Wettbewerb.

Adam Smith wusste das übrigens. Er war Moralphilosoph. Ihm war klar, dass die »unsichtbare Hand«, um positiv zu wirken, Regeln braucht und dass diese Regeln über Politik gesetzt und über Sanktionen und Ethik in den Menschen verankert werden müssen. Ihm war auch klar, dass es Voraussetzungen für das Funktionieren von Märkten gibt, die von den Märkten nicht selber hervorgebracht werden können.

In diesem Sinne hat Adam Smith immer sehr überzeugend staatliche Ordnungssysteme zur Regulierung von Märkten für notwendig erklärt und sich dabei ausführlich zu den ethischen Grundlagen erfolgreichen Unternehmertums geäußert. Es sind eben diese Rahmenbedingungen, die als »unsichtbare Hand« wirksam werden und Sorge dafür tragen, dass Akteure, die ihre eigenen Interessen verfolgen, dadurch auch das Gemeinwohl fördern. Genau an dieser Stelle setzt deshalb in funktionierenden Demokratien der Primat der Politik an.

Der *Homo oeconomicus* ist der idealtypische Konsument, der ausschließlich von seinem Eigeninteresse geleitet wird. Dem steht allerdings in der realen Welt die Evolutionserfahrung entgegen, denn der Mensch hat nur überlebt, weil er kooperativ und zum Teil auch altruistisch ist und weil er an andere denkt, durchaus auch im Sinne eines wohlverstandenen Eigennutzes *(insightful selfishness).*

Typisch für menschliche Gemeinschaften, vor allem Kleingruppen, ist ein Geben und Nehmen und ein korrespondierendes Gefühl für Gerechtigkeit und Angemessenheit. Auch Bestrafung ist Teil dieses Repertoires, denn wenn sich jemand unfair verhält, wird er von anderen daran »erinnert«. Menschen, übrigens ähnlich den Menschenaffen, denken in längeren Zeiträumen und führen innerlich Buch.[88] Die moderne Wirtschaftswissenschaft hat mittlerweile in Teilen das realitätsfremde Konstrukt des *Homo oeconomicus* durch ein Menschenbild ersetzt, das der Erfahrung in Märkten, in der Arbeitswelt, beim Kaufen und Tauschen deutlich näherkommt, nämlich das des *Homo oeconomicus cooperativus.*

Seit einiger Zeit widmet sich die empirische Ökonomie dieser Thematik in Untersuchungen zum sogenannten Ultimatumspiel. Die typische Situation sieht wie folgt aus: Zwei Personen befinden sich in einem Raum, und eine dritte Figur, der »reiche Onkel«, legt 1000 Euro auf den Tisch. Einer der beiden darf als Erster zugreifen: »Nimm dir davon, so viel du willst«, sagt der Onkel. »Gib dem anderen den Rest – aber keine Kommunikation! Wenn der andere nicht ablehnt, könnt ihr beide das Geld behalten. Weigert er sich, bekomme ich das Geld zurück.«

Auf den ersten Blick ist das vielleicht ein ungewöhnliches Spiel. Aber es unterscheidet sich doch kaum von vielen Situationen im wirklichen Leben. Für den Marktfundamentalisten ist die Situation klar, er weiß, wie sich der Zweite verhalten muss. Selbst wenn der Erste 999 Euro nimmt, bleibt dem Zweiten noch ein Euro. Das ist ein Ergebnis, das in absoluter, nicht relativer Betrachtung für beide zweifellos besser ist als die Ausgangssituation, weil beide am Ende mehr Geld haben. Warum sollte sich auch jemand beschweren, wenn er, ohne etwas zu leisten, einen Euro geschenkt bekommt? Aus Sicht der Marktfundamentalisten rutscht jemand, der »Nein«

sagt zu der Aufteilung 999 zu 1, schnell in die Ecke des Spielverderbers, er wird zum typischen Neider, blockiert den Erfolgreichen, den Gewinner, den Markt und letztlich die gesellschaftliche Entwicklung.

Interessanterweise verhalten sich die Menschen aber anders, als diese Theorie unterstellt. Der Zweite akzeptiert manchmal noch ein Viertel des Anteils; das gilt für normale Größenordnungen und wenn Menschen nicht in Not sind. Viele Menschen bestehen auf einem Drittel, manche beharren sogar auf 50 zu 50. Und viele würden sich schämen, weniger als 35 Prozent überhaupt anzubieten.

Die meisten Menschen auf diesem Globus haben beim Ultimatumspiel ein klares Gefühl dafür, was gerecht ist. Die moderne Gehirnforschung kann auf tomografischen Bildern des Gehirns sogar nachweisen, dass bei »unfairen« Angeboten das Schmerzzentrum aktiviert wird. Auch das ist übrigens bei Schimpansen ähnlich. Offensichtlich ist die Erwartung einer gewissen Art von Fairness bereits genetisch als stammesgeschlechtliches Erbe vorprogrammiert. Ohne ein gewisses Maß an Kooperation wäre das Leben für unsere Vorfahren nicht zu bewältigen gewesen.

In dem Versuchsaufbau des Ultimatumspiels nimmt die Willkür oder Beliebigkeit des ersten Zugriffs eine zentrale Rolle ein: Wer darf sich das Geld zuerst nehmen? Und mit welchem Recht? Das menschliche Gerechtigkeitsempfinden ist aus nachvollziehbaren Gründen fein ausdifferenziert. Wenn der erste Zugriff durch eine zuvor erbrachte Leistung, wie zum Beispiel einen Erfolg bei der Jagd, begründet ist, dann sind die 1000 Euro die Beute. Unter diesen Umständen werden dann viel schlechtere Angebote des Teilens akzeptiert, als es sonst der Fall ist. Wenn sich also jemand in akzeptabler Weise verdient gemacht hat, erscheint das Recht des ersten Zugriffs in einem anderen Licht. Der Zufall hingegen wird als Basis für einen völlig asymmetrischen Zugriff als unzureichend empfunden.

Überträgt man diese Laborsituation auf den Globus, ergeben

sich viele Parallelen. Vielfach ist der Wohlstand auf der Welt nicht fair verdient, sondern hat etwas mit dem ersten Zugriff beziehungsweise dem institutionellen Design oder dem sogenannten *agenda setting* durch den Ersten zu tun. Das betrifft teilweise die historisch gewachsene Verteilung des Bodens, die Dominanz in bestimmten Märkten, die Wirkung des Familienumfelds und des Erbrechts, die Folgen des Kolonialismus und die Natur der intellektuellen Eigentumsrechte – in modernerer Sprache reflektiert dies die »Pfadabhängigkeit« der Entwicklung.

Für diejenigen, die sich von den Zugriffsrechten her systematisch benachteiligt fühlen, gibt es viele Möglichkeiten, zu den ihnen angebotenen Partizipationsmöglichkeiten in der Weltökonomie, in der sie automatisch die schlechten Plätze einnehmen, »Nein« zu sagen. Sie können dies durch schlechte Arbeit, schlechte Laune, Frust, Alkoholismus, Vandalismus, innere Emigration im Alltag oder durch innere Kündigung zum Ausdruck bringen. Auch Terror kann eine unüberhörbare Form dafür sein. Er ist in vielen Fällen eine systemische Reaktion auf Verhältnisse, die als zutiefst ungerecht empfunden und auf legalem Weg als nicht veränderbar angesehen werden. Terror ist die Art von Kommunikation, die den Verlierern bleibt, wenn die dominante Seite die Spielregeln diktiert, sie brutal zum eigenen Vorteil ausnutzt, was bei den Verlierern Hoffnungslosigkeit erzeugt. Wobei auch hier gilt: Erklären heißt nicht akzeptieren oder entschuldigen.

## Ökosoziale Marktwirtschaft als Garant höchsten Wachstums

Was macht Länder reich? Nicht die marktradikale Ordnung, sondern die ökosoziale. Nur sie ist der Garant für eine exzellent und breit ausgebildete Bevölkerung, sie stellt die Nervennetze und Transportwege für alle bereit, mit deren Hilfe moderne Gesellschaften überhaupt wertschöpfend sein und wettbewerbsfähig bleiben können.

Aber garantiert die ökosoziale Ordnung auch kräftiges Wachstum? Ist es nicht eher so, dass die marktradikale Ordnung, indem sie stärker differenziert und belohnt, noch massiver auf Konkurrenz setzt, leistungsfähiger ist, mehr Wachstum und Wohlstand produziert, woraus schließlich auch die weniger Begüterten ihren Vorteil ziehen? Das Rezept dafür ist, den Staat zurückzubauen, so weit wie möglich Funktionen zu privatisieren, weniger Beamte zu haben und die Steuern zu senken. Alles funktioniert angeblich besser nach dem Prinzip »Leistung muss sich wieder lohnen, und Wachstum schafft Arbeitsplätze«. Wenn es um soziale oder Umweltfragen geht, heißt es, das sei schön und gut, aber dafür muss erst mal Geld vorhanden sein.

Der größte Erfolg des Marktradikalismus ist sicherlich, dass er es geschafft hatte, diese Argumentationslinie so tief in den Köpfen zu verankern, dass das marktradikale Modell – zumindest bis zum Ausbruch der Weltfinanzkrise – als Normalmodell galt, was mit dem Namen TINA, der für *there is no alternative* steht, noch unterstrichen wurde. Wenn vom Markt die Rede ist, dann ist der »freie Markt« gemeint, also der nicht regulierte, nicht gegängelte und nicht strangulierte Markt.

Dabei ist gerade der sogenannte »freie Markt« in Eigentums- und Zugriffsfragen und in der Sicherung privilegierter Positionen total reguliert, nur nicht im sozialen, kulturellen und ökologischen Bereich. Der Marktradikalismus hat es geschafft, die zentralen Begriffe der Ökonomie, »Markt« und »Wachstum«, zu besetzen. Es heißt, der freie Markt schaffe das höchste Wachstum.

Das ist ein Mythos.

Der Marktfundamentalismus produziert eben *nicht* das höchstmögliche Wachstum. Selbst dieses letzte Versprechen hält er nicht, das ist alles nur hübscher Schein und Manipulation von Gehirnen. Er führt zu mehr Wachstum als der Kommunismus, aber das Maß aller Dinge ist er nicht. Wenn es das gibt, dann ist es die Ökosoziale Marktwirtschaft.

Für die heutige Welt sind der freie Markt und sein Wachstumspotenzial so etwas wie der heilige Gral, die Lebenslüge der Ökonomie. Selbst nach der Wirtschaftskrise und in Zeiten turmhoher Staatsverschuldung setzt der Glaube an den freien Markt einen Denkrahmen, in dem von viel zu vielen Akteuren die Probleme der Welt gedeutet werden. In früheren Zeiten waren Religionen oder Philosophien die intellektuellen Konstrukte für Letzterklärungen, heute sind es ökonomische Megaphilosophien.

Und wenn der Marktradikalismus in der öffentlichen Meinung nach der Wirtschafts- und Finanzkrise auch gelitten hat, so hat er doch längst Fakten geschaffen. Einer seiner größten Erfolge ist zum Beispiel ein EU-Vertrag, der Mitgliedsstaaten daran hindert, grenzüberschreitende Finanztransaktionen zu kontrollieren. Die EU-Staaten können zwar eingreifen, wenn Menschen, Waren oder auch Krankheiten Grenzen hinter sich lassen, aber auf dem Gebiet, wo eine Kernschmelze des ökonomischen Systems nur knapp verhindert werden konnte, nämlich dem Finanzmarkt, sind wir praktisch wehrlos.

Warum vergötzen Gesellschaften das Wachstum? Weil man aus einem stets größer werdenden Kuchen auch kleine Stücke schneiden kann, die nach etwas aussehen. Unter Wachstumsbedingungen sind Verteilungsprobleme politisch sehr viel leichter zu lösen, als wenn die Größe des Kuchens gleich bleibt oder gar schrumpft. Denn bei gleichbleibendem oder schrumpfendem Kuchen kann man jemandem nur dann mehr geben, wenn man anderen etwas wegnimmt. Darum ist Wachstum, auch in reichen Ländern, die politische Zauberformel für fast alles und jedes.

Natürlich bleibt das grundsätzliche Problem, wie man Wachstum und sozialen Ausgleich austariert. Ist ein relativ kleineres Stück aus einem großen Kuchen nicht besser als ein relativ größeres Stück aus einem kleinen? Absolut hat man dann vielleicht sogar mehr. Oder ist es eher so, dass Armut und Wohlstand vor allem relativ empfunden werden, im Verhältnis zu Nachbarn, Kollegen, zu den *celebrities* dieser Welt? Die Kinder haben zwar ein Dach über dem Kopf, aber sie werden nicht zur Geburtstagsparty eingeladen, weil sie nicht die richtigen Geschenke mitbringen können oder die falschen Schuhe tragen. Die EU orientiert sich zum Beispiel an diesem relativen Verständnis, denn Menschen galten dann als arm, wenn sie über weniger als das halbe Durchschnittseinkommen ihres Landes verfügen. Mittlerweile wurde dies durch 60 Prozent vom Median ersetzt – eine viel schwächere Definition, leider.[89] Und mit ihren Strukturfonds half beziehungsweise hilft die Europäische Union in Regionen, deren Durchschnittseinkommen unterhalb von 75 Prozent des entsprechenden EU-Niveaus lag.

Ein Land kann es sich heute gar nicht erlauben, im Bereich der Wirtschaft *nicht* zu wachsen. Nicht unter den Bedingungen der heutigen falsch organisierten Weltordnung. Wer auf wirtschaftlichem Gebiet nicht wächst, wer nicht mitgeht, verliert. Er wird dann marginalisiert und ist dem Willen seiner Konkurrenten ausgesetzt. Auf Dauer schlägt hohes Wachstum machtpolitisch jede Alternative.

In reichen Ländern suggeriert die entsprechende Propaganda ein zu niedriges Wachstum und behauptet, dass es sich durch geeignete Maßnahmen erhöhen ließe. Als wäre das in den reichen Ländern erreichbar, verweist sie auf dynamische Schwellenländer mit Wachstumsraten von 6 oder 8 oder gar 10 Prozent.

Dabei sind 10 Prozent Wachstum in China schlichtweg etwas ganz anderes als ein Prozent Wachstum in Deutschland. Pro Kopf und absolut gesehen sind ein Prozent Wachstum in einem reichen Land wie der Bundesrepublik deutlich mehr als 10 Prozent in China – weil Deutschland pro Kopf 30-mal reicher ist.

Der Turbolader in der Aufholjagd ist das sogenannte *leapfrogging*. Hierbei werden die besten Lösungen der entwickelten Welt für Infrastruktur, Maschinenausstattung und Produktionsverfahren übernommen, oder sie kommen mit ausländischen Unternehmen und Direktinvestitionen ins Land. Und dann besteht die Möglichkeit, selber aktiv zu werden, etwa indem man Lösungen gleich kopiert. Die Chinesen sind darin Meister, aber die ausländischen Direktinvestitionen sind nach wie vor ein dominierender Wachstumstreiber. In der Folge wird heute die Hälfte aller Kameras und ein Viertel aller Kühlschränke der Welt in China produziert, und zwar für einen Bruchteil der Löhne, die man dafür in Deutschland zahlen müsste. Morgen sind es vielleicht chinesische Autos auf dem Weltmarkt und übermorgen Flugzeuge, wobei dies entgegen einer weit verbreiteten Meinung noch keineswegs entschieden ist.

Beim *leapfrogging* muss man nicht lange nach Lösungen suchen oder Neuerungen erfinden, sondern kann Vorhandenes implementieren, das heißt: investieren beziehungsweise andere dafür gewinnen, dies im eigenen Land zu tun. Deshalb sind Bedingungen wichtig, die globalen Investoren zusagen. Der große chinesische Markt ist hier ein besonderer Anziehungspunkt.

Im Delta des Perlflusses verschmelzen heute Hongkong, Shenzhen, Kanton, Zhuhai und Macau zu einer 40-Millionen-Megastadt. Vor nicht allzu langer Zeit lebten in den Sümpfen noch Reiher, und Fischerdörfer säumten die Küsten. Heute drängen sich im Umkreis von 100 Kilometern fünf Flughäfen und 41 Häfen. Sie sind das Einkaufsparadies von Ikea, Otto-Versand und Wal-Mart. Die dort angesiedelten Fabriken tragen Namen wie *Wohlstand für die Massen* oder einfach nur *Frieden*. Die Menschen, die unter erbärmlichsten Bedingungen arbeiten, produzieren Hemden, Computer oder Spielzeug für Kinder in reichen Ländern.

Einen Mangel an Arbeitskräften gibt es nicht. China hat noch 900 Millionen Menschen in Reserve, vor allem Bauern vom Lande. Die arbeitende Bevölkerung, also der in die formalisierte Ökonomie eintretende Teil, wächst stetig. Damit kommt das Wirtschaftswachstum von ganz alleine, man muss nur die richtigen Weichen stellen. Das gilt auch für einen stets wachsenden Input von natürlichen Ressourcen wie Boden, Biomasse, Wasser und Öl, der das Wirtschaftswachstum weiter antreibt.

Länder, die aufholen, haben also viele Möglichkeiten, ihr Wachstum zu forcieren. Richtig betrachtet ist dies jedoch eher ein Ausdruck ihrer Armut. Wollen Länder aber ganz nach vorne, wie es Singapur, Taiwan und Südkorea bereits geschafft haben, müssen sie irgendwann einen hohen sozialen Ausgleich erreichen. Die Erfahrung zeigt, dass es reiche Länder ohne Ausgleich nicht gibt. Und dafür gibt es auch inhaltliche Begründungen. Das gilt ebenso für ein unvermeidliches Abfallen der Wachstumsrate. Sobald aufholende Länder die Spitze erreicht haben, treten sie nämlich in Konkurrenz mit anderen gut entwickelten Ländern um Spitzenpositionen. Wachstum ist dann im Wesentlichen nur noch über Innovationen möglich. Das bestimmt die relative Position eines Landes. Weil aber Innovationen teuer sind und Zeit brauchen, brechen spätestens dann die Wachstumsraten ein, wie es auch bei den Aufholprozessen von Deutschland und Japan nach dem Zweiten Weltkrieg gut zu beobachten gewesen ist.

Die Spitzenklasse spielt in einer anderen Liga. Für Aufholprozesse sind aufgeklärte Diktaturen vielleicht sogar die am meisten Erfolg versprechende Lösung, wie das Beispiel China zeigt. Wenn dagegen Innovationen die entscheidende Triebfeder für Wachstum werden, muss man kreativ sein und neue Lösungen im Sinne von Karl Popper in einem offenen Prozess ausprobieren. Das funktioniert am besten in Demokratien und offenen Gesellschaften. In diesem Stadium sind – ehrlich gerechnet – ein oder 2 Prozent Wachstum dann schon viel. Das gilt erst recht für den absoluten Zuwachs pro Kopf, der erheblich ist.

Bei den Wachstumsblockaden und den Problemen, die wir zurzeit haben, ist weniger an Beispiele wie China zu denken. Sie sind auch nicht in erster Linie dadurch verursacht, dass wir als Gesellschaft älter werden und dass wir zu wenige Kinder haben. Wie wir wissen, wächst bei uns in normalen Zeiten das Bruttoinlandsprodukt pro Kopf, und es gibt noch nicht einmal für jedes der ohnehin wenigen Kinder einen Ausbildungsplatz. Die Probleme sind primär dadurch begründet, dass wir insgesamt schlecht austarierte Verteilungsmuster haben, die uns nun im Zuge der Globalisierung aufgezwungen werden.

## Wer die Regeln setzt, hat die Macht

Ein Professor pflegte mit seinen Studenten zum Semesterauftakt essen zu gehen. »Jeder zahlt für sich!«, sagte er beim fröhlichen Kennenlernabend. Gegen Ende des Semesters traf man sich ein weiteres Mal. Diesmal sagte der Professor ganz nebenbei: »Wir legen zusammen, der Betrag wird durch die Zahl der Anwesenden geteilt.« Die Stimmung war noch ausgelassener als beim ersten Treffen. Mit der Rechnung kam aber die Ernüchterung, denn sie war doppelt so hoch wie die erste. Das funktionierte nach dem Prinzip: »Der Nachbar bestellt sich eine Suppe vorweg? Gute Idee – das mach ich auch. Die Rechnung wird doch geteilt. Heute soll's mal der gute Rotwein sein! Die Rechnung wird doch geteilt.« Der Professor genoss die geselligen Abende sehr, und den Lerneffekt schätzte er außerordentlich.

Es kommt auf die Spielregeln an. Warum ist es immer die Bank, die gewinnt? Weil sie die Spielregeln setzt. Oft ist den Spielern gar nicht bewusst, dass sie längst die Rahmenbedingungen des Spiels akzeptiert haben und damit auch, wer wahrscheinlich gewinnt. Diejenigen, die das Spielfeld abstecken und bestimmen, wann man über »Los« geht, sind in der Regel die Gewinner.

Das gilt insbesondere für die Art und Weise, wie die Globalisierung organisiert ist. Die Mechanismen, wie Geld verliehen wird, haben beispielsweise dazu geführt, dass die Zinszahlungen des Südens an den Norden bei etwa 180 Milliarden US-Dollar pro Jahr liegen und damit rund doppelt so hoch sind wie die Hilfe für Entwicklungszusammenarbeit aus dem Norden. Die realen Transfers verlaufen also in ausgeprägter Weise von Süden nach Norden. Eine globale Plünderung, die noch dazu völlig legal ist: Die Reaktion des Finanzsektors auf eine solche Vorhaltung besteht in dem Verweis auf die Wertschöpfungspotenziale, die angeblich aus den über Kredite ermöglichten Investitionen resultieren. Die Erfahrung in sich entwickelnden Ländern ist aber in der Regel eine andere: viel Geld auf privaten Konten, wenig Wertschöpfung und zunehmende Staatsverschuldung zulasten einer ohnehin bitterarmen Bevölkerung.

Politische, rechtliche, ökonomische und finanzielle Regelwerke durchsetzen zu können ist ein Machtinstrument erster Güte. Wirkungsmächtiger auf diesem Planeten ist nur noch die Fähigkeit, Bilder und Interpretationen in den Köpfen zu erzeugen.[90] Das ist die effektivste Stellschraube, weil mit Bildern Voraussetzungen dafür geschaffen werden, Institutionen und Regeln eines bestimmten Typs durchzusetzen, die als gerecht empfunden und nicht mehr hinterfragt werden. Genau hier wird viel Geld für intellektuelle Beratung und Marketing ausgegeben. Ziel ist es, systematisch falsche Bilder zu erzeugen, um die Gehirne der Menschen zu vernebeln. Das Bild, das im Kern die Machtposition des marktradikalen Modells sicherstellt, ist für Intellektuelle und Wirtschaftsfachleute das der höchsten Wachstumsintensität. Ein Mythos – schlichtweg falsch, aber für die Gewinner marktradikaler Prozesse höchst komfortabel.

# 5. Die drohende Insolvenz der Staaten

## Wert und Wertillusion

Im heutigen Weltfinanzsystem haben die verbrieften Geldansprüche einen Umfang, der 50-mal so groß ist wie das Zentralbankgeld. Und die Geldmenge wächst weiter. George Soros, einer der erfolgreichsten Spekulanten aller Zeiten und Kenner des Systems, spricht in diesem Zusammenhang von der »Super-Bubble«: eine Inflation von Ansprüchen ohne korrespondierende Deckung. Was geschieht, wenn eine größere Zahl von Spielern den Geldversprechen nicht mehr traut und sie hier und jetzt einlösen will? Wer besitzt dann die wirklichen Werte, und wer hat nur Zettel mit unerfüllbaren Zahlungsversprechen in der Hand?

Oder in einem Bild: Was passiert, wenn, wie bei der Reise nach Jerusalem, die Musik plötzlich aussetzt? Solange die Musik spielt und die Spieler um die Stuhlreihe laufen, ist alles gut. Spannend wird es, wenn sie plötzlich verstummt. Dann beginnt der Kampf um die freien Stühle. Wer keinen ergattert, scheidet aus. Dieses Spiel findet so ähnlich auch im Finanzbereich statt. Wenn es um viel Geld geht, ist es nicht immer lustig.

In der Finanzkrise 2008 und den Folgejahren durfte die Welt Erfahrungen mit diesem Spiel sammeln. Ins Rutschen kam das System am amerikanischen Häusermarkt, im Subprime-Sektor, das heißt im Bereich zweitklassiger Hypotheken. Es war üblich geworden, Hypotheken an Schuldner zu vergeben, die über nicht ausreichendes Einkommen verfügten. Das Spiel funktionierte, solange die Häuserpreise stiegen. Auf den höheren Marktwert wurden in Höhe des Zuwachses neue Kredite gewährt, damit konnte die Zinslast bezahlt, manchmal zusätzlich ein Urlaub finanziert werden. Der Extremfall dieses Typs waren sogenannte NINA-Kredite *(No Income, No Assets)* oder gar NINJA-Kredite *(No Income, No Jobs, No Assets)*[91]. Diese risikoreichen Hypotheken verkauften Banken weiter und banden sie in Wertpapiere *(Collateralized Debt Obligations)* ein. Daraus wiederum wurden verschiedene Tranchen geschnitten, die in den Handel gingen. Das geringste Risiko lag bei AAA-Ratings mit Erstzugriffsrecht auf Zins- und Tilgungszahlungen. Die rangniedrigsten Tranchen hatten dagegen kaum Rechte und alle Risiken. Sie wurden erst mit Rückzahlungen bedient, wenn alle anderen Tranchen voll versorgt waren. Dafür versprachen sie deutlich höhere Renditen.

Kredite wurden in großer Zahl gebündelt, zerlegt, neu gebündelt, wieder zerlegt und zu immer neuen Konstrukten zusammengeführt. Zum besseren Verständnis kann man hier auf den Unterschied zwischen Fleisch und Würsten verweisen. Was in Würste hineingeht, ist im Nachhinein schwer zu beurteilen. Der Verzehr wird zur Vertrauenssache. Und hier reden wir nicht über Würste aus Fleisch, sondern über mehrfaches Neumischen von Würsten aus zerhackten Würsten.

Mit Absurditäten wie NINJA-Krediten war die Kreativität im Finanzsektor aber noch nicht erschöpft. Die *Collateralized Debt Obligations* wurden immer wieder noch einmal umgepackt und weiterverkauft. So etwas wie Sicherheit brachten sogenannte *Credit Default Swaps*, eine Art Kreditversicherung, in den Prozess. Giganten des Finanzsektors, wie Lehmann Brothers[92], garantierten den Neuwert von *Collateralized Debt Obligations* gegen Gebühr. Das gab den Käufern Sicherheit und erlaubte ein »Triple A Rating«. Allerdings hing alles an der Zahlungsfähigkeit der garantierenden Bank. Solange die Ausfälle überschaubar waren, funktionierte das System. Und bei Konkursreife von Banken würde es weiter funktionieren, wenn andere Partner oder der Staat einspringen. Aber was, wenn das nicht geschieht? Die Sicherheit war nur eine für gute

Zeiten. Oder anders ausgedrückt: Die Versicherung war nur sicher, solange wenige Schadensfälle auftraten beziehungsweise sie gar nicht gebraucht wurde.

Keiner wollte das Spiel verpassen. Die Anzahl der Spieler wurde immer größer. Eine wilde Jagd nach dem Geld. Der Markt lief heiß. An einem bestimmten Punkt ging das Vertrauen in die Finanzprodukte in den freien Fall über.

Dabei war das Subprime-Hypothekengeschäft nur Teil eines noch größeren Ganzen. Es ging um vielleicht ein Prozent der über *Credit Default Swaps* abgesicherten Papiere. Die Erosion begann also zunächst lokal, und zwar in den USA. Sobald klar wurde, dass selbst für dieses kleine Segment die Kreditausfallversicherungen teilweise nicht hielten, griffen die Probleme von Wohnimmobilien auf Kreditkartenbelastung, Autokredite und Gewerbeimmobilien über.

Als die Krise Ende 2008 ausbrach, versanken die Finanzmärkte im Chaos. Der Vertrauensverlust, der am amerikanischen Hypothekenmarkt begonnen hatte, setzte sich kaskadenartig fort. Sicherheiten verloren immer schneller an Wert, Bilanzaktiva schmolzen zusammen, Verbriefungen waren kaum mehr möglich. Das gesamte Kreditsystem stand vor dem GAU – das Finanzmarktäquivalent vor einer Kernschmelze. Die Musik hatte aufgehört zu spielen. Man stürzte sich auf die freien Stühle. Viele Spieler gingen leer aus.

Erschwerend kam hinzu, dass diese Reise nach Jerusalem im Dunkeln stattfand. Durchblick hatte kaum jemand, was übrigens durchaus gewollt und Teil des Geschäftsmodells war. Kontrollen oder hohe Transparenz hätten die »Bonanza-Veranstaltung« nur gefährdet und gezeigt, dass viele Kreditausfallversicherungen mehr »Schöne-Welt-Veranstaltungen« als Versicherungen waren. Das hätte die Wachstumsraten vor allem der USA und Großbritanniens bedroht und ebenso die Boni des Spitzenpersonals an den Weltfinanzmärkten. Die Boni waren – und sind – nicht nur unangemessen hoch, viele wurden und werden außerdem zu gering besteuert. Oftmals befördern sie eine Unternehmenspolitik, die auf kurzfristigen Erfolg in Form hoher Renditen ausgerichtet ist – die übelste Form eines vermeintlichen Shareholder-Value.

Gegen die marktfundamentalistische Propaganda und die Interessen starker Akteure im angelsächsischen Raum gelang es der Politik nicht, das Spiel transparenter zu gestalten, obwohl es zunehmend Versuche gab. Das zeigte sich 2008 beim G-8-Gipfel in Heiligendamm, als die USA und Großbritannien jede schärfere Regulierung der Finanzmärkte, und insbesondere der Hedgefonds, kategorisch ablehnten. Das Ausmaß der ungesicherten Positionen war so erst nach dem Zusammenbruch des Systems zu erkennen, als sich nämlich große Finanzdienstleister und Versicherer rasant der Insolvenz näherten und deshalb die Staaten um Hilfe bitten mussten. Letztere verlangten zunächst die Offenlegung aller Verpflichtungen. Als die Daten über die vielfach verschachtelten Prozesse auf dem Tisch lagen, wurde deutlich, dass für erhebliche Kreditvolumina, die zwischen Banken gewährt und in Handelsgeschäften investiert worden waren, nur wenige große Akteure im System Kreditausfallversicherungen für etwa 60 000 Milliarden US-Dollar garantiert hatten – das entspricht der Weltjahreswirtschaftsleistung, eine schier unglaubliche, beinah unvorstellbar große Summe.

Diese Versicherungen waren die Basis vieler exzellenter Ratings und damit die Qualitätsbasis für einen Großteil der Käufer von Wertpapieren, die im Verlauf der Krise als »toxisch« bezeichnet werden sollten. Denn niemand wusste, was in den jeweiligen komplexen Finanzmarktprodukten wirklich drin war. »Sicherheit« gewinnen konnte man nur wegen der *Credit Default Swaps,* der vermeintlichen Versicherung. Für den Ernstfall war allerdings nur etwa ein Prozent der versicherten Summe als Gebühr hinterlegt – eher die Farce einer Versicherung. Dabei wurden jährlich im Schnitt etwa 2 Prozent der abgesicherten Summe kassiert – eine Traummarge, etwa 1200 Milliarden US-Dollar pro Jahr für die Erzeugung einer Illusion. Boni von 20 Prozent auf diese geschätzten

Einnahmen ergeben 240 Milliarden US-Dollar pro Jahr, umgelegt auf 24 000 Führungskräfte der Branche macht das im Schnitt 10 Millionen US-Dollar pro Person und Jahr – Bonanza.

Dass man hier nicht kampflos das Feld räumt, ist nachvollziehbar. Deshalb wird nach dem vorläufigen Ende der Krise mit allen Methoden versucht werden, das Spiel weiterzuspielen und zugleich die Intransparenz zu erhalten. Eine Veränderung der Strukturen ist schwer, auch auf G-20-Ebene – Kanzlerin Merkel sprach in diesem Zusammenhang einmal von »Erpressungen«. Und aus dem Europäischen Parlament kam ein Hilferuf, dass es extrem schwer falle, wissenschaftliche Experten zum Thema zu finden, die nicht vom Finanzsektor finanziert würden. Nichts ist politisch schwieriger als eine zukunftsfähige Regulierung dieses Teils der Ökonomie – und nichts ist wichtiger.

Für das Verständnis der Entstehung der Finanzkrise und ihres Ablaufs ist es wichtig zu sehen, dass es wegen der von den Akteuren der Weltfinanzseite gewollten und durchgesetzten Intransparenz der Märkte der Krise bedurfte, damit relevante Informationen überhaupt verfügbar wurden. Und die Krise entwickelte sich erst, als Zweifel an der Fähigkeit starker Akteure wie Lehmann Brothers wuchsen und sich bestätigten, im Bedarfsfall bei Kreditausfallversicherungen nachschießen zu können. Erst infolge dieser Zweifel und daraus resultierender Abwärtsspiralen in den Märkten wurden die Probleme hinter den Problemen sichtbar. Fachleute hatten allerdings schon vorher gewarnt, immer wieder auch das FAW/n in Ulm.[93]

## Der Staat als Feuerwehr

Es brannte lichterloh, also musste gelöscht werden. Die Weltfinanzmärkte sind systemkritisch. Ein Kollaps hätte die Realökonomie mit in den Abgrund gerissen. Nur die Staaten konnten die Situation retten. Um eine gigantische Konkurswelle im Bereich von Banken und Versicherungen zu verhindern, sagten die Regierungen Tausende Milliarden Dollar oder Euro an Steuergeldern zu, primär in Form von Ausfallbürgschaften, teils auch als Eigenkapitalstärkung. Durch Übernahme von (toxischen) Papieren, für die es zum Zeitpunkt der Krise keinen werthaltigen Markt mehr gab, konnte der Kollaps des Weltfinanzsystems gerade noch rechtzeitig abgewendet und damit Ärgeres verhindert werden.

Die Frage ist allerdings, was kommt danach? Hochverschuldete Staaten mussten sich für die Rettungsaktionen ein weiteres Mal verschulden. Und zwar auch bei denen, die das Problem erzeugt hatten und die nun an der Rettung ein weiteres Mal gut verdienten. Eine selbstlaufende Mechanik der dauernd zunehmenden Verschuldung hatte sich entwickelt und erfuhr eine weitere Beschleunigung. Wird dieser Prozess nicht gestoppt, müssten die USA in weniger als 20 Jahren ihre gesamten Staatseinnahmen aufwenden, um Zinsen auf Staatsschulden zu begleichen – in der Sache unmöglich. Schon bedeutend früher muss etwas geschehen. Die Staatsverschuldung in Europa verläuft nach demselben Muster, nicht ganz so dramatisch, ist aber dennoch viel zu hoch. Es droht eine weitaus größere Finanzkrise, nämlich die Insolvenz der Staaten.

Interessant ist, dass Kreise, die lange Jahre massiv gegen weitere Staatsschulden argumentiert hatten, nun dafür sind, weil sie davon ebenso massiv profitieren. Als der Staat auch nur Prozentbeträge der jetzigen Summen aufnehmen wollte, um Bildung zu fördern oder die Situation in Kindergärten zu verbessern, hatte es heftige Proteste gegeben. Nun, da die Vertreter des Finanzsystems selber die Profiteure der weiteren Verschuldung sind, konnten die neuen Schulden gar nicht hoch genug sein.

Auf der anderen Seite gibt es viele schuldlose Verlierer in diesem ganzen Prozess. Die meisten davon kommen aus dem Bereich des kleinen Mittelstandes und der sozial Schwachen, darunter Arbeitnehmer, die nun kurzarbeiten müssen oder ihre Arbeit ganz verloren haben. Für sie gibt es keinen staatlichen Rettungsschirm. Den gibt es nur für diejenigen, die jahrelang das große Rad gedreht haben. Verläuft der Prozess weiter wie angelegt, wird es an vielen Stellen tiefe Einschnitte zulasten der Allgemeinheit geben: Kürzungen bei Schulen, im Gesundheitssystem, bei der Altersvorsorge, der Infrastruktur. Grausame Kürzungen überall dort, wo es den Bürger trifft. Die jetzigen Profiteure müssen diese Einschnitte nicht einmal fordern, weil sie in der Mechanik des Systems bereits angelegt sind und gleichsam automatisch kommen. Die Reise nach Jerusalem nimmt noch einmal richtig Fahrt auf und geht in die nächste Runde. Die Boni mancher Spitzenmanager nähern sich längst wieder dem Niveau, das sie vor der Finanzkrise hatten – kein gutes Zeichen.

Wo und wie wird das alles enden? Haben die G 20 die Kraft, dem Weltfinanzsystem eine neue, stabile Architektur zu geben? Kann es gelingen, die Staaten vor dem Erstickungstod durch Überschuldung zu bewahren? Umgekehrt: Wie können sie auf eine solide Finanzierungsbasis gestellt werden, damit sie ihre Aufgaben weiter erfüllen können? Ist es möglich, dass sich die Krise in eine Chance verwandelt?

## Geld, Kredit, Bankenwesen

Die Väter der Banken waren die Goldschmiede.[94] Ihr Brot verdienten sie mit dem Anfertigen von Schmuck. Dazu kam ein kleiner Nebenerwerb. Weil Goldschmiede über gute Tresore verfügten, boten sie reichen Herrschaften einen sicheren Ort an, wo diese ihr Geld deponieren konnten. Irgendwann kamen die Goldschmiede auf die Idee, einen Teil des deponierten Geldes gegen Zinsen zu verleihen. Sie hatten nämlich die Erfahrung gemacht, dass niemals alle Eigentümer auf einmal ihr Geld zurückverlangten. Es reichte, wenn sie einen Teil des Geldes als Reserve vorhielten. Den Rest ließen sie für sich arbeiten. Vereinfacht gesprochen war dies die Geburtsstunde des Bankenwesens.

Heute ist die moderne Ökonomie ohne ein leistungsfähiges Banken- und Geldsystem nicht mehr denkbar. Geld übernimmt dabei viele Funktionen. Als Messsystem definiert es Preise, über die Millionen Waren und Dienstleistungen miteinander vergleichbar werden – es fungiert als Tauschmittel. Geld ist aber auch ein Wertspeicher (als Bargeld, Sparbuch, Portfolio), zum Teil über große Zeiträume hinweg.

Wer Geld herausgeben kann oder darf, hat große Macht. Das war schon immer so. Dem Herausgeber obliegt es, den Wert des Geldes zu garantieren. Damit verbunden ist aber auch immer die Möglichkeit, sich selber zu begünstigen. In früheren Zeiten diente der Metallwert des Geldes als eine Art Gegenwert für das, was man gegen Geld eintauschte. In der Goldwährung hat sich dieses Prinzip lange erhalten.

Heute geht es vielfach um gigantische Summen, die schnell und sicher transferiert werden sollen. Neben das Bargeld (Münzen, Banknoten) ist deshalb das Buch- oder Giralgeld getreten. Letzten Endes handelt es sich dabei nur noch um Positionen in Datenbanken. Es ist das Geld der modernen Welt, zu dem Bargeld im Vergleich nur noch einen Bruchteil der gesamten Geldmenge ausmacht.

Wie viel Geld im Umlauf ist, ist eine entscheidende Frage, die der Staat beziehungsweise die Notenbanken beantworten müssen. Zu viel Geld könnte zu Inflation führen, zu wenig die Wirtschaft und das Wachstum behindern. Ziel der Politik ist es, die Inflation gering zu halten. Konflikte können dabei im Verhältnis zu anderen Zielen auftreten, wenn es zum Beispiel darum geht, die Wirtschaft anzukurbeln oder Unternehmen mit Geld zu versorgen.

Woher kommt das Geld eigentlich? Seine Entstehung, gleichsam aus dem Nichts, hat etwas von einem Mysterium. Bei näherem Hinsehen lüftet sich das Geheimnis. Geld entsteht im modernen

Finanzsystem im Wesentlichen bei der Kreditvergabe durch Banken, auch von Banken untereinander. Die Geldmenge wächst mit jedem neu gewährten Kredit, sie sinkt mit jedem zurückgezahlten, übrigens auch mit jedem notleidenden Kredit, der in letzter Konsequenz abgeschrieben werden muss.

Eine große Verantwortung des Bankensektors liegt in der Qualität bei der Gewährung von Krediten. Die Kreditvergabe folgt gewissen Regeln, zum Beispiel denen der Internationalen Bank für Zahlungsausgleich, früher Basel I, jetzt Basel II, zukünftig Basel III. Dabei geht es unter anderem um die Bonität des Schuldners. Bei guter Bonität muss die Bank nur wenig Eigenkapital für den gewährten Kredit hinterlegen. Die Zinsen sind entsprechend gering. Zugleich kann die Bank bei festem Eigenkapital mehr Kredite vergeben und so die Geldmenge ausweiten. Im Resultat hat sich die Geldmenge über die vergangenen Jahre und Jahrzehnte ständig vergrößert. Das gilt auch für den Umfang an Finanztransaktionen, der heute pro Jahr fast um den Faktor 100 über dem Welthandelsvolumens liegt. Diese weltweite Politik des leichten Geldes hat zwar das Wachstum stimuliert, aber sie führte auch geradewegs in die jüngste Finanzkrise.

## Die Krise von 1929

Geld muss fließen, sonst funktioniert die Wirtschaft nicht. Wie das Herz einen Körper mit Blut versorgt, so pumpt das Finanzsystem Geld in die Wirtschaft. Will man in Zukunft einen Schlaganfall des Geldsystems verhindern, reicht es allerdings nicht aus, das Blut einfach zu verdünnen, das heißt, mehr Geld zu schöpfen.

Bargeld macht, wie bereits erwähnt, nur einen Bruchteil des in Umlauf befindlichen Geldes aus. Der weit überwiegende Teil ist Buchgeld. Von Dirk Solte[95] stammt die weitere begriffliche Aufteilung des Buchgeldes in Zentralbankgeld und Schwellgeld (*leverage money*, Hebelgeld). Im Währungsgebiet Euroland ist allein die Europäische Zentralbank berechtigt, Zentralbankgeld, als einziges gesetzliches Zahlungsmittel, auszugeben. In den USA übernimmt die Federal Reserve Bank diese Aufgabe. Die Zentralbank verlangt für Kredite, die sie den Geschäftsbanken zur Nutzung überlässt, Zinsen, genauer: einen Leitzinssatz. Wenn die Wachstumsraten der Realwirtschaft in den Keller gehen, versuchen die Zentralbanken in der Regel durch eine »Politik des billigen Geldes« zu helfen. Der Leitzins fällt. Aus Sicht der Geschäftsbanken ist der Kredit, der ihr gewährt wurde, ein Geldversprechen, das nach einer verabredeten Laufzeit plus Zinsen an die Zentralbank zurückzuzahlen ist.

Wenn die Geschäftsbank einen Kredit an ihre Kunden vergibt, entsteht ein vergleichbares Verhältnis: Sie erhält ein Geldversprechen des Kunden. Die Bank nimmt diesen Anspruch in ihre Bücher. Es entsteht also zweimal Geld: im Verhältnis des Kunden gegenüber seiner Geschäftsbank sowie im Verhältnis der Geschäfts- zur Zentralbank. Mit dem Kredit kommt beim Kunden jedoch kein Zentralbankgeld auf sein Konto, sondern nur ein vertraglich abgesichertes (Geld-)Versprechen auf einen (gegebenenfalls in Zentralbankgeld) zu zahlenden Betrag, genannt Schwellgeld. Weil es als gesetzliches Zahlungsmittel festgeschrieben ist, verfügt Zentralbankgeld über eine »nationale« Werthaltigkeit. So ist ein Gläubiger bei Geldschulden, sofern im Vertrag nicht anders verabredet, gesetzlich verpflichtet, Zentralbankgeld – das alleinige gesetzliche Zahlungsmittel – von einem Schuldner anzunehmen, um damit dessen Schuld bei sich zu tilgen. Dies ist bei Schwellgeld, das auf dem Konto einer Geschäftsbank liegt, nicht der Fall, auch wenn an dieser Stelle in normalen Zeiten kein Problem auftritt – auch dann nicht, wenn Schwellgeld, das bei einer Bank erzeugt wurde, von anderen Banken akzeptiert wird.

Durch die Ausweitung von Kreditgeschäften erhöht sich in einem Währungsgebiet die umlaufende Geldmenge. Das Schwellgeld macht ein Vielfaches des Nominalwertes des umlaufenden Zentralbankgeldes aus, was per se kein Problem darstellt, wenn es mit ausreichenden materiellen Sicherheiten, zum Beispiel Immobilien oder Land, hinterlegt ist. Im Weltfinanzsystem übersteigt der Umfang des Schwellgelds den des Zentralbankgeldes mittlerweile um den Faktor 50. Und wie die Krise zeigte, hatten hinterlegte Sicherheiten oftmals nicht den Wert, der suggeriert wurde. Sicherheiten waren manchmal nur Halluzinationen, die dazu dienten, den Schwellgeldumfang weiter auszudehnen. Die Erzeuger der Halluzinationen wurden dabei superreich, andere, vor allem die Staaten, mussten zum Schluss den Schaden tragen.

Vor diesem Hintergrund lässt sich der Kollaps des Weltfinanzsystems 1929 besser verstehen. Zu dieser Zeit herrschte in den meisten der wirtschaftlich führenden Nationen – anders als heute – ein goldgedecktes Währungssystem. Dadurch war die Menge des Geldes, das die Zentralbank in Umlauf bringen konnte, limitiert, nämlich durch den verpflichtenden Umtauschsatz im Verhältnis zu Gold (ein Goldversprechen). Das Schwellgeld hingegen (die Summe der Geldversprechen) war nicht begrenzt wie zum Beispiel die Kontogutschrift, bei der die Bank verspricht, dem Kontoinhaber Zentralbankgeld zu geben, wann immer er es haben möchte.

Während die europäische Wirtschaft nach dem Ersten Weltkrieg am Boden lag, blühte die Ökonomie der USA: Die Produktion von Nahrungsmitteln wurde ausgedehnt, große Mengen davon gingen nach Europa. Um den wirtschaftlichen Aufschwung zu finanzieren, benötigte man Geld, und es wurde zunehmend attraktiv, auf Basis von Krediten in den Aufbau von Produktionskapazitäten zu investieren. Wachstum zeichnete sich ab.

Gleichzeitig wurde die Wirtschaft in Europa wiederaufgebaut, allerdings auf Pump. Mehr Geldversprechen samt Zinsen mussten bedient werden. Viele Investitionen – etwa der Erwerb von Wertpapieren – wurden in der Weise getätigt, dass die Rückzahlung der Kredite aus steigenden Aktienkursen beglichen werden sollte. Durch den hohen Export konnten viele amerikanische Firmen

Umsatz und Gewinn kräftig steigern. Davon profitierten auch die Aktienkurse. Eine Spekulationswelle setzte ein. Die kreditbasierten Investitionen am Aktienmarkt schraubten sich weiter in die Höhe. Die Kurse erklommen Höhen, die kaum mehr nachvollziehbar waren.

In Europa hatte sich eine vergleichbare Schwellgeldblase gebildet. Allerdings aus anderen Gründen. Während des Ersten Weltkrieges waren enorme Mengen Schwellgeld in Umlauf gebracht worden, um die Kriegsausgaben zu finanzieren. Der größte Teil der Kredite für Frankreich und England stammte aus den USA. Dort hatte man große Mengen an Kriegsmaschinerie gekauft, mit einem Zahlungsversprechen für die Zukunft. Diese Schwellgeldphase führte in England zu einer Abkoppelung vom Goldstandard und in Deutschland zur Hyperinflation.

Derweil wuchs der Schwellgeldfluss in den USA weiter an. Dort existierte noch die Golddeckung; so war die Menge an Zentralbankgeld begrenzt. Als dann die europäische Krise auf die USA übergriff und der Export lahmte, blieb das Wirtschaftswachstum aus. Wachstum aber war der Motor hinter den kreditbasierten Spekulationsgeschäften. Die Deals begannen zu platzen. Aktienbesitzer mussten ihre Papiere verkaufen. Der Markt kam ins Rutschen. Über Nacht verfielen die Preise. Panik brach aus. Bis die spekulative Aktienblase im Oktober 1929 platzte.

Frisches Zentralbankgeld konnte in den USA nicht geschöpft werden, denn es war ja an Gold gebunden. Der Geldfluss kam zum Erliegen, Preise fielen, Unternehmer mussten Mitarbeiter entlassen, die Kaufkraft implodierte. Eine Abwärtsspirale setzte ein und mündete in der Großen Depression. Das Herz des Finanzsystems stockte. Die Weltwirtschaft lag im Koma.

## Der lange Boom des leichten Geldes

Noch während des Zweiten Weltkrieges trafen sich die Finanzminister und Chefs der Notenbanken aus 44 Ländern im amerikanischen Bundesstaat New Hampshire. Der Tagungsort war ein imposantes Gebäude, das Mount Washington Hotel am Fuß des gleichnamigen Berges, umgeben von einem Wintersportgebiet. Das Abkommen von Bretton Woods besiegelte ein neues Weltfinanzsystem, zugeschnitten auf die Dominanz der USA. Im Zentrum stand folglich der US-Dollar, die Golddeckung galt weiter. Der Wert einer Unze Feingold wurde auf 35 Dollar festgelegt. Die übrigen Währungen standen zum Dollar in einem festen Wechselkurs. Diese Architektur verlieh dem Bretton-Woods-System eine hohe Stabilität. Es existierte über den langen Zeitraum von 1944 bis 1973, dem Jahr, als die US-Truppen aus dem Vietnamkrieg abgezogen wurden.

Dies war auch das Jahr, als die Amerikaner die Golddeckung einseitig aufkündigten, nämlich ihr Versprechen, Dollar jederzeit in Gold umzutauschen. Das kam einer massiven Enteignung aller Menschen, die Dollarnoten hielten, gleich, aber die USA hatten die Macht, ihr Vorhaben entschädigungslos durchzusetzen. Der Zeitpunkt war sicherlich kein Zufall. Durch den Vietnamkrieg war das Land hoch verschuldet, und die Golddeckung limitierte die Möglichkeit, Zentralbankgeld zu schöpfen. Der Übergang zu einem System, in dem das Zentralbankgeld seine physische Verankerung verlor und zum *fiat money* (Es werde Geld) wurde, durchbrach diese Begrenzung. Das gedeckte globale Geldsystem wurde zum ungedeckten. Die Werthaltigkeit des Geldes ruhte fortan deutlich mehr auf Vertrauen als vorher, auf »Treu und Glauben«, der Bereitschaft der Marktteilnehmer, Geld zu akzeptieren.

Zugleich war die Aufkündigung von Bretton Woods der Startschuss, die Menge an Zentralbankgeld weltweit zu erhöhen. Durch *deficit spending* wuchsen Staatsschulden in ungeahnte Höhen. Bei nachlassendem Wachstum sprang der Staat ein und setzte Anreize für weitere Investitionen. Seitdem wird die Geldmenge beständig vergrößert. Waffenverkäufe und Rüstungskredite machten die USA während des Zweiten Weltkriegs zum größten Gläubiger. Heute sind sie der größte Schuldner der Welt.

Spätestens seit dem Fall der Mauer und den Umwälzungen in Osteuropa und der früheren Sowjetunion erlebte die Weltökonomie einen langen Boom. Abgeschottete Teile der Welt öffneten sich. Nun gelang es, China, Russland, Indien und Brasilien in offene Märkte einzubinden. Eine beschleunigte Globalisierung setzte ein. Vor allem in Südostasien gab es preiswerte Arbeitskräfte en masse. Dies ebenso wie der forcierte Einsatz der Informations- und Kommunikationstechnik zusammen mit dem daraus resultierenden Druck auf Gewerkschaften und Arbeitnehmer, sich zu beschneiden, hatte zur Folge, dass trotz massiver Ausweitung der Geldmenge die Inflationsrate niedrig blieb.

Wenn man heute am Münchener Flughafen ein Armani-Hemd für 130 Euro kauft, dann hat es, meist aus Asien kommend, Europa mit einem Wert von vielleicht 5 Euro erreicht. In den 5 Euro sind die Kosten für die Baumwolle, deren Bearbeitung, das Zuschneiden des Stoffs und der Transport enthalten. Die restlichen 125 Euro sind zum großen Teil Marketing- und Vertriebskosten, die in der reichen Welt anfallen. Die Produktion kostet dagegen fast nichts. Viele Wertschöpfungsprozesse sind nach China gewandert und von dort aus weiter, zum Beispiel nach Vietnam oder Bangladesch, wo die Arbeitskräfte noch einmal billiger sind. Das wirkt antiinflationär, weil die Güter so preiswert sind. Deshalb können wir heute T-Shirts für 3 Euro und Laptops für 299 Euro kaufen.

Derselbe Effekt tritt durch die massenhafte Verwendung von Informations- und Kommunikationstechnik ein. So wird die Produktivität von Menschen dramatisch erhöht. Und das macht Prozesse pro Wertschöpfungseinheit preiswerter. Gleichzeitig ist diese Technik auch der entscheidende Hebel, um Arbeit nach Indien zu verlagern, insbesondere Backoffice-Arbeit oder Callcenter. In den entwickelten Ländern bleibt dann nur der Berater, das »Gesicht zum Kunden«, was teuer ist. Unterm Strich resultiert daraus eine massive Kostensenkung.

Moderne Informationstechnik machte weltumspannende Lösungen erst möglich. Ein gigantischer Kapitalbedarf rund um den Globus wartete darauf, befriedigt zu werden. China allein konnte über 20 Jahre zweistellige Wachstumsraten aufweisen. In dieser Zeit wuchs die Weltwirtschaft durchschnittlich um 3 bis 4 Prozent pro Jahr.

Insgesamt war dies eine ideale Situation, um die Rendite auf Eigenkapital zu steigern und die Geldmenge zu erweitern, als weiterer Baustein in einer bereits lange Jahre andauernden Politik des leichten Geldes. Für Akteure im Zentrum des Finanzsystems fand die Ausdehnung der Geldmenge zu besonders günstigen Konditionen statt. So entstand die Illusion beständiger, kurzfristig verfügbarer und kostengünstiger Liquidität, die für gehebelte, also besonders einträgliche Geschäfte genutzt wurde – auf Kredit.

Bis zum Fall der Mauer wurde der »Kapitalismus« als bessere Alternative zu Planwirtschaft und Kommunismus aufgebaut. Das Soziale hatte dabei eine wichtige Bedeutung zur Systemstabilisierung. Als das »feindliche« System mit einem Seufzer in sich zusammensank, entfiel diese Notwendigkeit der Legitimation. Jetzt war die Zeit zu »ernten«. Die Ereignisse von 1989 wurden in einen Sieg des freien Marktes umgedeutet. Dabei war es eher die soziale Marktwirtschaft gewesen, die gesiegt hatte, als der »Kapitalismus«. Eine ebenso massive wie unkritische Förderung des Freihandels erlaubte eine rigorose Stärkung des privaten Sektors, vor allem des Finanzsektors. Seitdem vagabundiert Geld unkontrolliert um den Globus, sucht nach immer höheren Renditen, setzt Regierungen unter Druck und entsteht fast aus dem Nichts.[96]

## Finanzmythen

Angeblich hatte die Freiheit nicht nur den Kommunismus besiegt, der freie Markt galt als das bessere System schlechthin, er würde alle globalen Herausforderungen meistern, die Armut überwinden helfen, den Frieden mit der Natur besiegeln, nachhaltige Entwicklung fördern und einen reichen Globus für alle Menschen hervorbringen.

Rückblickend wundert man sich, wie viele Menschen diese absurden Versprechen akzeptiert haben. Das reale Ergebnis war etwas ganz anderes: eine Umverteilung von unten nach oben, wenn man Einkommen und Vermögen nicht als absolute Größe, sondern, wie es der üblichen sozialen Einschätzung entspricht, als relative Größe sieht. Die Globalisierung förderte das Eindringen der Ökonomie in bis dahin unregulierte beziehungsweise öffentlich organisierte Räume. Daraus resultierten vermehrte Kinderarbeit, der massenhafte Transport von Gütern auch niedrigster Wertschöpfung rund um den Globus, in der Folge stieg der Verbrauch fossiler Energieträger, das natürliche Klimasystem wurde weiter aufgeheizt. Und es bestätigte sich einmal mehr, dass sich die schlimmsten Formen von Diebstahl und Betrug letztlich auf der legalen Seite bewegen: *The toughest crimes are legalized.*

Beispielsweise haben sehr große Fonds oft die Möglichkeit, den Kurs aktiv zu beeinflussen, unter Umständen gar zu »machen«. Interna werden genutzt, um Geschäfte unter Dach und Fach zu bringen – meist ungesetzlich, aber nicht nachzuweisen. Aus diesem Grund ist auch der Ausdruck »Kasinokapitalismus« beschönigend. Im Kasino geht es mit Blick auf die Wahrscheinlichkeiten korrekt zu. Im Weltfinanzsystem kann davon nicht die Rede sein. Wahrscheinlichkeiten ändern sich dauernd, Insider wissen viel mehr darüber als andere, weil sie selber Einfluss nehmen, häufig in verdeckter Weise.

Die »Plünderungsprozesse«, deren Zeugen wir geworden sind und weiter werden, basieren auf handlungsleitenden Ideen und

Vorstellungen, wie eine leistungsfähige Ökonomie gestaltet sein muss. Der zentrale Mythos ist der von der Freiheit der Märkte. Dabei ist der Begriff bereits eine Mogelpackung. Denn der freie Markt war nie frei, schon gar nicht in Eigentumsfragen, auf dieser Ebene ist er nämlich strikt durchreguliert. Nicht geregelt war und ist er nur hinsichtlich der ökologischen, sozialen und kulturellen Anliegen der meisten Menschen auf dem Globus. Die Freiheit, von der hier die Rede ist, ist die Freiheit der Starken, sich üblichen Transparenzanforderungen und der Pflicht zu Steuerzahlungen weitgehend entziehen zu können und andere völlig legal ausplündern zu dürfen. Etwas anderes ist die Freiheit aller Menschen, in einer vernünftig geordneten Welt zu leben. Für diese würde das Prinzip gelten: Freiheit findet ihre Grenzen in der Freiheit der anderen.

Nach dem Fall der Mauer setzte sich die Deregulierung fort, insbesondere im Wettbewerb der Staaten untereinander. Das Geld gewann einen immer stärkeren elektronischen Charakter, die Verarbeitungsprozesse wurden mehr und mehr durch Computer bestimmt. Indem man das Geld um den Globus trieb, konnte man sich weitgehend den Gesetzen auf nationaler Ebene entziehen. Es ist diese unterschiedliche Regulierungsintensität in verschiedenen Bereichen, die starken Akteuren die Möglichkeit bot, sich in selektiver Nutzung der Möglichkeiten weitgehend frei von Rücksichtnahmen gegenüber anderen sowie der Natur und zulasten kleiner und mittlerer Unternehmen sowie von Niedriglohnarbeitern und *working poor* entfalten zu dürfen. Sozialer Ausgleich und Umweltschutz hatten nur geringe Bedeutung. Ein wichtiges Wertschöpfungselement in diesem Zusammenhang ist, Steuerzahlungen weitestgehend zu vermeiden. So ließ sich die Rendite auf Eigenkapital im Finanzwesen noch einmal erheblich steigern und Druck aufbauen – Druck auf Steuersenkungen im eigenen Land, um die Konkurrenzfähigkeit der national operierenden Unternehmen mit Globalisierungsgewinnern zu sichern. Soweit das überhaupt noch möglich ist.

Ein weiterer Mythos ist die behauptete Neutralität des Finanzsektors. Danach bewegt sich das Geschehen in den Finanzmärkten außerhalb der Realökonomie, und in der Geldsphäre gehen die Prozesse angeblich plus/minus null auf – einer der merkwürdigen Gründe, warum in diesem Segment keine Steuern zu zahlen wären. Spätestens seit der Finanzkrise wissen wir, dass diese Sicht völlig an der Realität vorbeigeht. Tatsächlich hat das Finanzsystem mittlerweile ein solches Gewicht erlangt, dass die Realökonomie fast zu ihrem Anhängsel geworden ist. Erhebliche Gewinne der Volkswirtschaften wanderten in den Finanzsektor und blieben, beispielsweise wenn sie über eine Steueroase abgewickelt wurden, häufig unversteuert, was massive Rückwirkungen auf die Realökonomie und die Verschuldung der Staaten hatte.

Wie eine Monstranz wurde und wird auch die absurde Idee einer vermeintlich kollektiven Intelligenz des Weltfinanzsystems von Vertretern der radikalen Freiheitsphilosophie der Märkte herumgetragen. Besonders beliebt in diesem Zusammenhang ist es, Gewinne zu privatisieren und Risiken zu sozialisieren – unter dem Banner des freien Marktes und seiner angeblich überlegenen Allokationsintelligenz. Das intellektuelle Konstrukt diente zugleich als Argumentationsbasis für die Forderung, dass dieser Bereich möglichst unreguliert und unbesteuert und damit nebenbei auch hochgradig intransparent bleiben sollte. Zugegeben, das Weltfinanzsystem ist ein Seismograf, aber allzu oft liefert er falsche Daten.

George Soros, selber einer der ganz Großen des Systems, hat beschrieben, woran es der behaupteten Intelligenz der Finanzmärkte fehlt. Die Schwachstelle liegt in der *Selbstreflexivität* aller sozialen Systeme, was bedeutet, dass jegliche Form von Erkenntnis auf das Verhalten der Menschen zurückwirkt: »Reflexivität lässt sich«, so Soros, »als ›kybernetische Feedback-Schleife‹ zwischen dem tatsächlichen Stand der Dinge und den Wahrnehmungen der Beteiligten interpretieren. Menschen treffen ihre Entscheidungen nicht aufgrund der tatsächlichen Situation, mit der sie konfrontiert sind, sondern aufgrund ihrer Sicht oder der Deutung dieser Situation.«[97]

Soros weist in diesem Zusammenhang auf ein eklatantes Versagen der Wirtschaftswissenschaften hin. Die Theorie der rationalen Erwartungen, wonach die Marktteilnehmer ihre Entscheidungen auf vollkommenes Wissen gründen, verstehe die Funktionsweise von Finanzmärkten ganz und gar falsch. Tatsächlich würden die Finanzmärkte von Unsicherheit und Unbestimmtheit geprägt. »Meiner Meinung nach«, sagt Soros, »ist das herrschende Paradigma falsch und muss dringend ersetzt werden.«[98] Die Selbstreflexivität des Verhaltens kann in kritischen Situationen in nahchaotische Zustände münden. Flip-Flop-Verhältnisse, wie wir sie an den Finanzmärkten kennen, sind so erklärbar. Sie treten insbesondere dann auf, wenn sich Angst und Renditegier die Balance halten und man nicht weiß, wohin die Kugel als Nächstes rollen wird *(tipping point situation).* Tatsächlich aber greifen die Wirtschaftswissenschaften in ihren Curricula unverantwortbare Gegebenheiten, die den zugrunde gelegten theoretischen Konstrukten und Annahmen klar widersprechen, wie beispielsweise Monopolstrukturen, Insiderkartelle, Korruption, Intransparenz, Steuerparadiese etc., einfach nicht auf beziehungsweise akzeptieren sie stillschweigend – mit fatalen Folgen hinsichtlich der theoretischen wie praktischen Orientierung der Studierenden und damit der künftigen Führungskräfte in der Wirtschaft.

Das Finanzsystem ist mittlerweile so agil, dass es Kontrakte über Millionen Dollar im Sekundentakt erlaubt. Schnelligkeit ist Trumpf. Der Wettkampf zwischen den Anbietern tendiert bereits zur Millisekunde. Ökonomisch hat das keinen Wert, außer dem, dass der Anbieter mit der besten Rechnerausstattung und den schnellsten Algorithmen eine höhere Rendite zulasten anderer erzielen kann – Hochgeschwindigkeit mit gravierenden Risiken für uns alle.

Diese äußerst fluiden Systeme brauchen Reibung, zum Beispiel durch Besteuerung. Wer jemals mit dem Auto auf Eis geraten ist, weiß, wie unangenehm es sein kann, die Kontrolle über das Fahrzeug zu verlieren, weil die Reibung zu gering ist. Reibung würde einer Struktur guttun, die mehrfach kapitale Fehler gemacht hat, von der New-Economy-Blase bis zur Subprime-Krise.

## Der Finanzkollaps der Staaten

In der Krise erleben wir die Implosion einer Ersatzreligion. Der Glaube an die Omnipotenz des Marktes sowie an seine Zuständigkeit für alles und jedes hat gelitten. Übrigens nicht bei den »Hohepriestern« dieser Religion, für die das Konstrukt ein Vehikel zur Selbstbereicherung war und bleibt.[99] Der oft gescholtene Staat wird als Folge der Krise endlich wieder zum zentralen Akteur. Als eine Art letzte Instanz sichert er Kredite ab, führt Eigenkapital zu, und in Deutschland wird er im Fall der Hypo Real Estate fast zu seinem eigenen Rückversicherer.

Aber um welchen Preis! Die Staatsschulden sind explodiert. Durch die mögliche Insolvenz der Staaten droht eine Finanzkrise II. Die Anzeichen dafür sind bereits überdeutlich. In Europa wird die Liste der gefährdeten Staaten immer länger: Griechenland, Portugal, Irland und die größeren Volkswirtschaften Spanien, Italien und Großbritannien. Zu der hohen Verschuldung kommen überdies Risikozuschläge, die die Länder akzeptieren müssen, wenn sie sich am Kapitalmarkt Geld leihen wollen. Die Tatsache, dass die Europäische Zentralbank – nach dem Vorbild der USA und Großbritanniens – beginnt, erweiterte Möglichkeiten der Gelderzeugung wahrzunehmen, ist eher ein weiterer Anlass zur Sorge: Die Folgen all dieser Aktivitäten können völlig außer Kontrolle geraten, möglicherweise schon in weniger als zehn Jahren.

Der weltweite Stand der Staatsverschuldung beträgt mehr als 40 000 Milliarden US-Dollar. Die öffentliche Hand benötigt also günstige Kredite, sprich: niedrige Zinsen. Für die Geschäftsbanken ist das nur interessant, wenn sie damit Zusatzgeschäfte machen können. Dazu werden riskante Kredite mit öffentlichen Krediten gepaart. Neue Kredite können aber nicht mit gespartem Geld bedient werden, weil die Sparquote dafür nicht ausreicht. Die Banken müssen deshalb neues Schwellgeld schöpfen, um die neuen Kredite bedienen zu können: Die Blase wächst weiter, obwohl sie schon gewaltig ist.

Im Haushalt der Bundesrepublik Deutschland macht der Zinsdienst heute bereits die zweitgrößte Position, gleich hinter »Arbeit und Soziales«, aus. Durch die Schuldenbremse ab dem Haushaltsjahr 2011, die Maastricht-Kriterien und die Vorschriften zur Haushaltspolitik sind dem Finanzminister enge Grenzen gesetzt, die es dem Staat erschweren, weiterhin mehr Geld auszugeben, als er hat. Wenn aber immer mehr Zinszahlungen zu leisten sind, wird im Haushalt immer weniger verfügbar sein, um die regulären Staatsaufgaben zu finanzieren.

## Hyperinflation, Währungsschnitt oder Vermögensabgabe

Gegen die verbreitete Befürchtung einer Hyperinflation infolge der überbordenden Staatsschulden stehen die bereits erwähnten inflationsdämpfenden Kräfte im globalen Wettbewerb: preiswerte Arbeitskräfte in den aufholenden Ländern sowie die enormen Möglichkeiten der Informations- und Kommunikationstechnik und die gewaltige Überkapazität im Produktionssektor weltweit.

Die digitale Revolution hat ja gerade erst begonnen. Es ist noch gar nicht so lange her, da nutzten Heerscharen von Angestellten ihre Kurbelmaschinen, später Taschenrechner, um Gebühren oder Steuern zu bestimmen. Fehler waren unvermeidlich und die Geschäftsmodelle eng begrenzt. Trotzdem, wer solch einen *white collar job* innehatte, gehörte zu den Besserverdienern und war froh, den *blue collar jobs* entgangen zu sein. Eine Vielzahl dieser informationsgestützten Aufgaben wird heute von und mit Rechnern erledigt: Textverarbeitung, Übersetzungen, Finanzdienstleistungen, Prozessplanung in der Automobilindustrie, Entwürfe im Maschinenbau. Während der Rechner rechnet und die Produktionsbänder zunehmend automatisch laufen, wirkt der Mensch immer stärker dort, wo er bisher nicht ersetzt werden kann: im Kontakt mit anderen Menschen. Die Stichworte lauten hier Motivation und Kreativität.

Aber auch diese Grenzen werden aufgeweicht. Solange sich im Informations- und Kommunikationsbereich das Preisleistungsverhältnis alle zwei Jahre um den Faktor 2 verbessert, ergeben sich immer »intelligentere«, breiter verfügbare technische Systeme für unterschiedliche Anwendungsbereiche und damit verbunden Anwendungen und Wertschöpfungspotenziale. Im häuslichen Umfeld beispielsweise werden Maschinen nicht nur spülen und waschen, sondern vielfältige Aufgaben im Betreuungsbereich übernehmen, insbesondere für ältere Menschen. Computer machen menschliche Arbeitskraft effektiver und damit preiswerter, vor allem im globalen Kontext. Berücksichtigt man zudem noch die weltweiten Überkapazitäten, spricht derzeit wenig dafür, dass wir uns in Richtung Hyperinflation oder Stagflation bewegen – und das ist gut so, denn Hyperinflationen können Gesellschaften zerreißen. Voraussetzung allerdings ist, dass die Notenbanken wachsam bleiben und bei Bedarf gegensteuern, zur Not auch – wie in der Krise – mit unkonventionellen Mitteln.

Sollte eine solide Finanzierung der Staaten nicht gelingen und sollten die Staaten sich nacheinander auf einen Finanzkollaps zubewegen, ist der Währungsschnitt als alternatives Szenario wahrscheinlicher. Beim Währungsschnitt einigen sich beispielsweise die Staaten auf eine Abwertung ihrer Schuldverschreibungen. Die USA könnten überlegen, sich von dem Problem der Auslandsdollar zu lösen, indem sie einen neuen Dollar auflegen. Gegen Inlandsdollar würde er im Verhältnis 1:1 getauscht, gegen Auslandsdollar aber nur 1:3. Wer in der Welt könnte sich ernsthaft dagegen wehren? Es wäre eine Situation analog zu der einseitigen Aufkündigung des in Bretton Woods vereinbarten Goldstandards des Dollar durch die USA, also eine gigantische Enteignung. Gegen die US-Armee würde niemand auf diesem Globus versuchen, Eigentumsrechte durchzusetzen. In jedem Fall würde viel mehr zerstört, als man durch Enteignung verlöre.

China, als der größte Gläubiger der Vereinigten Staaten, würde in dieser Situation vermutlich stillhalten und, um die eigene Entwicklung voranzutreiben, eine Abwertung der Auslandsschuld akzeptieren. Finanztechnisch sind viele Möglichkeiten denkbar.

Aber das alles kommt erst auf den Tisch, wenn es keine andere Lösung mehr gibt. Wenn die Situation untragbar wird, werden die großen Staaten der Welt ebenso konsequent alte Prinzipien über Bord werfen, wie sie es in der Finanzkrise schon einmal getan haben – weil anderes nicht mehr möglich war. Andererseits wird dieser Schritt auch viele indirekte Effekte haben, der auch auf US-amerikanische Firmen und Eigentümer, die teilweise gewaltige Besitztümer im Ausland haben, durchschlägt.

Als weiteres Szenario ist eine weltweite Vermögensabgabe denkbar. Wohl wissend, dass durch eine kollabierende staatliche Ordnung auch privater Besitz gefährdet ist, werden diejenigen, die etwas besitzen, und damit insbesondere die, denen die Staaten etwas schulden, Vermögen auf den Staat übertragen.

Praktisch könnte die Vermögensabgabe so aussehen, dass eine individuelle Bilanz aufgemacht wird. Soll und Haben, Verbindlichkeiten und Besitz, wozu beispielsweise auch Rentenansprüche zählen, werden gegeneinandergestellt. Fällt die Bilanz positiv aus, geht ein Teil des Vermögens, geschätzt vielleicht 10 bis 15 Prozent, an den Staat, um seine Entschuldung zu finanzieren. Denn das Problem ist ja nicht wie nach verlorenen Kriegen, dass alles kaputt ist. Das Problem ist auch nicht, dass wir bei zukünftigen Generationen verschuldet sind. Das Problem ist vielmehr, dass wir alle kollektiv, über unsere Staaten, bei sehr wenigen Akteuren hohe Schulden haben.

Um den gesellschaftlichen Frieden und die allgemeine Sicherheit zu erhalten, müssen beide Seiten sich einigen, vernünftigerweise werden sie das auch tun: einerseits der Staat, andererseits die Halter von privaten Vermögen, auch von sehr großen. Hinzu kommt: Viele der größten Vermögen sind ja nur deshalb entstanden, weil man sich im Zuge der Globalisierung der Entrichtung von Steuern entzogen hat. Nicht gezahlte Steuern wurden anschließend den unterfinanzierten Staaten geliehen. Und auf diese Volumina hat man dann auch noch Zinseszins kassiert.

Die wesentlichen Akteure, um die es hier geht, sind Staatsfonds und Verwalter großer Vermögen und Fonds sowie Investmentbanken. Deren Anlagestrategien erfolgen in großem Umfang »systemisch bedingt« gleichgeschaltet über die *custodians*, die Verwahrer der großen Finanzvermögensdepots[100], die exorbitante Gewinne versprochen, dazu große finanzielle Hebel angesetzt und Risiken in Kauf genommen haben.

Die größten Akteure der Welt sind: Alliance Bernstein, BlackRock (die mit Barclays Global Investors / Barclays PLC Fidelity Investments zusammengegangen sind), BNY Mellon, J. P. Morgan (mehrere Fonds), Capital Group Companies, Goldman Sachs, Legg Mason, Merrill Lynch / BoA, AXA Group, Northern Trust, State Street Global Advisors / State Street Corporation, The Vanguard Group, T. Rowe Price sowie ADIA (Vereinigte Arabische Emirate), GIC / Temasek (Singapur) und CIC (China). Hatten diese Institutionen 2007 noch zusammen circa 40 Billionen US-Dollar an Finanztiteln unter Verwahrung, so liegen Anfang 2010 allein bei den drei größten (BNY Mellon, JP Morgan und State Street) mehr als 50 Billionen US-Dollar. Die größte Handelsabwicklungsplattform DTCC verwaltet alleine fast 35 Billionen Finanztitel in ihrem *depository.*

Vermögen wie diese sind es insbesondere, die von der Vermögensabgabe betroffen wären. Noch müssen sie von der öffentlichen Seite weiter mit gewaltigen Zinszahlungen versorgt werden. Darin genau wurzelt ja die allgemeine Verarmung und die Zuspitzung der Lage. In diesem Zusammenhang ist auch bemerkenswert, dass es weltweit nur rund 4000 Milliarden US-Dollar Zentralbankgeld gibt, was noch einmal für die erwähnte Schwellgeldblase spricht.[101]

Die Strangulierung des Staates durch massive Zinsdienste würde wohl kein Geheimnis bleiben. Dagegen kann die politische Öffentlichkeit etwas tun, zum Beispiel demonstrieren. Die Lage könnte sogar revolutionären Charakter bekommen. Im Fall einer akuten Insolvenz der Staaten werden harte Schritte notwendig sein, bei außerordentlichem Druck sogar mit Zustimmung der Vermögenden. Die Situation würde erleichtert, wenn die wichtigen Staaten sich untereinander abstimmten, wie jetzt zum Beispiel auf G-20-Ebene, letztlich aber weltweit. Solange eine vernünftige Besteuerung globaler Prozesse nicht durchsetzbar ist, scheint bei Annäherung an die Insolvenz der Staatenwelt die Vermögensabgabe das sinnvollste Mittel, den globalen Finanzkollaps zu verhindern.

## Neue Regeln für den Finanzmarkt

Der dringend notwendige Abbau der Staatsverschuldung wird sicher nicht durch »noch mehr Hartz IV« erreicht werden können, also nicht primär durch weitere finanzielle Kürzungen bei den Schwachen und zunehmend auch beim Mittelstand. Die Lebensperspektive großer Teile der Bevölkerung aufs Spiel zu setzen ist in Demokratien politisch nicht durchzuhalten.

Der Schlüssel zur Lösung des Problems liegt vielmehr in einer adäquaten Besteuerung aller grenzüberschreitenden Wertschöpfungsprozesse und in der »Einhegung« der sogenannten Steuerparadiese. Nach Schätzungen entgehen den Staaten der Welt durch

Steuerparadiese jährliche Zahlungen in Höhe von etwa 500 Milliarden US-Dollar. Bei grenzüberschreitenden Steueroptimierungen handelt es sich noch einmal um dieselbe Größenordnung. Ein Gesamtvolumen von 700 bis 800 Milliarden US-Dollar, die verloren gehen, ist nicht unrealistisch. Es geht darum, Finanzbetrug zu verhindern und Eigentumsverhältnisse zu klären. Viel zu viel in der Weltökonomie geschieht heute *offshore* und *off sheet*, also nicht dokumentiert, fast im rechtsfreien Raum.

Doch manchmal gehen die Dinge auch sehr schnell. Vor allem dann, wenn der Druck wächst und die Staaten nicht mehr wissen, wie sie ihre Haushalte finanzieren können. Das hat sich bei den Aktionen der USA und der europäischen Regierungen gegen das Schweizer Bankengeheimnis oder gegen Liechtenstein gezeigt. Neben etlichen Steueroasen haben mittlerweile die Schweiz als einer der wichtigsten Finanzmärkte der Welt, Luxemburg und Österreich erklärt, dass sie künftig bei Steuerhinterziehung den betreffenden Ländern Amts- oder Rechtshilfe leisten werden. Ähnliche Zusagen liegen aus Singapur, Hongkong und Belgien vor. Was immer noch fehlt, ist eine deutlich weiter gehende Regulierung der britischen Kanalinseln.

Für eine Entwarnung ist es allerdings noch zu früh. Denn das Wichtigste steht meist im »Kleingedruckten«. Und hier sind noch viele Doppelbesteuerungsabkommen neu zu verhandeln. Was dabei herauskommt, bleibt abzuwarten. Immerhin ist mit dem mittlerweile unterzeichneten Doppelbesteuerungsabkommen zwischen Deutschland und der Schweiz ein erster Schritt in die erforderliche Richtung geschehen. Dies haben viele noch vor wenigen Jahren für undenkbar gehalten. Und ohne die Weltfinanzkrise, die Formierung der G 20, die harten Maßnahmen der USA gegen die Schweizer Großbank UBS und die Aktivitäten Deutschlands und anderer in Verbindung mit dem Aufkauf der sogenannten »Steuer-CDs« wäre all dies auch nicht gelungen.

Altbundeskanzler Helmut Schmidt hat ein Programm[102] mit

sechs Forderungen zur Überwindung der Krise auf den Finanzmärkten vorgelegt:

1. Alle privaten Finanzinstitute (inklusive Investmentbanken, Hypothekenbanken, Investment- und Pensionsfonds, Hedgefonds, Equity Trusts, Versicherungsgesellschaften etc.) und alle marktgängigen Finanzinstrumente werden derselben Banken- und Finanzaufsicht unterstellt.
2. Die Banken- und Finanzaufsicht legt für alle Branchen der privaten Finanzinstitute Eigenkapital-Minima fest.
3. Den Finanzinstituten wird jegliches Geschäft außerhalb der eigenen Bilanz (und der Gewinn-und-Verlust-Rechnung) verboten und unter Strafe gestellt.
4. Allen Finanzinstituten wird bei Strafe der Handel mit solchen Finanzderivaten und -zertifikaten verboten, die nicht an einer anerkannten Wertpapierbörse zugelassen und notiert sind.
5. Es wird allen Finanzinstituten bei Strafe verboten, per zukünftigem Termin Wertpapiere und Finanzinstrumente zu verkaufen, die sie zur Zeit des Verkaufs nicht zu eigen besitzen. Damit wird die Spekulation auf fallende Kurse *(short selling)* erschwert.
6. Finanzeinlagen und Finanzkredite zugunsten solcher Unternehmen und Personen, die rechtlich in Steuer- und Aufsichtsoasen registriert sind, werden bei Strafe verboten.

Vieles von dem Programm, bei dem Präzisierungen hinsichtlich der Punkte 5 und 6 hinzukommen müssen, wird mittlerweile auf G-20-Ebene diskutiert, wenn auch längst nicht umgesetzt. Immer wieder legen sich einzelne Regierungen quer, wenn es ernst wird. Die Macht der Finanzlobby ist exorbitant. Das Europäische Parlament hat jüngst einen Hilferuf ausgestoßen, dass es für Fragen der Regulierung des Weltfinanzsystems praktisch keine unabhängigen Expertisen aus dem NGO-Bereich und aus der Wissenschaft erhält, weil alle einschlägig ausgewiesenen Experten in erheblichem Umfang Finanzzuwendungen des internationalen Finanzsektors erhalten (zum Beispiel für Forschungsprojekte) beziehungsweise direkt als Berater dort arbeiten. Die Durchdringung der Universitäten mit einer entsprechenden Logik in den vergangenen Jahrzehnten, vor allem auch die der Wirtschaftswissenschaften, ist erschreckend. Wenn Professoren keine Drittmittel aus der Wirtschaft beibringen, wird sogar ihre (ohnehin meist magere) Grundfinanzierung gekürzt. Nicht nur die zusätzlichen Forschungsmittel und ihr Einsatz werden so zunehmend über finanzielle Förderungen von Wissenschaftlern aus der Wirtschaft gesteuert, sondern sogar die Grundfinanzierung, die einmal ein Gegengewicht, eine Basis für Unabhängigkeit hatte sein sollen.

## G 20 als Chance

In Pittsburgh versammelten sich im Krisenjahr 2009 die politischen Führer der Welt. Dort haben sie auch beschlossen, anstelle der G 8 zukünftig die G 20, als Zusammenschluss der 20 wichtigsten Industrie- und Schwellenländer, zur wesentlichen Koordinierungsinstanz aller weltweiten Fragen zu machen – natürlich in Abstimmung mit den Vereinten Nationen. Aufstrebende Volkswirtschaften wie China und Indien erhalten so mehr Einfluss auf die internationale Wirtschaftspolitik.

Ressourcenfragen, Klimafragen, weltsoziale Fragen, vor allem aber Fragen einer Regulierung des Weltfinanzsystems stellen sich heute ganz anders. In den G-20-Ländern sind zwei Drittel der Weltbevölkerung und 90 Prozent der Weltwirtschaftsleistung repräsentiert. Das ist eine starke Bewegung in Richtung *Weltdemokratie.*

Entscheidend ist zunächst das Ziel, eine deutlich bessere Regulierung des Weltfinanzsystems bis spätestens 2012 zu erreichen. Auf der Tagesordnung der G 20 befinden sich eine Reihe von Themen: Korrekturen bei Basel II (Obergrenze bei Kredithebeln),

Verbriefung (mehr Transparenz und höherer Selbstbehalt) und internationale Bilanzierungsrichtlinien (weniger Selbstverstärkung von Trends). Außerdem soll es um die Frage einer Besteuerung von Finanztransaktionen (Tobin-Abgabe) gehen – ein entscheidender Hebel zur Erhöhung der Transparenz im System –, um Veränderungen in der Honorierung von Führungskräften über Boni (zeitliche Streckung etc.) und um engere Vorgaben für Ratingagenturen wie schließlich darum, zurückliegende Länder, die unter der jetzigen Krise leiden, finanziell zu stärken. Parallel dazu soll ein tragfähiges Klimaregime (Kyoto II) diskutiert werden, das Mechanismen der Querfinanzierung für schwächere Staaten enthalten muss.

Wir sind in einer guten Ausgangsposition. Wissen, Können, methodische Voraussetzungen sowie finanzielle, humane und technische Ressourcen, dies alles ist vorhanden. Wir müssen nur erkennen, dass die aktuelle Situation die breite Kooperation der Staaten erfordert.

## Lösungsansätze

Seit 40 Jahren wächst die Schwellgeldblase und damit der Anteil der Wertschöpfung, der an wachsende Zinsen und Dividenden geknüpft ist. Schreibt man diesen Trend fort, wird sich bereits im Jahr 2030 eine Situation ergeben, in der die gesamte Wertschöpfung ausschließlich dafür genutzt werden muss, Zins und Rendite auf Kredit und Sachvermögen zu bedienen. Alle wirtschaftlichen Erträge werden Finanzkapital und Realvermögen zugutekommen – die Ökonomie als Dame ohne Unterleib. Das kann nicht funktionieren.

Um das Spiel für die Beteiligten zu einem positiven Ende zu bringen, muss die Politik das wirkliche Problem angehen. Als Ausweg erscheint einzig der ordoliberale Ansatz regulierter Märkte. Eine Einschätzung, auf die sich auch Präsident Barack Obama und der damalige britische Premierminister Gordon Brown bei ihrem ersten offiziellen Zusammentreffen 2009 verständigt hatten: »Wir glauben an freie Märkte, ... damit Unternehmen und Geschäfte gedeihen, aber ... es braucht auch ein ausreichendes Regulierungssystem, damit die Märkte nicht außer Kontrolle geraten.«[103] Man möchte hinzufügen, dass Letzteres insbesondere für Finanzmärkte gilt.

Weltweit müssen vor allem die Einnahmen der öffentlichen Hand (nach Zinsdienst) erhöht werden. In erster Linie geht es hierbei um eine adäquate Besteuerung der Finanzmärkte auf globaler Ebene als Teil eines größeren Zieles, nämlich der fairen Verteilung von Wertschöpfung und Wohlstand. So weit ist es aber noch lange nicht.

Der erste Schritt in die richtige Richtung wäre, mehr Reibung ins Weltfinanzsystem zu bringen. Besteuerung würde Informationen über Transaktionen und deren Umfänge liefern. Die wichtigste Steuer in diesem Zusammenhang wäre eine öffentlich bisher kaum diskutierte sogenannte *leverage money tax*. Sie zielt auf Kreditnehmer, die, weil sie ein besonders gutes Rating haben, große Kredite zu besonders günstigen Zinssätzen bekommen.

Heute sind wir in einer Situation, in der der Normalbürger für seinen Überziehungskredit 12 Prozent und mehr Zinsen zahlt. Der Mittelständler zahlt 8 Prozent. Der bestbewertete (geratete) Kreditnehmer zahlt 4 Prozent und weniger. Wenn nun derjenige, der besonders gut bedient wird, damit also von den bestehenden Systembedingungen profitiert, auf seine 4 Prozent einen geringen Umfang, zum Beispiel 0,5 Prozent, an Steuern aufbringen müsste, dann wäre das nicht nur fair, sondern brächte auch große Summen ein – ohne die nationalen Ökonomien zu belasten.

Nach den Berechnungen von Dirk Solte würde eine *leverage money tax* in der Höhe von durchschnittlich 5 Promille pro Jahr bereits mehr als 500 Milliarden US-Dollar Steuern weltweit zusätzlich einbringen. Unterstellt man weiterhin bei den weltweit größten

Vermögen, genauer: bei verwalteten *assets* von etwa 50 Billionen US-Dollar etwa 5 Prozent Rendite und würden darauf nur 20 Prozent mehr Steuern pro Jahr als bisher durchgesetzt, ergäben sich 500 Milliarden US-Dollar im Jahr als zusätzliche Steuereinnahmen für die Nationalstaaten.

Zusammengenommen geht es um einen Betrag von 2000 bis 3000 Milliarden US-Dollar an zusätzlichen Steuereinnahmen nur im Bereich von Finanzdienstleistungen und globalen Transaktionen. Und zwar dadurch, dass höchst attraktive weltweite Wertschöpfungsprozesse, die seit Jahren in exorbitantem Umfang von der Existenz nationaler und internationaler Strukturen profitieren, zu deren Finanzierung aber kaum etwas beitragen, sich endlich adäquat beteiligen. So wie es Mittelständler, Manager, Angestellte und Arbeiter in vernünftig geordneten Ländern immer schon tun – und aus gutem Grund auch tun müssen.

Die Größenordnung von 2000 bis 3000 Milliarden US-Dollar würde für Deutschland (6,1 Prozent Anteil am weltweiten Bruttoinlandsprodukt) einen Betrag von 125 bis 180 Milliarden US-Dollar jährlich bedeuten, ein Vielfaches der Neuverschuldung in normalen Jahren. Entsprechende Haushaltsdisziplin vorausgesetzt, könnten so Schulden tatsächlich abgebaut und anschließend Angehörige des Mittelstands entlastet werden. Auf diese Weise würden die Verhältnisse umgedreht. Die internationalen Akteure zahlen heute kaum Steuern, wohingegen der Mittelstand gequält und immer höher belastet wird, eine Schieflage, die es leicht macht, ihn hinter dem Banner Steuersenkung zu versammeln. Dabei würden davon nur die internationalen Akteure, nicht aber er selbst profitieren, im Gegenteil, er würde kompensatorisch sogar eher höher belastet werden.

Der Mittelstand sitzt mit den internationalen Akteuren *nicht* im selben Boot, und der Grund für unsere hohen Steuern sind *nicht* Hartz-IV-Empfänger und »Sozialschmarotzer« – dafür sind die Gesamtbeträge viel zu gering. Die wahren Plünderer agieren weltweit, unglaublich geschickt und mit jährlichen Boni ausgestattet, die bei einigen noch über dem Jahresumsatz eines durchschnittlichen mittelständischen Unternehmens liegen.

Die gegenwärtige Situation kann in absehbarer Zeit zum Finanzkollaps der Staaten führen, an dem niemand ein Interesse haben kann. Gleichzeitig hat in Demokratien die Mehrheit sehr wohl die Möglichkeit, politisch durchzusetzen, dass die Krise nicht allein auf ihrem Rücken ausgetragen wird. Eine Einigung der jetzigen »Gegenspieler« – aus sachlichen Erwägungen oder aus »einsichtsvollem Egoismus« – scheint gegenüber dem Risiko des Systemkollapses nicht nur der vernünftigste, sondern der einzige Weg, aus der Krise noch heil herauszukommen.

# 6. Aufklärung in Zeiten der Globalisierung

## Ökosozial statt marktradikal

Es waren einmal zwei Länder, getrennt durch einen reißenden Fluss. Beide Völker lebten jahrhundertelang nebeneinanderher. Keine Brücke, keine Fähre verband sie miteinander, und es gab nur wenig Austausch. Eines Tages hatte ein findiger Ingenieur die Idee zu einer großen Hängebrücke. Nach langem Hin und Her wurde sie schließlich gebaut. Zur Eröffnung gab es ein großes Fest, die Feierlichkeiten dauerten eine ganze Woche. Nun begann ein reger Verkehr zwischen den Völkern. Menschen wanderten mit Ideen und Waren aller Art hin und her, eine große Belebung setzte ein. Alles wurde schneller und intensiver, vieles auch besser. Die Mittel der modernen Medizin erreichten immer mehr Menschen, und die Bewohner beider Länder wetteiferten nun miteinander um die beste Arbeit, die besten Maschinen und die besten Waffen ... So oder ähnlich könnte eine Geschichte über die Globalisierung beginnen.

Moderne Transport- und Kommunikationsmittel sind wie Brücken. Plötzlich rücken Produktionsstandorte am anderen Ende der Welt ganz nah heran. In einer globalisierten Welt können wir mittels Informationstechnik viele ökonomische Prozesse über beliebig große Entfernungen hinweg sekundengenau koordinieren. Flugzeuge bringen über Nacht Güter von Singapur nach Hamburg; der Weitertransport in die Lüneburger Heide dauert oft länger und ist für hochwertige Güter mit niedrigem Gewicht wie Computerchips erheblich teurer als der Langstreckenflug. In allen möglichen Prozessen sind wir mittlerweile global eng vernetzt, mit tiefgreifenden Konsequenzen für den Charakter der Verhältnisse.

Auch weniger hochwertige Produkte wie Schuhe, Hemden oder Spielzeug gibt es in den Industrieländern mittlerweile für wenig Geld zu kaufen. Sie werden in China, in Vietnam oder in Afrika gefertigt. Manchmal von Kindern, die meist froh sind, dass sie überhaupt etwas verdienen. Das Geld wandert dann zu ihren Eltern oder auch zu modernen Sklavenhaltern, wir freuen uns hingegen, dass die Waren preiswert sind. Aber in der Folge gehen Arbeitsplätze bei uns verloren. Beinahe täglich erreichen uns mittlerweile neue Meldungen über Produktionsstätten, die ins Ausland verlagert werden. Freilich herrschen dort Arbeitsbedingungen, unter denen hier aus guten Gründen niemand einen Job annehmen würde. Kinder gehen nicht in die Schule, sondern in Fabriken. Ausbildung: Fehlanzeige. Die ärmeren Länder lehnen regelmäßig durchsetzbare internationale Bestimmungen in Sachen Kinderarbeit ab. Nicht etwa, weil sie etwas gegen den Schutz ihrer Kinder hätten, sondern weil Kinderarbeit für viele Familien oft die einzige Möglichkeit ist, überhaupt etwas Geld zu verdienen und satt zu werden. Das illustriert den heutigen Zustand der Welt und die Art und Weise, wie Märkte strukturiert sind.

Auch in den entwickelten Ländern zieht eine in falsche Bahnen geleitete Globalisierung gewaltige Zwänge und zum großen Teil nicht erwünschte Folgen nach sich. Ein Beispiel ist sozialer Rückbau, der eintritt, wenn für die verloren gegangenen Jobs nicht genügend werthaltige neue nachkommen, sondern allenfalls schlecht bezahlte Dienstleistungsjobs für immer mehr *working poor*. Weil dem öffentlichen Sektor, der immer mehr Zinsen auf Schulden zahlen muss, der Geldhahn bezüglich frei verfügbarer Mittel zugedreht wird, muss er Mitarbeiter entlassen, Aufgabenfelder vernachlässigen, Konditionen verschlechtern, outsourcen und Aufgaben in private Hände übergeben oder ganz ruhen lassen – unabhängig davon, wie wichtig sie eigentlich sind. Wenn der Staat globale Transaktionen nicht adäquat besteuern kann und wenn sozialer Ausgleich und Ausbildung für alle viel Geld kostet, wird es eng.

Der Staat besteuert den, der nicht weglaufen kann: den Angestellten, die Frau an der Supermarktkasse, kleine und mittelgroße Unternehmer, den Ingenieur mit dem Diplom oder die Häuslebauer.

Die geschicktesten globalen Akteure zahlen nichts und verhalten sich damit völlig legal. Sie verstehen es, ihre Wertschöpfungsprozesse so zu organisieren, dass sie Gewinne auf Offshore-Bankplätze wie die Cayman Islands auslagern, wo die Steuersätze besonders niedrig sind, kurz: eine Umqualifizierung von Gewinnen. Wenn einige Unternehmen diese Strategie erfolgreich umsetzen, gerät die Konkurrenz unter Druck und muss nachziehen. Aus Konsumentensicht positiv sind die häufig resultierenden niedrigeren Preise, negativ ist der Arbeitsplatzverlust. Das eine hängt dabei oft direkt mit dem anderen zusammen. Obendrein liefern sich europäische Staaten, zum Teil sogar innerhalb der EU, einen geradezu perversen Steuerwettbewerb. Die Schweiz und Liechtenstein profitieren schon immer von dieser Situation und verdienen gut. Natürlich versuchen die Finanzminister dagegenzuhalten, aber die anderen sind immer zwei Schritte voraus. Nichts erhöht so sehr den Gewinn, wie gar keine Steuern zahlen zu müssen. Deshalb lohnt es sich, auf diesem Feld in die besten Fachleute, Berater und Lobbyisten zu investieren.

Der Markt findet, so zumindest die Theorie, über alle Handlungen hinweg stets die besten Lösungen. Wenn der Markt aber völlig inakzeptable Zustände hervorbringt, wenn 80 Prozent der Menschen auf diesem Globus nur über 20 Prozent des Welteinkommens verfügen und wenn täglich 24 000 Menschen verhungern – was ist dann eigentlich falsch gelaufen?

Ökonomien bestehen eben nicht nur aus dem Wettbewerb, um die optimalen Lösungen zu finden und Dinge richtig zu tun, sondern auch aus Rahmenbedingungen, die sicherstellen, dass man die richtigen Dinge tut. Wettbewerb sorgt für Effizienz, Rahmenbedingungen dagegen bringen Effektivität, führen also dazu, dass bestimmte angestrebte Ziele erreicht werden. Auf diese Weise werden wichtige ethische und gesellschaftliche Anliegen einer Gesellschaft – soziale, ökologische und kulturelle – in die ökonomischen Prozesse inkorporiert. Angenommen, es gibt einen Konsens darüber, dass Tiere nicht über Tausende Kilometer hinweg transportiert werden sollen, dann muss das fest in den Regelwerken der Ökonomie verankert werden. Das kann über Verbote oder über Anreizmechanismen geschehen oder indem man die Kontroll- und Betreuungskosten für die Tiere entsprechend erhöht.

Vom Prinzip her sind die Rahmenbedingungen deshalb wichtiger als der Wettbewerb, denn hier geht es darum, die richtigen Dinge zu tun. Der Wettbewerb ist vom Prinzip her der einfachere Faktor, denn er wirkt unter allen Rahmenbedingungen und sorgt für gute Einsatz-Nutzen-Verhältnisse und damit für Effizienz. Aber was am Ende dabei herauskommt, wird im Wesentlichen durch die Regelwerke bestimmt. Das ist wie beim Sport. Der Wettbewerb sorgt für tolle Leistungen – in jeder Sportart. Aber ob Fußball, Kricket oder Thaiboxen dabei herauskommt, bestimmen alleine die Regeln, nicht der Wettbewerb. Bei falschen Rahmenbedingungen optimiert der Markt genauso effizient das Falsche wie unter richtigen Bedingungen das Richtige.

Wenn man vermeiden wollte, dass die globale Umwelt durch einen über alle Maßen expandierenden Welthandel weiter geschädigt wird, müsste man die Transporte verteuern und die Besteuerung der Prozesse angleichen. Der internationale Transportsektor, vor allem der Luft- und Seeverkehr, müsste dann endlich für die erzeugten Umweltschäden aufkommen, statt zu ihren Lasten subventioniert zu werden. Zumindest würde man im internationalen Verkehr ähnlich hohe Steuern auf Mineralölprodukte und eine ähnlich hohe Mehrwertsteuer erheben wie im Inland. Genau das ist heute nicht der Fall, denn der internationale Luft- und Seeverkehr ist von Steuern weitgehend frei, und die Zerstörung der Umwelt schlägt sich nur in Ausnahmefällen in den Preisen nieder. Selbst im Landverkehr sind die Preise noch zu niedrig. Deshalb rechnet es sich überraschend oft, Schweinehälften, Edel-Mineralwasser oder Joghurt über große Distanzen zu transportieren.

Im Welthandel existieren bislang auch keine Mechanismen für einen sozialen Ausgleich. Unter den gegebenen Umständen ist es selbst für Kinder oft besser, eine harte, manchmal sklavenartige Arbeit anzunehmen, als gar keine. In die Schule zu gehen ist in solchen Situationen ohnehin keine Option. Vernünftigerweise müsste man die Forderung nach der Abschaffung von Kinderarbeit daher mit einem Mechanismus der Kofinanzierung von Ausbildungsplätzen koppeln. Mittel für sozialen Ausgleich sollten dann fließen, wenn ärmere Länder bereit sind, Regelwerke und Standards, zum Beispiel Schulausbildung für Kinder in Verbindung mit einem Verbot der Kinderarbeit, tatsächlich umzusetzen. Das ist im Grunde nicht neu, und nach demselben Ansatz funktioniert jedes vernünftige Land, in dem dann sogar Schulpflicht besteht. Auch die Erweiterungsprozesse der Europäischen Union sind nach diesem Prinzip organisiert.

Im globalen Maßstab dagegen gilt die *Freihandelslogik*. Freihandel, so heißt es, sei die beste Lösung für alle Probleme dieser Welt, selbst für die Überwindung der Armut. Tatsächlich ist die Lage komplizierter. Viele Vertreter des Freihandels wissen das, aber sie wollen weiter ihre Profite einstreichen, und noch die absurdeste Begründung ist recht, um die ethische Korrektheit der von ihnen betriebenen »Plünderungsprozesse« plausibel zu machen. Tatsächlich wird viel Geld bezahlt, um eben diese Begründungen überall zu verbreiten und Gegenpositionen auszublenden.

Theoretisch gibt es nur drei Alternativen. Erstens: voneinander abgeschottete Ökonomien mit je eigenen Strukturen, was in Zeiten der Globalisierung de facto nicht mehr möglich ist, wenn man konkurrenzfähig bleiben will. Zweitens: ökonomische Prozesse, die nach dem genannten Freihandelsprinzip organisiert sind. Hier handelt es sich um das vorherrschende marktradikale Modell. Drittens: eine weltweite Ökosoziale Marktwirtschaft nach europäischer Logik mit den entsprechenden Rahmenbedingungen für die Märkte.

Marktradikale argumentieren, das zweite Modell sei besser als das erste. Der Preis für dieses Programm ist allerdings hoch, denn die soziale Spaltung wird dabei teilweise noch vertieft, zugleich werden die ökologischen Regelkreise des Planeten ruiniert. Und selbst wenn das zweite Modell besser als völlige Abschottung ist, wird es vom dritten Modell, der Ökosozialen Marktwirtschaft, übertroffen. Das ist aber eine Diskussion, die Marktradikale immer vermeiden.

Nur die Ökosoziale Marktwirtschaft schafft auf Dauer das höchstmögliche Wachstum *und* den größten Wohlstand. Und zwar durch Ausgleich, das heißt auch durch eine breite, von der Leistungsfähigkeit abhängige Besteuerung. Eine exzellente und breite Bildung für alle setzt erhebliche Finanzmittel und Querfinanzierung voraus. Nur eine in der Breite gut ausgebildete und motivierte Bevölkerung kann sich im globalen Wettbewerb in der ersten Liga behaupten. Die historische Erfahrung ist eindeutig: Wohlhabende und erfolgreiche Länder praktizieren sozialen Ausgleich, insgesamt arme Länder dagegen sind in der Regel tief gespalten. Dort gibt es dann wenige sehr Vermögende in ummauerten Residenzen, den *green zones* und *gated communities* der Megacitys, auf der anderen Seite fristen viele Elende in menschenunwürdigen Ghettos ihr Dasein.

Leistungsorientierung, sozialer Ausgleich und Umweltschutz sind die zentralen Elemente der Ökosozialen Marktwirtschaft. Anders formuliert: Leistung und Gegenleistung, Fairness und Gerechtigkeit, Solidarität und Subsidiarität und Frieden mit der Biosphäre. Diese Grundsätze sind gleichermaßen in der europäischen wie in vielen asiatischen Traditionen angelegt. Ein konkreter Schritt auf dem Weg zu einer globalen Ökosozialen Marktwirtschaft ist der in Kapitel 10 behandelte Global Marshall Plan – ein weltweites Entwicklungsprogramm und ein Weltvertrag nach dem Vorbild des historischen Marshallplans, mit dem die USA nach dem Zweiten Weltkrieg in Europa ein Wirtschaftswunder ermöglicht haben.

## Eine bessere Globalisierung ist möglich

Globalisierung wird besonders anschaulich in den Finanz- und Regierungsdistrikten der Global Cities[104] wie New York, London, Tokio, Paris, Bombay oder São Paulo, in denen die Banken, die großen Konzerne und die nationalen Regierungen ihren Sitz haben. Global Cities sind mächtige Netzwerkknoten[105], die *fat hubs* der Weltwirtschaft. Anders als das alte, alles verschlingende Rom gibt es Global Cities nur im Verbund. In den 1980er Jahren schwoll der Strom von Kapital und hochwertigen Dienstleistungen zwischen den Weltstädten gewaltig an. Damit war die Keimzelle eines neuen und globalen Städtesystems gelegt. Es ist eine Welt für sich.

Zu Beginn der 1990er Jahre begannen die lateinamerikanischen Staaten zu deregulieren. Sie öffneten ihre Märkte und boten ausländischen Investoren ihre Ölförderanlagen, Transportsysteme sowie große Teile der Infrastruktur zum Kauf an. Dadurch rückten São Paulo und Buenos Aires in die Weltliga der Global Cities auf. Heute gehören auch Shanghai und Beijing dazu, die sich sogar zum Ziel gesetzt haben, die US-amerikanischen Glitzermetropolen vom Thron zu stürzen. Die Global Cities bilden einen erlauchten Kreis von 30 bis 35 Mitgliedern. Es sind zentrale Knoten im Nervennetz der Globalisierung, die miteinander über Satelliten, transozeanische Kabel, Schifffahrtslinien und Flugzeugrouten verwoben sind. Hier fallen die wichtigen Entscheidungen, und hier sitzt die Macht.

Die Knoten im globalisierten Transportsystem sind die großen internationalen Drehkreuze im Flugverkehr und die Seehäfen, über die das Gros der weltweiten Stoffströme umgeschlagen wird. Riesige Containerfrachter drehen ihre Loops wie Verkehrsbusse ihre Runden. Die Schiffe fahren relativ leer nach Asien und kehren voll beladen nach Europa und in die USA zurück. Innerhalb des dominanten Dreiecks (EU, NAFTA-Staaten, Ostasien) werden drei Viertel des Welthandels abgewickelt.

Die Folgen der Erfindung des Seecontainers – eine simple, standardisierte Stahlkiste mit 20 Fuß Länge – sind im Zusammenspiel mit moderner Informations- und Kommunikationstechnik gar nicht zu überschätzen. Am 26. April 1956 stach die *Ideal X*, ein umgebauter ehemaliger Tanker, mit 58 Containern an Bord von Newark, New Jersey, aus in See. Der größte Frachter hat heute eine Tragekapazität von 14 000 Einheiten. Lange bevor ein Schiff einen Hafen anläuft, übermittelt es von See aus die entscheidenden Daten über Lage und Inhalt der Container an Bord. Später am Kai kann dann der Führer der Containerbrücke per Joystick in kürzester Zeit genau die richtigen Kisten aus dem Bauch des Schiffes fischen. Moderne Containerterminals sind geisterhafte Areale mit sogenannten *no-go-zones*, in denen rechnergesteuerte Carrier (Roboter) die Container rund um die Uhr bewegen und umstapeln. Vor wenigen Jahren noch brauchte man dafür Stricke, Kisten, Netze und viele Hafenarbeiter. Die Transportkosten im Seeverkehr tendieren heute gegen null, für eine Flasche Wein aus Australien oder ein Fernsehgerät aus China sind es nur noch ein paar Cent. Niemand wundert sich in Europa mehr über Äpfel aus Neuseeland.

Durch eine leistungsfähige Informations- und Kommunikationstechnik sind die Nervennetze und Transportsysteme des Superorganismus Menschheit bereits weit entwickelt. Unterdessen wird der Stress langsam unerträglich, denn mit seinen Stoffwechselprozessen stößt der Superorganismus an die Grenzen seines Biotops. Er verbraucht zu viele Ressourcen, und darunter sind auch sehr knappe, die nicht erneuert werden können. Zudem verursacht er jede Menge Umweltbelastungen, zum Beispiel Kohlendioxidemissionen. Die Perspektive für zukünftige Generationen ist nicht gut, und die Verhältnisse zwischen Arm und Reich sind zunehmend unerträglich. Spannungen nehmen zu, Hass und Terror eskalieren.

In den reichen Ländern verunsichert ein massiver sozialer Rückbau bei wachsendem Bruttosozialprodukt die Bevölkerung. Die Politik reagiert nur noch, statt zu agieren. Und das internationale Ordnungssystem ist nicht in der Lage, das offensichtlich Notwendige auch zu tun, selbst wenn es beschlossen sein sollte. Die Millenniumsentwicklungsziele der Vereinten Nationen für das Jahr 2015, die markante Entwicklungseckpunkte für den gesamten Globus beinhalten, sind ein schlagendes Beispiel. Wie so oft gibt es zielführende Beschlüsse, aber rechtlich unverbindlich, und kaum etwas passiert. Und wenn etwas passiert, wird es häufig zur Befriedigung anderer Interessen umfunktioniert.

Der Logik des dominierenden marktradikalen Modells folgend, wird der Druck auf Arbeitslose gegenwärtig permanent mit dem Hinweis erhöht, dass sie nicht wettbewerbsfähig seien. Dabei haben nicht sie sich verändert, sondern die Welt, in der sie leben. Sie sind in einem ökonomischen System aufgewachsen, haben sich dort orientiert und schließlich ihren Platz gefunden. Ihr Arbeitsplatz ging deswegen verloren, weil sich die Rahmenbedingungen so verändert haben, dass sie nicht mehr konkurrenzfähig waren. Die Frage ist: Wer hat mit welcher Intention die Rahmenbedingungen verändert? Und wäre ein anderer Weg möglich gewesen, beziehungsweise ist er immer noch möglich? Es ist schlimm genug, dass es schuldlose Verlierer gibt, schlimmer aber ist, wenn ihnen dann auch noch die Schuld zugeschoben wird.

Globalisierung ist kein Schicksal, denn sie folgt den von Menschen gemachten Regeln, zum Beispiel denen des WTO-Regimes. Im Ergebnis verläuft der Prozess der Globalisierung stark asymmetrisch. Von der globalen Wertschöpfung wird mehr weltweit verteilt, aber auch sehr viel mehr nach oben umverteilt, als das früher möglich war. Dadurch werden gerade auch die voll entwickelten Sozial- und Industriestaaten hart getroffen.

Eine in falsche Bahnen gelenkte Globalisierung hat die erwähnte Brasilianisierung zur Folge, die zunächst Arbeitnehmer und Arbeitslose, dann aber auch den Mittelstand in Mitleidenschaft zieht. Globalisierungsgestalter behaupten, dass die Regeln der Globalisierung auch von Menschen verändert werden können, da sie von ihnen gesetzt worden sind. Dabei sind aber viele Interessen und spieltheoretische Zwänge zu überwinden. Das ist eine Herkulesarbeit und durchaus kein Selbstläufer.

## Technik ist eine Chance

In den Wachstumszentren ihres Landes führen Millionen von Chinesen heute ein vergleichbares Leben wie Europäer oder Amerikaner. Sie fahren Autos, ihre Ernährung ist reichhaltiger und üppiger geworden, und sie verfügen über Computer und Handys. Auf ganz China bezogen stellen sie aber nur eine kleine Minderheit dar. Was wäre, wenn alle 1,3 Milliarden Chinesen den Lebensstandard eines heutigen US-Amerikaners erreichen würden?

Das chinesische Bruttoinlandsprodukt pro Kopf lag im Jahr 2008 bei 3300 US-Dollar, das amerikanische bei 46 900 US-Dollar. Während der vergangenen 25 Jahre ist die chinesische Wirtschaft jährlich um 9,5 Prozent gewachsen. Würde sie von nun an nur um 8 Prozent pro Jahr zulegen, verdoppelte sich das Bruttosozialprodukt alle neun Jahre. Dann würde der Chinese noch vor dem Jahr 2050 mit dem Amerikaner, wohlgemerkt von heute, gleichziehen.

Stellen wir uns einmal vor, wir befänden uns im Jahr 2050. Chinesen essen dann vermutlich deutlich mehr Fleisch und trinken deutlich mehr Bier als heute. Angenommen, Getreideverbrauch und Fleischkonsum verdreifachten sich. Dann würde China etwa zwei Drittel der Weltgetreideproduktion des Jahres 2004 benötigen und fast die gesamte Fleischproduktion.[106]

Wenn der chinesische Stahlkonsum, der mit rund 300 Millionen Tonnen jährlich bereits ein Drittel der globalen Nachfrage ausmacht, in einer Pro-Kopf-Betrachtung das US-amerikanische

Niveau erreichen würde, wäre er größer als derjenige der gesamten industrialisierten Welt heute. Und wenn der gegenwärtige jährliche Papierverbrauch eines Chinesen von 30 Kilogramm auf den durchschnittlichen amerikanischen Wert von heute rund 300 Kilogramm emporschnellen würde, benötigte China jährlich das Doppelte der gegenwärtigen Papier-Weltproduktion. Wenn China schließlich beim Ölverbrauch, pro Kopf gerechnet, mit dem der USA gleichziehen wollte, würde viel mehr als das gesamte jährlich weltweit verfügbare Öl nur für China benötigt. Mehr ist aber nicht vorhanden. Dass China den amerikanischen Traum lebt, ist nur ein Gedankenmodell und keine Option für die Zukunft. Aber worin besteht die Alternative?

Die Knappheiten bei der wichtigsten aller Ressourcen, dem Erdöl, sind offensichtlich. Auch die Kapazität der Ökosysteme, insbesondere der Atmosphäre, Kohlendioxid und andere Klimagase zu absorbieren, ist begrenzt. Das eine Thema hängt mit dem anderen zusammen. Die weltweite Nachfrage nach Öl steigt weiter, das Angebot wird allerdings nach dem Erreichen des Förderhöhepunkts *(peak oil)* deutlich zurückgehen, was unweigerlich erhebliche Preissteigerungen nach sich zieht, wenn die Welt energetisch nicht umsteigt. In den Industrienationen wird man dann, wenn auch in vermindertem Umfang, weiter Auto fahren. Das größte Problem haben die armen Länder sowie der ärmere Teil der Menschen in den reichen Ländern. Wie zu Zeiten des Ölpreisschocks Anfang der 1970er Jahre werden sie sich dann gar kein Öl mehr leisten können. Heftige politische Auseinandersetzungen dürften die Folge sein. Denn die Bewältigung von Ressourcenknappheiten nur über den Preis läuft immer einer sozialen Balance zuwider.

Der Krieg um Öl ist bereits Realität, während die Verteilungskämpfe um Stahl derzeit auf dem Markt ausgetragen werden. Auch Wasser ist zu einem kritischen Gut geworden. Wenn es um das Überleben geht, eskalieren die Auseinandersetzungen.

Was ist zu tun? Ein Verzicht auf einmal gewonnene Annehmlichkeiten wie ein Auto, einen Computer oder ein Steak ist in den entwickelten Ländern, wie historische Erfahrungen zeigen, kaum möglich – es sei denn, extreme Notsituationen oder ein Krieg würden dazu zwingen.

Wenn überhaupt, bietet in dieser Situation die Technik den entscheidenden Ausweg. Gelänge es, aus weniger Natur mehr Wohlstand, mehr Güter und mehr Dienstleistungen zu erzeugen, gäbe es entsprechend mehr zu verteilen. Der übliche Weg dorthin ist die Steigerung der Ressourcenproduktivität, eine normale Begleiterscheinung des technischen Fortschritts. Das ist ein Thema, mit dem sich beim Club of Rome Ernst Ulrich von Weizsäcker intensiv und in enger Zusammenarbeit mit seinem Vizepräsidenten Friedrich Schmidt-Bleek beschäftigt hat.[107] Von Weizsäcker war damals Direktor des Wuppertal Instituts für Klima, Umwelt, Energie.

Die Entkoppelung von Wirtschaftswachstum und Ressourcenverbrauch hat nachweislich und spätestens in der Folge des legendären Club-of-Rome-Berichts *Die Grenzen des Wachstums* aus dem Jahre 1972 schon begonnen. Bei realistischer Betrachtung sollte es im Laufe der kommenden 50 oder 100 Jahre durchaus gelingen, Produkte und Dienstleistungen herzustellen, die im Mittel nur noch ein Zehntel der Energie und des Materials pro Wertschöpfungseinheit von heute benötigen. In diesem Sinne ist die Steigerung der Ressourcenproduktivität eine notwendige Bedingung jeder zukunftsfähigen Entwicklung, aber bei weitem keine hinreichende.

Ironischerweise hat sich das »papierlose Büro« zum Ort des größten Papierverbrauchs in der Geschichte der Menschheit entwickelt. Manche Wissensarbeiter »verdauen« heute gewichtsmäßig mehr Papier als Nahrungsmittel. Früher gab es nur wenige Großrechner, heute dagegen Millionen von Handys, die sich binnen kürzester Zeit in Elektronikschrott verwandeln. Je kleiner die Rechner, desto größer die Gesamtmenge an Elektronikschrott, ein weiteres Beispiel für den Bumerangeffekt. Er führt dazu, dass der absolute Verbrauch von Energie und Ressourcen weiter steigt, trotz oder sogar wegen verbesserter Ressourcenproduktivität.

Besonders stark zeigt sich der Bumerangeffekt in der Medizin. Für den Globus und den Ressourcenverbrauch gibt es dann eine Chance auf Entlastung, wenn wir richtig krank sind, weil wir dann vielleicht bald nicht mehr da sein werden. Dieser Blick auf die Dinge mag grausam scheinen, aber nicht für die ausgeplünderte Erde. Wenn uns die Medizin nun mit drei Bypässen rettet, man uns in die Selbsthilfegruppe schickt und wir anschließend wieder um den Globus jetten, dann ist ja nicht nur der erhebliche Ressourcenaufwand für unsere Rettung zu kalkulieren. Der viel größere Aufwand besteht darin, dass wir anschließend weiterleben und weiter Ressourcen verbrauchen. Für uns als Menschen ist es natürlich das, was wir fordern! Aber zugleich ist die Balance mit der Biosphäre zu sichern. Deshalb gilt: Technik ist wie ein Wunder, aber sie allein löst keine Probleme.

Vielleicht haben wir in 20 Jahren statt Zeitungen aus Papier eine leichte und schicke Plastikfolie, die man morgens ans Internet hängt und mit deren Hilfe man im Handumdrehen alle Nachrichten, Bilder und Texte bekommt, die man benötigt. Das wäre wenig ressourcenintensiv. Aber garantiert lauert irgendwo wieder ein Bumerang: Womöglich werden Papierfasern dann für andere Anwendungen gebraucht, vielleicht um Häuser oder Autokarosserien zu bauen. Die Lösung könnte dahin zielen, dass man die benötigten Fasern weniger aus Bäumen gewinnt, sondern aus schnell wachsenden Pflanzen auf degradierten, ökologisch weniger wertvollen Flächen, von denen es auf diesem Planeten mehr als genug gibt. So würde es gelingen, die wertvollen Wälder zu schützen, als Weltgemeingut zu sichern und, was besonders notwendig scheint, eine globale Obergrenze des Verbrauchs festzulegen und durchzusetzen. Innerhalb dieses Rahmens würde der Markt dann sehr effizient vor allem im Hinblick auf den Verbrauch von Ressourcen wirken können.

Es geht darum, die ökologischen Grenzen hart im ökonomischen Design zu verankern und im Marktgeschehen zu internalisieren. Die Preise müssen die ökologische Wahrheit[108] sagen. Technik und neue Formen der Organisation sind eine Chance, letztlich entscheidend, wenn diese Chance genutzt werden soll, sind jedoch die Rahmenbedingungen des weltökonomischen Systems.

## Für ein ökosoziales Weltwirtschaftswunder

Wenn die Welt ein Dorf mit 1000 Einwohnern wäre, sähe sie etwa wie folgt aus:[109]

- Eine Person ist superreich und verfügt über rund 30 Prozent des gesamten Wohlstandes. Ein Drittel der Fläche des Dorfes ist von hohen Mauern umgeben und damit der Öffentlichkeit entzogen. Es ist eine Welt der Privatflughäfen, der Konferenzzentren und der Fünfsternehotels.
- 200 Personen, darunter auch der Superreiche, verfügen über 80 Prozent des Reichtums. Dieser Bereich des Dorfes ist mit einer luxuriösen Shopping-Mall ausgestattet, die sich inmitten weiter Parkareale befindet. Daran angeschlossen sind ein Villenviertel und ein Vorort mit Einfamilienhäusern. Fast jede Familie fährt ein Auto, viele sogar zwei oder mehr. Diese 20 Prozent der Dorfbewohner emittieren deutlich mehr als die Hälfte des von allen Menschen erzeugten Kohlendioxids.
- 400 Bewohner zählen zum »Mittelstand«, im globalen Sinn bedeutet dies aber etwas völlig anderes als in Industriestaaten. Es sind zum Beispiel Kleinbauern am Rande des Dorfes mit einem Stück Land und ein paar Hühnern oder Ziegen.
- 400 Dorfbewohner sind arm, ihnen stehen pro Kopf und Tag nur 2 US-Dollar zur Verfügung, oft weniger. Ihre Häuser und

Hütten haben keine sanitären Anlagen, die Anfälligkeit für Krankheiten und die Kindersterblichkeit sind hoch.

- 200 Personen aus dem Kreis der Armen leben sogar nur von 1,25 US-Dollar täglich, also an der Armutsgrenze, wie die Weltbank sie definiert. Viele hungern. Schulen gibt es so gut wie keine. Die Menschen sind auf einem winzigen Flecken des Dorfes zusammengepfercht, in einem Slum am Rande der Müllkippe. Von hier beziehen sie einen wesentlichen Teil des Baumaterials für ihre Hütten und ihre Lebensmittel. Meist sind es stinkende Reste, die auch die Kinder essen müssen. Die Ärmsten des Dorfes haben keinen Zugang zu sauberem Trinkwasser, sondern entnehmen es Pfützen und dem nahe gelegenen Bach. Auf dem Dorfplatz steht ein klappriges Fernsehgerät, das an einer Autobatterie hängt. Dort versammeln sich die Ärmsten der Armen jeden Abend, schauen Seifenopern an und sind so über die Lebensgewohnheiten in den abgeschirmten Teilen des Dorfes bestens informiert.

Statt 1000 Einwohnern hat die Welt rund sieben Milliarden. Schon die große Zahl macht die Dinge kompliziert. Die globale Situation insgesamt ist bedrohlich, denn die weltweiten Umweltprobleme nehmen zu, und die soziale Spaltung in vielen Teilen der Welt wächst. Zwischen den Kulturen wird Hass geschürt.

Ernüchternd ist, dass die vorhandenen weltweiten politischen Strukturen nicht geeignet scheinen, diese Prozesse in eine bessere Richtung zu steuern. Uns fehlen die Koordinationsmechanismen, also die Governance-Struktur, mit deren Hilfe die weit überwiegende Zahl der Menschen im Konsens oder in einer mit dem Gedanken der Demokratie kompatiblen Weise die notwendigen Vereinbarungen schließen kann, um gemeinsam die Umwelt zu schützen und den drohenden Kollaps zu verhindern.

Dazu wäre ein Weltvertrag mit ökosozialem Design erforderlich, in dem sich die Menschen unter anderem darauf verpflichten, kritische Ressourcen nur noch in dem Umfang zu nutzen, wie es die Stabilität des ökologischen Trägersystems erlaubt. Gelingt solch ein Vertrag nicht, dann ist der ökologische Kollaps allenfalls mit Gewalt zu vermeiden – als Ressourcendiktatur weniger auf Kosten der Übrigen und um den Preis der Brasilianisierung großer Teile der heute reichen Welt. In diesem Fall drohen Bürgerkrieg und Terror.

Nur Technik, Organisation und Governance eröffnen hier einen möglichen Ausweg. Wenn man die Dinge intelligent anpackt, kann man selbst bei angespannter Ressourcensituation aus weniger Natur mehr Wohlstand erzeugen, dann gibt es mehr zu verteilen, und balancierte Aufholprozesse werden möglich.

Die hier vorgeschlagene Lösung beinhaltet eine doppelte Zurückhaltung: Erstens muss sich die Menschheit als Ganzes auf Obergrenzen des Verbrauchs einigen, damit die Ökosysteme des Planeten nicht weiter aus dem Gleichgewicht geraten. Zweitens muss sich der Norden als reicher Teil sogar überproportional zurückhalten, damit der arme Teil eine Chance hat aufzuholen. Dabei operieren alle Menschen zusammen im Rahmen der ersten Zurückhaltung.

Ein interessanter Fall, in dem diese doppelte Zurückhaltung bereits einmal realisiert wurde, ist das Montrealer Protokoll von 1987, das von 25 Regierungen sowie der Kommission der Europäischen Gemeinschaft unterzeichnet wurde. Als bekannt wurde, dass die Ozonschicht der Stratosphäre massiv gefährdet ist, und als Ursache das in Kühlschränken verwendete Kühlmittel FCKW identifiziert werden konnte, drängte man auf einen Produktionsstopp. Andere Kühlschränke mit anderer Technologie sollten her. In einem Protokoll wollten sich die westlichen Staatschefs darauf verständigen, keine FCKW-haltigen Produkte mehr herzustellen. China und viele andere aufholende Länder waren dazu jedoch nicht bereit. Sie argumentierten, dass die Verursacher des Problems die reichen Länder gewesen seien, und nahmen zunächst für sich in Anspruch, pro Kopf künftig noch so viel von diesem Material »in den Himmel« schicken zu dürfen, wie das bereits von den reichen Ländern getan worden war. Sie waren nur unter der Bedingung bereit, auf die bisherige Technik zu verzichten, dass die reichen Länder sowohl keine FCKW-haltigen Kühlschränke mehr herstellten als auch die Kosten übernähmen, um die Produktion der ärmeren Länder auf umweltschonende Kühlschränke umzustellen. Die reiche Welt war klug genug, »Ja« zu sagen und so das Prinzip »Kofinanzierung gegen Standards« umzusetzen.

Wenn man die doppelte Zurückhaltung in Zahlen ausdrückt, eröffnet eine Steigerung der Ressourcenproduktivität um den Faktor 10 in Verbindung mit angepassten Preisstrukturen und Regelwerken die Chance auf eine Steigerung des Weltbruttosozialprodukts um das Zehnfache. Umwelt und Ressourcenbasis würden dabei nicht weiter belastet werden, es wäre also ein doppelter Faktor 10, über einen Zeitraum von 50 bis 100 Jahren gerechnet. Wir gehen vom heutigen weltweiten Wohlstand aus und setzen ihn gleich 100 Prozent oder 100 Einheiten. Mit einem Faktor 10 ergeben sich daraus perspektivisch 1000 Einheiten, also global zehnmal so viel Wertschöpfung wie heute, allerdings stark dematerialisiert und damit umweltverträglich. Die könnten in Zukunft wie folgt verteilt werden: Der Norden vervierfacht noch einmal seinen Wohlstand und erhält somit künftig einen Anteil von 320 (der 1000) Einheiten. Der Süden vervierunddreißigfacht seinen Wohlstand und kommt damit auf 680 Einheiten. Gedanklich bereits mit einbezogen ist die weitere Entwicklung der Weltbevölkerung mit erheblichen Zuwächsen im Süden.

Damit würde das heutige Nord-Süd-Gefälle von 80 zu 20 (bezogen auf 100 Einheiten) reich versus arm auf ein Verhältnis von 68 zu 32 (bezogen auf 1000 Einheiten) arm versus reich gemildert. Diese Art der Nutzung eines doppelten Faktors 10 im Rahmen eines Weltvertrags für eine nachhaltige Entwicklung führt direkt auf die Zukunftsformel 10 $\leadsto$ 4:34. Das zehnfache Welteinkommen wird als Zuwachsfaktor im Verhältnis 4:34 zwischen der reichen Welt und der sich entwickelnden Welt aufgeteilt.[110] Die weltweiten Wachstumsraten der reichen Welt könnten gemäß dieser Formel im Mittel über 50 Jahre bei 1,5 Prozent liegen, bei den ärmeren Teilen der Welt bei 6 bis 7 Prozent. Das hätte einen enormen wirtschaftlichen Boom zur Folge, von dem vor allem auch unsere Unternehmen profitieren könnten. Zugleich würde der soziale Ausgleich auf dem Globus vom heutigen Zustand einer globalen Apartheid auf ein Niveau gehoben, das dem in der EU entspricht. Eine ermutigende Perspektive!

Das Ziel ist also nicht Rückbau und Abbau, sondern ein am Prinzip der Nachhaltigkeit orientiertes sogenanntes Grünes Wachstum. Insbesondere wird der Geldumlauf in allen Segmenten der Gesellschaft durch den ökosozialen Ansatz, die Kofinanzierung von Entwicklung und die Querfinanzierung in alle Bereiche der Weltwirtschaft gefördert. Damit entfallen Blockaden, die aus Angst und Pessimismus resultieren. Unter diesen Bedingungen gäbe es eine weltweit positive Entwicklung, ein Weltwirtschaftswunder. Das dafür erforderliche globale Investitionsprogramm würde gigantische Kräfte in die richtige Richtung freisetzen. Es wäre vergleichbar mit dem Effekt, der in den USA mit dem Bau der transkontinentalen Eisenbahn einherging, als der ganze Westen als Wirtschaftsraum belebt wurde, was einem gewaltigen Konjunkturprogramm gleichkam. Die Ökosoziale Marktwirtschaft beginnt zwar zunächst mit einer Zurückhaltung, aber der Effekt wäre ein intelligenter Erweiterungsprozess auf vielen Ebenen.

Der neu gewonnene Wohlstand wird allerdings andere Formen annehmen, wenn materieller Konsum durch die Ressourcenverteuerung nachlässt und kulturelle Produkte an Gewicht gewinnen. Die Tochter aus gutem Hause bekommt dann zum bestandenen Abitur keine Weltreise mehr geschenkt, stattdessen vielleicht ein Porträtgemälde oder ein eigens für sie komponiertes Musical.

Um diese Entwicklung anzuschieben, müssten über abgestimmte Marktangebote und Kofinanzierung zunächst 0,3 Prozent und auf Dauer vielleicht ein bis 2 Prozent des Weltbruttosozialprodukts in Querfinanzierungsprozesse umgelenkt werden. Diese Mittel würden im Sinne der Ökosozialen Marktwirtschaft für gezielte Entwicklungsprozesse, bessere Ernährung und Ausbildung, Frauenförderung sowie für Gesundheits- und Rentensysteme eingesetzt werden.

So weit das Programm. Die Aufgabe ist gewaltig, und die Widerstände sind es auch. Der Kern des Problems besteht darin, dass die Akteure – spieltheoretisch formuliert – in ein Gefangenendilemma verstrickt sind: Sie haben sich eingegraben, und niemand will sich bewegen, in der Angst, etwas zu verlieren. Die hier vorgeschlagene Lösung hängt aber wesentlich von einem Konsens ab und davon, dass man beginnt, miteinander zu reden, eine Gesamtlösung sucht und mit einer intelligenten Win-win-Strategie ein völlig neues Feld eröffnet.

Wir sprechen von einer Wachstumsstrategie. Freilich steht dahinter ein anderer Wachstumsbegriff als der, von dem täglich in den Medien die Rede ist. Wachstum gilt heute als Zauberformel für alle Probleme, auch und gerade in reichen Ländern. Wir erlauben uns als Erste Welt sogar die perverse Ideologie, dass es ohne 2 bis 3 Prozent jährliches Wachstum unmöglich sei, allen Menschen eine sinnstiftende Arbeit zu ermöglichen.

Wachstum wird heute über die Veränderung des Bruttosozialprodukts gemessen. Das entscheidende Defizit dieser Methode besteht darin, dass, wenn in der Sphäre der Wirtschaft wichtige soziale, kulturelle und ökologische Bestände ersatzlos verbraucht werden (Kannibalisierung), dies ebenfalls positiv zu Buche schlägt. Verändert sich die Dynamik dieser negativen Anteile, verliert auch die abgeleitete Wachstumskennzahl an Aussage- und Leistungskraft. Dieser Logik folgend, steigern nämlich immer mehr Verkehrsunfälle und Terroranschläge das Bruttosozialprodukt. Zur Kannibalisierung gehört auch, wenn der Norden gut ausgebildete

Menschen aus Schwellenländern abwirbt und für die bis zu diesem Zeitpunkt erfolgte Ausbildung keine Gegenleistung gewährt. Oder die Zerstörung der Atmosphäre, der Böden und des Artenreichtums. Diese Kannibalisierungsbestandteile in der Berechnung des Bruttosozialprodukts, die als Wachstum ausgewiesen werden, sind kontraproduktiv und sollten gestrichen werden. Besser noch müssen weltweite Rahmenbedingungen durchgesetzt werden, unter denen sie nicht mehr auftreten.[111] In jedem Fall brauchen wir einen ehrlichen Wachstumsbegriff. Tatsächlich gibt es bereits seit einigen Jahren alternative Modelle einer volkswirtschaftlichen Gesamtrechnung, die den gesellschaftlichen Reichtum vollständiger und besser beschreiben als das Bruttosozialprodukt.[112] Hier hat insbesondere das Club-of-Rome-Mitglied Wouter van Dieren wichtige Beiträge geleistet, indem er mit einer geeigneten Methodik viele Dimensionen der Lebensqualität in ein Messsystem integriert. In der Folge der Wirtschaftskrise hat das Thema an Bedeutung gewonnen. So hat der französische Präsident Nicolas Sarkozy die Stiglitz-Kommission eingesetzt, um der Frage nach einer besseren Alternative zum Bruttoinlandsprodukt nachzugehen. Joseph Stiglitz ist auch involviert in eine entsprechende Kommission auf EU-Ebene.

Dass die Welt, insbesondere die sich erst entwickelnde Welt, Wachstum benötigt, steht außer Frage. Bei realistischer Betrachtung braucht sie einen *green new deal*, einen kräftigen und dauerhaften Entwicklungsprozess, denn anders ist die extreme Schieflage auf unserem Planeten nicht zu korrigieren. Der Norden würde davon ebenfalls profitieren, und die Welt könnte viel reicher sein als heute. Dabei würden wir uns im Rahmen der ökologischen Kapazitäten des Planeten bewegen, eine angemessene soziale Balance realisieren und miteinander in kultureller Balance leben.

## Zukunft braucht Werte

Nach zehn Jahren Vorarbeit wurden die Millenniumsentwicklungsziele im Jahr 2000 von 189 Staatschefs unterzeichnet. Auch große Weltorganisationen wie Weltbank, OECD, FAO und UNESCO unterstützen das Vorhaben. Gefordert werden zum Beispiel der Zugang zu sauberem Wasser für 500 Millionen Menschen, denen dies bislang verwehrt ist, die Halbierung extremer Armut bis 2015 (als relative Größe) sowie eine volle Schulausbildung für alle Kinder, Jungen wie Mädchen. Die Ziele sind ein guter Handlungsrahmen für den ersten Schritt in eine bessere Zukunft. So lässt sich endlich anfangen, ohne immer gleich die Schuld auf andere zu schieben, die erst noch Vorleistungen erbringen sollen, bevor man sich selbst bewegt.

Weitreichende Ziele, auch die doppelte Zurückhaltung, bedürfen einer ethischen Fundierung. Das zentrale Prinzip ist die goldene Regel: »Was du nicht willst, das man dir tu', das füg auch keinem anderen zu.« Oder positiv formuliert: »Was du willst, das man dir tut, das tue auch den anderen.« Das ist die Formulierung, wie sie der Theologe Hans Küng[113] und die Stiftung Weltethos[114] wählen.

Kants kategorischer Imperativ könnte als eine moderne und säkularisierte Form der goldenen Regel angesehen werden: »Handle so, dass die Maxime deines Willens jederzeit zugleich als Prinzip einer allgemeinen Gesetzgebung gelten könne.«[115] Die goldene Regel hat sich über Jahrtausende bewährt, religiöse wie nichtreligiöse Menschen berufen sich auf diese Regel und können sich darauf verständigen.

Nichtreligiöse oder humanistisch Gesinnte wurzeln mit ihrer Ethik im Prinzip der Vernunft. Immanuel Kant setzt auf ein gleichsam angeborenes moralisches Gesetz in uns. In moderner Interpretation ist es das im Menschen genetisch verankerte Prinzip der Kooperation, das aus der Evolution heraus verstanden der wichtigste Grund für den Siegeszug der Menschheit ist.

Der Philosoph John Rawls[116] gründet seine Theorie der Gerechtigkeit auf ein Gedankenexperiment: Freie und vernünftige Menschen einigen sich in ihrem eigenen Interesse auf ethische Grundsätze, und zwar hinter einem »Schleier des Nichtwissens«: Sie haben dabei keine Kenntnis, welche Stellung sie in der Gesellschaft haben werden, ebenso wenig kennen sie ihr Los bei der Verteilung natürlicher Gaben wie Intelligenz oder Körperkraft. Die Zufälligkeiten der Natur oder der gesellschaftlichen Umstände werden somit »ausgeblendet«. Der Zustand des Nichtwissens hat bei Rawls freilich rein theoretischen Charakter: Es geht darum, die Grundsätze der Gerechtigkeit zu begründen. Man stelle sich zum Beispiel vor, dass Verantwortungsträger in Israel, wenn sie ihre Besatzungspolitik im Gazastreifen festlegen, vorher nicht wissen, welche Menschen aus Israel und Palästina zum Schluss Israelis und Palästinenser sein und im Gazastreifen leben werden und welche in den übrigen Teilen: Dies wird anschließend ausgelost. Mit etwa 50 Prozent Wahrscheinlichkeit ist jeder nach dem Losen entweder Israeli oder Palästinenser. Man kann davon ausgehen, dass sich die Besatzungspolitik sofort massiv ändern würde.

Religiöse Menschen verweisen in der Letztbegründung ihrer Werte auf ein Absolutes oder Transzendentes. Die christlichen Werte wurzeln in den gottgegebenen Zehn Geboten, in der Achtung vor der Würde des Einzelnen, der nach dem Abbild Gottes geschaffen ist. Zwar sollen wir uns die Erde »untertan« machen, aber sie ist und bleibt die Schöpfung Gottes; wir sind nur ihre Hüter und verpflichtet, sie intakt an nachkommende Generationen weiterzugeben. Religionen sprechen dabei mit absoluter Autorität, nicht nur in Begriffen, Lehren und Dogmen, sondern auch mit Symbolen, Riten und Festen, also auf rationaler wie auf emotionaler Ebene. Keine Frage, dass die Religionen eine außerordentliche Bedeutung haben – im Alltag, im Selbstverständnis und in der gesamten Kultur. In ihnen spiegeln sich sehr klar gesellschaftliche Evolutionserfahrungen, sie stellen gewissermaßen »geronnenes« Wissen dar.

In diesem Zusammenhang muss man daran erinnern, dass fast alle Weltreligionen neben triumphalen Erfolgsgeschichten auch ihre dunklen Seiten haben: Bizarre und brutale Ereignisse ziehen sich durch die gesamte Religionsgeschichte. Die Verstrickungen der katholischen Kirche in den Kolonialismus und die Exzesse der Inquisition sind sprichwörtlich. Allein in Sevilla wurden im Jahr 1481 etwa 400 Menschen verbrannt, bis zum Jahr 1783 wird die Zahl der Toten auf 31 000 beziffert.

In den vergangenen Jahren wurde die Welt immer wieder von religiösen Fundamentalisten erschüttert, sei es durch islamistischen Terror, durch die rücksichtslose Siedlungspolitik jüdischer Fundamentalisten, durch Kräfte aus dem Bibelgürtel der USA oder durch Hindu-Fanatiker. Die grundsätzliche Schwierigkeit liegt im Absolutheitsanspruch der fundamentalistischen Position, in einem »göttlichen Auftrag«, der weder Verhandlung noch Spielraum zulässt. Wenn Gewaltbereitschaft oder Gewalttätigkeit hinzukommen, nehmen die Schwierigkeiten weiter zu. Gewaltbereite beziehungsweise gewalttätige Fundamentalisten sind bisher innerhalb ihrer Kulturen verschwindende Minderheiten. Wichtiger als diese »Verirrten« sind die vielen Menschen in den Religionen dieser Welt, die sich in tätiger Hilfe für in Not geratene andere einsetzen. Grundsätzlich liegt in den Religionen eine große und positive Kraft für die zukünftige Entwicklung, auch, weil sie bestimmte grundsätzliche und vernünftige ethische Positionen gemeinsam vertreten.

So ist die goldene Regel, wenn man sie gedanklich auf die zukünftigen Generationen ausdehnt, zugleich die Basis für die beiden zentralen universellen ethischen Prinzipien, die sich in praktisch allen Religionen, dem Weltethos und dem interkulturellen Humanismus finden:

1. Erhalt der Umwelt. Der Mensch muss mit der Welt so umgehen, dass sie für zukünftige Generationen bewohnbar bleibt und deren Bedürfnisse erfüllt.

2. Würde des Menschen. Die Würde aller Menschen ist zu sichern. Niemand darf das Objekt des Willens eines anderen sein.

Diese beiden Prinzipien sind ebenfalls in der doppelten Zurückhaltung aufgehoben. Die erste beinhaltet für die Menschheit insgesamt die Pflicht, alles zu vermeiden, was den Globus und die Umwelt langfristig schädigt. Die zweite Zurückhaltung betrifft zusätzlich die reiche Welt: nämlich bei der Verwirklichung der ersten Prämisse dafür Sorge zu tragen, dass die Würde aller Menschen geachtet wird. Die reiche Welt muss der ärmeren ein Aufholen ermöglichen, während man die erste Prämisse gemeinsam verwirklicht.

In den Millenniumsentwicklungszielen und im Weltethos, das in den Weltreligionen und im Bereich der UN immer wichtiger wird, ist die Welt sich durchaus einig und weiß, was sie will. Zugespitzt könnte man sagen, dass wir hier nicht die letzte Party feiern, sondern allen Menschen ein würdevolles Leben ermöglichen und nachfolgenden Generationen einen intakten Globus hinterlassen wollen.

Allerdings passen Worte und Taten überhaupt nicht zusammen. Die Millenniumsentwicklungsziele sind in Gefahr, zu einer bloßen Kulisse für das eigentliche Spiel zu werden, das hinter der Bühne gegeben wird. Die Spitze der Pyramide will alles andere als Transparenz, die Offenlegung der internationalen Machtstrukturen oder so etwas wie eine weltweite Demokratie. In einem weltweiten demokratischen Prozess, der seinen Namen tatsächlich verdient, würde es den armen Ländern beziehungsweise den dort lebenden Menschen deutlich besser gelingen, ihre Anliegen durchzusetzen, als das heute der Fall ist.

Das Demokratieproblem auf diesem Globus besteht nicht primär darin, dass China, Saudi-Arabien oder Nordkorea keine Demokratien sind, sondern darin, dass ein Land mit 300 Millionen Einwohnern einen Präsidenten wählt, aber rund sieben Milliarden mit ihm leben müssen. Obwohl ihn nur die wenigsten wählen, bestimmt der US-Präsident in erheblichem Maße die Lebensbedingungen aller Menschen auf diesem Globus. Das ist im Grunde schlimmer als preußisches Dreiklassenwahlrecht. Außerdem haben demokratische Verfahren auf entscheidenden Ebenen keinen Einfluss. Einzelne Staaten können in der WTO zum Beispiel ein Veto einlegen. Solange das Finanzkapital dann die USA dazu bewegen kann, in seinem Sinne zu handeln, sind die anderen Staaten machtlos. Verträge werden in Hinterzimmern ausgehandelt, nach Logiken, von denen die meisten Menschen nichts verstehen. Interessen werden durchgesetzt, die in einem offenen demokratischen Prozess nie eine Chance gehabt hätten. Genau hier hebelt die Globalisierung die Demokratie aus beziehungsweise »entleert« sie, und es wird immer schwieriger, einen Primat der Politik gegen die Interessen der stärksten Mächte oder globalisierten Marktkräfte durchzusetzen.

Umso wichtiger ist eine ethische Fundierung. Wenn es darum geht, bei weitreichenden Zielen für die Menschheit nicht nur politisch oder taktisch zu argumentieren, braucht man zumindest eine Plattform der wichtigsten Werte, auf die sich die Weltgemeinschaft stützen kann und an der sich die Politik der einzelnen Nationen und stärksten Staaten dann auch tatsächlich orientiert.

Die von Naturwissenschaft und Technik ungewollt mitinduzierten Probleme und Übel können nicht einfach durch ein Mehr an Naturwissenschaft und Technik geheilt werden. Die Ethik verfügt dabei zwar selber nicht über Antworten auf die konkreten und im Einzelfall zu beantwortenden sozialen, wirtschaftlichen oder ökologischen Fragen, aber sie hält die zentralen Prinzipien bereit, auf deren Basis Entwicklungsalternativen und -ergebnisse beurteilt werden können. Sie gibt also eine Leitschnur an die Hand, mit deren Hilfe der Fortgang der Ereignisse beurteilt werden kann. Die Ethik entscheidet über die Effektivität dessen, was wir tun, und das ist häufig wichtiger als die Frage der Effizienz, so wünschenswert Letztere auch sein mag, wenn das ethisch Richtige dann umgesetzt wird.

## Aufklärung in Zeiten der Globalisierung

Wenn Poker angesagt ist, kann man nicht einfach Schach spielen. Dann muss man pokern, auch wenn man das nicht mag. Als die Ökonomie noch wesentlich national oder kontinental organisiert war, gab es, nach Ländern geordnet, durchaus Poker- und Schachrunden, die, locker verbunden, nebeneinanderher geführt werden konnten. Als Folge der informationstechnischen Revolution befinden wir uns nun in einem einzigen übergreifenden Weltmarkt. Es gibt eine neue Lage und nur noch ein Spiel für alle, nämlich Poker.

Die geografische Entfernung verlor an Bedeutung, und weltweite Wertschöpfungsprozesse drangen in immer mehr Bereiche vor. Wer sie nutzt, hat einen Wettbewerbsvorteil. Für alle Staaten rund um den Globus wird der Welthandel, werden die WTO und die Einbindung in die internationalen Finanz- und Anlagemärkte zur Überlebensfrage. Die WTO-Logik bestimmt, was sich auf den Weltmärkten rechnet. Im Kern geht es um die Erleichterung und Förderung der grenzüberschreitenden Arbeitsteilung. Dabei kümmert man sich nur nachrangig um ökologische, soziale, gesellschaftliche oder kulturelle Anliegen. Diese werden an die Nationalstaaten zurückverwiesen und sollen sich ansonsten gemäß den freigesetzten Marktkräften von selber einstellen. Das ist das Ricardo-Theorem, der »heilige Gral« der Freihandelseuphoriker und Marktfundamentalisten. Der mathematische Kern hinter diesem Dogma ist, dass unter bestimmten – heute allerdings oft nicht mehr gegebenen – Bedingungen die Förderung der grenzüberschreitenden Arbeitsteilung zu einer höheren Gesamtwirtschaftsleistung führt, als wenn man auf diese Arbeitsteilung verzichtet. Ricardo setzt in seiner historisch geprägten Argumentation allerdings voraus, dass das Finanzkapital nicht mobil ist – das Gegenteil zur heutigen Situation. Zudem reflektiert er die Schäden für die Umwelt nicht. So muss der Vater der Freihandelstheorie dafür herhalten, dass mit Halbwahrheiten, wie sie auch von exponierten Vertretern der Wirtschaftswissenschaften noch immer transportiert werden, die öffentliche Meinung beeinflusst wird. In diesem Sinne sind wir dann alle Gewinner.

Aber wer ist hier »wir«? Wer profitiert von der erweiterten Wirtschaftsleistung? Das ist letztlich eine Verteilungsfrage. Die Ereignisse des vergangenen Jahrzehnts haben vielen die Augen geöffnet, insbesondere nach der Finanz- und Wirtschaftskrise: Weiterhin können 80 Prozent der Bevölkerung schlechtergestellt werden, während »wir« gewinnen. Weil nämlich in der Folge der Freihandelsprozesse viele ihren Job verlieren und zugleich die Demokratie des jeweiligen Staates über den zwischenstaatlichen Steuerwettbewerb nach unten daran gehindert wird, die Verlierer aus dem Überschuss mit Ausgleichszahlungen zu versehen. Die 20 Prozent der Bevölkerung, die bei diesen Prozessen die Gewinner sind, profitieren dann gleich doppelt. Bei ihnen landet sowohl der gesamte durch grenzüberschreitende Arbeitsteilung induzierte Zuwachs als auch all das, was bei den 80 Prozent weniger ankommt als zuvor. Kein Wunder, dass die Gewinner diese Form der Globalisierung meistens befürworten.

Und da sie in der Regel ohnehin dort sind, wo die Macht ist, können sie ihre Sicht der Dinge auch dezidiert in den politischen Prozessen und vor allem in den Medien vertreten und durchsetzen. Es hat deshalb lange gedauert, bis sich renommierte Vertreter der Wirtschaftswissenschaften – in jüngster Zeit insbesondere die Wirtschaftsnobelpreisträger Paul Samuelsen[117] und Joseph Stiglitz[118] – im Sinne einer differenzierten, den heutigen Gegebenheiten angemessenen Interpretation des Ricardo-Theorems und einer besser organisierten Globalisierung geäußert haben.

Die europäischen Staaten haben mit der beschriebenen Entwicklung ein besonderes Problem, denn sie lebten lange Zeit in einer Welt der Schachvereine. Die Tradition dieser Länder schreibt einen hohen sozialen Ausgleich vor, außerdem hat die Förderung der Vielfalt der Kulturen einen großen Stellenwert, und eine unversehrte Umwelt gilt als hohes Gut. Die entwickelten asiatischen Nationen und Kanada verfügen über ähnliche Gesellschaftsverträge, auch wenn die Umsetzung teilweise anders aussieht. Nur die USA fallen schon etwas aus dem Rahmen – dort neigte man schon immer stärker zum Poker. Die Frage ist: Wie bringt man Menschen Poker bei, die ihr Leben lang Schach gespielt haben?

Eine menschliche, allzu menschliche Methode ist das »Sichdurchwursteln«. Der Schachklub tritt gezwungenermaßen in die Pokerliga ein. Allerdings zu Hause, am Küchentisch wird weiter Schach gespielt. Die Regierungen der europäischen Staaten sprechen dabei von »intelligenter Modernisierung«, infolge zurückgehender Steuereinnahmen spart man hier ein wenig und dort ein wenig, verschuldet sich noch etwas mehr, und das geht erst mal eine Weile gut.

Die international operierenden Konzerne müssen aber unter den heutigen weltökonomischen Rahmenbedingungen sehr deutlich entlastet werden, sonst sind sie auf dem globalen Parkett nicht konkurrenzfähig. Dort nämlich gibt es Unternehmen, die die Globalisierung nutzen, um sich legal der Besteuerung zu entziehen. Der lokal operierende Mittelstand, der ohnehin schon am stärksten belastet ist und trotzdem die meisten Arbeitsplätze schafft, wird dabei immer mehr gefordert. Wer nicht weglaufen kann, wird herangezogen. Die immer stärkere Belastung lokaler Akteure ist desaströs, sie kommt einer Todesspirale nach unten gleich. Die Bevölkerung und auch die Gewerkschaften drängen auf Schutzmaßnahmen, um sozial gefährdete Gruppen zu stabilisieren, selbst wenn das die Arbeitslosigkeit insgesamt erhöht. Viele dieser Maßnahmen werden von außen als Protektionismus wahrgenommen. Man schließt preisgünstige Bauunternehmer aus der Ukraine aus und versucht, Partnern teure Standards aufzuzwingen, um damit indirekt die eigenen Mitarbeiter zu schützen.

Der Versuch, in einer falsch organisierten Welt dennoch das

Richtige zu tun, führt zu völlig verdrehten Ergebnissen und Debatten. Dort wird nicht mehr über den sozialen Ausgleich geredet. Die Verantwortung wird bei der Bürokratie, der fehlenden Flexibilität, den hohen Steuern, der vermeintlichen »Servicewüste Deutschland« oder dem Protektionismus gesucht. Nicht, dass man die Effizienz im Bereich Service oder die Leistungsfähigkeit der Bürokratie nicht noch verbessern könnte, aber das ist nicht der Punkt. Der Punkt ist, die Ehrlichkeit aufzubringen und zu sagen, dass sich das Spiel geändert hat. Auf Dauer können wir nicht weiter heimlich Schach spielen, wir müssen mitpokern, und zwar richtig gut. Wir müssen das Pokerspiel in unserem Sinne nutzen, denn schließlich sind wir ein ehemaliger Schachverein. Auch wenn man uns nun die Regeln diktiert: Wir bleiben dabei, dass wir Schach besser finden als Poker. Aber zur Not tun wir das, was jetzt gefordert ist, um zu überleben, und sei es Pokern. Gleichzeitig arbeiten wir an einem Globus, auf dem statt Poker überall Schach gespielt wird. Wir wollen etwas anderes als die aktuellen Verhältnisse – und das sagen wir auch!

In der mathematischen Spieltheorie werden Konstellationen, bei denen die Beteiligten derart verstrickt sind und sich gegenseitig blockieren, unter dem Begriff des Gefangenendilemmas diskutiert. Dies wurde oben bereits erörtert. Das Leben ist voller derartig schwieriger Situationen. In harten Auseinandersetzungen muss man manchmal, um zu überleben, bereit sein, genau das Gegenteil von dem zu tun, was man eigentlich will. In der Wirtschaft und in der Politik spricht man dann oft von Sanierung. Nur wer überlebensfähig ist, erhält sich eine Chance, zukünftig mit anderen zusammen einen adäquaten Kompromiss zu erwirken, um die Regeln verändern und dann im eigenen Sinne das Richtige wieder tun zu können. Denn nur Sieger können Regeln verändern, Verlierer haben ihren Einfluss meist verwirkt und sind wenig glaubwürdig. Also muss man auch in falsch organisierten Systemen gut sein, um irgendwann vielleicht das Richtige durchsetzen zu können.[119]

Ein spieltheoretisch vernünftiger Umgang sähe so aus: Die Spielregeln erzwingen das Falsche, also muss man das Falsche tun. Es sollte aber auch so benannt werden – und nicht als »intelligente Modernisierung« mit positivem Touch verkauft werden. Wesentlich ist, zusätzlich die Frage geeigneter neuer Spielregeln zu thematisieren, unter denen dann wieder die Vernunft einkehrt.

Wir reden über eine Doppelstrategie, wie sie zum Beispiel beim NATO-Doppelbeschluss erfolgreich eingesetzt wurde. Auf die Drohung der Sowjetunion, große SS-20-Raketen zu bauen und zu installieren, hat der Westen überzeugend zu verstehen gegeben, dass er selbst keine einzige neue Rakete zu stationieren beabsichtigt. Für den Fall, dass der Osten das tun sollte, würde er allerdings für jede derartige Rakete zwei eigene aufstellen. Diese Position hat die gewünschte Wirkung gezeigt.

Das Prinzip der Doppelstrategie kann man übertragen. Sie erlaubt es nämlich, die Steuern in Zeiten öffentlicher Armut und privaten Reichtums zu senken, um für die international operierende Wirtschaft gegenüber konkurrierenden Ländern attraktiv zu bleiben – obwohl angesichts der heutigen Gegebenheiten eigentlich weltweit eine Steuererhöhung angesagt wäre. Diese Steuersenkung muss intelligent erfolgen. Zugleich ist zu betonen, dass die Steuersenkung in Wahrheit falsch ist und sozial Schwache treffen wird, die keine Schuld besitzen. Gleichzeitig gilt es deshalb, eine Strategie aufzuzeigen, mit deren Hilfe man über bessere Weltordnungsbedingungen dahin kommt, wieder das Richtige tun zu können.

Der Nachhaltigkeitsbeirat des Landes Baden-Württemberg hat doppelstrategisch zehn konkrete Handlungsempfehlungen für Initiativen und Impulse auf regionaler Ebene erarbeitet. Beispielsweise die Förderung ressourcenarmer Lebensstile: »Das Land soll in die Forschung und in die praktische Erprobung von Wohnformen und Konsummustern investieren, bei denen ein hohes Maß an Wohlfahrt und individueller Lebensqualität mit einem geringen Ressourcenverbrauch verbunden werden kann.«[120] Weitere Felder sind: der Ersatz von fossilen Energieträgern durch effiziente Energienutzung und regenerative Energiequellen, eine Verkehrsdoppelstrategie, Maßnahmen zur Förderung von Selbständigkeit und Entrepreneurship sowie Bildung zur nachhaltigen Entwicklung.

Wir müssen schon allein deswegen die Green Card in Europa einführen, damit die Vereinigten Staaten nicht zum Nulltarif und alleine die besten Potenziale aus Drittweltländern abwerben können. Die Doppelstrategie besteht darin, dass wir uns als Europäer vorab zu einem Weltgesellschaftsvertrag bereit erklären sollten, in dessen Rahmen sich die reichen Länder verpflichten, Investitionen für Ausbildung an die Heimatländer der Green-Card-Besitzer zurückzubezahlen – vorausgesetzt, die USA sind dazu ebenfalls bereit.

Doppelstrategische Ansätze sind auch in der deutschen Politik möglich, vor allem mit Blick auf die großen Herausforderungen in Sachen Arbeit, Renten- und Pensionssysteme. So scheint ein Schlüssel zur Zukunft der Arbeit in einem gewissen Rückbau des öffentlichen Sektors zu liegen, was durchaus mit vielen Nachteilen verbunden sein wird, aber unter dem weltweiten Konkurrenzdruck vielleicht unvermeidlich ist. Die frei werdenden Gelder sollen dann in die Förderung anderer Formen von Arbeit fließen, und zwar in Kombination mit Mitteln der Sozial- und Arbeitslosenversicherung. Also Ansätze, die heute unter den Stichworten »Kombilohn« oder »negative Einkommenssteuer« diskutiert werden. Große Chancen gibt es auch im Bereich der gemeinnützigen Stiftungen, die auf diese Weise kofinanziert werden könnten. In diesem Bereich bleiben heute viele wichtige Aufgaben unerledigt. Als weiterer Bezug seien Ausgleichskomponenten wie ein »bedingungsloses Grundeinkommen« erwähnt, die in jüngerer Zeit verstärktes Interesse finden.[121]

Im Rahmen eines intelligenten doppelstrategischen Ansatzes könnte Europa endlich aus der Rolle des Getriebenen herausfinden und selber offensiv werden. Es würde sich dann als Akteur für eine zukunftsweisende Lösung für die weitere weltweite Entwicklung präsentieren, für kluge und ausgewogene Ansätze, und klarmachen, welchen Zwängen das sozial ausbalancierte europäische Modell unter den gegebenen Rahmenbedingungen ausgesetzt ist. Dies würde deutlich machen, dass die Probleme, denen wir uns in Europa gegenübersehen, nicht primär daraus resultieren, dass das ökosoziale Modell falsch oder unterlegen wäre. Sie ergeben sich vielmehr daraus, dass dieses Modell dann mit Problemen konfrontiert ist, wenn die Weltökonomie anders organisiert ist. Gelänge es, die Weltökonomie ökosozial zu organisieren, wäre das für die Menschen auf diesem Globus und für das Erreichen der unterschiedlichen weltethischen Ziele die weitaus bessere Lösung. Unter solchen weltweiten Rahmenbedingungen hätte Europa zugleich nicht die Probleme, die es heute hat. Probleme hätten dann andere, etwa die USA und viele Offshore-Bankplätze und Steuerparadiese.

Was heißt das nun praktisch? Das belgische Parlament hat in einem cleveren Schachzug beschlossen, eine Steuer auf Finanztransaktionen einzuführen. Allerdings wird diese gemäß der Gesetzesformulierung nur unter der Voraussetzung in Kraft treten, dass alle anderen EU-Staaten das Gleiche tun. Damit kann man der belgischen Politik keine Naivität vorwerfen, schließlich unternimmt sie diesen Schritt in der EU nicht alleine. Im österreichischen Parlament haben sich im Jahr 2005 alle Fraktionen auf eine ähnliche Position geeinigt, nämlich die EU aufzufordern, die Einführung einer europaweiten Devisentransaktionssteuer und einer Kerosinsteuer zu prüfen, um damit einerseits EU-Aufgaben und andererseits weltweite Entwicklungsanliegen zu finanzieren. Mittlerweile sind in der Folge der Weltwirtschafts- und Weltfinanzkrise wesentliche Schritte in diesem Bereich erfolgt, die vor einigen Jahren noch unvorstellbar waren. Die EU argumentiert nun auf G-20-Ebene für die Einführung einer Finanztransaktionssteuer. Ohne die übrigen G-20-Länder jedoch traut man sich noch nicht voranzugehen. Und wie die G 20 entscheiden werden, ist unklar. Es bleibt zu hoffen, dass die Europäer zur Not auch alleine handeln werden. Europa ist – mit eigener Zeitzone – stark genug, dies zumindest in einem gewissen Umfang zu tun. Für die verbleibenden Staaten würde es in der Folge immer schwieriger werden zu argumentieren, die eigene Beteiligung sei zu riskant. Riskant ist es nur, wenn es die anderen überwiegend nicht tun. Aber wenn erst einmal die Europäer vorangehen, kann sich dem zum Schluss kaum einer mehr entziehen.

Doppelstrategische Lösungen erfordern systemische Intelligenz. Es geht darum, das Ganze zu verstehen, die Regelwerke und wie sie zusammenhängen, auch die Zwänge, die sich daraus ergeben. Schließlich gilt es, die Stellschrauben zu identifizieren und strategische Ansätze zu finden, wie man Veränderungen innerhalb des Systems ermöglichen und ihm einen neuen Kurs verleihen kann. Viel mehr ist möglich, als wir uns häufig zutrauen. Auch die Sklaverei wurde abgeschafft, obwohl die Lage zunächst aussichtslos erschien.

## Kultur setzt Grenzen

Um die Herausforderungen des 21. Jahrhunderts zu bewältigen, brauchen wir nichts Geringeres als eine neue, den ganzen Globus umfassende empathische Zivilisation beziehungsweise Kultur. Kultur ist hier nicht nur gemeint in einem engeren Sinne als Ansammlung von Kunstobjekten oder Institutionen des Kulturbetriebs, im Zentrum dieser Betrachtung stehen weder Sprachen, Weltanschauungen noch Religionen. Der hier zugrunde liegende Kulturbegriff ist weit gefasst, nämlich als das, was Menschen tun, oder anders formuliert: Kultur ist alles, was nicht Natur ist.

Der Philosoph Jürgen Mittelstraß hat zu dieser Sicht der Kultur ein schönes Bild geprägt. Er charakterisiert den Menschen als Leonardo-Wesen. Danach sind wir biologische Wesen mit Sinn für Schönheit und Spiritualität. Zugleich sind wir Werkzeugmacher.

Die Natur des Menschen kann man nicht verstehen, ohne alle diese Dimensionen in ihrer Gleichzeitigkeit und Wechselwirkung zu berücksichtigen. Was wir heute der ökonomischen Sphäre zurechnen, etwa die Werkzeugproduktion, aber auch die Waffentechnik, galt immer als wesentlicher Teil der Kultur. Das erkennt man übrigens sehr schön an dem lateinischen Wort für Landwirtschaft: *agricultura.*

Genau betrachtet, sind Menschen Mängelwesen. Wir sind durch eine Evolution der Knappheit geprägt. In seiner Geschichte ging es für den Menschen immer ums Überleben. Wir haben deshalb einen gigantischen Antrieb – aus purer Not. Aus dem einfachen Grund, weil uns das Biotop immer wieder Grenzen aufgezeigt hat. Letztlich aber hat der Mensch überlebt durch intensives Bemühen und ständige Innovationen. Unter vorindustriellen Bedingungen war die Natur für den Menschen stets übermächtig. Vielleicht fehlt uns deshalb eine genetisch fixierte innere Grenze der Mäßigung. Mäßigung wurde uns durch unsere Umwelt aufgezwungen.

Dabei war die spirituelle Seite immer Teil des Alltags, des Lebens und Überlebens. Beim Erntedank oder bei der Jagd war die spirituelle Seite mindestens so wichtig wie es Werkzeuge oder Waffen waren. Wenn eine Gruppe von Steinzeitmenschen eine wichtige und hochriskante Entscheidung zu treffen hatte, war es ausgeschlossen, sich darüber zu zerstreiten. Man durfte keine Auseinandersetzung darüber zulassen, ob der Beschluss, den man als Gruppe, auf welche Weise auch immer, getroffen hatte, sich im Nachhinein als richtig erweisen wird. Deshalb zog man einen Schamanen zurate und bemühte die Götter. So kam die Gruppe zu einer Entscheidung, die nicht mehr zu hinterfragen war. Diese Methode der Streitvermeidung war eine Frage des Überlebens.

Kultur im philosophischen Sinn, das heißt als Zivilisation, regelt das Zusammenleben der Menschen und Völker – als Letztinstanz. Sie klärt Fragen der Ethik und balanciert unterschiedliche Kräfte und Antriebe. Kultur definiert, worin die zentralen Anliegen der Gesellschaften bestehen und wie sie verfolgt werden. »Zentrale Prinzipien, die sich in allen großen Kulturen und Zivilisationen entwickelt haben, betreffen das Wechselspiel von Freiheit und Solidarität, die universellen Menschenrechte, die Verantwortung für die Natur und die ganze Schöpfung, die Sorge um die Würde aller Menschen, Fragen der Gerechtigkeit und der Verantwortung innerhalb und zwischen Generationen, die Freude am Tun und die Freude am Leben«, heißt es im Dresdener Manifest des World Culture Forum.[122]

Nach diesem Verständnis ist Wirtschaft, die uns heute als das Wichtigste erscheint, Teil der Kultur und eben nicht das mächtigere Gegenüber. »Die Wirtschaft liefert Güter und Dienstleistungen als Basis für unser Leben und für Entwicklungen, eröffnet Felder der Betätigung, gibt Raum für Arbeitsteilung, Kooperation und Konkurrenz, befördert Innovation, schafft Sicherheit im Lebensalltag und eröffnet Zukunftschancen.«[123]

Noch mehr überschätzt als die Wirtschaft wird heute der Markt, der tatsächlich eher eine dienende Funktion hat, Mittel zum Zweck ist. Für die meisten Menschen ist er auch nicht die Quelle letzten Glücks, so wenig wie das Anhäufen von Gütern oder Vermögen. Letztlich geht es den meisten Menschen um andere Dinge, um Anliegen und Ziele wie Glück, Familie, Freundschaft, Demokratie, Freiheit, Wohlstand, Überwindung der Armut, Gerechtigkeit, Frieden, Menschenrechte, Nachhaltigkeit, Sinnstiftung und anderes mehr. Wirtschaft ist nicht primär, primär sind die Ziele, die wir individuell oder kollektiv verfolgen.

Ebenso gilt aber auch: Ohne Wirtschaft ist alles nichts. Sie ist es, die viele der Güter und Services produziert, mit denen und durch die wir unsere Ziele überhaupt erreichen können. Ohne Nahrung, ohne Behausung, ohne Ärzte und Krankenhäuser wird man nicht gesund leben können. Die materielle Kultur, wie die Menschen sie über Generationen entwickelt haben, ist die Basis für eine enorme Verbesserung der Lebensqualität.

In der heutigen, der nachindustriellen Gesellschaft ist die Kultur in eine weitere, existenzielle Bedeutung hineingewachsen. Wir benötigen eine Vorstellung der Zivilisation als Ganzes. In dieser globalen Perspektive sollte auch dem Ökonomischen sein Platz zugewiesen werden. Und das heißt in erster Linie: Grenzen ziehen. Überall dort, wo das Ökonomische nicht zulasten des Menschen operieren darf, nicht zulasten der Familien oder des sozialen Zusammenhangs, nicht zulasten der Umwelt, überall dort sind harte Grenzen zu setzen.

Der Superorganismus Menschheit bedrängt mittlerweile sein lebenspendendes Biotop. Der Club of Rome hat schon vor 35 Jahren auf die »Grenzen des Wachstums« mit allem Nachdruck hingewiesen. Dass uns diese Grenzen immer klarer werden, heißt aber nicht, dass wir daraus bereits Konsequenzen gezogen hätten.

Das Klimasystem der Erde hat durch die gewaltigen Treibhausgasemissionen der vergangenen 200 Jahre sein dynamisches, evolutionäres Gleichgewicht bereits verloren. In grausamer Weise für jeden spürbar wird das Problem aber erst in 50 oder 100 Jahren sein. Spätestens dann werden wir den Preis für die Übernutzung des Biotops zahlen. Eine vernünftige Zivilisation setzt die Grenze (in diesem Fall der Emissionen) vorher: aus dem Verstehen heraus, aus Einsicht und Vorsicht. So können wir in Frieden mit der Natur leben, obwohl wir mittlerweile die Macht haben, sie zu zerstören – oder in eine kluge Formulierung übersetzt: »Die leidenschaftliche Akzeptanz der Grenzen ist Liebe zum Leben.«[124]

## Unified Earth Theory

Wir wissen viel, meist sind wir auch gut organisiert, etwa in Branchen, Departements oder Ministerien. Oft geschieht diese Steuerung aber nur mit einem engen thematischen Fokus auf Zuständigkeiten, Marktsegmente oder Wissenschaftsdisziplinen. Viele

Organisationen sind von vornherein auch hochspezialisiert, das gilt insbesondere für Nichtregierungsorganisationen. Die Gründe dafür sind oft historischer Natur. Weil Organisationen und Strukturen unter bestimmten Umständen entstanden sind.

Angesichts der enormen Herausforderungen, vor der die Zivilisation im 21. Jahrhundert steht, und eingedenk der Komplexität der Probleme – Governance- und Globalisierungsfragen, ökologische, soziale, technische Herausforderungen etc. – ist heute überdeutlich, dass uns immer noch zu häufig der Blick fürs Ganze, den Globus als solchen, fehlt. Überblick und systemisches Denken sind aber erforderlich, um die Verhältnisse verstehen und Vorschläge entwickeln zu können, die tragfähig und umsetzbar sind. Diese Perspektive zu gewinnen erweist sich als mühseliges und sperriges Unterfangen, und sie eignet sich auch für die Kommunikation über Medien nur wenig. Und trotzdem sind Überblick und systemisches Denken – das »große Bild« – dringend erforderlich.

Auf dem Weltwirtschaftsforum 2008 in Davos, dem Treffen der führenden Köpfe der Wirtschaft, wurde der Ruf nach einer Unified Earth Theory laut. Die Idee dahinter ist, sich eine Einschätzung globaler Entwicklungen auf wissenschaftlicher Basis zu erarbeiten. Die *Earth System Sciences*[125] versammeln das Wissen über die Erde in ihrer Gesamtheit. Wohl wissend, dass der Mensch die biophysikalischen Systeme nicht nur beeinflusst, sondern – beim Klima besonders deutlich – grundlegend verändert hat, reflektieren *Earth System Sciences* die Auswirkungen auf die Stabilität des Systems Erde und suchen nach Wegen in Richtung globaler Nachhaltigkeit.

Dies ist freilich ein hoher Anspruch, der nur im Verbund weltweiter interdisziplinärer Forschung einzulösen ist. Eine solche Theorie hat zugleich die Aufgabe, konkrete Szenarien zu entwickeln, um eine systemische Zusammenschau von Einzelentwicklungen zu ermöglichen.

Die Schwierigkeiten liegen aber nicht nur auf der Seite der

Organisation von Wissen, sondern auch in der Funktionsweise der globalen Ökonomie. Solange die weltweiten Anreizsysteme das Falsche belohnen, etwa den unverantwortlichen Umgang mit Ressourcen und der Umwelt, Kinderarbeit und Steuerflucht, ist es schwierig, das Richtige zu tun. Selbst wenn man weiß, was das Richtige ist und wie es umzusetzen wäre.

Auch wenn die Unified Earth Theory derzeit lediglich eine Vision darstellt, können wir die Landkarte ihrer möglichen Themenfelder und deren Zusammenspiel hier schon einmal vermessen:

1. **Weltbevölkerungsentwicklung.** Unterschiedliche Entwicklungen werden betrachtet, auch im Verhältnis von armer und reicher Welt. Dabei zeigt sich, dass die Art und Weise, wie Menschen sich fortpflanzen, eng an Bildung und Sozialsysteme, aber auch an das absolute und relative Wohlstandsniveau gekoppelt ist.
2. Die nächste wichtige Dimension ist das **Wirtschaftswachstum** der verschiedenen Staaten, genauer: die abhängig vom jeweiligen Entwicklungsstand maximal erreichbaren Wachstumsraten. Aufholende Länder wie China und Indien besitzen ein deutlich höheres Potenzial als voll entwickelte Industriestaaten. In der Gesamtsicht spielen die Leitplanken der kritischen Ökosysteme eine entscheidende Rolle.
3. Des Weiteren wird untersucht, in welchem Umfang **sozialer Ausgleich** wohlstandsfördernd ist. Auf Grundlage der sogenannten Equity-Theorie geht es um einen balancierten Ausgleich als Voraussetzung für maximalen Wohlstand. Dabei zeigt sich, dass die größten sozialen Unterschiede heute nicht innerhalb von Staaten, sondern zwischen ihnen bestehen.
4. Zentral ist auch das Thema **technischer Fortschritt** entlang der Frage: Wie kann es gelingen, aus weniger (Natur-)Input mehr Output zu generieren? Dabei gilt es immer, den Bumerangeffekt im Auge zu behalten.

5. Die Themen **Klimaregime** und
6. **erneuerbare Energien** sind eng miteinander verknüpft. Wo sind die Potenziale für eine technische Erhöhung der Effizienz? Und welche Governance-Bedingungen (zum Beispiel Demokratie) werden benötigt, um in diesem Bereich erfolgreich zu sein?
7. Von entscheidender Bedeutung ist schließlich das Thema **Governance** in einem übergreifenden Sinne. Das betrifft Ideen wie Klimagerechtigkeit, weltweite Elemente von Demokratie, die Umsetzung der Millenniumsentwicklungsziele der Vereinten Nationen etc.

Die genannten Themen sind über nahchaotische Prozesse eng miteinander verknüpft. In einer systemtheoretischen Betrachtung werden sie zu »großen Bildern« zusammengeführt, aus denen sich unterschiedliche Entwicklungspfade für die nächsten 50 Jahre ergeben.

# 7. Drei Zukünfte

## Szenario 1: »Kollaps«

Auf jedem internationalen Flughafen bietet sich dasselbe Bild: Die aus aller Herren Länder kommenden Jugendlichen tragen die gleichen Hosen, die gleichen Schuhe, und aus ihren MP3-Playern kommt die gleiche Musik. Unabhängig von Hautfarbe oder Herkunft haben sie sich alle auf »ihren« Kode verständigt. Bei den Erwachsenen ist die Variationsbreite der Ausdrucksformen größer: Businessleute in Anzügen, Touristen und immer wieder Menschen in traditioneller Kleidung, egal ob aus arabischen, asiatischen oder afrikanischen Ländern. An Bord aber trinken alle die gleichen Softdrinks, blättern in den gleichen, meist englischsprachigen Magazinen, sehen die gleichen Filme, im Zweifelsfall eine Hollywood-Produktion. Ob Jugendliche, Kinder oder Erwachsene – auf den internationalen Flughäfen bietet sich ein Blick auf das gesamte Panorama der globalen Mittelschicht.[126]

Heute sind es deutlich mehr als eine Milliarde, die es dorthin geschafft haben. Bis zum Jahr 2050 sollen es mindestens doppelt so viele sein, die meisten werden aus Schwellen- und Entwicklungsländern kommen. Eine Forschungsgruppe hat in einem von der Europäischen Union geförderten Forschungsprojekt[127] die Folgen dieser Entwicklungen in mehreren Szenarien durchgerechnet. Das erste Szenario heißt »Kollaps«.

Wir denken uns die Entwicklung der globalen Mittelschicht und der Weltbevölkerung unter den Bedingungen des heutigen WTO-Regimes, dessen oberstes Prinzip der Freihandel ist. Es operiert konsensual, hält die Freiheitsrechte als Zielvorstellung hoch, weist zugleich im sozialen und kulturellen Bereich große Defizite auf und hat bisher die Grenzen des Ressourcenverbrauchs und der Verschmutzung der Umwelt auf Weltordnungsebene nicht verankern können. Die Forscher haben diesem Szenario ein Zahlengerüst gegeben. Danach werden auf der Nordhalbkugel im Jahr 2050 rund 1,6 Milliarden und im Süden 8,4 Milliarden Menschen leben. Aufgrund der deutlich gestiegenen Größe der Weltbevölkerung und der gewachsenen Ansprüche der globalen Mittelschicht steigt das Weltbruttosozialprodukt bis zum Jahr 2050 um das Vierzehnfache. Die technische Entwicklung hat in diesem Szenario zur Folge, dass die Bereitstellung von Produkten und Dienstleistungen pro Wertschöpfungseinheit deutlich weniger Ressourcen als heute verbraucht. Eine Dematerialisierung um den Faktor 7 ist bereits Realität.

Das ist durchaus ambitioniert und deutlich mehr als der von Ernst Ulrich von Weizsäcker vorgeschlagene Faktor 4 beziehungsweise 5.[128] Aber selbst ein Faktor 7 bringt keine Entlastung des ökologischen Trägersystems, denn der absolute Ressourcenverbrauch und die Verschmutzung der Umwelt nehmen weiter zu, und zwar auf das Doppelte. Textilien, Schuhe, überhaupt Güter niedriger Wertschöpfung, werden weiterhin in Billiglohnländern produziert, wodurch die globalen Warenströme unverändert anschwellen und eine dringend benötigte Regionalisierung der Produktion von Gütern niedriger Wertschöpfung nicht stattfindet. Man nutzt zwar Bildtelefone und Videokonferenzen, aber sie dienen nicht dazu, Geschäftsreisen überflüssig zu machen, ganz im Gegenteil: Unterwegs organisiert man schon wieder die nächste Reise. Unter gleichbleibenden ökonomischen Rahmenbedingungen ist der Bumerangeffekt nicht zu vermeiden.

Alles in allem bräuchte die Menschheit in diesem Szenario nicht wie heute 1,5 Planeten, sondern drei, vier, fünf oder noch mehr. Das wäre ein gewaltiger, auf Dauer nicht durchzuhaltender Raubbau an der Natur. Der WTO-Logik folgend setzt sich die Spaltung in Arm und Reich weiter fort, auch Europa bewegt sich weiter in

Richtung Ungleichheit, über das vergleichsweise niedrige US-Niveau deutlich hinaus. Im Jahr 2050 wird es demnach eine erheblich größere globale Mittelschicht geben, aber auch viele Slums in den entwickelten Ländern.

Das Ergebnis dieses von den Forschern entworfenen *business as usual*-Szenarios lautet: So kann es nicht weitergehen, die Dinge werden sich ändern müssen. Neben den sozialen und kulturellen Spannungen, die aus den extrem ungleichen Bedingungen resultieren, ergibt sich die größte Gefahr aus dem Zusammenbruch der ökologischen Systeme, der Kollaps. Bereits heute übersteigt der ökologische Fußabdruck der Menschheit die Regenerationsfähigkeit des Planeten um rund 50 Prozent. Man kann den Weg der Übernutzung der Prozesse zwar noch eine Zeitlang weitergehen, aber das geschieht immer nur zulasten der ökologischen Substanz und der folgenden Generationen. Schon deshalb sind die Wachstumszahlen des Szenarios eher hypothetischer Natur, unter diesen Umständen gibt das Biotop so viel gar nicht her.

Irgendwann ist der Bogen überspannt, und von einem bestimmten Punkt an eskalieren Ressourcenknappheit und Umweltzerstörung. Die Tatsache, dass viele ökologische Systeme nicht linear reagieren, spielt eine entscheidende Rolle. Wenn große Teile das Amazonas trockenfallen oder wenn der Permafrostboden auftaut und in großen Mengen Methan freisetzt, kann man nicht einfach zum Status ante zurückkehren. In vielen Fällen wird das nie mehr möglich sein. Sind die Geister einmal losgelassen, bekommt man sie nicht mehr in die Flasche zurück. Aus diesem Grund ist das Vorsorgeprinzip so wichtig.

Wasserknappheit wird Massenmigrationen auslösen, wie sie die Geschichte noch nicht erlebt hat. Um Fleisch, Fisch und Milchprodukte für die globale Mittelschicht zu erzeugen, wird Getreide durch Rinder, Schweine und Zuchtlachse »geschleust«. Der Verbrauch von Biomasse ist dabei um den Faktor 5 bis 15 höher, als wenn Menschen sich direkt von Getreideprodukten ernähren.

Diese Veredelung geht zulasten der ärmsten Milliarde Menschen auf dem Planeten, und massive Verteilungskonflikte sind die Folge.

Es käme zu dramatischen Rückwirkungen für die sozial Schwachen. Denkbar ist, dass mehrere Milliarden Menschen verhungern – die schlimmste Form von sozialer Unausgewogenheit. Und das gilt schließlich auch für den ökonomischen Bereich. Die weltweite Wertschöpfung würde in einem Kampf aller gegen alle dramatisch einbrechen. Ein Desaster.

Das Wort Ökologie hat für viele Menschen heute noch einen harmlosen Klang – in Zukunft aber steht es, wenn der Umbau der Industriegesellschaft gemäß Balancemodell nicht gelingt, für knallharte Einschränkungen und für ökonomisches und physisches Überleben. Ob Klima, Fischbestände oder Photosynthesekapazität – alle ökologischen Systeme der Erde sind mit Zeitbomben versehen[129], deren Zünder auf weniger als 50 Jahre eingestellt sind. Im Laufe der nächsten Jahrzehnte müssen sie entschärft werden.

Die Wahrscheinlichkeit eines Krieges um Ressourcen zwischen den USA und China ist nicht null, und auch zwischen der EU und den USA tun sich Gräben auf. Denkbar ist eine besondere Partnerschaft zwischen der EU und Russland. Russland gehört, neben Brasilien übrigens, zu den großen ökologischen Gläubigern dieser Welt. Während industrialisierte Länder in aller Regel weiter ökologische Schulden aufbauen, also mehr Natur verbrauchen, als sie selber reproduzieren, und folglich auf Importe angewiesen sind, verfügt Russland über große, noch nicht genutzte produktive Flächen und erhebliche Bodenschätze. Den ökologischen und Ressourcenkapazitäten der Staaten folgend sind ihre geopolitischen Gewichte bereits in Bewegung. Zwischen 2030 und 2050, so kalkuliert die erwähnte Forschungsgruppe für das *business as usual*-Szenario, gerät die Entwicklung außer Kontrolle und geht in einen gefährlichen und chaotischen Zustand über, der hier mit dem Begriff (ökologischer) Kollaps gekennzeichnet wird.

Das Szenario »Kollaps« beschwört einen Kampf ums nackte Überleben und Konflikte bis zu Mord und Totschlag herauf. Bereits heute ist zu beobachten, wie die enormen materiellen Ungleichheiten zwischen Nord und Süd in Hass, Kampf und Terror münden. Dieses Szenario führt in den globalen Kollaps und ist offensichtlich nicht zukunftsfähig.

Die Szenarien folgen zwei Fragen, die hier auch unter weltethischen Anliegen aufgeworfen werden. Erstens: Wird es gelingen, die Grenzen des Ressourcenverbrauchs und der Umweltbelastungen in die internationalen Rechts- und Wirtschaftsordnungen zu implementieren? Das müsste über Gebote und Verbote, Auflagen und Vorgaben, Anreiz- und Preissysteme erfolgen. Für das Szenario »Kollaps« lautet die Antwort »Nein«. Durch verstärkte Sicherheitsmaßnahmen kann es zwar gelingen, die allgemeine Ordnung aufrechtzuerhalten, aber der Zusammenbruch wird so nur hinausgeschoben.

Zweitens: Wenn es gelingen sollte, den Kollaps der ökologischen Trägersysteme zu vermeiden, wenn die erste Frage also mit »Ja« beantwortet werden würde, wie sähe das aus? Hier gibt es zwei Möglichkeiten: Entweder würden die beteiligten Akteure im Sinne eines Ausgleichs zu einer Verständigung finden und die bürgerlichen Freiheitsrechte blieben weiter in Kraft. Oder aber die materielle, ökologische und kulturelle Spaltung würde noch tiefer werden, und zur Aufrechterhaltung der Ordnung würden die bürgerlichen Freiheitsrechte außer Kraft gesetzt. Dann handelt es sich nicht mehr um ein demokratisch legitimiertes System, sondern um eine ökodiktatorische Lösung und eine Brasilianisierung.

Diese Szenarien sind keine Fantasieprodukte, sie treten mit dem Anspruch auf, Grundtypen der möglichen zukünftigen Entwicklung in den nächsten Jahrzehnten zu beschreiben. Mathematisch gesprochen sind sie wie Vertiefungen in einer Ebene, in der sich zirkulierende Kugeln sammeln. Eines der Szenarien wird für uns Wirklichkeit werden.

An dieser Stelle kommt die doppelte Zurückhaltung ins Spiel. Die erste Zurückhaltung bezieht sich auf die Menschheit als ganze, die ihr Biotop in Ordnung halten muss. Die zweite zielt auf den Norden, der dem Süden Raum gibt, damit er aufholen und sich entfalten kann, während die Menschheit als Ganzes die erste Zurückhaltung praktiziert. Gesetzt den Fall, der Superorganismus Menschheit brächte die Klugheit auf, sich einen Weltvertrag zu geben und ein entsprechendes Programm zu realisieren, angenommen, er fände zu einer intelligenten Art und Weise, mit Grenzen umzugehen, dann wäre ein ökosoziales Weltwirtschaftswunder durchaus machbar.

Die Wahrscheinlichkeit des *business as usual*-Szenarios, bei dem die Menschheit den Globus ökologisch ins Aus katapultiert, liegt nach Schätzungen bei etwa 15 Prozent. In einer Situation, in der entweder die Menschen eine Lösung finden oder die Natur entscheidet, werden wir alle, vor allem aber die Machteliten, aufs Äußerste gefordert sein und gegebenenfalls Gewalt einsetzen, um den Kollaps zu verhindern.

Aus der Geschichte wissen wir, dass das Zeitfenster, in dem man überhaupt noch friedlich agieren kann, immer kleiner wird, je länger man wartet. Unter dem Druck kurzfristiger Ereignisse und Katastrophen überwiegt die Tendenz, die eigene Haut zu retten, sich abzuschirmen und einzubunkern, das heißt, wenn man zu lange wartet, bleiben nur noch brutale Lösungen.

## Szenario 2: »Ökodiktatur / Brasilianisierung«

Vielleicht sind es zuerst die Fischgründe, die kollabieren, dann könnten von heute auf morgen ganze Industriezweige ausfallen und wichtige Proteinlieferanten versiegen. Vielleicht ist es ein abrupter Klimawechsel, gefolgt von Nahrungsmittelknappheit und Trinkwassermangel, der dazu führt, dass Europa und Asien von

Migrantenströmen überlaufen werden, während die USA sich, möglicherweise im Verbund mit Kanada, hinter ihren Küstenlinien verschanzen und ihr Territorium zu einer Festung ausbauen. So wird es zumindest in einem Szenario durchdekliniert, das Forscher der Rand Corporation im Auftrag der amerikanischen Sicherheitsbehörden analysiert haben.[130]

Vielleicht löst aber auch das Öl die erste Katastrophe aus. Die Internationale Energieagentur (IEA) in Paris geht davon aus, dass der Förderhöhepunkt für konventionelles Öl bereits erreicht ist.[131] Dabei laufen Ölvorkommen nicht einfach leer wie ein Tank, vielmehr folgen sie einem typischen Lebenszyklus: Zunächst steigt die Förderung an, dann verharrt sie eine gewisse Zeit lang auf einem bestimmten Niveau, um anschließend kontinuierlich zu sinken. Die USA, einst größter Ölproduzent der Welt, haben diese Erfahrung bereits hinter sich, denn der Höhepunkt ihrer nationalen Förderung war 1970. Ist der Zenit erreicht, wird die Nachfrage das Angebot für das wichtigste Schmiermittel der Weltwirtschaft endgültig übersteigen. Die entscheidende Frage ist also nicht, wie lange das Öl noch reicht, denn es geht nicht um den »letzten Tropfen«. Vielmehr geht es darum, wie viel man jährlich mit vernünftigem oder erhöhtem Aufwand fördern kann, wann der Aufwand zu hoch wird und wann die Preise bei weiter wachsender Nachfrage, insbesondere aus Asien, dramatisch ansteigen.

Die Umstellung auf Gas oder Kohle, geschweige denn auf solare Energiequellen kostet viel Zeit und Geld. Nach einem halben Jahrhundert hoher Investitionen trägt die Atomkraft nur ungefähr 6 Prozent zur weltweiten Primärenergieerzeugung bei. Wollte man diesen Anteil spürbar erhöhen, würde die Welt mit Atomkraftwerken zugebaut – ein Weg, der aus politischen, sicherheitstechnischen und ressourcentechnischen Gründen nur schwer denkbar ist. Auch die Hoffnung auf Fusionsreaktoren, die das Geschehen in der Sonne nachbilden und auf diesem Wege Energie freisetzen sollen, hat sich bislang nicht erfüllt. Wenn überhaupt, wird diese

Technik erst in der zweiten Hälfte des 21. Jahrhunderts zur Verfügung stehen.

Wie ist es um die nichtkonventionellen Ölvorkommen bestellt? Das Alberta-Becken im westlichen Kanada birgt ungeheure Mengen an Ölmuttergestein oder Ölsanden. Daraus könnte man diesen Rohstoff in großem Stil gewinnen, in geringem Umfang geschieht das bereits, aber zu viel höheren Preisen als beim konventionellen Öl. Der Prozess ist schmutzig und kompliziert, denn pro Barrel Öl muss tonnenweise Sand mit heißem Wasser herausgespült und das so gewonnene Gemisch mit einem Erdölprodukt verdünnt werden. Zurück bleiben vollends zerstörte Landschaften. Eine echte Energiegewinnung findet dabei kaum statt, denn der Prozess ist so aufwendig, dass sich die Bilanz aus eingesetzter und gewonnener Energie nahezu als Nullsummenspiel darstellt.[133]

All diese Probleme wären zu vermeiden, wenn wir in internationaler Kooperation die Industriegesellschaft umbauen und das Klimaproblem lösen. Das wird wahrscheinlich beinhalten müssen, deutlich weniger Öl, Gas und Kohle zu fördern – denn einmal gefördert, werden diese fossilen Energieträger rasch genutzt werden, und dabei wird Kohlendioxid in die Atmosphäre entlassen. Aber dieser Weg in Richtung Balance braucht Kooperation und rasche Vereinbarungen über Internalisierung externer Kosten etc. In dem soeben betrachteten Szenario gelingt das nicht.

Der Förderhöhepunkt von Erdöl *(peak oil)* wird einen gewaltigen Preisschub auslösen, und zwar entlang der gesamten Wertschöpfungskette. Er wird Fahrzeuge und Gebäude genauso betreffen wie Konsumgüter aller Art. Auch regenerative Quellen, zum Beispiel die Windenergie, basieren insofern heute noch auf billigem Öl, als es gebraucht wird, um Windräder, Transport- und Servicefahrzeuge herzustellen oder zu betreiben. Besonders die amerikanische Bevölkerung wird noch stärker zu spüren bekommen, dass die dezentralen Siedlungsstrukturen mit ihren langen Fahrzeiten zwischen Städten und Vororten mit dem Zwang zu niedrigen Benzinpreisen erkauft sind. Auch die industrialisierte, hochproduktive Landwirtschaft ist ausgesprochen energieintensiv, das betrifft zum Beispiel Kunstdünger und die weltweite Logistik. Lebensmittel und Wasser werden teurer werden, eine drastische Inflation ist unvermeidbar. Was dann?

Dann werden sich nur noch die Reichen in den reichen Ländern Öl leisten können, und arme Länder werden weiter zurückfallen. Alle wichtigen Mächte – USA, Europa, Russland und die Aufsteiger China und Indien – geben ihrer Ressourcensicherheit mittlerweile politische Priorität und stecken ihre Claims ab. Nur Russland kann sich derzeit noch selber mit Energie versorgen, alle anderen müssen um ihren Zugang zu Ressourcen kämpfen. Eine Studie der Bundeswehr[133] warnt davor, *peak oil* versetze ölproduzierende Staaten in die Lage, ihre Interessen offensiv durchzusetzen, staatliche Rationierung von Treibstoffen in Industrieländern sei durchaus möglich. Weil der Gütertransport weit überwiegend auf Erdöl angewiesen ist, könnten Versorgungsengpässe entstehen, insbesondere bei Nahrungsmitteln.

Es handelt sich um ein typisches Gefangenendilemma: Man konkurriert um die letzten Lagerstätten, man bekämpft und bekriegt sich, obwohl alle wissen, dass eine faire und friedliche Lösung nur gemeinsam zu finden ist. In der Zwischenzeit sollte insbesondere forciert nach sinnvollen Alternativen gesucht werden, was bisher viel zu wenig geschieht.

Das Szenario »Ökodiktatur / Brasilianisierung« beinhaltet, dass die unvermeidbaren, aus Naturgesetzen resultierenden Begrenzungen beim Ressourcenverbrauch und bei der Umweltverschmutzung auf brutale Weise ins weltökonomische System einbezogen werden, nur wenige profitieren davon. Ein Kollaps des Trägersystems Erde wird so zwar vermieden, allerdings nicht auf komfortable und wahrscheinlich nicht auf friedliche Weise. Über Macht und Druck, etwa durch entsprechende Preissysteme bei völlig asymmetrischer Ausgangssituation, massiven Einsatz von Sicherheitsstrukturen und durch militärische Kontrollen auf den Ölfeldern wird der ökologische Zusammenbruch auf Kosten der sozialen Balance verhindert.

Für dieses Szenario wurde ein Wachstum des Weltbruttosozialprodukts bis zum Jahr 2050 um den Faktor 6 errechnet, also deutlich geringer als im Szenario »Kollaps«. Außerdem wandern erhebliche Teile der Wertschöpfung in Rüstung und Militär. Die Ressourcenproduktivität steigt ebenfalls um den Faktor 6. Allerdings bleibt die Verteilung der Wertschöpfung zwischen Nord und Süd extrem ungleich, noch drastischer als im *business as usual*-Szenario. Dabei steigt auch die Verarmung im Norden. Zugleich wird die Zunahme der Weltbevölkerung kaum gebremst. Für 2050 prognostiziert das Szenario »Ökodiktatur / Brasilianisierung« im Norden zwar nur 1,4 Milliarden Menschen – also deutlich weniger als im Szenario »Kollaps« –, weil die Migration in die entwickelten Länder in zunehmendem Maße unterbunden werden wird. Im Süden dagegen werden sich 8,6 Milliarden Menschen ballen, denn erfahrungsgemäß führen Armut und soziale Ungleichheiten zu hohen Geburtenraten.

Wenn der soziale Ausgleich misslingt, wenn eine kleine Elite in staatlich regulierten Märkten die meisten Menschen als Unterklasse einmauert, kann sie möglicherweise den Schutz der Umwelt und der Ressourcenbasis auf Kosten der sozialen Situation der großen Mehrheit der Bevölkerung durchsetzen. Dies könnte auch eine Zukunft für die gesamte Welt werden: eine Zweiklassengesellschaft, erzwungen durch die Kontingentierung knapper Ressourcen. Wenn 95 Prozent und mehr der Menschen weltweit kein Fleisch mehr essen, kein Benzin mehr erhalten und in ungeheizten Räumen leben, weil sie sich all dies nicht mehr leisten können, werden Umwelt- und Ressourcenbasis zwar geschützt. Aber um welchen Preis!

Dies wäre eine besondere Form der Brasilianisierung, nämlich bei funktionierenden Märkten und deshalb punktuellem Wohlstand. Für die große Mehrheit der Bevölkerung bedeutete dies ein Armutsregime. Die Qualifikation von Arbeitnehmern ginge verloren. Weniger Automation und mehr körperliche Arbeit sind zu erwarten.

In mancher Hinsicht erinnert eine solche Gesellschaft an alte Plantagenwirtschaften, mit klar gegliedertem Oben und Unten, für Teile der Eliten wäre eine solche Entwicklung durchaus attraktiv. Aber neofeudale Strukturen schwächen die Demokratie. Sie wird dann rasch zur formalen Hülle. Die Wahrscheinlichkeit dieses Szenarios liegt bei etwa 40 Prozent und ist damit relativ hoch. Das ist die Welt, in der unsere Kinder vielleicht einmal leben werden. Nicht nur sie, sondern sehr viele, die dieses Buch lesen.

Denkbar ist auch, dass die Kräfte des Marktes ausgehebelt werden. In diesem Fall würde man mit einer planwirtschaftlichen Struktur die Umwelt rigide schützen und das wenige, was dann noch produziert wird, einigermaßen gerecht verteilen. Ein sozialer Ausgleich fände zwar statt, aber auf extrem niedrigem Wohlstandsniveau, weit unterhalb der Möglichkeiten. Auch dies ist eine Form der Brasilianisierung, auch sie geht mit extremer Armut weiter Teile der Bevölkerung einher, allerdings ohne neofeudale Eliten. Das Sagen hätte dann wahrscheinlich eine Nomenklatura, ähnlich der, wie wir sie aus kommunistischen Staaten kennen – auch keine komfortable Perspektive (geschätzte Wahrscheinlichkeit: 10 Prozent).

Vermutlich wird der Widerstand weiter Teile der Bevölkerung gegenüber dem extrem asymmetrischen Entwicklungsmuster der Brasilianisierung sehr hoch sein. Unterschiedliche Formen von Widerstand bis hin zu Bürgerkrieg und Terror sind zu erwarten. Brücken, Tunnel, große Öl- und Gastanks, Kernkraftwerke, Dämme, U-Bahnen, Züge, große Sportarenen und ganz besonders weitflächige Trinkwasserreservoirs könnten Ziele von Anschlägen sein. Damit verglichen wären die schmerzlichen Ereignisse vom 11. September 2001 nur Anschläge mittlerer Größe.

Sicherheits- und Informationstechnik werden deshalb im ressourcendiktatorischen Szenario und im Kontext der Brasilianisierung äußerst wichtig. George Orwells Roman *1984* ist nichts gegen die Möglichkeiten, die moderne Informations- und Kommunikationstechnik heute schon bieten. Die Situation verändert sich noch einmal gravierend, wenn in vielleicht 20 Jahren viele Kleidungsstücke mit Chips bestückt sein werden oder alle Menschen bei der Geburt einen Chip eingepflanzt bekommen. Dann wäre die lückenlose Kontrolle perfekt. Begründet würde sie vermutlich mit dem Hinweis, dass anders die Sicherheit in einer Welt mit »dunklen Mächten« nicht zu gewährleisten sei. Wobei die Frage im Raum steht, wer hier eigentlich die »dunklen Mächte« sind.

Die Informations- und Kommunikationstechnik ist das mächtigste Werkzeug, über das wir derzeit verfügen. Unter öko- beziehungsweise ressourcendiktatorischen Vorzeichen oder in einer Welt des Kampfes großer Bevölkerungsteile gegen eine nicht akzeptierte Brasilianisierung wird es zum Instrument der totalen Kontrolle. Demgegenüber könnte unter ökosozialen Bedingungen dieselbe Technik weltweite Sozialsysteme unterstützen, für ein Monitoring der globalen Ökosysteme sorgen oder die Tele-Ausbildung noch an die entlegenste Stelle der Welt und bis in das am weitesten entfernte afrikanische Dorf tragen. Unter vernünftigen Rahmenbedingungen könnte sie zugleich zum Schlüssel einer gewaltigen Dematerialisierung werden, wie heute schon in den Bankinfrastrukturen des Südens, die zunehmend auf der Nutzung der Mobiltelefonie beruhen.

Das Szenario »Ökodiktatur/Brasilianisierung« führt zwar zu einer Stabilisierung im Ressourcen- und Umweltbereich, aber nur zulasten des sozialen Ausgleichs und der Balance zwischen den Kulturen. Das ist vermutlich das wahrscheinlichste Szenario. Auf längere Sicht ist aber denkbar, dass die Situation nicht zu kontrollieren ist und – trotz aller Überwachungsmaßnahmen – in Revolten und Terror und damit einen politischen Kollaps mündet.

## Szenario 3: »Globale Ökosoziale Marktwirtschaft«

Wenn es gelingt, die Begrenzungen bei den Ressourcen- und Umweltfragen in die globalen Rechts- und Wirtschaftsordnungen zu integrieren – und wenn dies auch noch friedlich und im weltweiten Konsens unter Wahrung bürgerlicher Freiheitsrechte geschieht –, hat sich das Szenario der globalen Ökosozialen Marktwirtschaft durchgesetzt. Es ist wohl das einzig vorstellbare, mit Nachhaltigkeit kompatible Zukunftsszenario. Eine Welt, die diesem Prinzip folgt, hätte sicher ihre eigenen Probleme, wäre von ihrer Struktur her aber gut darauf vorbereitet, sie zu bewältigen. Nach diesem Szenario würde die Welt im Jahr 2050 ein Niveau sozialen Ausgleichs erreichen, wie wir es derzeit in den USA oder der Europäischen Union als supranationale Struktur vorfinden. Das wäre von der sozialen Balance her zwar immer noch spürbar schlechter als in den relativ ausgeglichenen Ländern Nord- und Mitteleuropas, aber gemessen am durchschnittlichen Zustand der heutigen Welt würde es dennoch einen großen Fortschritt bedeuten, erst recht im Verhältnis zur heutigen »globalen Apartheid« betrachtet. Der soziale Ausgleich beinhaltet den Schutz ökonomisch schwächerer Kulturen wie Religionsgemeinschaften oder Stämme. Es wäre eine Welt, die das Prinzip der Generationengerechtigkeit ernst nimmt und Weltbürgertum und Weltdemokratie hervorbringen würde. Eine Welt, in der auf Dauer technische und kulturelle Innovationen deutlich langsamer und reibungsloser erfolgen würden, als das heute der Fall ist, und in der auch das Bevölkerungsproblem zu lösen wäre: Im Norden werden in diesem Szenario um das Jahr 2050 herum etwa zwei Milliarden Menschen leben, im Süden acht Milliarden. Schon 2050 wird der Zenit der Weltbevölkerungsgröße erreicht sein, dann trägt die Erde rund zehn Milliarden Menschen, im weiteren Verlauf der Geschichte dürfte die Zahl dann über längere Zeit sinken. Im Rahmen des Szenarios »Globale Ökosoziale Marktwirtschaft« kommt es zu einem doppelten Faktor 10. Die Wirtschaft wäre danach in der Lage, bei einem vergleichbaren Ressourcenverbrauch wie heute zehnmal so viele Produkte und Dienstleistungen zur Verfügung zu stellen, weil sie zehnmal sauberer und umweltschonender arbeitet. Eine Welt also, die, verglichen mit dem Szenario »Ökodiktatur / Brasilianisierung«, deutlich reicher ist.

Internationale Transporte sind heute fast frei von Steuern. Dabei geht es um gewaltige Volumina. Die indirekte Subventionierung von Kerosin und Schiffsdiesel fördert die globalen Transportketten und schädigt die regionalen Strukturen. Wir haben uns daran gewöhnt, dass Waren um den halben Globus geflogen werden, obwohl wir wissen, dass dies massiv zulasten der Umwelt, der Bauern in den reichen Ländern und der wenig Qualifizierten hierzulande geht. Ein vernünftiges ökosoziales Design der Regelwerke würde dem ein Ende setzen und eine Re-Regionalisierung großer Teile der Landwirtschaft nach sich ziehen. Insgesamt ginge der Transport von Gütern geringer Wertschöpfung rund um den Globus erheblich zurück, und die Handelsstrukturen würden sich langsam und nachhaltig verschieben.

Die Ökosoziale Marktwirtschaft wurzelt in europäischen Erfahrungen des rheinischen Kapitalismus, im niederländischen Polder-Modell und in asiatischen Traditionen des Ausgleichs. Zu denken ist hier vor allem an Familiennetzwerke, in denen das Einkommen, zum Beispiel des Familienoberhaupts, breit verteilt wird. Die gleiche Wirkung erzeugen Entlohnungssysteme, die relativ homogen sind und keine großen Ausschläge nach oben oder unten aufweisen, wie das etwa in Japan der Fall ist. Beides kann Ähnliches bewirken wie öffentlich organisierte Sozialsysteme europäischer Tradition. Entscheidend ist hier nicht die Methode, sondern das Ergebnis, nämlich die Balance.

Die Ökosoziale Marktwirtschaft steht für Reichtum, der sich im Einklang mit der Ökologie und in einer sozialkulturellen Balance befindet. Die Frage nach dem Lebensstil ist eine individuelle Entscheidung. Ganz im Sinne einer Philosophie, wie sie beispielsweise im Rahmen des Weltkulturforums in Dresden entwickelt wird. Wenn ein Mensch zu dem Schluss kommt, dass weniger mehr ist, dass sein eigenes Leben ohne Zweitauto, mit nur 5 statt 50 Paar Schuhen besser ist, dann ist das seine Sache, das kann man nicht vorschreiben. Ein verordneter Lebensstil wird gesellschaftlich keinen Konsens finden, weil er sich gegen das Prinzip der Freiheit richtet.

Andere Notwendigkeiten allerdings erzeugen sehr wohl andere Lebensstile. Wenn wir beispielsweise nicht grundsätzlich neue Quellen erschließen können, wird Energie in absehbarer Zeit erheblich teurer werden, das heißt, Mobilität und Reisen werden kostenintensiver. Nicht angenehm für den Einzelnen, aber besser für die Welt und ihre Zukunftsfähigkeit. Und eine Verteuerung der Energie ist unter den beschriebenen Bedingungen zukunftsfähig und logisch geboten und daher letztlich auch akzeptabel. Bei derartigen Preisstrukturen trifft der Mensch dann, wie heute auch, Entscheidungen, die möglichst weitgehend zu einem für ihn befriedigenden Lebensstil führen. Vielleicht nicht, weil er das, was er entscheidet, eigentlich will, und auch nicht, weil ihm dies jemand aus politisch-philosophischen Gründen aufzwingt, sondern weil die Verhältnisse in der Welt so sind, wie sie sind. Und weil es vernünftige Vertragsbedingungen gibt, die den Globus intakt halten und mit der Würde aller Menschen kompatibel sind. Mehr ist für den Einzelnen dann nicht drin. Selbst nicht unter Bedingungen eines doppelten Faktors 10, also eines zehnfach größeren Weltbruttosozialprodukts, bei zehnfach schonenderem Umgang mit der Natur pro erzeugter Wertschöpfungseinheit innerhalb eines angenommenen Zeitraums bis 2050 oder 2100. Kurz: Andere Preisstrukturen führen zu anderem Verhalten und anderen Lebensstilen, erzwingen aber keinen neuen Menschen. Was sich ändert, sind die Bedingungen, unter denen der Mensch zu Entscheidungen gelangt – zu anderen nämlich.

Nicht nur Mobilität wird teuer, sondern auch Fleisch und Fisch.

In anderen Bereichen könnte es dafür Angebote geben, die wir uns heute nicht erlauben können. Etwa im kulturellen Bereich oder beim persönlichen Coaching: der Privatlehrer für Spracherwerb, für ein gesundes Leben, für Persönlichkeitsentfaltung. Finanziell gesehen führen solche Dienstleistungen zu Wachstum, aber einem, das deutlich weniger Ressourcen verbraucht. Auch wenn die Lebensstile dematerialisiert werden, bedeutet das nicht, dass das »Wünschen« einfach aufhört, aber beim Stand der Technik, der Anzahl der Menschen sowie unter Beachtung der Menschenwürde aller und der nicht veränderbaren Begrenzungen bezüglich der Umwelt und den Ressourcen ist genug dann eben genug. Mehr kann der Einzelne sich nicht leisten, genau wie heute, nur unter anderen Rahmenbedingungen.

Weisheit besteht darin, das Notwendige früh zu tun, um die mit der erforderlichen Transformation verbundenen Schmerzen möglichst gering zu halten. Im wohlverstandenen Eigeninteresse wäre es klug, die Spielregeln dahin gehend zu verändern, dass sich die Entwicklungspotenziale des Einzelnen wie auch der Menschheit insgesamt entfalten können, übrigens getreu dem Motto von AIESEC, der größten Studentenorganisation weltweit.

Wie arm ist eine Welt, in der Millionen von Menschen keine Arbeit finden, alimentiert und ruhiggestellt werden? Wie arm ist eine afrikanische Frau, wenn sie drei Stunden täglich zum Brunnen und wieder zurück laufen muss, nur um ein paar Liter Wasser zu holen? Und wieso lassen wir dies zu, obwohl eine Überwindung dieser Verhältnisse möglich wäre?

## Europa als Erfolgsmodell

Die aktuelle Lage ist ausgesprochen labil. In den derzeit stattfindenden weltpolitischen Prozessen gibt es von allen betrachteten Zukunftsszenarien etwas: (1) den Raubbau an Umwelt und Ressourcen und in der Folge die Gefahr des ökologischen Kollapses und (2) den massiven sozialen Rückbau in den entwickelten Ländern und damit Prozesse, die in Richtung Brasilianisierung/Ressourcendiktatur weisen. Auf der anderen Seite treten (3) auch ökosoziale Elemente zutage, etwa in der Politik der Europäischen Union. Wir befinden uns im Sinne der Chaostheorie in der Nähe eines Verzweigungspunktes[134]. Das heißt, Ereignisse in der Politik, in der Wirtschaft, im militärischen Bereich, auch Terrorakte etc. können in der momentanen Situation kaskadenhafte Folgeeffekte extremer Größe nach sich ziehen (*tipping point*-Situation[135]).

Die Globalisierungsprozesse weisen so, wie sie heute organisiert sind, in die verkehrte Richtung. Was für die Mehrheit der Menschen und für die Umwelt genau das Falsche ist, ist unter den gegebenen Spielregeln für die Gewinner dieser zerstörerischen Prozesse gerade das Attraktive – auch wenn sie nicht zugeben würden, dass sie die Negativkonsequenzen ihrer Handlungen akzeptieren. Schnell ist die Schuld bei finsteren Potentaten oder Sozialschmarotzern gefunden, die angeblich dazu beitragen, dass auf diesem Globus am Ende immer das Gegenteil von dem herauskommt, was angeblich alle wollen. In Wirklichkeit sind aber die systemischen Bedingungen die Wurzel des Übels, die ihrerseits auch noch finstere Potentaten und Sozialschmarotzer hervorbringen.

Die Europäische Union ist heute das erfolgreichste Modell der Globalisierung, genauer: das Modell einer supranationalen Governance. Länder, die im Laufe ihrer Geschichte immer wieder miteinander in Kriege verwickelt waren, haben es geschafft, zu echter Zusammenarbeit zu finden. Sie haben freiwillig einen Teil ihrer Souveränität auf eine höhere, supranationale Ebene delegiert, wobei aus gutem Grund kleinere Länder überproportional viel Einfluss relativ zu ihrer Bevölkerungsgröße erhalten. Dies ist das genaue Gegenteil einer Global Governance, wie sie von Seiten der USA verfolgt wird.

Unter dem europäischen Ansatz ist ein relativ reicher, sozial ausgewogener Raum entstanden, der sich nicht als Festung nach außen abschottet, sondern eine aktive Erweiterung betreibt und zu einem Magneten für seine Nachbarn geworden ist. Die Art und Weise, wie Europa seine Erweiterungsprozesse organisiert, ist eine nicht zu unterschätzende historische Leistung und ein gutes Beispiel für das, was weltweit erforderlich wäre.[136]

Diese Erfahrung könnte daher geradezu ein Modell für eine bessere Globalisierungsgestaltung darstellen und auch dafür, wie man Aufholprozesse konstruktiv organisiert. Das entscheidende Prinzip ist ein fairer Vertrag zwischen entwickelten und weniger entwickelten Ländern. In diesem Rahmen verzichten die Beitrittsländer auf einen Teil ihrer Wettbewerbsvorteile wie niedrige Umweltstandards, Billiglöhne bis hin zur Kinderarbeit, also das, was wir gerne als »Dumping« umschreiben. Möglich wird die Akzeptanz der Standards nur durch die Beteiligung am gemeinsamen Markt einerseits und durch eine Kofinanzierung der neuen Partner andererseits. Im Falle der EU-Erweiterungen sind es in der Regel 0,3 Prozent des Bruttosozialprodukts, die umgeschichtet werden. Mit vergleichsweise geringen Mitteln kann man auf diese Weise über Hebeleffekte enorme Entwicklungen anstoßen. So gewinnen die Geberländer neue potente Handelspartner, und ihre Investitionen in Kofinanzierung werden dadurch mehr als ausgeglichen.

In diesem Sinne gilt es, eine gerechtere Globalisierung zu organisieren und überall auf der Welt Mittel zu generieren für gezielte Entwicklungsprozesse, für bessere Ernährung und Ausbildung, Frauenförderung und für Gesundheits- und Rentensysteme. So wird ein Weltwirtschaftswunder möglich, das sich aus humanen, sozialen und ethischen Qualitäten speist.

Den Unterschied zwischen der Globalisierung nach europäischer und nach marktradikaler Logik kann man an der Grenze zwischen den USA und Mexiko, innerhalb der nordamerikanischen Freihandelszone NAFTA, beobachten. Dort werden Zäune und Mauern gebaut wie einst in Berlin, während die Grenzen innerhalb der EU immer durchlässiger werden. »Mauern« sind dabei teils physisch, teils virtuell. Statt Beton und Hundelaufanlagen kommen Bodensensoren, Infrarotkameras und unbemannte Aufklärungsflugzeuge zum Einsatz. Auch das ist (technischer) Fortschritt.

Europa, ein vergleichsweise reicher und sozial ausgeglichener Kontinent, könnte im Prozess einer besseren Gestaltung der Globalisierung eine besondere Rolle spielen. Wir Europäer sollten uns überlegen, wie wir uns international noch stärker ökosozial positionieren und zugleich die Entwicklungen auf diesem Globus in diese Richtung bewegen.

Eine Studie des früheren Bundesministeriums für Wirtschaft und Arbeit[137] weist aus, dass man innerhalb der großen separaten Zeitzonen auf diesem Globus in der Frage der Besteuerung von Finanztransaktionen eigenständig operieren kann. Dies ist wichtig bei dem derzeit auf G-20-Ebene diskutierten Thema.[138] Europa, inklusive der Schweiz, bildet eine solche Zeitzone. Diese Konstellation erlaubt uns Europäern, auch im Alleingang mit der Abgabe auf Finanztransaktionen wie auch auf Kerosin im Flugverkehr und auf Treibstoff im Schiffsverkehr zu beginnen. Für die internationale Positionierung ist dabei wichtig, dass die entsprechenden Einnahmen primär für die Finanzierung europäischer Aufgaben und für die Finanzierung globaler Entwicklungsprozesse eingesetzt werden, nicht aber für die Erhöhung nationaler Etats.

Europa muss sich in all diesen Themen und in Abgrenzung zum Marktfundamentalismus und zur Freihandelslogik deutlicher artikulieren und zu seiner Wurzel, der Ökosozialen Marktwirtschaft, bekennen. Dazu ist freilich ein klarer und erklärter politischer Wille Voraussetzung. Würde man so verfahren, entstünde in der Bevölkerung ein positiveres Bild von Europa und der europäischen Verfassung. Europa darf den Marktfundamentalisten nicht die Hoheit in der Debatte überlassen, sondern muss ihnen auf wissenschaftlicher und intellektueller Basis die Stirn bieten. Dafür sind die Voraussetzungen nach der Weltfinanz- und Weltwirtschaftskrise besser als zuvor. Europa muss den Mut haben, für den eigenen Weg einzutreten, so wie zumindest einige europäische Staaten im Irakkrieg eindeutig Position gegen das völkerrechtswidrige Vorgehen der USA bezogen haben.[139]

## Wie schafft man einen Weltvertrag?

Die Zukunft des Kyoto-Vertrags sähe im besten Fall so aus, dass sich die Welt insgesamt auf eine Obergrenze von Kohlendioxidemissionen mit fallender Tendenz verständigt. Jeder Mensch auf dem Globus hätte die gleichen Verschmutzungsrechte, es würde die bereits beschriebene Klimagerechtigkeit herrschen. Die Rechte wären, so wie es auf EU-Ebene bereits heute der Fall ist, handelbar, das heißt, der Norden könnte und müsste Rechte zukaufen, dem Süden würden dadurch Mittel zufließen, die er dafür einsetzen könnte, sich weiterzuentwickeln. Das wäre eine der denkbaren Formen von Kofinanzierung. Da der Norden sogar im großen Maßstab Verschmutzungsrechte erwerben müsste, käme dies im Effekt einer globalen Ökosteuer gleich, die sich auf Dauer nach oben justieren und den Vorteil haben würde, wettbewerbsneutral zu wirken.

Auf den ersten Blick ist ersichtlich, wie gewaltig die Herausforderungen sind, um eine solche Lösung weltweit zu etablieren. Die größte Hürde ist, dass sich die wichtigsten »Spieler« auf ein gemeinsames Vorgehen einigen und es vertraglich festlegen müssten. Doch nicht ein optimierter Kyoto-Vertrag ist das Ziel, sondern letztlich ein Weltvertrag[140] mit einem *Grand Design,* das unterschiedliche Dimensionen ins Gleichgewicht bringt, ökonomische und ökologische ebenso wie soziale und kulturelle.

Ob dieses Ziel jemals erreicht werden wird, ist ungewiss. Technik und institutionelles Design bilden eine Chance, nicht mehr und nicht weniger. Die entscheidenden Hindernisse liegen in der schwierigen Verhandlungssituation. Gespräche brauchen Zeit, und wenn es nicht gelingt, frühzeitig zu zielführenden Entscheidungen zu kommen, wächst der Druck, kurzfristig zu handeln.

Krisen haben ein Doppelgesicht. Sie bieten eine Chance für den Wandel. Sie sind aber auch ein Einfallstor für Gefahren. Die *Schockstrategie,* die Naomi Klein[141] in ihrem Buch beschreibt, besteht darin, dass marktradikale Kräfte Zeiten tiefer Verunsicherung blitzartig nutzen, um ihre lange vorher erarbeiteten Blaupausen herauszuziehen. Während der Schreck über kollabierende Märkte, Hyperinflation oder wie immer geartete chaotische Zustände den Großteil der Bevölkerung paralysiert, nutzen ein paar wenige die Krise offensiv, setzen ihre Vorstellungen durch und schaffen Fakten.

Wenn überhaupt, kann das Ringen um einen Weltvertrag nur in enger Wechselwirkung zwischen den Regierungen, den international operierenden Konzernen und der Weltzivilgesellschaft Erfolg haben. Hierbei spielen auch die Wissenschaft, die Medien, die Religionsgemeinschaften und die Rechtssysteme eine große Rolle.

Wir kennen die Zukunft nicht. Die Wissenschaft hilft, die systemischen Zusammenhänge zu begreifen, die Dynamik, die Zwänge und die Gefahren zu beschreiben. Sie kann Stellschrauben und strategische Ansätze benennen, wie die Systeme sinnvoll zu bewegen sind. Nach Kapitza wird die Bevölkerungsentwicklung um das Jahr 2030 herum einen Phasenübergang erleben, damit endet eine Epoche in der Entwicklung der Zivilisation, die gemäß dem quadratischen Gesetz durch ein dauerndes Wachstum der Weltbevölkerung geprägt war. Die Geschichte tritt in eine neue Phase ein, in der der Superorganismus Menschheit sich entlang neuer Muster bewegen wird – welche genau es sein werden, wissen wir nicht.

Ein ausgewogener Weltvertrag ist eine notwendige Bedingung für ein friedliches Zusammenleben auf dem Planeten Erde. Wird es gelingen, eine Verständigung über Kulturgrenzen hinweg zu erreichen, um mit den Gesprächen beginnen zu können? Die Protagonisten der marktradikalen Ideologie werden ihre Ordnung, ihre Interessen und Trümpfe mit allen Mitteln verteidigen, aber welche Kräfte werden sie dabei entfalten? Wo sind die propagandistisch, politisch und militärisch entscheidenden Hebel? Was wird passieren?[142]

Analysiert man die gegenwärtigen Trends, dann weisen die Zeichen stärker in Richtung ökologischer Kollaps und auf Ressourcendiktatur / Brasilianisierung als auf eine weltweite Ökosoziale Marktwirtschaft. Die Gründe liegen vor allem in der nach nationalen Souveränitäten geordneten Organisation des Globus. Noch sind die globalen Strukturen für Kooperationen zu schwach ausgeprägt. Die Wahrscheinlichkeit, dass die Menschheit einen Zustand erreichen wird, in dem die Menschenwürde aller Menschen geachtet wird, der ökologisch verträglich und langfristig stabil ist, liegt nach Schätzung der Autoren bei etwa 35 Prozent.

# 8. Globale Ökosoziale Marktwirtschaft

## Der dreieckige Tisch

Ein Tisch mit vier Beinen wackelt gerne mal. Das kann mit einem dreibeinigen Tisch nicht passieren. Im Grunde steht er immer stabil. Eine dynamische Welt verlangt nach einer robusten Statik. Das Dreieck aus den entscheidenden Dimensionen des Lebens, Umwelt, Soziales und Wirtschaft, ist dafür besonders gut geeignet und liefert den passenden Orientierungsrahmen – das Dreieck der Nachhaltigkeit. Die Balance zwischen einer leistungsfähigen Wirtschaft, sozialer Fairness und ökologischer Orientierung, und zwar auf staatlicher, europäischer und globaler Ebene, würde der Welt die Stabilität geben, die sie so dringend braucht. Den Ausgleich zu halten würde zur maßgeblichen und dauerhaften Aufgabe aller Beteiligten. Wenn in dieses Dreieck der Nachhaltigkeit zusätzlich leistungsfähige Marktsysteme integriert werden, wird daraus das entscheidende Konzept des 21. Jahrhunderts, die globale Ökosoziale Marktwirtschaft.

Das Dreieck der Nachhaltigkeit entstand als Denkrahmen nach 20-jähriger Vorarbeit, ausgehend von der Weltkonferenz in Rio de Janeiro im Jahr 1992. Das erarbeitete Konzept der nachhaltigen Entwicklung ging auf einen Kompromiss zurück. Es koppelt die Umweltanliegen der reichen Welt mit den sozialen Bedürfnissen der sich entwickelnden Welt, erlaubt also den ärmeren Ländern, ökonomisch aufzuholen. In diesem Zusammenhang betont Klaus Töpfer, der ehemalige Direktor des Umweltprogramms der Vereinten Nationen (UNEP), der Norden spreche gerne von *sustainable development*. Für den Süden gelte die umgekehrte Reihenfolge: zuerst *development*, dann *sustainability*. Gedeihliche Gespräche sind nach Töpfers politischen Erfahrungen erst möglich, wenn der Norden anerkennt, dass der Süden sich wirtschaftlich entwickeln kann und soll. Entwicklung als oberstes Ziel werden Länder wie China, Indien, Brasilien, Indonesien sowieso anstreben und durchzusetzen versuchen, auch ohne Zustimmung. Was im Endeffekt herauskommen wird, wenn dies im Konflikt mit der entwickelten Welt geschieht, wissen wir nicht.

Seit je sind funktionierende Gemeinwesen mit dem Austarieren der Balance zwischen den drei genannten Bereichen befasst. Im 21. Jahrhundert haben die Herausforderungen freilich eine neue Dimension erreicht. Angesichts der aktuellen Finanz- und Wirtschaftskrise und konfrontiert mit dem drohenden Klima- und Ressourcenkollaps, gilt es, eine lebenswerte Zukunft für zehn Milliarden Menschen zu schaffen. Gelingt es, einen weltweit hohen Wohlstand mit dem entsprechenden sozialen Ausgleich auch zwischen den Staaten zu verwirklichen, wird die Weltbevölkerung etwa um die Mitte des Jahrhunderts herum rasch absinken. Aber ist dieser Wohlstand für alle Menschen überhaupt denkbar? Können wir aus der jetzigen Krise herauskommen, ohne den Gürtel enger zu schnallen?

Die Ökologie steht im Dreieck der Nachhaltigkeit ganz oben. Weil sie das wichtigste Einzelthema ist. Die Natur hat einen Eigenwert, sie ist vom Menschen unabhängig. Gleichzeitig ist sie Basis und Quelle unseres Reichtums. Um den Preis der eigenen Zukunft müssen wir die Umwelt schützen und mit der Ressourcenbasis vernünftig umgehen. Für die Lebenden ergibt sich dies aus wohlverstandenem Eigeninteresse, für die künftigen Generationen aus der Forderung nach Gerechtigkeit und Chancengleichheit ihnen gegenüber.[143]

## Ökologie, Soziales, Wirtschaft

Frieden mit der Natur bedeutet konkret: ein neues, ein dauerhaftes Energiesystem zu schaffen, dazu einen zukunftsfähigen stofflichen Austausch (Metabolismus) zwischen Menschheit und Natur, ein hohes Maß an biologischer Vielfalt als Wert an sich, aber auch, um das in biologischer Vielfalt kodierte Wissen zu erhalten und die Ökosysteme zu schützen, was auch heißen kann, sie schlicht in Ruhe zu lassen. Die Natur ist die Ultima Ratio des Nachhaltigkeitsdreiecks. Mit der Natur verhandelt man nicht, mit ihr vereinbart man keinen Tarifvertrag. Die Grenzen, die die Natur uns setzt, sind zu akzeptieren. Anderenfalls werden wir oder unsere Nachkommen unser Verhalten teuer bezahlen. Mittlerweile hat der Mensch die Macht, die Natur zu zerstören. Deshalb ist der Schutz der Natur nur durch den Menschen selber möglich. Aus diesem Grund hat auch die große Primatenforscherin Jane Goodall[144] irgendwann den Regenwald verlassen. Wenn der Lebensraum von Schimpansen durch die Armut der lokalen Bevölkerung gefährdet ist, weil sie sonst verhungert, muss man etwas gegen die Armut tun. Die Menschenaffen retten kann man, wenn überhaupt, dann nur in den großen Städten dieser Welt, weil hier die politischen Entscheidungen fallen.

Damit ist die zweite Dimension des Nachhaltigkeitsdreiecks erreicht, die soziale Seite. Will man auf Gewaltanwendung zum Schutz der Natur verzichten, ist eine Veränderung der sozialen Lage der Menschen erforderlich. Schutz der Umwelt und soziale Entwicklung können sich widersprechen, müssen es aber nicht. Im Fall der Menschenaffen ist Schutz ohne soziale Verbesserung nicht möglich.

Zum Bereich des Sozialen im Nachhaltigkeitsdreieck gehört ein vernünftiger sozialer Ausgleich, indem man dafür sorgt, dass die schwächsten 80 Prozent einer Bevölkerung mindestens über die Hälfte des Durchschnittseinkommens verfügen. Das entspricht in etwa der europäischen Armutsdefinition. Dabei besteht der Sinn des sozialen Ausgleichs nicht darin, soziale Hängematten zu finanzieren, sondern, wie bereits Ludwig Erhard gesagt hat, in Bildung und Entwicklung aller Mitglieder der Gesellschaft zu investieren. Das kostet viel Geld, rechnet sich aber für alle, weil Menschen auf diese Weise in die Lage versetzt werden, ihr Leben selber in die Hand zu nehmen.

Gut ausgebildete Menschen, auch aus ärmeren Schichten, sind motivierter. Sie werden ein modernes Gesundheitssystem einfordern. Eltern werden dafür sorgen, dass ihre Kinder nicht an Husten sterben. Wenn die gesamte Bevölkerung gut ausgebildet und gesund ist, dann wird sie auch alt und benötigt eine Altersversorgung – eine weitere Konsequenz von sozialem Ausgleich. In keinem der reichen und erfolgreichen Länder dieser Welt verfügen die reichsten 20 Prozent der Bevölkerung über mehr als die Hälfte des Einkommens. In Deutschland, Italien, Österreich, in den skandinavischen Ländern, Japan oder Kanada ist der Wert dessen, was nach Steuern, Sozialtransfers und innerfamiliärem Lastenausgleich kumulativ bei den 20 Prozent höchsten Einkommen landet, niedriger, nämlich etwa 40 Prozent. Wohlhabende Länder sind ausgeglichen, das heißt, sie haben quantitativ balancierte Sozialverhältnisse.

Doch auch sozial ausgewogene Gesellschaften können nicht akzeptable Verhältnisse produzieren, und zwar aus kulturellen Gründen. Das betrifft zum Beispiel Gesellschaften, in denen die soziale Balance in einer Pro-Kopf-Betrachtung zwar gegeben ist, in der die Gewinner aber einer bestimmten Religion beziehungsweise Hautfarbe angehören oder von bestimmter genetischer Herkunft sind. Alle großen Kulturen auf dieser Welt haben Mittel und Wege gefunden, ihre Entwicklung im Sinne der Nachhaltigkeit auszubalancieren. Sonst wären sie nicht überlebensfähig gewesen.

Bleibt die Seite der Wirtschaft im Dreieck der Nachhaltigkeit. Das ist der entscheidende Ort, an dem käuflich verfügbare Güter und Services für das tägliche Leben entstehen. Wirtschaft eröffnet Betätigungsfelder, macht Arbeitsteilung, Kooperation und Konkurrenz möglich, sie schafft Sicherheit und Chancen für die Zukunft. Im Sinne der Balance darf Wirtschaft allerdings nicht auf »Plünderung« beruhen. Wirtschaft und Wohlstand ohne intakte Umwelt sind auf Dauer nicht zu haben. Und adäquater sozialer Ausgleich ist kein Luxus, den sich nur wohlhabende Gesellschaften erlauben können, sondern ein wichtiger Wertschöpfungsbeitrag. Nur eine balancierte Entwicklung bringt den größten Wohlstand hervor.

Die für den Bereich der Wirtschaft zentrale Frage des Eigentums ist unmittelbar mit dem Thema Freiheit verknüpft. Denn ein gewisses Maß an materieller Unabhängigkeit ist die Voraussetzung dafür, Chancen überhaupt wahrnehmen zu können, was insbesondere die Freiheit betrifft, unternehmerisch tätig zu sein und Projekte zu verfolgen, die Investitionen erfordern. Eine leistungsfähige Wirtschaft ist zudem eine, die zu dramatischen Innovationen, technischer wie gesellschaftlicher Art, fähig ist. Ohne massive Innovation ist eine friedliche Zukunft von bald zehn Milliarden Menschen in Balance mit der Natur und mit angemessenem Wohlstand nicht denkbar.

Der Aspekt der Innovation berührt gleich mehrere Dimensionen des Nachhaltigkeitsdreiecks. Innovationen stärken die Wirtschaft, sind geeignet, die Umwelt zu schützen, und haben soziale Auswirkungen, indem sie Arbeitsplätze in Feldern mit alter Technologie vernichten und neue mit neuer Technik schaffen.

Ähnlich ist es mit dem Klima. Würden wir die Klimafrage in einem *global green new deal* angehen, führte das zu einer Stärkung der Wirtschaft, einer Öffnung neuer Technologiepfade und zur Schaffung vieler »neuer« Arbeitsplätze. Die Klimafrage und eine Regulierung des Weltfinanzsystems sind im Rahmen des ökosozialen Paradigmas besonders wichtig.

Für eine verträglichere Art der Globalisierung brauchen wir eine neue, eine globale Zivilisation, die die genannten drei Dimensionen weltweit in Balance halten muss. Dieser anspruchsvolle, schwer zu beherrschende Auftrag entscheidet über unsere Zukunft.

## Nachhaltigkeit *und* Ökosoziale Marktwirtschaft

Die Beachtung von ökologischen und sozialen Anliegen muss nicht automatisch mit marktwirtschaftlichen Strukturen einhergehen. Soziale Balance, Umwelt- und Ressourcenschutz sind in einem kommunismusartigen Regime bei allgemeiner Armut denkbar. Das heißt, Nachhaltigkeit und Ökosoziale Marktwirtschaft kommen einander als Konzepte zwar nahe, identisch sind sie aber nicht.

Das ist durchaus nicht trivial. Viele Politiker und Vertreter der Wirtschaft kombinieren gerne die Begriffe Markt und Nachhaltigkeit. Ob ihnen jeweils klar ist, was logisch daraus folgt, steht auf einem anderen Blatt. Bei der Balancierung der Ziele in den Bereichen Wirtschaft, Soziales und Umwelt handelt es sich nämlich um Fließgleichgewichte in einer dynamischen Welt. Daher muss man beständig nachregulieren. Eine Welt mit sieben Milliarden Menschen ist eine andere als mit zehn. Eine gerechte Verteilung dessen, was vorhanden ist, ist für zehn Milliarden Menschen ungleich schwieriger als für sieben.

Deshalb benötigt die Nachhaltigkeit ein weiteres, und zwar entscheidendes Element: den Markt. Im Gegensatz zu Planwirtschaft und Kommunismus ist ein leistungsfähiger Markt in der Lage, erheblichen Wohlstand zu schaffen. Der Grund dafür liegt in seiner Innovationskraft. Märkte bestehen aus Wettbewerb (zur Effizienzsicherung) und Regeln (um die gesetzten Ziele zu erreichen). Fasst man diese Überlegungen zusammen, ergibt sich die sogenannte *Fundamentalidentität* als zentrales Begründungskonstrukt für eine ökosoziale Orientierung. Es gilt:

**Markt** (bzw. Wohlstand) **+ Nachhaltigkeit =**
**Ökosoziale Marktwirtschaft**

Jede Marktwirtschaft, die Nachhaltigkeit im ökologischen und sozialen Sinne realisiert, heißt Ökosoziale Marktwirtschaft.[145] Umgekehrt ist Ökosoziale Marktwirtschaft genau so definiert, dass sie als Marktwirtschaft alle für Nachhaltigkeit erforderlichen sozialen und ökologischen Ziele erreicht.

Ein Markt heißt ökosozial, wenn die Gesamtheit der Regulierungen, *incentives* und ethischen Verhaltensweisen langfristig als Ziel Nachhaltigkeit in ökonomischer, sozialer und ökologischer Sicht hervorbringt. Dies gilt in globaler Perspektive, unter Einschluss von Gerechtigkeitsanliegen, sowohl zwischen den lebenden Generationen, Jung und Alt, wie gegenüber den künftigen. Die aktuellen Verhältnisse sind offensichtlich anders: zwar marktbasiert, aber nicht nachhaltig, eher das Gegenteil – auf dem Weg in den Kollaps.

## Die ordoliberale Position

In jeder Sportart gibt es Regeln. Sie bestimmen, wie der Wettbewerb ausgetragen werden darf – und wie nicht. Offensichtlich führt der Wettbewerb unter den Sportlern zu großartigen Leistungen im Spitzenbereich, und zwar in allen Sportarten. Der Wettbewerb sagt aber nichts über die Sportart aus. Dafür sind die Regeln entscheidend. Sie machen den Unterschied aus zwischen Fußball und Football, nicht der Wettbewerb.

Ebenso machen im Ökonomischen die Regeln den Unterschied zwischen den verschiedenen Formen der Marktwirtschaft aus. In der Ökosozialen Marktwirtschaft gilt der Primat der Politik. Der Staat setzt – im besten Fall demokratisch – die Regeln, orientiert an ethisch-gesellschaftlichen Anliegen. So entstehen Leitplanken für die Märkte. Innerhalb dieser Spielräume sorgt der Wettbewerb für Effizienz. Demokratie formuliert die Regeln tendenziell im Sinne der Interessen der meisten Menschen und, in geringem Umfang, der zukünftigen Generationen. Alles andere endet unmenschlich und desaströs. Im Kommunismus will die Politik auch noch die Wirtschaft führen, im Marktfundamentalismus versucht die Wirtschaft, zugleich Politik zu ersetzen. Beides funktioniert nicht.

Die Ökosoziale Marktwirtschaft folgt ganz der Forderung von Ludwig Erhard: Wohlstand für alle! Und sie ergänzt: Im Rahmen dessen, was die Natur uns langfristig erlaubt. Das erste große Thema für die Gestaltung von Wertschöpfungsprozessen in der Ökosozialen Marktwirtschaft ist deshalb die Vermeidung von Umweltzerstörung und Übernutzung kritischer Ressourcen. Doch nur unter geeigneten Rahmenbedingungen, inklusive Preisstrukturen, die die Wahrheit sagen, sind die benötigten Dematerialisierungseffekte zu erreichen. Nur so, nicht allein mit technischem Fortschritt, kann im 21. Jahrhundert »Wohlstand für alle« innerhalb des ökologisch Machbaren erreicht werden.

Ohne die Vermeidung von Umweltverschmutzung und Übernutzung kritischer Ressourcen ist eine langfristige positive Perspektive für die Zivilisation nicht möglich. Der Verbrauch kritischer, nicht erneuerbarer Ressourcen muss sehr teuer werden, möglicherweise muss sogar mit strafrechtlichen Mitteln für deren Erhalt beziehungsweise den schonenden Umgang damit gesorgt werden. Dies ist die Voraussetzung dafür, dass der Wettbewerb in Märkten die Umwelt intakt hält und damit langfristig das Allgemeinwohl fördert.

Zu diesem Allgemeinwohl tragen ebenso balancierte gesellschaftliche und kulturelle Verhältnisse bei. Um diese zu erreichen, müssen Arbeitsplätze geschaffen werden. Für die Finanzierung der Sozialsysteme und öffentlichen Anliegen wie Ausbildung für alle ist entsprechende Kofinanzierung notwendig. Dafür braucht es ein ausreichendes Steueraufkommen. Das betrifft nicht nur Unternehmenssteuern, sondern auch Steuern, die von Arbeitnehmern bezahlt werden, Steuern auf den Verbrauch bestimmter kritischer Ressourcen und natürlich die Sozialabgaben.

Entscheidend für die Herstellung der Balance zwischen leistungsorientierter Wirtschaft, Solidarität und dem Schutz der Umwelt sind die Rahmenbedingungen der Märkte, die sicherstellen müssen, dass gut verdienende Personen und Unternehmen angemessen Steuern zahlen und in genügender Zahl Arbeitnehmer beschäftigen, die das ihrerseits tun. Unternehmen und Arbeitnehmer gemeinsam müssen zusätzlich, direkt oder indirekt, einen wesentlichen Teil der Finanzierung des Sozialsystems leisten. Selbstverständlich benötigen Unternehmen und Privatpersonen genügend Mittel, um Investitionen vorzufinanzieren, Risiken zu tragen, Leistung zu belohnen und Motivation zu erzeugen. Des Weiteren stellen adäquate Rahmenbedingungen sicher, dass nur der gut verdient, der die Umwelt schützt, nicht der, der sie plündert.

In diesem Kräftefeld zwischen Motivation und Ausgleich, zwischen Individualität und Gruppe, zwischen Leistungsspitze und Durchschnittlichkeit die richtige Balance zu finden, liegt die vielleicht größte Herausforderung, vor der Gesellschaften stehen, wenn sie ein funktionierendes Wirtschaftssystem etablieren wollen. Wenn man die Ökonomie so organisiert, dass alle Ziele in Balance gehalten werden, dann entstehen daraus erfolgreiche Unternehmen und erfolgreiche private Nutzenmaximierer mit eigenen Interessen, die aber doch substanziell zur Entfaltung der Anliegen der Allgemeinheit beitragen.

Wenn die Rahmenbedingungen der Märkte das leisten, wenn ein strikter Umweltschutz durchgesetzt und wenn vernünftig besteuert wird, dann – und nur dann – ist zu erwarten, dass der Markt die Voraussetzungen für leistungsfähige Gemeinschaftssysteme schafft, die langfristig in Frieden mit ihrer Umwelt leben und gleichzeitig die Geldmittel für ein gerechtes Gemeinwesen haben.

Um noch einmal Adam Smiths »unsichtbare Hand« zu zitieren: Es geht um Rahmenbedingungen, die individuelles Erfolgsstreben in gemeinwohlorientierte Bahnen lenken. Ob es Preise, Anreize oder Steuern sind, überall gilt es, soziale und ökologische Anliegen zu verankern. Das muss nicht immer über Gebote und Verbote geschehen, sondern wird oft genauso gut oder noch besser über finanzielle Anreize erreicht werden können. Die Regeln müssen nur durchgesetzt werden, und zwar weltweit.

Muhammad Yunus, der Friedensnobelpreisträger von 2006, hat gezeigt, dass die Befreiung von Frauen aus den Händen von Kredithaien gewaltige Potenziale freisetzen kann. In diesem Sinne kann die Regulierung des Finanzsektors, und besonders der Konditionen, wie Kredite vergeben werden, ein wichtiger Ansatz sein, um ökosoziale Anliegen zu befördern. Hervorgehoben sei auch der Kampf der Nichtregierungsorganisation Transparency International[146] gegen Korruption. Überall sind es Spielregeln, Rahmenbedingungen und deren Durchsetzung oder Nichtdurchsetzung, die die Entfaltung, die Chancen und letztlich die Bedingungen für die Beachtung der Würde von Menschen beeinflussen.

Genau genommen basierte das Überleben der Menschheit schon immer auf einem »Deal« mit der Umwelt und auf der Sicherung der Kooperation unter den Menschen. Konkurrenz ist zwar wichtig, aber Kooperation ist ungleich wichtiger. Dosierte Konkurrenz in Form eines Wettbewerbs in Märkten unter vernünftigen Rahmenbedingungen ist eine sinnvolle Methode, um Kooperation zu fördern. Marktwirtschaften in Demokratien dürfen niemanden ausschließen, sondern müssen im Gegenteil alle Beteiligten in das System einbinden. Gelingt das nicht, sind Apathie, Armut, Hass, Krieg und unter Umständen Umweltkrisen die Folge.

## Was ein Land reich macht

Die Ökosoziale Marktwirtschaft hilft, Länder und Regionen richtig zu organisieren, und trägt zu ihrem nachhaltigen Reichtum bei. Gesellschaftlicher Reichtum ist systemischer Natur.[147] Was also macht ein Land reich? Die wichtigsten acht Punkte sind:

1. ein gut funktionierendes, leistungsfähiges Governance-System,
2. gut ausgebildete, orientierte und motivierte Menschen,
3. hervorragende Infrastrukturen auf internationalem Niveau,
4. ein exzellenter Kapitalstock,
5. Zugriff auf benötigte Ressourcen,
6. eine leistungsfähige Forschung und international konkurrenzfähige Innovationsprozesse,
7. ein leistungsfähiges Finanzsystem,
8. eine enge Einbettung der Unternehmen und Menschen in weltweite Wertschöpfungsnetzwerke.

Nicht ohne Grund steht Governance, also die adäquate Regelung der gesellschaftlichen Verhältnisse, an erster Stelle. Ein vernünftiges System von Eigentumsstrukturen, Rechtssicherheit sowie allgemeiner Sicherheit ist die wohl wichtigste Voraussetzung für Wohlstand, noch wichtiger als leistungsstarke Unternehmer und Unternehmen. Gibt es solche Rahmenbedingungen nicht, ist auch kein breit entwickelter Reichtum möglich.

Im 12. Jahrhundert wurde in Deutschland das Grundbuch erfunden, war allerdings erst um 1900 auf nationaler Ebene voll entwickelt. Durch diese Innovation gelang es, zuerst in Europa, dann in den USA, Grundstücke und Häuser in Kapital zu verwandeln. So konnten Hypotheken vergeben werden, um Investitionen an anderer Stelle möglich zu machen. In den vergangenen Jahren und Jahrzehnten sind in weiten Teilen der armen Welt durch den Fleiß der Menschen ebenfalls große Besitztümer entstanden. Für Südamerika und die arabischen Länder hat der Ökonom Hernando de Soto[148] erforscht, wie wichtig eine funktionierende Dokumentation von formalen Eigentumstiteln, zum Beispiel für Immobilien, ist. Denn solange die Dokumentation unterbleibt, ist dieser Besitz totes Kapital. Das gilt in Ägypten beispielsweise für 92 Prozent der Gebäude in Städten und zu 83 Prozent für Siedlungen auf dem Land.[149] Die Eigentumsverhältnisse sind durch mündliche Absprachen innerhalb der Familien geregelt, insgesamt Werte in Höhe von Billionen von Dollar, die für das allgemeine Finanzsystem gleichsam unsichtbar bleiben.

Zu den durch Governance vorzugebenden und zu regelnden Rahmenbedingungen gehören außerdem eine Bereitstellung von Infrastruktur, die Rechtsprechung, die innere Sicherheit, Bildungs- und Ausbildungseinrichtungen etc., Leistungen also, die ohne primäre Nutzung von Marktmechanismen organisiert werden. Auch und nicht zuletzt fällt der Zugriff auf gesamtgesellschaftlich benötigte Ressourcen wie Wasser, Nahrung und Energie hierunter. Sobald dies alles nicht mehr gesichert ist, gerät jegliche wirtschaftliche Aktivität ins Stocken. Voraussetzung für einen reibungslosen ökonomischen Ablauf ist auch eine angemessene Qualität der Innovationssysteme und des Geld- und Finanzsystems sowie die

Einbettung in internationale leistungsfähige Wertschöpfungsnetzwerke. Die neuen deutschen Bundesländer haben nach dem Zusammenbruch des Rats für gegenseitige Wirtschaftshilfe (RGW/COMECON) schmerzhaft erfahren müssen, was es bedeutet, wenn die Wertschöpfungsnetzwerke, in die man eingebunden ist, kollabieren. Denn die Unternehmen im Westen, die in ihren dortigen Geschäftsbeziehungen im Bereich Maschinenbau, Automobile, Ernährung, Medizintechnik, Modebranche etc. verankert waren, verteidigten – aus nachvollziehbaren Gründen – ihre Position mit aller Macht und setzten auf eigenes Wachstum.

## Der gemeinsame Markt

Gibt es etwas Besseres als Freihandel? Das ist eine Frage, der viele Ökonomen gerne ausweichen. Unsere Antwort ist ein eindeutiges »Ja«. Besser als Freihandel ist ein ökosozial koordinierter Handel, wie er innerhalb der Europäischen Union betrieben wird, ein Handel in einem gemeinsamen Markt. Auf nationaler Ebene ist eine solche Form des innerstaatlichen Handels selbstverständlich. In funktionierenden Ländern wird eben kein Freihandel betrieben, dort herrschen vielmehr wirtschaftliche Kooperation und Arbeitsteilung unter vernünftigen Rahmenbedingungen. Dieses Prinzip gilt in einer Art Selbstverständlichkeit bis hinunter zu den kleinsten Strukturen: Familien, Nachbarschaften, Regionen. Überall ist das Erfolgsmodell nicht der freie Markt, sondern ein Markt unter je spezifischen Formen ökosozialer Kooperation. Sie betreffen Umweltschutz, den man im gemeinsamen Interesse durchsetzen muss, und Kofinanzierung, also Querfinanzierung sozialkultureller Anliegen, die Voraussetzung für Frieden, Balance, Chancengleichheit, Entfaltung humaner Potenziale und allgemeinen Wohlstand sind. Das ist das ökosoziale Modell, die Ökosoziale Marktwirtschaft, Teil der Verfassung fast aller europäischen Staaten und verankert im

Vertrag von Lissabon, der Ende 2009 für die Europäische Union in Kraft getreten ist.

Ein globaler ökosozialer Handel setzt einen entsprechenden fairen Weltvertrag voraus. Was wiederum bedeutet, dass wir in der Formulierung und Durchsetzung von Standards einen entscheidenden Schritt vorwärtskommen. Das beginnt mit den Standards der WTO, die den Handel fördern, bezieht sich auf die Standards von IWF, BIS (Bank for International Settlements) und Weltbank, die den Finanzbereich betreffen, geht weiter mit den Standards der ILO (International Labour Organization), die sich mit Arbeitnehmer- und mit Menschenrechten, zum Beispiel dem weltweiten Verbot von Kinderarbeit, befassen, und endet mit denen von UNEP und UNESCO, die sich mit Umweltschutz und der Förderung kultureller Vielfalt beschäftigen. Letztlich geht es darum, alle diese Standardsysteme auf der globalen Ebene gut miteinander verschränkt zur Wirkung zu bringen, wie das in jedem funktionierenden Land und auch in der Europäischen Union der Fall ist.

Diese Strukturen für eine globale ökosoziale Governance zu schaffen ist eine schwierige Aufgabe, weil wirtschaftliche und finanzielle Regelungen immer wirtschaftliche und finanzielle Macht reflektieren. Bis heute konnten sie deshalb im Wesentlichen nur auf nationaler Ebene mit sozialen, kulturellen und ökologischen Anforderungen verknüpft werden. Auf globaler Ebene sind diese Regelungen bisher innerhalb der Vereinten Nationen entwickelt worden, und zwar nach dem Prinzip »ein Land eine Stimme«.

Wir stehen an dieser Stelle vor einer großen Herausforderung, auch deshalb, weil viele mächtige Akteure eine zielführende Lösung nicht wollen. Eine Welt mit Zukunft setzt darauf, weltweite Entwicklung zu finanzieren, wie wir das in der Europäischen Union und in jedem geregelten Staat tun. Statt falsch organisierte Zustände zu zementieren, kommt es darauf an, sinnvolle Standards durchzusetzen. Die Geldmittel für diese Kofinanzierung müssten vernünftiger- und gerechterweise über die Besteuerung globaler

Transaktionen generiert werden, um nicht wieder im nationalen Rahmen nur die Mittelständler und Arbeitnehmer zu belasten, die ihre Steuern ohnehin bezahlen und Umweltvorschriften einhalten.

In diesem Sinn muss die Politik endlich Globalisierungsgestaltung zu einer ihrer Hauptaufgaben machen, Weltinnenpolitik betreiben, wie es Carl Friedrich von Weizsäcker genannt hat, um zu einem ökonomischen, ökologischen und sozialen Ausgleich in der Welt als Basis für eine vielversprechende Zukunft zu kommen.

## Globalisierung gestalten

Die gewaltige Herausforderung der Ökosozialen Marktwirtschaft liegt darin, dass sie nicht in abgeschotteten Räumen zu haben ist. Das Problem ist nicht die Globalisierung der Wirtschaft, sondern die Globalisierung der Wirtschaft unter Bedingungen einer nicht ausreichenden Globalisierung von Politik und Demokratie. Die Ökosoziale Marktwirtschaft kommt entweder global, oder sie kommt gar nicht.

Ihre Ziele sind:

1. Weltweit verbindliche soziale und ökologische Standards im Interesse aller Menschen und im Interesse des gemeinsamen Lebensraums. Die schrittweise Entwicklung solcher Standards in ärmeren Ländern bedarf einer fairen Kofinanzierung, die über die Förderung der UN-Millenniumsentwicklungsziele und deren Umsetzung hinausgehen muss. Im Sinne einer möglichst praktikablen Global Governance erscheint es sinnvoll, die bestehenden internationalen Institutionen in den Dienst dieser Vorhaben zu stellen. Das erfordert selbstverständlich Beschlüsse der jeweiligen Mitglieder über geänderte Spielregeln und Aufgabenstellungen von WTO, Weltbank und anderer Organisationen.

2. Ein neues Bretton-Woods-Abkommen im Sinne eines durchsetzbaren Ordnungsrahmens für die globalen Finanzmärkte, um einseitigen Bereicherungsprozessen und dem Gefahrenpotenzial der Spekulation begegnen zu können. Das war eine Schlüsselforderung des früheren deutschen Bundespräsidenten Horst Köhler, der sich immer wieder für eine ökologisch-soziale Marktwirtschaft ausgesprochen hat. Nach dem gerade noch verhinderten GAU des Weltfinanzsystems ist das Hauptproblem die Verschuldung der Staaten.[150] Die gegenwärtige Entwicklung kann in absehbaren Zeiträumen zum Finanzkollaps der Staaten führen, wie in Kapitel 5 dargestellt. Daran kann niemand ein Interesse haben, auch nicht die Halter großer Vermögen. Der nächste Schritt wäre, mehr Reibung ins Weltfinanzsystem zu bringen. Dabei geht es nicht um ein fundamental neues System, sondern um die richtige Regulierung in der Durchsetzung der richtigen Prinzipien, in der nötigen Transparenz, in der Besteuerung aller Transaktionen des gesamten Finanzsektors, in der adäquaten Besteuerung von Boni. Kurz, die Ökonomie muss dem *empowering* aller Menschen dienen, nicht der Befriedigung privilegierter Eigentumsinteressen.
3. Ein entscheidender Eckpunkt für eine weltweite Ökosoziale Marktwirtschaft ist die Entwicklung verbindlicher steuerpolitischer Grundsätze. Dazu zählen unter anderem die vergleichbare Besteuerung von nationalen und transnationalen Unternehmen und die Einhegung beziehungsweise Beseitigung von Steueroasen. Eine immer extremere Lastenverteilung soll dadurch korrigiert, der »Steuerwettlauf nach unten« überwunden und die Finanzierung der Erfordernisse des Gemeinwohls gewährleistet werden.[151]
4. Das mittelfristige Ziel einer weltweiten Ökosozialen Marktwirtschaft wäre die Entwicklung einer Art globalen Finanzausgleichs, um die Lebensqualität aller Menschen auf dem Globus zu sichern. Es geht darum, ein weltweites Prinzip zu etablieren,

das Zusammenhalt stiftet: Wohlstand für alle, aber weltweit und stets im Rahmen ökologischer Nachhaltigkeit.

5. Die weltweite Durchsetzung des Verursacherprinzips und der ökologischen Kostenwahrheit sind weitere Kernelemente weltweiter Ökosozialer Marktwirtschaft.

All das ist im Rahmen der gegebenen Freihandelslogik nicht möglich. Wollte man das Modell einer Ökosozialen Marktwirtschaft auf den Welthandel übertragen, wäre ein neues Design der Regelwerke erforderlich: der WTO-Standards, die den Handel fördern, dazu IWF- und Weltbank-Standards, die den Geldbereich betreffen, sowie der Standards der ILO, die sich mit Arbeitnehmer- und mit Menschenrechten, insbesondere dem Verbot (brutaler Formen) der Kinderarbeit, befassen, schließlich UNEP- und UNESCO-Standards, die den Umweltschutz und die Förderung der kulturellen Vielfalt zum Gegenstand haben. Alle diese globalen Ordnungsregime müssten auf internationaler Ebene vernünftig miteinander verschränkt und zur Wirkung gebracht werden.

Noch duldet der über die WTO-Regeln geförderte Freihandel die Kinderarbeit, die von der ILO verboten wird, von der Respektierung anderer Menschenrechtsfragen ganz zu schweigen. Die sind in den globalen Regelwerken nicht nur inkohärent, sie sind auch einseitig ausgerichtet. Soziale, kulturelle und ökologische Fragen stehen maximal an zweiter Stelle und können in der Regel international nicht durchgesetzt werden. Ganz anders sieht es bei den Handels- und Geldsystemen aus. Sie sind mit der Macht ausgestattet, ihre Prinzipien mit Hilfe von Schiedsgerichten, durch Kreditentzug, Strafzölle, Polizeimaßnahmen bis hin zu Militärinterventionen durchzusetzen. Die im Warenhandel angewandten Prinzipien beinhalten eben auch, dass man sich nicht an die Standards aus anderen Bereichen (zum Beispiel das Verbot der sklavenartigen Kinderarbeit) halten muss, um am Handel oder am internationalen Kreditgeschehen teilnehmen zu können. Ganz im

Gegenteil, man wird verklagt und bestraft, wenn man versucht, den Handel entsprechender Güter zu unterbinden. So werden dann letztlich Umwelt-, Sozial- und Kulturstandards in ärmeren Ländern über IWF- und Weltbankaktivitäten ausgehebelt.

## Zentrale Parameter

Unter Bedingungen einer funktionierenden globalen Governance ergibt auch das Bruttoinlandsprodukt als Messgröße wieder Sinn. Die »unsichtbare Hand« von Adam Smith weist in eine richtige Richtung, die klassische ökonomische Theorie passt wieder in die Welt. Dieser vernünftig geordnete Kosmos kann auf sehr abstrakter Ebene über fünf zentrale Parameter beschrieben werden:

1. Anzahl der Menschen,
2. Wirtschaftsleistung (BIP),
3. Equity-Faktor (beschreibt die soziale Balance einer Gesellschaft mit vielfältigen Rückwirkungen auf Bildung, Stärke des Mittelstands, Rolle der Frauen, Reproduktionsrate etc.),
4. ein Technologiefaktor, der den Verbrauchsumfang kritischer Ressourcen zur Erzeugung einer Einheit von Wohlstand beschreibt und sich so entwickeln sollte, dass immer weniger Ressourcen pro Einheit Wertschöpfung verbraucht werden, und
5. die absolute Verfügbarkeit kritischer Ressourcen in Relation zum aktuellen Verbrauch.

Diese Größen sind in ihrer Dynamik und Wechselwirkung und wegen des Subsidiaritätsprinzips auf der globalen Ebene, der kontinentalen und nationalen bis hin zu den Ebenen von Ländern, Regionen, Städten und Kommunen zu betrachten.

## Innovation und doppelter Faktor 10

Viele Menschen können sich eine wohlhabende Welt mit Zukunft für zehn Milliarden Menschen nicht vorstellen. Und es gibt immer mehr, die an der gegenwärtigen Lage schier verzweifeln. Für sie ist der Zwang zum wirtschaftlichen Wachstum die Wurzel allen Übels, und deshalb kreisen Vorstellungen zunehmend um eine Wirtschaft ohne Wachstum bis hin zur Abschaffung von Zins und Zinseszins. Auch von qualitativem oder nachhaltigem Wachstum wird gesprochen, jedenfalls steht der bisherige Wachstumsbegriff immer mehr in der Kritik. Die Perspektive Wachstum als Lösung aller Probleme, von der Sanierung der Staatshaushalte bis hin zur Schaffung neuer Jobs, ist längst nicht mehr unangefochten. Aber die Wachstumsdiskussion ist kompliziert.

Aus ökosozialer Sicht befinden wir uns keineswegs in einem Nullsummenspiel, in dem Knappheiten verteilt werden müssen. Das gilt allenfalls für bestimmte Ressourcen, nicht aber für das, was wir bei klugem Vorgehen daraus machen. Eine Welt mit Zukunft ist nur vorstellbar, wenn es gelingt, ein erhebliches weiteres weltweites Wachstum zu erzeugen. Wachstum ja, aber mit deutlich unterschiedlichen Wachstumsraten in der reichen und der sich entwickelnden Welt.

Doch Umwelt- und Ressourcenschutz haben Priorität, Wachstum geht nur unter dieser Prämisse. Eine der wichtigsten Entscheidungen, die es in einer weltweiten Ökosozialen Marktwirtschaft zu treffen gilt, ist die Fixierung bestimmter Begrenzungen beim Zugriff auf kritische Ressourcen. Wenn das Klimasystem oberhalb einer bestimmten Menge freigesetzter Klimagase langfristig gefährdet ist, muss eine Emissionsgrenze festgelegt werden. Oder wenn es um die Erhaltung von Biodiversität geht, um die Stabilität der Ökosysteme von Ozeanen oder Wäldern zu gewährleisten, dann dürfen bestimmte Biotope nicht mehr angerührt werden. Darüber ist auch nicht mehr zu diskutieren, maßgeblich sind die Naturgesetze.

So verstanden ist Wachstum eine Optimierungsaufgabe innerhalb definierter Grenzen, sogenannter *constraints*. Diese *constraints* gehen vor, und nur wenn man sie im Sinne von Leitplanken absolut respektiert, ist Wachstum auf Dauer überhaupt noch möglich.

Eine Gruppe von Wissenschaftlern hat jüngst das Konzept der Planetengrenzen[152] entwickelt und dazu neun Schlüsselbereiche identifiziert: Klimawandel, Landnutzung, Meeresversauerung, Stickstoff- und Phosphoreinsatz in Düngemitteln, Wasserverbrauch, Umwelt- und Luftverschmutzung sowie das Artensterben. Für jeden dieser Bereiche soll eine kritische Grenze ermittelt werden. Drei dieser Grenzen hat die Menschheit bereits gesprengt: beim Klimawandel, dem Stickstoffzyklus und beim Artenschwund und aufgrund der Rückkoppelungsmechanismen zwischen den verschiedenen Bereichen die restlichen Grenzlinien zumindest schon berührt. Deshalb liegt das Limit für unser Wirtschaften gemäß dem Ansatz, der nahtlos in das Konzept der Ökosozialen Marktwirtschaft passt, entschieden dort, wo die Fähigkeit des Systems Erde, sich selber in einem stabilen Zustand zu halten, tangiert, sprich: ausgehebelt wird.

Für die Ökosoziale Marktwirtschaft übersetzen sich also die ökonomischen, ökologischen und sozialen Fragen in systemerhaltende *constraints*, die alles andere als starr sind. Sie können sich durch wissenschaftliche Erkenntnisse oder Innovationen verschieben, so dass sich immer wieder neue, dynamische Fließgleichgewichte einstellen müssen. In jedem Fall gilt es, die Leitplanken zu respektieren, um unsere Lebensgrundlagen nicht unwiederbringlich zu zerstören!

Ja, die Ökosoziale Marktwirtschaft beginnt erst unter dieser Prämisse. Dann allerdings tritt ein interessanter Effekt ein. Dazu ein Beispiel, das zunächst verwundern mag. Dem Verfasser von Gedichten oder Songs wird oft eine zusätzliche Beschränkung auferlegt. Er soll nicht nur schreiben, was schon schwierig genug ist, sondern dazu noch in Reimen. Auf den ersten Blick könnte man sagen, dadurch wird die Aufgabe weiter erschwert. Viele Dichter wissen aber, dass der formale Zwang einer zusätzlichen Restriktion gewaltige kreative Prozesse in Gang setzt. Und wir verfügen heute über wunderschöne Gedichte, die es allein deshalb gibt, weil der Zwang zum Reimen aufgegeben war.

Die Menschheit ist unglaublich kreativ. Wenn wir uns harte Grenzen setzen, in Übereinstimmung mit den Gesetzen der Natur, und damit festschreiben, wie viele Ressourcen oder Flächen überhaupt noch in den Markt hineingehen dürfen, befördert das in ungeahntem Maße die Kreativität aller Akteure. Sie alle kooperieren, um auch unter diesen Bedingungen Wachstum zu erzeugen. Und wenn wir perspektivisch von 70 Jahren ausgehen, brauchen wir für einen doppelten Faktor 10 im Mittel Wachstumsraten von 4 Prozent weltweit und ebenso pro Jahr 4 Prozent der Verbesserung der Ressourcenproduktivität. Angesichts der großen Armut auf dem Globus und der Ineffizienz praktisch aller Prozesse außerhalb der reichen Welt ist das Potenzial zur Verbesserung der Ressourcenproduktivität bereits mit heutiger Technologie gigantisch.

Es mag schwerfallen, sich einen doppelten Faktor 10 vorzustellen. Eine zehnfache Wirtschaftsleistung in 70 Jahren, bei gleichbleibendem Umwelt- und Ressourcenverbrauch, nämlich durch eine Steigerung der Ökoeffizienz, ebenfalls um den Faktor 10, liegt für viele jenseits des Möglichen. Aber genau das ist es, was heute beispielsweise mit *green buildings*, also mit Gebäuden fast ohne Energieverbrauch in der Nutzung, angestrebt wird. Und der Markt als leistungsfähiges Innovationssystem ist in der Lage, dies zu erreichen. Insbesondere dann, wenn die Renditen auf weitgehend risikofreie Finanzanlagen nicht zu hoch sind und wenn Geld nicht vordringlich dafür eingesetzt wird, neues Geld zu erzeugen, sondern zur Förderung von Innovationen in der Realökonomie, um so auf Dauer aus weniger Ressourcen mehr Güter und Dienstleistungen machen zu können. An diesem Mehr kann dann auch das eingesetzte Geld partizipieren.

Zur Erinnerung: Im 17. Jahrhundert lebte nur etwa ein Zehntel der Anzahl der heutigen Menschen auf der Welt. Davon arbeiteten weltweit 90 Prozent, und selbst in Europa mehr als 50 Prozent, in der Landwirtschaft, aber trotzdem gab es immer wieder Hunger. Heute sind wir zehnmal so viele, im Norden arbeiten nur noch 3 Prozent in der Landwirtschaft. Und weltweit produzieren wir Nahrungsmittel für mehr als 10 Milliarden Menschen, obwohl wir nur sieben Milliarden Menschen sind. Von der Biomasse wird allerdings die Hälfte als Viehfutter verwendet, insbesondere für Rinder, während 24 000 Menschen täglich verhungern.

Innovationen waren schon immer Teil der menschlichen Erfolgsgeschichte.[153] Um den technischen Fortschritt und den Einfallsreichtum der Naturwissenschaftler und Ingenieure muss man sich nicht sorgen. Die Revolution im IT-Bereich ist noch lange nicht zu Ende, alle 20 Jahre verbessert sich die Preis-Leistungs-Relation um den Faktor 1000. Warum sollte es dann nicht möglich sein, einen doppelten Faktor 10 und einen *global new deal* und weil die Umwelt zu schützen ist, einen *global green new deal* zu initiieren? Es geht darum, die Kraft der Marktprozesse, die kreative Zerstörung im Schumpeter'schen Sinne für eine positive Zukunft der Welt zu nutzen.

Bei richtiger Vorgehensweise[154] kann die Welt in etwa 70 Jahren zehnmal so reich sein wie heute, mit unterschiedlichen Zuwächsen in Nord und Süd. Die Bevölkerung in den ärmeren Teilen verdoppelt sich in dieser Zeit, und die soziale Balance weltweit entspricht dann in etwa derjenigen in Europa heute. Die Ressourcenknappheit ist zu bewältigen, und zwar durch entsprechende Zuweisung von Nutzungsrechten, durch ein adäquates Preissystem und den Einsatz neuer Technologien. Der zukünftige Lebensstil wäre deutlich weniger ressourcenintensiv als heute, insbesondere deshalb, weil Ressourcen teurer sein würden. Hochwertige kreative Dienstleistungen werden im Gegenzug sehr viel preiswerter.

Wenn wir die Kraft der Innovation nutzen und konsequent

die Ressourcenbeschränkung durchsetzen, haben wir jede Chance für ein weltweites Wirtschaftswunder. Das Ziel von Muhammad Yunus, die Armut auf diesem Globus zu überwinden, ist erreichbar. Nachhaltigkeit und Wohlstand sind keine Gegensätze. Um dahin zu kommen, bedarf es aber einer massiv verbesserten Global Governance. Das ist auch eine wichtige aktuelle Botschaft des Club of Rome.

## Unterschiedliche Perspektiven

Von den zahlreichen herausragenden Persönlichkeiten, die sich den Herausforderungen, vor denen die Menschheit steht, praktisch, politisch und theoretisch gestellt haben, bewegen sich nicht wenige mit ihren Überlegungen, Ansätzen und Konzepten im ökosozialen Rahmen. Wenn das vorliegende Konzept einer globalen Ökosozialen Marktwirtschaft, als offene Struktur, auch eigenständige Elemente und spezifische Erfahrungen aus jüngerer Zeit umfasst beziehungsweise aufgreift, so ist es doch zugleich Ausdruck einer kollektiven Intelligenz. Es nimmt tragende Ideen vieler großer Persönlichkeiten auf, stützt sie und schließt unterschiedliche Blickwinkel ein.

Die Friedensnobelpreisträgerin Wangari Maathai mit ihrem Engagement für die Wälder dieser Erde wurde bereits erwähnt. Erwähnt sei auch Johan Galtung, einer der großen Friedensforscher unserer Zeit. Oder Mahatma Gandhi, der die sieben Todsünden der modernen Gesellschaft beim Namen nennt: Reichtum ohne Arbeit, Genuss ohne Gewissen, Wissen ohne Charakter, Geschäft ohne Moral, Wissenschaft ohne Menschlichkeit, Religion ohne Opferbereitschaft, Politik ohne Prinzipien.

Die globale Ökosoziale Marktwirtschaft wurzelt in einer großen Tradition. Immer geht es dabei um eine zukunftsweisende Balance zwischen ökologischen, sozialen und ökonomischen Anliegen. Im

Folgenden werden ausgewählte Persönlichkeiten porträtiert. Ihre Beiträge stehen dabei jeweils für ein großes Umfeld von Partnern und Weggefährten.

**Michail Gorbatschow**, der frühere Generalsekretär der Sowjetunion, hat wie wenige andere die Welt bewegt. Perestroika und Glasnost sind mittlerweile sprichwörtlich geworden. Dabei glich der Prozess der friedlichen Auflösung der Sowjetunion teilweise einer äußerst riskanten Gratwanderung.

Auch nachdem Michail Gorbatschow aus seinen Ämtern ausgeschieden ist, hat sein Engagement für eine Welt mit Zukunft nicht nachgelassen. Auf eine Forderung von ihm auf der UN-Konferenz von Rio im Jahr 1992 geht die Gründung von Green Cross International zurück. Green Cross befasst sich in Osteuropa und den USA und Vietnam mit der Bewältigung von Folgeschäden aus Industrie- und Militärkatastrophen, insbesondere mit den Altlasten des Kalten Krieges. Das globale Wasserprogramm *(Water is life)* von Green Cross soll auf höchster Ebene Konflikte verhindern, die aus der Verknappung von Wasser entstehen, und ist um die Erhaltung dieser lebenswichtigen Ressource bemüht. Das in seiner ethischen Substanz wie inhaltlichen Ganzheitlichkeit inspirierende globale Earth Charta Programme, das durch Green Cross gestützt wird, verpflichtet die Menschen zu einem verantwortungsvollen Umgang mit unserem Planeten und gibt dazu Handlungsanleitungen. Das globale Programm Energy and Ressource Efficiency setzt sich entsprechend für die Reduktion des Energieverbrauchs ein und unterstützt in Zusammenarbeit mit Partnern den Technologietransfer. Aspekte der Umweltbildung verwirklicht Green Cross in all seinen Projekten. Michail Gorbatschow ist aktiv verbunden mit dem Club of Rome und koordiniert zusammen mit dem Walesa-Institut die ständige Konferenz der Friedensnobelpreisträger.

**Al Gore**, der frühere US-Vizepräsident, setzt sich seit langem für eine bessere Welt ein, zum Beispiel mit Hilfe eines Global Marshall Plan.[155] Was ihn aber besonders auszeichnet, ist, dass er die Klimafrage immer mit der Armutsfrage verknüpft. Seine Position lautet: Wir müssen die Armut überwinden, also die soziale Frage lösen – und zugleich die Klimafrage lösen, also die Frage der Ökologie angehen. Insbesondere müssen wir aus der Lösung der Umweltfrage die finanziellen Transfers zur Lösung der sozialen Frage organisieren. Al Gore macht deutlich, dass die Klimathematik dann, wenn die soziale Dimension nicht gelöst wird, zu einer Frage von Krieg und Frieden werden kann.

**Jane Goodall** ist eine der großen Forscherpersönlichkeiten unserer Zeit. Über 30 Jahre hinweg beobachtete sie das Leben von frei lebenden Schimpansen in Tansania. Sie hat unser Wissen über unsere nächsten Verwandten und die Verhaltensforschung revolutioniert und die Einstellung des Menschen zur Natur verändert. Umweltzerstörung, Grausamkeit und Ungerechtigkeit in der Welt sind für Jane Goodall Anstoß zum Handeln, kein Grund zur Resignation.

Im Laufe der vergangenen 15 Jahre ist Jane Goodall als eine der international besonders engagierten Persönlichkeiten für den Schutz von Natur und Umwelt aufgetreten. Durch ihren Bekanntheitsgrad sind viele Menschen mit ihren Ideen in Berührung gekommen. Sie selber wurde häufig geehrt. So war sie 2002 Friedensbotschafterin der Vereinten Nationen.

Angesichts des Schwindens von Lebensraum für wilde Tiere, angesichts von Klimaveränderung und Umweltzerstörung, angesichts der wachsenden Armut in vielen Ländern der Welt wurde Jane Goodall immer wieder gefragt, wie es möglich sei, dass sie trotzdem so ruhig, so friedvoll und positiv wirke und immer wieder versuche, Menschen für eine andere Perspektive zu gewinnen. Der Schlüssel dazu sind ihre Empfindung der Einheit allen Seins und ihre Liebe zur Schöpfung.

Jane Goodall gibt Hoffnung in schwieriger Zeit. Sie sieht entscheidende Chancen in den Verständnismöglichkeiten unserer Gehirne und in der Entschlossenheit junger Menschen. Mit der Kraft und Ausdauer des menschlichen Geistes, in der Verfolgung auch scheinbar unerfüllbarer Träume können Ziele, allen Widrigkeiten zum Trotz, erreicht werden.

Es geht Jane Goodall um die Lebensbedingungen der Tiere, aber zugleich um den Schutz der Natur und insbesondere der armen Landbevölkerung Afrikas. Es geht ihr um Bildungseinrichtungen, Gesundheitsversorgung, sauberes Trinkwasser und ertragreiche Felder für die Menschen, die heute in Not sind. Entschieden wird darüber nicht vor Ort, sondern in den Hauptstädten und Metropolen der Welt, vor allem im Norden, in der reichen Welt. Also dort, wo die politische Macht ist und das Zentrum ökonomischer Aktivität. Nur so können die Voraussetzungen für die Gestaltung einer besseren Welt geschaffen werden. Nur dort kann der Regenwald, können unsere nächsten Verwandten, die Menschenaffen, können die Benachteiligten unter den Menschen geschützt werden. Deshalb hat Jane Goodall ihre Aktivitäten zunehmend und mit Erfolg aus der Wildnis in die kulturelle und politische Sphäre verlegt.

**Hans Küng** befasst sich seit mehr als zwei Jahrzehnten im Rahmen der Stiftung Weltethos damit, ein gemeinsames ethisches Fundament der großen Religionen wie auch des internationalen Humanismus zu erarbeiten – als Basis für ein globales Miteinander.

Im Gegensatz zur Vorstellung eines *clash of civilizations* geht es Hans Küng und seinen Mitstreitern um den Nachweis, dass die großen Religionen und Zivilisationen auf der Suche nach den fundamentalen Prinzipien des menschlichen Zusammenlebens zu ganz ähnlichen Überlegungen gekommen sind.[156] In diesem Zusammenhang sei noch einmal an die goldene Regel erinnert: »Was du nicht willst, das man dir tu', das füg auch keinem andern zu.«

Im Ergebnis ist das Denken von Hans Küng uneingeschränkt vereinbar mit Prinzipien einer weltweiten Ökosozialen Marktwirtschaft, für die er sich in mehreren seiner Bücher explizit ausspricht.[157] Die großen Kulturen und Zivilisationen sind sich darin einig, dass es unsere gemeinsame Verantwortung ist, die Umwelt zu schützen und die Potenziale aller Menschen zu fördern. Die Würde aller Menschen ist ein zentrales Anliegen. Ein wichtiger aktueller Beitrag von Hans Küng ist die Übersetzung dieser weltethischen Prinzipien in Regelwerke und Orientierungslinien für global operierende Unternehmen.

**John Rawls** ist einer der wichtigsten Moralphilosophen des 20 Jahrhunderts.[158] Sein zentraler Gedanke ist das Verständnis von Gerechtigkeit als Fairness. Zur Grundlage seiner Philosophie macht er ein Gedankenexperiment: Er schafft eine hypothetische Situation, in der Menschen, die ihre künftige Stellung in der Gesellschaft (Geschlecht, Hautfarbe, Nationalität, Ausbildungsstand, Beruf, finanzielle Situation etc.) noch nicht kennen, gemeinsam die Grundsätze für ihr Zusammenleben definieren. Das Werk von John Rawls ist der in der neueren Philosophiegeschichte herausragende Versuch, individuelle Freiheit und soziale Gerechtigkeit als gleichwertige Stützen der modernen Gesellschaft zu verstehen. Zugleich beinhaltet die Gerechtigkeitsfrage die Verantwortung des Menschen gegenüber der Natur.

**Amartya Sen** ist ein in den USA wirkender Wirtschaftswissenschaftler indischer Abstammung. Ihm geht es um *Entwicklung als Freiheit,* wie eines seiner wichtigsten Bücher heißt. Freiheit sollte es ermöglichen, alle eigenen Potenziale zu entwickeln. Amartya Sen betont hingegen, dass Menschen durch systemische Strukturen oft daran gehindert werden, ihre Potenziale zu entfalten. Wenn jemand erst gar keine Ausbildung genossen hat, wie soll er überhaupt wissen, was in ihm steckt? Wenn ein Kind nicht ausreichend ernährt wird und sich sein Gehirn nicht entwickeln kann, wie kann es jemals erahnen, was aus ihm hätte werden können? Es gibt faktisch soziale Voraussetzungen für Freiheiten, die eine Gesellschaft schaffen muss.

Ein weiterer wichtiger Gedanke von Amartya Sen ist, dass es eine Pflicht gibt, die Verantwortung für die Folgen der Freiheit zu übernehmen, zum Beispiel in der Klimafrage. Die reiche Welt muss zum Beispiel die Verantwortung dafür tragen, was aus ihrem Handeln während der vergangenen 100 Jahre für die ärmere Welt zum Problem geworden ist. Wenn wir einen ökosozialen Ansatz für die Ökonomie wählen, wird dies eine viel reichere und zugleich friedlichere und gerechtere Welt zur Folge haben, als wir sie heute vorfinden.

**Vandana Shiva** ist Physikerin, Philosophin und Bürgerrechtlerin. Sie leitet die von ihr gegründete *Research Foundation for Science, Technology and Ecology* in Neu-Delhi und engagiert sich im Kampf um Biodiversität. Besonders hervorgehoben sei ihr Beitrag für die Sicherung der Wissensressourcen der sich entwickelnden Welt gegen den Zugriff von Konzernen der entwickelten Welt auf Wissen indigener Menschengruppen. Das geschieht in großem Umfang, zum Beispiel über das Patentrecht und andere weltweite Strukturen zur Gewinnung und Sicherung intellektueller Eigentumsrechte vor allem durch das TRIPS-Abkommen in Verbindung mit der WTO. Die von Vandana Shiva 1991 ins Leben gerufene Organisation *Navdanya* (»Neun Saaten«) gilt als Pionier einer Bewegung zur Sicherung von Saatgut traditioneller Nutzpflanzen. 1993 wurde sie für ihre Arbeiten mit dem Alternativen Nobelpreis ausgezeichnet. Vandana Shiva ist Mitglied des Club of Rome.

Frau Shiva sieht das Überleben unserer Spezies als ernsthaft gefährdet. Der Grund ist die Kultur der Gier und des Konsums, entfesselt durch unregulierten Kommerz, und die Kultur des Hasses und der Furcht. Das gegenwärtige Globalisierungsmodell bedeutet in ihrer Sprache: Globalisierung von Gewalt, Nichtnachhaltigkeit, wirtschaftliche Ungleichheit und soziale Ungerechtigkeit.

Sie fordert daher, Regeln für eine Globalisierung des Friedens, der Gerechtigkeit und der Nachhaltigkeit aufzustellen. Die Regeln der WTO, der Weltbank und des IWF sind heute von einer Art, dass sie die wirtschaftlichen und ökologischen Lasten der Armen vergrößern. Es sind Regeln, die Reichtum von den Armen zu den Reichen leiten, von der Natur zum Markt. Dieses Globalisierungsmodell, das auf dereguliertem Handel ohne korrespondierende Ordnungspolitik basiert, führt nach ihrer Sicht in allen Gesellschaften zu wirtschaftlicher Unsicherheit und schafft so eine Kultur der Angst, die neue soziale Ausgrenzung, Intoleranz und religiösen Fundamentalismus schürt.

Vandana Shiva fordert demgegenüber Veränderungen in Richtung Nachhaltigkeit zum Beispiel durch Verschärfung von Umweltgesetzen, in Richtung Gerechtigkeit durch Stärkung von sozialen Regulierungen und in Richtung Frieden auch durch mehr ökologische und ökonomische Sicherheit. Sie fordert deshalb einen weltweiten Marshall Plan, der den ökologischen Raum für alle Spezies und Gesellschaften sichern, allen Kulturen politischen Raum schaffen und die wirtschaftliche Sphäre für alle Menschen schützen soll.

Vandana Shiva will die Grundlagen eines Ökofeminismus entwickeln. Sie sagt: »Frauen und Natur wurden durch die industrielle Revolution auf ihre Rolle als Lieferanten von menschlichem und natürlichem Rohmaterial reduziert.«

**Carl Friedrich von Weizsäcker**, der berühmte Naturwissenschaftler und Philosoph, hat die weltweiten Herausforderungen erkannt und thematisiert, lange bevor andere sie wahrgenommen haben. Gegen Ende des Zweiten Weltkriegs hat er selber den Prozess von der physikalischen Grundlagenforschung bis zum tatsächlichen Bau der Atombombe miterlebt. Der Aufbau großer Arsenale dieser

Waffen hat sein Denken bestimmt und ebenso sein Engagement für die Friedensbewegung. Deutlich sah er die Gefahr und das Potenzial der Selbstzerstörung der menschlichen Zivilisation. Mit einer Weltklimakatastrophe droht mittlerweile ein globales Risiko ähnlichen Typs, auf das Carl Friedrich von Weizsäcker ebenfalls schon sehr früh hingewiesen hat.

Der Kerngedanke von Carl Friedrich von Weizsäcker ist der notwendige Übergang von einem System souveräner Nationalstaaten, hin zu einer weltpolitischen Governance-Struktur im Sinne einer Weltinnenpolitik – eine Forderung, die heute aktueller ist denn je.

**Muhammad Yunus** ist ein großer Hoffnungsträger und einflussreicher Ökonom der sich entwickelnden Welt. Einer seiner Kernsätze lautet: »Armut kommt nicht von den Menschen. Armut kommt vom System. Wir brauchen ein anderes Weltwirtschaftssystem.« Mit seinem Programm der Mikrokredite hat er es mehreren hundert Millionen Frauen und ihren Familien in seiner Heimat Bangladesch, in Indien und in der ganzen Welt ermöglicht, sich selber aus der Armut zu befreien. Die Grundlage dafür war ein Designwechsel im Kreditsystem. Entgegen der Logik von Basel II, nach der günstige Kredite an ein Höchstmaß an materiellen Sicherheiten geknüpft ist, werden hier – im Umkehrverfahren – Kredite an Frauen vergeben, die keine materielle Sicherheit bieten können, wohl aber ihren Leistungswillen und ihre Zuverlässigkeit. Damit hat der Ökonom diese Frauen aus den Händen von Kredithaien befreit, die 20 Prozent Zinsen monatlich aus ihnen herausgequetscht und sie in dauernde Abhängigkeit als Arbeitssklaven gezwungen hatten. In einem etwa 20-jährigen Lernprozess *(learning by doing)* hat Yunus ein Finanzierungsmodell mit hohen Erfolgsquoten der so ermöglichten Kleinunternehmen entwickelt.

In den vergangenen Jahren hat sich die Idee der Mikrokredite in einen regelrechten Hype verwandelt. Andere Entwicklungsorganisationen und dubiose Investoren sind auf den Zug aufgesprungen. Mit der Absicht, Masse zu erzeugen und selbst davon zu profitieren, wurden Menschen und Projekte finanziert, die kaum Aussicht auf wirtschaftlichen Erfolg hatten. Dabei hatte Yunus selber die Gefahren bereits erkannt und den Missbrauch des von ihm entwickelten Ansatzes scharf kritisiert.[159] Mikrokredite sind nicht die Lösung für alle Probleme sich entwickelnder Länder, aber für viele Probleme eben doch.

Muhammad Yunus hat mit dem Vorurteil aufgeräumt, Armut auf dem Globus habe wesentlich damit zu tun, dass die Menschen in armen Ländern phlegmatisch seien, faul und ineffizient. Mit seinem neuen Ansatz im Bankenbereich, der an das Prinzip von Genossenschaftsbanken und Sparkassen anknüpft, hat er das Gegenteil bewiesen. Armut hat systemische Ursachen, sie kann abgeschafft werden wie seinerzeit die Sklaverei.

Ein weiteres von Muhammad Yunus entwickeltes Instrument auf diesem Weg sind sogenannte Sozialunternehmen, deren Gründung einzig und allein zur Lösung eines sozialen Problems erfolgt. Mit Danone, BASF und dem Otto-Versand hat der Ökonom mittlerweile die ersten Joint Ventures dieser Art etabliert.

Wie kann es sein, dass solche unproduktiven und unfairen Verhältnisse in Demokratien, etwa Arbeitssklaven in Bangladesch, möglich sind? Der Grund ist, dass formale demokratische Rechte wenig nutzen, wenn die meisten Menschen arm sind und nicht ausgebildet. Obwohl die Sklaverei offiziell abgeschafft ist, haben wir heute infolge ökonomischer Gegebenheiten weltweit mehr sklavenartige Verhältnisse, als es jemals Sklaven im rechtlichen Sinne auf dem Globus gegeben hat.

## Herkunft der Idee der Ökosozialen Marktwirtschaft

Die Ökosoziale Marktwirtschaft ist ihrem Wesen nach nichts fundamental Neues, verkörpert sie doch eine klassisch ordoliberale Position. Seinen Ursprung hat das ökosoziale Paradigma in der Zeit nach dem Zweiten Weltkrieg. In Deutschland sollte die Marktwirtschaft die Stagnation und Armut der planwirtschaftlichen Verhältnisse nach dem verlorenen Krieg überwinden. Es ging um Generationengerechtigkeit und sozialen Ausgleich. Die neue Wirtschafts- und Sozialordnung, die wesentlich auf Persönlichkeiten wie Ludwig Erhard, Walter Eucken, Alfred Müller-Armack, Wilhelm Röpke und Alexander Rüstow zurückgeht, stellte einen dritten Weg dar, der die Nachteile sowohl von Kommunismus wie ungenügend reguliertem Kapitalismus vermeiden sollte.

Ein Kennzeichen der sozialen Marktwirtschaft ist strikter, aber fairer Wettbewerb. Leistung soll belohnt werden, aber unter wohldefinierten Spielregeln, beispielsweise denen eines strengen Kartellrechts, um die Marktbeherrschung durch Monopole, Oligopole und Kartelle zu verhindern. Der gesetzliche Ordnungsrahmen sorgt zudem für einen Schutz der Schwächeren und für die Sicherung einer hohen Lebensqualität für alle. Die Instrumente dazu sind Sozialrecht, Arbeitsrecht, Bildungs- und Gesundheitssystem etc. und schließlich das Prinzip Partnerschaft, das sowohl für das Zusammenwirken der Interessenverbände umgesetzt wird wie auch innerhalb der Unternehmen zwischen Arbeitgebern und Arbeitnehmern.

Im Kern geht es also immer um sozialen Ausgleich. Je nachdem, wie ein Land beschaffen ist, ob groß, ob klein, ob Einwanderungsland oder mit gewachsener Bevölkerungsstruktur, und abhängig von historischen Erfahrungen herrscht mal mehr, mal weniger Ausgleich. Die jeweils genutzten Instrumente reichen von progressiver Besteuerung über Mechanismen der privaten sozialen Absicherung bis hin zu Vergünstigungen beim Kauf eines Hauses durch die Möglichkeit, Zinsen steuerlich geltend zu machen. Mit der Umweltbewegung wurde die soziale Marktwirtschaft um ökologische Themen, später um den Gedanken der Nachhaltigkeit angereichert. In Deutschland liegt der Beginn dieser Perspektiverweiterung im Jahr 1975, als Hubert Weiger[160], heute Vorsitzender des Bundes für Umwelt und Naturschutz (BUND), zu einer Neudefinition von Wachstum und Wohlstand aufforderte.[161] Damals war von »Langzeit-Ökonomie« die Rede, an der Diskussion waren unter anderem Konrad Lorenz, der Vater der evolutionären Erkenntnistheorie, Bernhard Grzimek, Ökologe, Afrikaforscher und Filmemacher, sowie Hubert Weinzierl, später langjähriger Vorsitzender des BUND, beteiligt. Schon ihnen war klar, dass die Zeit drängte und dass Nullwachstum nicht die richtige Lösung sein konnte, sondern ein lebensgerechtes Wachstum oder ein Nachholwachstum, etwa bei der Abwassersanierung oder in der Luftreinhaltung.

Die politischen Systeme der entwickelten Welt bekamen in den folgenden Jahren einen stets stärker werdenden ökologisch-sozial regulierten Charakter, auch in supranationaler Zusammenarbeit – eine Entwicklung in Richtung Weltinnenpolitik.

Ein besonders wichtiger Vertreter der ökosozialen Idee ist der frühere österreichische Vizekanzler Josef Riegler.[162] Er hat den Begriff der Ökosozialen Marktwirtschaft in den politischen Prozess eingebracht, wirbt schon seit 20 Jahren dafür und charakterisiert ihre Architektur wie folgt: »Fundament der Ökosozialen Marktwirtschaft ist eine leistungsfähige, innovative Wirtschaft, welche auf der Dynamik eines freien, aber in geeigneter Weise regulierten Marktes, auf Eigentum, Leistung und Eigenverantwortung basiert. Darauf ruhen zwei starke Säulen. Die eine bedeutet sozialen Ausgleich, das heißt faire Verteilung der erwirtschafteten Güter, um einen dauerhaften Konsens innerhalb der Gesellschaft zu erreichen. Die andere Säule bedeutet Schutz der Umwelt. Sie ist schlechthin die Voraussetzung für das Überleben der Gesellschaft. Von diesem

Fundament und den beiden Säulen ausgehend können alle übrigen Errungenschaften und Leistungen einer hochentwickelten Gesellschaft gut abgesichert und getragen werden.«[163]

Gewissermaßen als Reaktion auf die rasante Entwicklung der modernen Informations- und Kommunikationstechnik kam es 1996 zur Gründung des Information Society Forum der Europäischen Union.[164] Die Initiative dazu ging entscheidend zurück auf den damaligen EU-Kommissar für Industriepolitik, Informationstechnik und Telekommunikation, Martin Bangemann.[165]

Diskutiert wurden Fragen der ökonomischen Aufholjagd, verbunden mit einer gestiegenen Nachfrage nach Ressourcen und entsprechenden Umweltbelastungen, sowie die Möglichkeit einer Entlastung auf der Ressourcenseite durch IT, etwa die Idee des »papierlosen Büros« samt des daraus resultierenden Bumerangeffekts; aber auch Themen wie die Überwindung von Armut und die kulturelle Seite der Informationsgesellschaft. Das Information Society Forum platzierte die ökosoziale Idee in den Kontext des Hightech-Paradigmas der modernen Informations- und Kommunikationstechnologie und in den Kontext der Globalisierung.

## Alleinstellungsmerkmale

Im 21. Jahrhundert steht die Menschheit vor existenziellen Herausforderungen. Es geht um den Übergang von einer Zivilisation des Raubbaus hin zu einer Zivilisation der Nachhaltigkeit, der tiefgreifendste Umstieg in der gesamten Wirtschafts- und Lebensweise der Menschheit seit dem Beginn der neolithischen Revolution vor mehr als 10 000 Jahren. Ziel ist es, das »System Mensch« dauerhaft wieder mit dem »System Natur« in Einklang zu bringen. Dafür benötigen wir völlig neue Produktions-, Verkehrs- und Energiesysteme sowie ein fundamental geändertes Konsumverhalten. Vor uns liegt der Umbau der modernen Zivilisation, der, sofern er nach den Kriterien einer Ökosozialen Marktwirtschaft gestaltet wird, eine stabile Welt ermöglichen wird. Deshalb die wichtigsten Alleinstellungsmerkmale des zukunftsweisenden Paradigmas hier noch einmal in der Zusammenfassung:

1. Die Fundamentalidentität. Markt (bzw. Wohlstand) + Nachhaltigkeit = Ökosoziale Marktwirtschaft.
2. Nachhaltigkeit als *Constraint*-System. Wachstum als Optimierungsaufgabe innerhalb definierter Leitplanken.
3. Quantifizierte soziale Balance. Die reichsten 20 Prozent einer Gesellschaft sollen, nach diversen Transferprozessen, nicht mehr als 35 bis 50 Prozent des Einkommens generieren. Das magische Viereck, das in der Volkswirtschaftslehre als Staatsaufgabe gesetzt und im Stabilitätsgesetz von 1967 verankert ist, sollte um diesen Punkt erweitert werden.
4. Wachstumskorridore. Doppelter Faktor 10 innerhalb der nächsten 70 Jahre.
5. Institutionen, Bildung und Gesundheit als Wachstumstreiber. Zentral ist die gute Ausbildung der gesamten Bevölkerung.
6. Stringenter Weg zu einem funktionierenden globalen Governance-System.
7. Ethische Basierung in Weltethos, Earth Charta und im interkulturellen Humanismus. Oberste Ziele sind die Würde des Menschen und der Erhalt der Umwelt.[166]

# 9. Gleichheit, Ungleichheit und die Rolle des Einzelnen

## Arm und reich

Balancierte Gleichheit (Equity) in Gesellschaften kann aus vielem resultieren. In funktionierenden asiatischen Wohlfahrtsstaaten ist eine vergleichsweise kleine Spreizung der Einkommen die Methode der Wahl. In Kontinentaleuropa herrscht meistens eine größere Bandbreite von Einkommens- und Verteilungsverhältnissen als in Asien, verbunden mit einer progressiven Einkommensbesteuerung. In manchen europäischen Staaten ist zusätzlich ein starkes soziales Element in der proportionalen Umlagefinanzierung der Sozialsysteme angelegt. Dagegen sind die Verhältnisse im angelsächsischen Raum schon ziemlich rau. Extrem ist die Spreizung der Einkommen in den USA, die Sozialsysteme sind zugleich relativ schwach ausgebildet. Bis zur Reform durch Präsident Obama waren 50 Millionen US-Amerikaner ohne Versicherungsschutz im Gesundheitsbereich.

Balance ist die Voraussetzung für breiten Wohlstand – eines der Themen, worüber philosophisch hart gestritten wird. Wie viel Einkommen sollte jemand haben dürfen beziehungsweise umgekehrt, wie weit sollte für Querfinanzierungssysteme steuerlich auf Einkommen zugegriffen werden dürfen? Gibt es Argumente für Balance? Oder für Mäßigung bei denen, die sehr viel haben?

Infolge der Weltfinanz- und Weltwirtschaftskrise ist eine Debatte über Reichtum und Armut, über eine sich öffnende Schere im Sozialen und die Frage nach der Gerechtigkeit der Einkommensverteilung ausgebrochen. Dabei gibt es unterschiedliche Positionen. Die einen beklagen, dass an der Spitze der Pyramide unglaublich viel Geld verdient wird, dies zudem unter Nutzung grenzüberschreitender oder auch illegaler Methoden weitgehend steuerfrei. Während die untersten Einkommensgruppen, aber auch die Hartz-IV-Empfänger unter Globalisierungsdruck, absurd niedrigen Löhnen und absehbaren weiteren Sparmaßnahmen zur Bewältigung der Staatsverschuldung leiden. Zu beobachten sind typische Phänomene einer Umverteilung von unten nach oben, verbunden mit einem Ausdünnen der Mitte und einer Marginalisierung der Schwächsten (Prekarisierung). Dies hat zu einer Debatte über ein »bedingungsloses Grundeinkommen« geführt, für das sich inzwischen auch mancher Unternehmer einsetzt.[167]

Das Kontrastprogramm dazu ist eine zum Teil aggressiv geführte Debatte gegen das sogenannte Sozialschmarotzertum, eine zweite Sicht auf die Dinge. Hartz-IV-Empfänger und Bezieher von Transfereinkommen erscheinen darin als eine Gruppe von Menschen, die zulasten des Mittelstands und anderer Leistungsträger ein gutes und bequemes Leben führen.

In den Debatten geht es immer darum, dass Menschen, die sehr viel verdienen, dies zu Recht tun. Es wird versucht zu suggerieren, dass eine Besteuerung entsprechender Einkommen fast so etwas wie Wegelagerei darstellt. Manchmal mündet die Diskussion gar in Demokratieschelte. Geringverdienenden Bürgern wird vorgeworfen, dass sie über den Mehrheitsmechanismus »Straßenräuberei« an Leistungsträgern und gut verdienenden »Wertschöpfern« betreiben würden. An denen also, die ihr Geld aufgrund eigener Leistung ehrlich verdienten, während alle anderen von eben dieser zudem weit überproportional zur Gesamteinkommenssteuer beitragenden Leistung lebten. Häufig tauchen an dieser Stelle auch Drohungen von Seiten der Leistungsträger auf, bei weiteren unbotmäßigen Forderungen an sie auszuwandern. Die niedrige Honorierung der Geringverdiener wird gleichzeitig durch deren angeblich schwache Leistung gerechtfertigt.

Dagegen steht eine dritte Sicht, die von der Menschenwürde

ausgeht. Sie beinhaltet, dass für jeden Menschen angemessene Lebensbedingungen zu sichern sind. Das liegt in der Verantwortung des Systems, vor allem, wenn insgesamt ein hohes Maß an Gütern und Dienstleistungen produziert und punktuell unglaublicher Reichtum angehäuft wird. Insbesondere ist es nicht akzeptabel, dass ein marktwirtschaftliches Wirtschaftssystem nicht genügend attraktive Arbeitsplätze für qualifizierte Menschen sowie keine kompensatorischen Geldzahlungen für Arbeitslose anbietet. Aus welchem Grund sollen Menschen gezwungen sein, ihre wertvolle Lebenszeit in völliger Unterforderung und bei unangemessener Bezahlung in unattraktive Arbeitsplätze zu investieren, dabei einzig und allein die Pläne derjenigen umsetzend, die an der Spitze des Systems stehen und weit überdurchschnittlich verdienen? Und welchen Sinn ergibt es, dass die *working poor* in drei Jobs 16 Stunden pro Tag arbeiten, trotzdem ihre Familie nur mühsam ernähren und sich und ihren Kindern keine guten Ausbildungs-, Erfahrungs- und Lebensperspektiven eröffnen können?

Die Vertreter einer weltweiten Ökosozialen Marktwirtschaft nehmen in dieser Diskussion eine mittlere Position ein.[168] Sie argumentieren für die Notwendigkeit von Differenzierung, fordern aber auch balancierte Verteilungs- und Einkommensverhältnisse. Einerseits, weil Balance den höchsten Wohlstand hervorbringt – eine zentrale Einsicht und Position der Vertreter einer weltweiten Ökosozialen Marktwirtschaft –, andererseits aber auch, weil es sachlich angemessen ist. Dies ist ein Herzstück der ökosozialen Philosophie und eng mit dem zugrunde gelegten Menschenbild verknüpft.

## Wie viel Ungleichheit ist verträglich?

Aus der Geschichte kennen wir Gesellschaften mit allzu großer Harmonisierung der Einkommen. Planwirtschaftlich-kommunistische Verhältnisse gehen einher mit geringer Effizienz, schwacher

Motivation zu Vorleistungen und geringer Risikobereitschaft. Innovationen bleiben dabei auf der Strecke. Innovation ist aber der eigentliche Treiber von Wachstum und wachsendem Wohlstand – dauerhaft nur im Rahmen des ökologisch Möglichen. Entsprechende Gesellschaften sind daher vergleichsweise arm. Für die meisten Menschen sind sie nicht sonderlich attraktiv, und von der Geschichte sind sie abgewählt worden. Heutzutage gibt es keinen Staat, in dem die 80 Prozent der Bevölkerung mit den niedrigsten Einkommen (nach Steuern, Sozialtransfers und innerfamiliärem Lastenausgleich) über mehr als 65 Prozent des Gesamteinkommens verfügen.

Aus Sicht einer weltweiten Ökosozialen Marktwirtschaft ist ein Equity-Niveau von 65 Prozent ein Grenzniveau für eine balancierte Equity, das bedeutet, dass bei den 80 Prozent mit den weniger hohen Einkommen 50 bis 65 Prozent der Gesamteinkommen landen – ein noch höheres Ausgleichsniveau hat offenbar Nachteile. Eine Vorstellung darüber, was 65 Prozent bedeuten, geben die folgenden Zahlen: Bei diesem Niveau liegt bei einem Durchschnittseinkommen von 25 000 Euro der Anteil derjenigen Personen mit 16-mal so hohem Einkommen (400 000 Euro) bei 0,01 Prozent. Für das Equity-Niveau 60 Prozent sind es 0,03 Prozent, für das Equity-Niveau 50 Prozent sind es 0,1 Prozent. Equity-Werte unterhalb von 35 Prozent motivieren nicht ausreichend. Interessanterweise ist aber das 65-Prozent-Niveau für die 80-Prozent-Gruppe, also das niedrigste Niveau für die 20 Prozent mit den höchsten Einkommen (nämlich 35 Prozent) in reichen Staaten, gerade in Nordeuropa vorherrschend, in Ländern, die als besonders vorbildlich und leistungsfähig gelten.[169]

Alle Länder, in denen die Ungleichheitsverhältnisse so hoch sind, dass bei den 80 Prozent mit den niedrigsten Einkommen weniger als 50 Prozent der Gesamteinkommen liegen, sind in der Regel sehr arme Länder – für die meisten Menschen nicht sehr günstig, für Teile ihrer Eliten umso attraktiver. Dazu gehören im

Besonderen Staaten mit fortdauernden Kolonialstrukturen in Lateinamerika und in Afrika. Das Extrem bilden Verhältnisse wie in Brasilien und Südafrika. In diesen Ländern verfügen diejenigen 20 Prozent mit den höchsten Einkommen über 60 bis 65 Prozent des Gesamteinkommens.

Solche Gesellschaften werden als Zweiklassengesellschaften empfunden. Die Demokratie scheint nur noch begrenzt geeignet, die Interessen der Mehrheit der Menschen umzusetzen. Deshalb wird aus ökonomischer Sicht die untere Grenze einer balancierten Equity bei etwa 50 Prozent gesehen. Beträgt die Equity 50 Prozent und mehr, umfasst die Gruppe von Menschen, die mindestens das Durchschnittseinkommen verdienen, etwa 25 Prozent und mehr. Bei größerer Ungleichheit (zum Beispiel einer Equity von 40 Prozent) rutschen zu viele Menschen unter das Durchschnittseinkommen. Das ist nicht ausreichend für eine Welt mit vielen gut ausgebildeten *professionals*, die wiederum Voraussetzung sind für ein wohlhabendes System, das seinerseits ein breit gefächertes und leistungsfähiges Ausbildungssystem (viele Lehrkräfte und Administratoren), ein leistungsfähiges Gesundheitssystem (viele Mediziner und Administratoren), Good Governance (mit entsprechendem Personal) und noch mehr gut bezahlte Arbeitsplätze in der Wirtschaft benötigt.

## Wir leben im Zustand einer globalen Apartheid

Im globalen Rahmen, das heißt zwischen den Staaten, sind die Verhältnisse noch viel extremer als innerhalb der Staaten. Weltweit sind 70 bis 80 Prozent der Einkommen bei den 20 Prozent Menschen mit den höchsten Einkommen konzentriert. Der größte Teil dieser Menschen lebt in den OECD-Staaten: ein Zustand der globalen Apartheid. Das ist einer der Gründe, warum die Welt viel ärmer ist, als sie sein könnte. Aus ökonomischer Sicht ist es ein

Fernziel, dass überall, also weltweit, in Wechselwirkung mit dem Besteuerungssystem nach Quertransfers innerhalb von Familien, Sozialtransfers etc. zum Schluss balancierte Verhältnisse entstehen. Das heißt, dass bei den 80 Prozent mit den weniger hohen Einkommen zwischen 50 und 65 Prozent des Kuchens liegen und bei den 20 Prozent mit den höchsten Einkommen zwischen 35 bis 50 Prozent. Das ist die universelle Balancesituation reicher, entwickelter Länder. Eine Tabelle mit Equity-Werten für ausgewählte Länder befindet sich im Anhang.

Im Ergebnis werden derartige Verhältnisse auf sehr unterschiedliche Weise erreicht, zum Beispiel durch die Art der Einkommensspreizung (besonders gering in Japan, besonders hoch in den USA), abhängig von der Art des Sozialsystems und vor allem der (progressiven) Besteuerung.

Wesentlich ist, dass schließlich ein balancierter Zustand erreicht wird. Balance scheint mit dem höchstmöglichen Wohlstand zu korrespondieren. In reichen Staaten bringt mehr Balance in fast allen Lebensbereichen (Gesundheit, Ausbildung, Teenager-Schwangerschaften, Fettleibigkeit, Gefängnisfrequenz, Vertrauen in die Gesellschaft und in die Zukunft etc.) die besten Ergebnisse hervor. Die hier getroffenen Aussagen basieren auf mehrjährigen Untersuchungen zu abstrakten Verteilungsfragen. Es geht darum, wie man ein Volumen auf eine Population aufteilt. Dabei ist logisch unvermeidbar, dass eine Gesellschaft, die wenigen Mitgliedern sehr hohe Anteile im Sinne eines Vielfachen des Durchschnitts zukommen lassen will, das nur erreichen kann, wenn die übrigen, also fast alle, deutlich unter dem Durchschnitt liegen.

Ob nun wirklich große Leistungsunterschiede zwischen den Beteiligten vorliegen oder ob im Sinne von »Pyramidenspielen«, wie zum Beispiel bei Sportereignissen, zum Schluss immer irgendwer, aber immer nur einer (oder ganz wenige) ganz oben auf dem »Treppchen« steht, die Konsequenzen sind immer dieselben. Logisch ist es immer so, dass es die besondere Belohnung in der

Spitzenposition nur geben kann, wenn die anderen deutlich unter dem Durchschnitt liegen.

Man sollte vor diesem Hintergrund aus der Spitzenposition heraus vorsichtig sein zu argumentieren: Jeder, der sich anstrenge, könne erreichen, was der oder die eine erreicht hat. Das ist falsch, das würde der Logik der Mathematik dieser Thematik fundamental widersprechen.

Die Premiumposition gibt es nur in Wechselwirkung mit der Nichtpremiumposition der großen Mehrheit – »wenige Häuptlinge, viele Indianer«. Wären alle Indianer Häuptlinge, wäre es nicht besonders attraktiv, Häuptling zu sein. Anders ausgedrückt bedeutet das, dass eine Argumentation, die vorgibt, dass alle, wenn sie sich nur genügend anstrengen, das haben können, was wenige in Spitzenpositionen haben, in sich logisch nicht konsistent ist.

Das ist im Übrigen für die meisten offensichtlich, solange nicht geklärt ist, wer die Spitzenposition innehat. Anders ist es, wenn die Position besetzt ist. Mit dem Inhaber einer Spitzenposition ist schwer zu diskutieren, und meist hat er weit überproportionale Möglichkeiten, seinen Standpunkt durchzusetzen. Im Sinne erfolgreicher balancierter Verhältnisse müsste ein Appell an die Klugheit und Mäßigung der Erfolgreichen gehen, aus Einsicht in die Zusammenhänge und aus wohlverstandenem Eigeninteresse von ihrem großen Stück etwas abzugeben.

## Chancengleichheit ist wichtig, reicht aber nicht

Gerne wird gerade in diesem Zusammenhang das Konzept der Chancengleichheit benutzt, um zu begründen, dass bestehende Verteilungsverhältnisse in Ordnung sind. Der Gerechtigkeit ist dann vorgeblich Genüge getan. Nun ist Chancengleichheit ein wichtiges Ziel, das verfolgt werden sollte, zumal es bei uns in Deutschland nicht erreicht ist – das zeigt jede PISA-Studie aufs Neue. Doch zur

Legitimierung abzulehnender, aber realer gesellschaftlicher Zustände taugt das Prinzip der Chancengleichheit nicht.

Der Extremfall eines ungleichen Verteilungssystems mit Chancengleichheit ist das Losen, gemäß dem Motto *The winner takes it all* – wer gewinnt, bekommt alles. Das ist von den Chancen her völlig gerecht. Dennoch erscheint dieser Weg in keiner Weise als besonders zielführend, weswegen ihn vor allem etablierte Eliten völlig ablehnen würden. Sie mögen, wenn überhaupt, nur Auswahlprozesse, die ihnen, ihresgleichen und ihren Kindern eine hohe Wahrscheinlichkeit geben, sich durchzusetzen – ein Vorgehen, das zulasten der anderen, der vielen geht und dennoch als Ausdruck von Chancengleichheit »verkauft« wird. So stehen zum Beispiel privat bezahlte Eliteschulen, die für die eigenen Kinder die Chancen erhöhen, einigen wenigen Stipendien für hochbegabte Kinder aus ärmeren Familien gegenüber, die als Beweis für die Durchlässigkeit des Systems dienen und gegebenenfalls zur »Blutauffrischung«.

In dem Moment, in dem man sich den natürlichen Charakter dieser unvermeidbaren Verteilungssituation einmal klargemacht hat, erscheint ein gewisses Maß an Ausgleich im Sinne von Rawls nahezu als geboten, um darüber nicht erträgliche Zustände zu verändern, anstatt sie vermittels theoretischer Entwürfe zu rechtfertigen. Chancengleichheit ist wichtig, aber zu wenig.

## Ohne staatliche Ordnung kein breiter Wohlstand

Der Staat ist ein wichtiger Vorlieferant für die Möglichkeit, Wohlstand überhaupt erzeugen zu können. So wie man in der Automobilindustrie die Zulieferer bezahlt, so müssen wir alle den Staat bezahlen, der viele unverzichtbare Vorleistungen für Wohlstand erbringt. Das geht von der Organisation von Rechtssicherheit bis hin zur Bereitstellung von Infrastruktur, von allgemeiner Bildung und Sicherung des sozialen Zusammenhalts bis hin zu sozialem Frieden. Historisch betrachtet haben sich Demokratien herausgebildet, um diesen Frieden herzustellen.

In der Demokratie haben die, die ökonomisch nicht die Erfolgreichsten sind, beziehungsweise genauer die, die nicht die höchsten Einkommen beziehen, immer und logisch zwingend die Mehrheit der Stimmen. Diese Mehrheit wird aus ihrer Sicht sinnvolle Entscheidungen herbeizuführen versuchen. Soziale Differenzierung zugunsten weniger braucht unter solchen Voraussetzungen eine *licence to operate*, die Zustimmung ebendieser vielen. Querfinanzierungsprozesse, die insbesondere auch die geringe Anzahl bestimmter Spitzenpositionen reflektieren, finden hier ihre Begründung. Im Sinne von Rawls (und seines »Schleiers des Nichtwissens«) repräsentieren sie unter der Voraussetzung, dass niemand im Vorhinein weiß, ob er einmal einer der wenigen Gewinner sein oder zur nichtprivilegierten Mehrheit gehören wird, akzeptable Lösungen für alle. Aus einer a priori bestehenden Unsicherheit – auf welcher gesellschaftlichen Position werde ich landen? – resultiert eine gewisse Mäßigung in der Verteilungsfrage, auch bei der potenziellen späteren Spitze, also den Personen, die den »Marschallstab« im Tornister tragen, aber noch nicht wissen, ob es letztendlich zum »Marschall« reichen wird.

## Finanzierung der Voraussetzungen von Wertschöpfung

Offensichtlich, aber vielfach nicht akzeptiert, gilt Folgendes: Wir verdienen – auch im übertragenen Sinne – nicht unser Brutto, sondern unser Netto. Wir sollten dankbar dafür sein, Steuern bezahlen zu dürfen, um eine Gesellschaft zu ermöglichen, in der wir unser Brutto vereinnahmen können, von dem wir die Steuern und Sozialleistungen bezahlen können, um schließlich ein Netto behalten zu dürfen, um so die staatlichen Vorleistungen für die Ermöglichung von breitem Wohlstand mitzufinanzieren. Deshalb ist es wichtig, Steuern nicht als Mechanismus von Umverteilung zu sehen, sondern als Finanzierung für die Herstellung der Voraussetzungen von Wertschöpfungsfähigkeit. Von der Sache her ist es angemessen – sowohl aus Gerechtigkeitsgründen wie von den verfügbaren freien Finanzvolumina aus betrachtet –, dass der, der am meisten von einem System profitiert, auch überproportional in die Ermöglichung dieses Systems zahlt.

Doch so wichtig unsere eigenen Beiträge für die Erzeugung von Wohlstand sind, sie resultieren letztlich und vor allem aus den Leistungen der Generationen vor uns. Auf sie bauen wir auf, sie ermöglichen uns zu tun, was wir heute tun und tun können. Insbesondere haben sie die Voraussetzungen zur Generierung von neuem Wissen auf der Basis von bereits vorhandenem Wissen geschaffen und ebenso die Institutionen, Systeme und Infrastrukturen aufgebaut, auf die wir uns abstützen. In diesem Sinne profitiert jeder von einer über die Generationen laufenden systemischen Steigerung der Leistungsfähigkeit. Individuell können wir uns nur Teile der erzielten Ergebnisse zuschreiben. Das sollte Anlass – gerade in der Verteilungsfrage – zu etwas mehr Demut und Bescheidenheit geben, auch zu Dankbarkeit und Freude darüber, was man bereits hat.

Systemische Voraussetzungen sind gemeinsamer Besitz eines Staates und seiner Menschen und zukünftig immer mehr auch der ganzen Menschheit. Der Erhalt dieser systemischen Voraussetzungen ist zu finanzieren. Insofern ist das System in seiner historischen Entwicklung wichtiger als die Exzellenz Einzelner. Gute Systeme bringen dabei immer geeignete Personen für alle ihre Spitzenpositionen hervor. Und für jeden, der ausfällt, wird meist rasch Ersatz gefunden. Die Friedhöfe sind voller Verstorbener, die sich zu Lebzeiten noch für unersetzbar hielten.

## Vieles im eigenen Erfolg ist Glück

Wieso haben es manche so weit gebracht, dass sie ihre Exzeptionalität (auch mit entsprechender Honorierung) hervorbringen konnten, während dies den meisten anderen nicht gelingt? Wenn man sich die Biografien von Menschen in Spitzenpositionen ansieht, wird deutlich: Erfolg hat sicher mit eigener Kompetenz und hohem persönlichen Einsatz zu tun, aber auch damit, dass man zum richtigen Moment an der richtigen Stelle war und dort die richtigen Menschen kennengelernt hat, also mit Glück. In jeder Position lernt man dazu. Und für viele Aufgaben ist eine entsprechende Erfahrung Voraussetzung – man entwickelt sich von einem Qualitäts- und Erfahrungsniveau zum nächsthöheren. Deshalb ist *the winner takes it all* wenig erstrebenswert. Vielmehr sollten gesellschaftliche Verhältnisse angestrebt werden, die im Rawls'schen Sinne für alle sinnvoll sind, nicht nur für die Gewinner.

Menschen mit sehr hohen Einkommen reklamieren diese Bezahlung für sich, weil sie besonders viel leisten, zum Beispiel als Vorstands- oder Parteivorsitzender. Diese Forderung ist berechtigt. Wahr ist auch, dass nicht jeder andere tun könnte, was sie tun. Die weit überwiegende Mehrheit der Bevölkerung wäre wohl nicht dazu in der Lage. Vielleicht nicht einmal dann, wenn ihnen dieselben Möglichkeiten im Leben geboten worden wären wie denjenigen, die es geschafft haben. Das ändert aber nichts daran, dass es für jeden Spitzenakteur auch hundert andere gibt, die dasselbe tun könnten. Hunderte, die auch befähigt gewesen wären für dieselbe Position. Hundert andere, die gerne die Position übernommen hätten, wenn sie nicht durch denjenigen oder diejenige blockiert gewesen wäre, der oder die sie bereits innehatte. Viele Chancen und Karrieren wurden davon bestimmt, dass es bereits einen anderen gab, zum Beispiel als Bundeskanzler oder Vorstandsvorsitzenden, der eine Position 10 bis 15 Jahre »blockiert« hat. Positiv formuliert, dass es einen solchen nicht gab und sich plötzlich eine Lücke auftat, hat Karrierechancen eröffnet. In diesem Sinne ist die Tatsache, dass man selber viel leistet, noch nicht ausreichend als Begründung dafür, warum man exzeptionell ganz anders bezahlt werden sollte als alle anderen.

## Das System erzeugt den Wohlstand

Wenn man sich fragt, warum beispielsweise der Job eines Taxifahrers oder einer Kellnerin heute in der Schweiz oder in Deutschland so viel besser bezahlt wird als etwa in Polen oder Indien, obwohl es von der Sache her die gleichen Tätigkeiten sind, dann verweist die Antwort auf die hohen Ausbildungs- und Einkommensniveaus einer Gesellschaft[170]. Die Bezahlung einzelner Arbeiten in einer Gesellschaft gilt es immer auch in Relation zueinander zu sehen, um Menschen überhaupt zu sehr unterschiedlichen Tätigkeiten motivieren zu können. Das jeweilige absolute Niveau in einem Staat hängt an der Position dieses Staates in der weltweiten Arbeitsteilung und Wohlstandspyramide. So profitiert man persönlich von einem System, zu dem man gehört. Insofern ist es gerechtfertigt, in dieses System zurückzuinvestieren beziehungsweise zurückinvestieren zu müssen.

Deuten schon die Vorleistungen früherer Generationen und die Rolle des erreichten Systemniveaus auf nicht individuelle Dimensionen im Honorierungsniveau hin, so gilt das erst recht für die Rolle von Arbeitsteilung und Kooperation. Beide sind Voraussetzung für hohen Wohlstand. Wer eine Premiumposition innehat und viel Geld in kurzer Zeit verdient, profitiert extrem von den übrigen, weniger attraktiven Positionen. Denn diese ermöglichen den wenigen erst zu tun, was sie tun. Das geht über das Fliegen, Zug- wie Autofahren bis zur Nutzung von Hotels, Restaurants, Reinigungs-, Schreib- oder Wachdiensten etc. Das betrifft vor allem die Mehrzahl der Jobs, die unter Marktbedingungen tendenziell austauschbar und gegeneinander auszuspielen sind mit der Möglichkeit, den Preis für Entlohnung niedrig zu halten oder unter Globalisierungsbedingungen sogar zu senken. Sie ermöglichen es den wenigen, besonders viel zu verdienen.

Wenn nun, aus welchem Grund auch immer, Störungen in diesem verordneten Deal auftreten, also keine Flugzeuge fliegen (wie Anfang 2010 beim Ausbruch des Vulkans Eyjafjallajökull in Island), keine Züge (wie bei einem Streik) und keine Automobile fahren (zum Beispiel weil Lastwagenfahrer oder Bauern die Autobahn blockieren), sind es bezeichnenderweise die Menschen mit besonders hohen Einkommen, die am meisten darunter leiden. Was macht der weltberühmte Operateur mit den »goldenen Händen«, wenn keine Assistenzärzte, Krankenschwestern, Sekretärinnen, Techniker etc. verfügbar sind?

Das heißt, die Leistung der vielen ist Voraussetzung für die hohen Einkommen der wenigen. Wenn man das anerkennt, muss vernünftigerweise etwas an diese Ermöglicher zurückfließen, und die Verhältnisse müssen für alle akzeptabel sein.

## Balancierte Equity

Die hier diskutierten Überlegungen gehören zum »genetischen Code« der Konzeption einer weltweiten Ökosozialen Marktwirtschaft. Die Vertreter dieser Position halten die Kombination von Markt und Nachhaltigkeit, die in den heutigen weltökonomischen Systemen offensichtlich nicht besteht, für möglich und bezeichnen jede weltweite Marktwirtschaft als ökosozial, die diese Ziele verbindet.

Wie bereits dargestellt untermauern Untersuchungen, dass Ökosoziale Marktwirtschaften auf Dauer den höchsten Wohlstand hervorbringen. Die Equity in einem System ökosozialen Typs sollte zwischen 50 und 65 Prozent gehalten werden, das heißt, die

80 Prozent Personen mit den niedrigeren Einkommen (nach Steuern, Sozialtransfers und innerfamiliärem Lastenausgleich) sollen etwa 50 bis 65 Prozent der Einkommen (nicht weniger, aber auch nicht mehr) bei sich konzentrieren, nicht weniger als 50 Prozent, aber auch nicht mehr als 65 Prozent.

Heutzutage beschäftigt man sich bei uns bevorzugt mit der Binnendifferenzierung von unterem Mittelstand, *working poor* und Hartz IV, vielleicht auch, um Angst und Druck vor weiterem sozialem Abstieg zu erzeugen. Das alles dominiert die Diskussion, obwohl die aufaddierten Einkommen aller dort Platzierten, je nach betrachteter Gruppe, weniger als 5 bis 10 Prozent des Gesamteinkommens ausmachen.

Eine balancierte Gleichheit und damit balancierte Einkommen sind Teil der Grundphilosophie einer Ökosozialen Marktwirtschaft. Dabei kann man unmittelbar bei den Einnahmen ansetzen oder über progressive Besteuerung und die Finanzierung der Sozialsysteme nachregulieren oder auf Stiftungen und Charity setzen. Wobei die Balance im Kern der demokratischen Willensbildung und nicht der Großzügigkeit weniger Vermögender geschuldet sein sollte. Entscheidend ist aber, wie die Verteilung am Ende aussieht. Letztlich kommt es nicht auf den guten Willen, die gute Theorie oder die philosophische Begründung an. Entscheidend ist das Ergebnis: Wohlstand für alle und Nachhaltigkeit der Systeme in weltweiter Ausprägung und mit Blick auf zukünftige Generationen.

Marktmechanismen sorgen im ökosozialen Modell für Innovation, Wohlstand und eine individuell vielfältige Welt, Nachhaltigkeit sorgt demgegenüber für die Berücksichtigung der Nöte aller Menschen wie auch der Natur und darüber hinaus für die Berücksichtigung der Eigenrechte der Natur jenseits ihrer Nützlichkeit für den Menschen.

Aus Sicht der Ökosozialen Marktwirtschaft muss dem sogenannten »magischen Viereck in der Volkswirtschaftslehre«, das im Stabilitätsgesetz von 1967 verankert ist, ein balancierter Ausgleich als Staatsziel hinzugefügt werden. »Grenzen« und »Leitplanken« zu setzen ist seit jeher eine wichtige Aufgabe der Zivilisationen und Kulturen, die das Austarieren von Markt und Nachhaltigkeit, von monetarisierten und nichtmonetarisierten Prozessen zu leisten hatten und geleistet haben.[171]

Für die Umsetzung des ökosozialen Paradigmas ist zunächst zentral die Etablierung eines funktionierenden Global-Governance-Systems, das die Integration der verschiedenen Bereiche wie Welthandel (WTO), Sozial- und Arbeitswelt (ILO), Finanzen (IWF, WB), Klima und anderes regelt. Viele Parameter der Nachhaltigkeit folgen dem Leitplanken-Prinzip, nach dem Vorbild der Begrenzung von Klimagasemissionen: die Einkommensverteilung, die Zahl der Absolventen an höheren Schulen, die Berufspositionen von Frauen, die Förderung des Mittelstandes bis hin zur generellen Equity in der Einkommensverteilung. Ein System ist nachhaltig, wenn ein definierter Satz von Restriktionen respektiert wird.

Neue wissenschaftliche Erkenntnisse, neue Einsichten in die Dynamik der Prozesse führen zur Notwendigkeit immer neuer Anpassungen beziehungsweise Erweiterungen der Restriktionssysteme. Deren Messung, Dokumentation, Verfolgung ist ein großes Thema. Die Systeme müssen also »offen« und sollen von der Grundorientierung her antizipativ sein, verbunden mit einer konsequenten Umsetzung eines Vorsichtsprinzips.

Die Hoffnung ist daher nicht primär, das BIP als zentrale Messmethode der Wirtschaftsleistung durch ein neues Instrument zu ersetzen, um irgendwann dahin kommen zu können, alle Arten relevanter Größen in ein »Gesamtkapital« zu integrieren, dessen Größe und Wachstum über die Zeit die Nachhaltigkeit repräsentiert. Dafür mangelt es an Kenntnissen der Wechselwirkung verschiedener Arten von Kapital und ihrer Substituierbarkeit, zum Beispiel Naturkapital, Humankapital (keine sensible Begriffsbildung), industrielles Kapital (Kapitalstock)/Finanzkapital. Diese Wechselwirkungen können sich nämlich durch künftige Innovationen fundamental ändern, beispielsweise wenn es gelingt, eine Technik zu entwickeln, die die Produktion von preiswerter, umwelt- und klimaneutraler Energie ermöglicht. Die Hoffnung auf eine solche Innovation darf im Übrigen nicht das Vorsichtsprinzip außer Kraft setzen.

Geeignet erscheint deshalb die Maximierung einer gewählten Zielgröße, zum Beispiel eines gegebenenfalls modifizierten BIP (Nettosozialprodukt statt Bruttosozialprodukt), das aber gesteuert wird durch eine Vielzahl von Leitplanken, die zu respektieren sind, während man die unter diesen Restriktionen mögliche Wirtschaftsleistung zu maximieren versucht. Die Leitplanken sind der entscheidende Hebel, um Nachhaltigkeit zu erreichen.

Balancierte Equity und Kohlendioxidemissionen unter zehn Milliarden Tonnen pro Jahr (so viel verkraftet die Natur) gehören zu den Leitplanken. Unter solchen Restriktionen wird Adam Smith zurückversetzt in seine erhoffte Rolle, und seine »unsichtbare Hand« zeigt infolge der zu respektierenden Leitplanken tatsächlich in die richtige Richtung. Und das Bruttoinlandsprodukt wird vergleichsweise hoch korreliert sein mit einem tatsächlichen Fortschritt einer Gesellschaft, weil alle Restriktionen, die man für zielführenden Fortschritt fordern würde, erfüllt sind, wenn das Gesamtsystem in dem beschriebenen Sinne nachhaltig ist.

Ökosoziale Marktwirtschaft als bessere, ja einzig zufriedenstellende Marktordnung beendet Wachstum aus »Plünderung«, sie ermöglicht stattdessen verträgliches, stärker suffizienzorientiertes Wachstum durch Intelligenz und technischen Fortschritt für eine bessere Welt.

## Was jeder Einzelne tun kann

Probleme sind möglichst nah vor Ort zu lösen, und zwar so, dass alle wesentlichen Akteure beteiligt sind *(Subsidiarität)*. Beim Klima ist dieser »Ort« global, in anderen Fällen ist er kontinental, national, regional oder lokal. Wichtig ist, an der richtigen Stelle anzusetzen. Da der Staat nicht alles »richten« kann und soll, wird Ethik im Verhalten von Organisationen und Menschen eine entscheidende Rolle spielen müssen.

Ethik kann sich übersetzen in formalisierte Strukturen. Mit Peter Grassmann[172] argumentieren wir für Branchencodes ganzer Industriezweige. Branchen haben gemeinsame Perspektiven, sie können sie gemeinsam adressieren, auch unter Beachtung von Nachhaltigkeitsaspekten. Und eingebettet in Branchencodes haben Firmen eine große Verantwortung. Auf Firmenebene heißt das Thema *Corporate Social Responsibility*. Hier sind Firmenethik oder Ethik in der Wirtschaft richtig verortet, hier ergeben Nachhaltigkeitsberichte von Unternehmen entlang der Ideen der Global Reporting Initiative Sinn, hier können sich Unternehmen am Global Compact der Vereinigten Nationen beteiligen.

Auf der individuellen Ebene, als klug und kritisch auswählende Konsumenten, haben wir alle großen Einfluss. Auch als Arbeitnehmer, der sich am Arbeitsplatz engagiert und dort Prozesse in seinem Einflussbereich zukunftsfähig beeinflusst. Als Investor können wir handeln, wenn wir unser Geld vernünftig einsetzen. Als Eltern sind wir aufgefordert, unseren Kindern Visionen einer besseren Welt mitzugeben. Als Bürger wirken wir in Netzwerkstrukturen mit und verändern die Welt, wenn wir Inhalte richtig setzen.

Allerdings: Nur ab und zu das Licht in einem Raum auszuschalten, um dann am Wochenende zur Shoppingtour nach New York zu fliegen, hilft wenig. Wenn dagegen kein Mensch in Deutschland mehr Produkte kauft, die von Kindern unter sklavenartigen Bedingungen produziert wurden, verändert das ein ganzes Marktsegment. Und wenn man seinen Fleischkonsum reduziert, seinen eigenen und den seiner Familie, hat man die Chance, Gewohnheiten zu verändern. Jemand fängt an, andere folgen.

Die Doppelstrategie bringt beide Seiten – Entscheidungen im

Kleinen und übergreifende Regelwerke – zusammen. Es geht einerseits um Orientierung und die Notwendigkeit vernünftiger, übergreifender Lösungen. Andererseits kann man aber schon hier und heute anfangen, umzudenken und umzulenken, bevor die großen Lösungen Wirklichkeit geworden sind, zumal das Gefühl der Ohnmacht kein guter Ratgeber ist. Wir halten mehr von Lebensfreude. Eine Liste mit Vorschlägen, was jeder Einzelne tun kann, befindet sich im Anhang.

Der Einzelne verfügt über eine gigantische Kraft. Wenn jeder auch nur einen anderen Menschen pro Jahr im Schneeballverfahren in Richtung Nachhaltigkeit bewegt, kann eine einzige Person in 33 Jahren die ganze Menschheit erreichen, denn $2^{33}$ entspricht acht Milliarden. Menschen können also sehr viel tun, einzeln und erst recht gemeinsam. Ein kluges afrikanisches Sprichwort lautet: Wenn viele kleine Leute viele kleine Dinge tun, verändert dies die Welt.

## Vision Rio+20

Die Menschheit befindet sich in einer nahchaotischen Situation: die weltweite Finanz- und Wirtschaftskrise, ein heraufziehendes Klimaproblem, eine sich verstärkende soziale Spaltung, auch in den entwickelten Ländern – alle wesentlichen Fragen sind praktisch ungelöst, und niemand fühlt sich wirklich zuständig. Ja, es fehlt sogar ein gemeinsames Problemverständnis. Viele Menschen spüren den rauen Wind zunehmend in ihrem Alltag. Sie sorgen sich um ihr Wohl und das ihrer Familien und hoffen doch insgeheim, dass sie morgens aufwachen und der Spuk wieder vorbei ist. Dabei zieht der Sturm ja gerade erst auf. Die Lage ist nicht nur kompliziert, sie ist auch gefährlich.

Wichtig ist, dass man in solchen Zeiten einen Kompass hat. Es geht um Orientierung – das zentrale Anliegen in diesem Buch. So schwierig die Dinge auch sein mögen, die Lösung ist vergleichsweise einfach. Wenn die Verhältnisse auf globaler Ebene ähnlich sinnvoll geordnet wären, wie sie es in vielen funktionierenden Staaten sind, wäre Entscheidendes gewonnen. Wir brauchen keine vollständig neue (Welt-)Ordnung und auch kein völlig neues Modell der Ökonomie. Die soziale Marktwirtschaft bedarf einer evolutionären Weiterentwicklung – Extension auf der Ebene der Weltwirtschaft und konsequenter weltweiter Umweltschutz. Das Ziel ist eine globale Ordnungspolitik, die ein leistungsfähiges und stabiles Weltfinanzsystem ermöglicht und Leitplanken für den Markt installiert, die sicherstellen, dass wir unsere Heimat, den Planeten Erde, in seiner Funktionsfähigkeit und Schönheit erhalten. Es geht um sozialen Ausgleich und Bildung, so dass alle Menschen ihre Potenziale entfalten können.

Die Lage ist kompliziert, sie ist gefährlich, aber sie nicht hoffnungslos. Wir haben die Ideen, die Ressourcen, sogar die Finanzmittel für eine lebenswerte Welt mit Zukunft für alle Menschen und die ganze Natur. Für eine gute gemeinsame Zukunft müssen wir Menschen die Klugheit aufbringen, miteinander zu reden, zu verhandeln, uns abzustimmen und zu einigen.

Hier ist eine konkrete Vision. Die Welt steht vor einem besonderen Datum, dem Jahr 2012. In diesem Jahr läuft das Kyoto-Protokoll aus. Ob ein Folgeabkommen zustande kommt, ist ungewiss. Gleichzeitig sind 20 Jahre seit der Weltkonferenz in Rio de Janeiro vergangen. Die Weltfinanz- und Wirtschaftskrise hat zu einer Verschärfung sämtlicher globaler Probleme geführt. Die Zahl der Hungernden ist gestiegen, Arm und Reich streben weiter auseinander, die Staaten haben sich zur Rettung des Weltfinanzsystems weiter dramatisch verschuldet. Gleichzeitig ist das Bewusstsein um die Dringlichkeit vernünftiger globaler Lösungen gewachsen. Die Tilgung des Schuldenbergs der Staaten wird nicht dadurch gelingen, dass man im sozialen Bereich den Gürtel beliebig enger schnallt – das würde die Demokratie sprengen. Es geht darum, endlich die globalen ökonomischen Prozesse, und vor allem auch die Wertschöpfungsprozesse im Finanzsektor, angemessen zu besteuern.

Ein positives Ergebnis der Krise ist die neue Rolle der G 20. Mutig sind die Länder bisherige Tabuthemen angegangen, zum Beispiel die Einhegung der Steuerparadiese, auch wenn der Prozess mittlerweile schon wieder stockt. Immerhin wurde aber neuerlich ein entsprechendes Abkommen zwischen der Bundesrepublik und der Schweiz abgeschlossen, ein wichtiger Schritt in die richtige Richtung. Weltsoziale Fragen, Ressourcenfragen, Klimafragen stellen sich auf G-20-Ebene ganz anders als auf G-8-Ebene. In der G 20 sind zwei Drittel der Weltbevölkerung und fast 90 Prozent der Weltwirtschaftsleistung vertreten; das ist eine starke Annäherung an weltdemokratische Verhältnisse.

Die G 20 haben die Macht, bis zum Jahr 2012 den Einstieg in eine Welt mit Balance zu schaffen. Balance erfordert, die Klimakatastrophe zu vermeiden – ein Baustein dafür ist ein massives globales Aufforstungsprogramm, das zugleich wie ein Global Marshall Plan wirkt –, die Energiefrage zu lösen, Beiträge zur Überwindung der weltweiten Armut zu leisten, eine neue Architektur für das Weltfinanzsystem und ausgeglichenere Verhältnisse weltweit zu schaffen. Alle Themen sind dabei eng miteinander verknüpft.

Die Chance, ein solches Programm kurzfristig auf den Weg zu bringen und dann über die kommenden Jahrzehnte umzusetzen, besteht, so knapp die Zeit auch ist. Große Veränderungen geschehen nämlich, wenn überhaupt, nur in Zeiten großer Bedrohung, und dann mit hoher Geschwindigkeit. Am Finanzmarkt haben wir jüngst erlebt, wie durch Schieflagen gewaltige Hebelwirkungen entstanden sind. Die Politik reagierte schnell, rigoros und jenseits aller Konventionen. Die Sprengkraft, die bei solchen Prozessen entsteht, kann man nur in Analogie zu einer Kernschmelze begreifen. Es gibt Zeiten, da rast Geschichte. Erinnert sei an die Französische Revolution oder – viele Leser haben es erlebt – an die Implosion der Sowjetunion und den Fall der Mauer. Gut, wenn man auf solche Ereignisse vorbereitet ist. Hierzu ist das vorliegende Buch ein Beitrag.

Die Vision Rio+20 mündet in das Programm eines doppelten Faktors 10. Über die kommenden 50 bis 70 Jahre gilt es, den weltweiten Wohlstand zu verzehnfachen und den Zuwachs deutlich balancierter, als das heute der Fall ist, auf die verschiedenen Regionen der Welt zu verteilen. Eine gleichzeitige Verzehnfachung der Ökoeffizienz (etwa 4 Prozent Steigerung pro Jahr, gemessen am Bruttoinlandsprodukt) hilft, den Frieden mit der Natur zu erhalten, im Interesse von allen und vor allem unserer künftigen Generationen. Bei deutlich höherer weltweiter Wirtschaftsleistung darf der heutige Ressourcenverbrauch dennoch nicht steigen (Grünes Wachstum), das betrifft insbesondere Klima und Energie. Der Schlüssel dafür sind aufeinander bezogene Innovationen in Technik und Governance.

Wachstum ja – Plünderung nein: Der höhere Wohlstand führt in der sich entwickelnden Welt dazu, dass etwa ab 2050 das Wachstum der Weltbevölkerung bei etwa zehn Milliarden Menschen zum Stillstand kommt. Fortan sinkt die Weltbevölkerung, ein entscheidender Beitrag zu einer nachhaltigen Entwicklung auf diesem Planeten.

Dabei geht es nicht um Wachstum um jeden Preis. Der ärmere Teil der Welt braucht starkes ökonomisches Wachstum, um erst einmal satt zu werden, damit Kinder überleben und eine Ausbildung finden. Und in der reichen Welt ist ein Verlust an Wohlstand – zumal in Demokratien – politisch ohne Chance. Damit die Kluft zwischen Arm und Reich den Planeten nicht zerreißt, ist ein Global Marshall Plan oder ein *green new deal* erforderlich, zum Beispiel in Verbindung mit einem weltweiten forcierten Aufforstungsprogramm.

Nur wenn die Politik mutige Rahmenbedingungen setzt, nur wenn die Städte und Kommunen, auch die Unternehmen, große und kleine, ihre Programme beherzt umsetzen, nur wenn alle

Menschen ihren Teil dazu beitragen, kann auch die Technik sich voll entfalten. Das betrifft zum Beispiel *green buildings* oder gigantische Effizienzsteigerungen bei Halbleitern. An den Ingenieuren soll es nicht scheitern, ihre Kreativität ist ungebrochen. Der kritische Punkt sind dazu korrespondierende Innovationen im Bereich Governance, Veränderungen im Verhalten von Unternehmen *(Corporate Social Responsibility)* auf Branchenebene und individuell. Das ist die Schicksalsfrage.

# 10. Der Global Marshall Plan

## Eine Investition in die Zukunft

Nach dem Zweiten Weltkrieg war Europa schwer angeschlagen, die Infrastruktur in weiten Teilen zerstört und das Vertrauen in die Zukunft gering. Landwirtschaft und Kohlebergbau lagen danieder, weite Teile der Bevölkerung litten Hunger. Der Kontinent selbst verfügte nicht über genügend Kapital, Werkzeug und Maschinen, um die eigene Wirtschaft rasch wieder in Schwung zu bringen. Im Juni 1947 erklärte der amerikanische Außenminister George Marshall, dass die USA bereit wären, in erheblichem Umfang notwendige finanzielle Unterstützung zu leisten, sofern Europa ein gemeinsames langfristiges Wiederaufbauprogramm vorlegt.

Noch im selben Jahr lief der Plan an, und im Schnitt flossen 1,3 Prozent des US-amerikanischen Bruttoinlandsprodukts in Form von Krediten, Rohstoffen, Lebensmitteln und Waren in die westeuropäischen Länder. Als das Programm nach vier Jahren auslief, war die Wirtschaftskraft aller Teilnehmerstaaten, mit Ausnahme von Deutschland, bereits wieder größer als vor dem Krieg, und im Laufe der folgenden zwei Jahrzehnte kam es in Westeuropa zu einem nie da gewesenen Wachstum und Wohlstand. Die US-Amerikaner hatten die Herzen der Menschen gewonnen und die Basis für eine lange und stabile Freundschaft gelegt. Der Wiederaufbau Westeuropas mit Hilfe des Marshallplans war sicherlich kein reiner Akt der Humanität, denn Wirtschaftshilfe und Interessenpolitik gingen Hand in Hand. Zeitgleich mit dem Start des Hilfsprogramms verkündete der damalige US-Präsident Harry S. Truman die nach ihm benannte Doktrin, in der sich die USA verpflichteten, alle »freien Völker« im Kampf gegen totalitäre

Regierungsformen zu unterstützen. Westeuropa, namentlich Westdeutschland, wurde im beginnenden Kalten Krieg als Puffer gegen die als expansionistisch wahrgenommene Politik der Sowjetunion ausgebaut. Außerdem floss ein Großteil der gewährten Mittel über den Kauf amerikanischer Güter wieder in die USA zurück, so dass unter dem Strich der politische und wirtschaftliche Gewinn die getätigte Investition bei weitem überstieg. Für den schwer geschundenen Kontinent Europa, zumindest für seinen westlichen Teil, brachte der Marshallplan dennoch die entscheidende Wende.[173]

Die Lage Europas nach dem Zweiten Weltkrieg ist natürlich in keiner Weise mit der schwierigen Situation der ärmeren Länder im Verhältnis zur reichen Welt heute zu vergleichen. In Europa waren die Voraussetzungen um Größenordnungen besser. Wenn der Global Marshall Plan mit seinem Namen dennoch an den historischen Marshallplan erinnert, dann deshalb, weil er ähnlichen Prinzipien folgt: Kofinanzierung als Anschubfinanzierung und Investition in die Zukunft, die an die Einhaltung bestimmter Prinzipien gekoppelt ist. Vergleichbar ist übrigens auch die relative Größenordnung der eingesetzten und einzusetzenden Mittel. Nicht zuletzt ist das damalige und heutige Programm interessengeleitet. Selbstverständlich bewegen wir uns in verschiedenen historischen Kontexten und in einer anderen Dimension, denn heute geht es um den Globus als Ganzes.

Ziel des Global Marshall Plan, der als Idee zuerst von Al Gore entwickelt wurde, ist eine globale Ordnungsstruktur, die die Umwelt schützt, die Welt insgesamt reicher macht und zugleich die Verteilungssituation weltweit auf das heutige Ausgleichsniveau der entwickelten Welt in den USA oder Europa hebt. Hierzu sind in den ärmeren Ländern deutlich höhere Wachstumsraten notwendig, als in den reichen überhaupt möglich wären. Die Umsetzung eines solchen Programms impliziert eine Governance-Struktur vom Charakter einer Weltinnenpolitik, die auf die gemeinsam wahrgenommene Verantwortung für die Umwelt und auf die Bürger- und Menschenrechte aller zielt.

Damit ist der Global Marshall Plan offensichtlich im Interesse von fast allen Menschen der sich entwickelnden Welt und im Interesse von mindestens 90 Prozent der Menschen in den heute reichen Ländern. Es geht dabei gar nicht darum, dass die Menschen im Norden mit anderen teilen müssen (im Sinne von abgeben), sondern darum, dass andere eine Chance bekommen aufzuholen und befähigt werden, sich selber zu helfen. Die Menschen haben langfristig betrachtet dasselbe Interesse, denn bei einem Ressourcen- und Umweltkrieg wären ohnehin die meisten, ob im Norden oder Süden, Verlierer, von einem weltweiten ökologischen Kollaps gar nicht zu reden. Bemerkenswert sind in diesem Zusammenhang zwei Verlautbarungen aus dem Jahr 2010. So erklärte der indische Premierminister Manmohan Singh: »Die Welt braucht eine neue große Idee. Eine Idee, die groß genug ist, die ganze Welt zu mobilisieren. So wie es der amerikanische Marshallplan nach dem Zweiten Weltkrieg in Europa und Japan getan hat.« Und in einer Erklärung der Vollversammlung des Zentralkomitees der deutschen Katholiken (ZdK) vom 19. November 2010 zur globalen Ernährungssicherheit lautet der letzte Punkt: »Das ZdK unterstützt die Ziele der Global Marshall Plan Initiative zur weltweiten Verbreitung der Ökosozialen Marktwirtschaft auf Basis der UN-Millenniumsentwicklungsziele.«

Der Ansatz des Global Marshall Plan ist systemisch. Wir brauchen nicht den besseren Menschen, sondern weltweit bessere Ordnungsbedingungen. Es geht um die eigentlichen Gestaltungsfragen der Globalisierung. Drei weitgehend unabhängige Regelwerke gilt es auf globaler Ebene zu »verheiraten«: einerseits die Welt der Vereinten Nationen mit ihren heute 192 Mitgliedsstaaten und ihrem Prinzip »eine Stimme pro Staat«[175]. Zum anderen geht es um so wichtige Bereiche wie den Internationalen Währungsfonds und die Weltbank als Bretton-Woods-Institutionen (mit 178 Mitgliedsstaaten) und schließlich die Welthandelsorganisation mit ihren ganz spezifischen Machtmechanismen und Vertragsgrundlagen. Bei der WTO haben sich heute 149 Staaten in einer »parallelen« Organisation zu den Vereinten Nationen zusammengefunden. Diese drei Welten funktionieren nach einer jeweils unterschiedlichen Logik.

Die Stimmenverteilung in der UN und die ökonomisch-finanzielle sowie die militärische Macht fallen weit auseinander. Der Global Marshall Plan will mit der überfälligen Zusammenführung der verschiedenen Bereiche Fragen der Wirtschaftsordnung, des globalen institutionellen Designs und Eigentumsgarantien für den Globus als Ganzes regeln.

»Welchen Ordnungsrahmen braucht unsere veränderte Welt?«, fragte auch Bundeskanzlerin Angela Merkel auf dem Weltwirtschaftsforum in Davos.[176] Ganz im Sinne der Positionen der Global Marshall Plan Initiative fuhr sie fort: »Wir brauchen eine Verzahnung von Umweltschutz und Sozialmaßnahmen mit der Welthandelsorganisation, mit dem Internationalen Währungsfonds und mit der Weltbank. Die Dinge müssen aufeinander abgestimmt sein. So wie im Rahmen der sozialen Marktwirtschaft – dies ist jedenfalls unsere Erfahrung – der soziale und der ökologische Ausgleich auch immer Teil einer lebenswerten Gesellschaft waren, muss dies, glaube ich, auch im Ordnungsrahmen einer zukünftigen Welt stattfinden.«

Mit anderen Worten: Wir brauchen einen vernünftigen Gesellschaftsvertrag für den Globus.[177] Wir müssen weg von der Vorstellung: Wir hier – ihr da. Das Gleiche gilt für die Idee, die Souveränität von Nationalstaaten sei den globalen Problemen angemessen. Ebenso müssen wir uns von der Vorstellung verabschieden, dass es in der Zusammenarbeit zwischen Nord und Süd um so etwas wie Entwicklungshilfe geht. In Wirklichkeit heißt das Thema Weltinnenpolitik.[178]

Der hier entscheidende Mechanismus »Kofinanzierung gegen Standards« sei noch einmal am Beispiel der Erweiterungsprozesse der Europäischen Union während der vergangenen Jahrzehnte erläutert[179]: Griechenland, Portugal, Spanien oder Irland, Länder, die vor 30 Jahren weit hinter den klassischen Industrienationen wie England, Frankreich oder Deutschland lagen, haben dank ihrer EU-Mitgliedschaft enorm aufgeholt.

Es ist schlichtweg falsch zu meinen, dies wäre zulasten der »Lokomotiven«, der Nettobeitragszahler der Europäischen Union, gegangen. Wäre Deutschland reicher, wenn es weniger in die EU einzahlen würde? Wäre ein Unternehmen reicher, wenn es aufhören würde, Geld in Neuentwicklungen und in die Erschließung neuer Märkte zu investieren? Wäre ein Land wohlhabender, wenn es weniger Geld in Bildung auch der Kinder seiner ärmeren Bürger stecken würde? Die Antwort auf jede dieser Fragen lautet »Nein«, schließlich wird über die EU-Förderungsprogramme in erheblichem Umfang auch der Handel zwischen den Ländern gesteigert, wovon insbesondere auch die Kernländer profitieren. Die Neumitglieder erhöhen spürbar ihre Schlagzahl, der Wohlstand wächst wegen der klaren Perspektive und zunehmender Investition von außerhalb, womit sie sich immer stärker dem Wohlstandsniveau und den hohen gesellschaftlichen Standards der Union angleichen. Dies geschieht im gemeinsamen Interesse an einer offenen und dynamischen Gesellschaft.

Der Global Marshall Plan beabsichtigt also, das Entwicklungsmodell der EU-Erweiterungsprozesse auf den gesamten Globus zu erweitern. Auch hier kommt es auf das Prinzip an, konkrete Umstände und jeweilige Ausgestaltung sind deutlich verschieden. Die gesamte Aufgabe – eine faire Globalisierung – ist ungleich anspruchsvoller. Während die Mittel für die Kofinanzierung der EU-Erweiterungsprozesse primär aus den Etats der Staaten kommen, setzt der Global Marshall Plan auch auf völlig neue Finanzierungsinstrumente.

Hinter dem Plan steht eine breite Allianz positiv ausgerichteter Kräfte aus Politik, Wirtschaft, Wissenschaft und Zivilgesellschaft, die eine integrative Plattform für eine Welt in Balance bildet: die Global Marshall Plan Initiative[180]. Sie setzt auf *bottom-up-* und auf *top-down-*Ansätze (Bewusstseinsbildung und Lobbyarbeit) und entfaltet mittlerweile vor allem in Österreich[181] und Deutschland eine große Wirkung[182], auch im politischen Bereich[183].

Um es deutlich zu sagen: Am europäischen Wesen soll nicht die Welt genesen. Europa mit seiner kolonialen Vergangenheit genießt nicht überall Sympathien; die meisten Länder würden sogar die Idee zurückweisen, ein von Europa inspiriertes Modell zu übernehmen. Das ist auch nicht erforderlich, da man die wesentlichen Prinzipien des Global Marshall Plan in der Binnenstruktur jedes gut funktionierenden Staates findet. Europa steht in diesem Zusammenhang modellhaft dafür, dass diese Prinzipien erfolgreich auch auf supranationale Strukturen erweitert werden können. Außerhalb Europas, dort, wo der historische Marshallplan nicht bekannt ist, wird von der Global Marshall Plan Initiative der Begriff eines Weltvertrags, eines *planetary contract*, verwendet.

Der Verweis auf die Erweiterungsprozesse der EU beinhaltet übrigens auch keine unreflektiert positive Sicht auf die Europäische Gemeinschaft und ihre Form der Ökosozialen Marktwirtschaft, obwohl dies weltweit wohl das beste realisierte supranationale Marktmodell ist. Entscheidend ist das abstrakte Prinzip »Kofinanzierung gegen Standards«, mit dem Europa unschätzbare Erfahrungen gesammelt hat. Es handelt sich um einen funktionierenden und friedlichen historischen Prozess, der mit der Abgabe von Souveränität der Nationalstaaten an eine europäische Governance-Struktur einhergeht und Frieden in einen Teil der Welt gebracht hat, der durch eine lange Folge von Kriegen gekennzeichnet war.

Der Global Marshall Plan liefert ein Konzept für eine Welt in Balance. Und zwar auf Basis einer wissenschaftlich abgesicherten globalen Nachhaltigkeitsstrategie in Verbindung mit einem vielschichtigen praktischen Erfahrungsschatz. Zugleich basiert der Global Marshall Plan auf ethischen Prinzipien, wie sie von den

Weltreligionen in Form eines Weltethos und der interkulturellen philosophischen Bewegung geteilt werden, favorisiert Prinzipien der Gerechtigkeit und betont insbesondere die goldene Regel »Was du nicht willst, das man dir tu', das füg auch keinem anderen zu«. Mit Blick auf die heute lebenden wie auch die zukünftigen Generationen erwächst daraus eine Verantwortung der Menschheit für den Planeten Erde und die natürlichen Lebensgrundlagen. Hinzu kommt eine Würdigung des Eigenwertes der Natur und des Lebens an sich. Aus der ethischen Fundierung ergibt sich zugleich eine Verantwortung für die Würde aller Menschen und ihre Entwicklungschancen. Dies schließt eine Veränderung im Denken und in der Wahrnehmung ein, und zwar in allen Ländern. Der Norden ist nicht einfach das Modell, dem es zu folgen gilt, denn die dort umgesetzten Lebensstile sind nicht auf den ganzen Globus übertragbar. Nord und Süd können und müssen voneinander lernen, um gemeinsam einen von Nachhaltigkeit geprägten Weg in die Zukunft zu finden. Es ist ein kollektiver Lernprozess, ein Multi-Stakeholder-Prozess[184], der hoffentlich in einen fairen Weltvertrag mündet.

Wir sprechen hier von einer Vision. Aber zugleich von einem konkreten Weg mit klar umrissenen Zielen, einem benennbaren Finanzierungsbudget, Strategien, wie und wo die Mittel aufzubringen und zu investieren sind, um langfristig zu einem neuen, balancierten Design zu kommen, das die Nöte aller Menschen auf dem Globus berücksichtigt – für eine Welt mit Zukunft.

## Ziel 1: Millenniumsentwicklungsziele verwirklichen

»Wir brauchen keine weiteren Versprechen. Wir müssen anfangen, die Versprechen einzuhalten, die wir bereits abgegeben haben«[185], sagte der damalige UN-Generalsekretär Kofi Annan im Jahre 2004. Die Weltgemeinschaft hat mit den Millenniumsentwicklungszielen der Vereinten Nationen[186] eine klare Vorstellung davon entwickelt, wie weit sie bis zum Jahr 2015 auf dem Weg der Überwindung von Armut und Not kommen will. Staatschefs von 189 Ländern haben die Millenniumsentwicklungsziele unterzeichnet. Sie sind allgemein akzeptiert und ambitioniert. Um das für 2015 gesetzte Ziel, 500 Millionen Menschen zusätzlich mit einem Zugang zu sauberem Wasser auszustatten, erreichen zu können, so Kofi Annan, müssten Tag für Tag 150 000 Menschen entsprechend versorgt werden. Von diesen Zahlen sind wir derzeit noch weit entfernt. Für einen Global Marshall Plan sind die Millenniumsentwicklungsziele eine Art Prüfraster, die ein vernünftiges und seit langem überfälliges Entwicklungsprogramm darstellen. Die Ziele in Kurzfassung:

1. Extreme Armut und Hunger beseitigen
2. Grundschulausbildung für alle Kinder gewährleisten
3. Gleichstellung der Frauen fördern
4. Kindersterblichkeit senken
5. Gesundheit der Mütter verbessern
6. HIV/Aids, Malaria und andere Krankheiten bekämpfen
7. Ökologische Nachhaltigkeit gewährleisten
8. Eine globale Partnerschaft für Entwicklung realisieren

Als besonders wichtig für Entwicklung und Chancengleichheit erscheint Ziel 2, eine Grundschulausbildung für alle Kinder, Jungen wie Mädchen. Die Ziele 3, 4 und 5 betreffen die Lage der Frauen, die überall die größte Last tragen und oft benachteiligt sind. Ziel 4 und 5 sind ein Versuch, sich dem extrem wichtigen Thema der Familienplanung und der reproduktiven Gesundheit anzunehmen.[187] Mit der damaligen amerikanischen Regierung war eine offene Thematisierung des Menschenrechts auf Familienplanung beim Millenniumsgipfel leider nicht möglich.

Die rasche Verwirklichung der Millenniumsentwicklungsziele

ist ein Zwischenschritt zu einer gerechten Weltordnung, zu einer globalen Ökosozialen Marktwirtschaft und zu nachhaltiger Entwicklung.

## Ziel 2: Pro Jahr zusätzlich 100 Milliarden US-Dollar aufbringen

Zur Klärung der Frage, wie groß das Budget sein muss, um die Millenniumsentwicklungsziele realisieren zu können, haben die Vereinten Nationen eine internationale Arbeitsgruppe aus Top-Finanzfachleuten eingesetzt. Unter der Leitung des früheren mexikanischen Präsidenten Ernesto Zedillo hat das Gremium 2001 weitreichende Ergebnisse vorgelegt.[188] Die Ergebnisse des Zedillo-Reports decken sich mit den Vorstellungen des späteren britischen Premiers Gordon Brown, die er in seinem Weißbuch[189] anlässlich der Weltkonferenz Rio+10 in Johannesburg 2002 unterbreitet hat. Und auch George Soros geht in seinen Überlegungen zur weltweiten Etablierung einer offenen Gesellschaft von vergleichbaren Zahlen aus.[190] Die Welt weiß mit den Millenniumsentwicklungszielen also nicht nur, was sie will, sondern auch, in welchen finanziellen Größenordnungen sich die Realisierung bewegt: Um die Millenniumsentwicklungsziele zu verwirklichen, werden pro Jahr, zusätzlich zu den bisher zugesagten Mitteln für Entwicklungszusammenarbeit, durchschnittlich 100 Milliarden US-Dollar benötigt, und zwar für den Zeitraum bis 2015.

Die Summe von 100 Milliarden US-Dollar liegt noch unter dem, was die USA nur im Jahr 2006 in den Irakkrieg gesteckt haben, beziehungsweise entspricht den Ausgaben, die die Staaten der Welt seit den Anschlägen vom 11. September 2001 pro Jahr zusätzlich für Heimatsicherheit aufbringen. Um die Relation noch deutlicher zu machen: Das Vermögen der 700 reichsten Familien der Welt ist in den Jahren 2003 und 2004 um 800 Milliarden US-Dollar gewachsen[191], und dieser Zuwachs würde für die Finanzierung des gesamten Global Marshall Plan bis zum Jahr 2015 reichen. Der Unternehmer Huschmand Sabet, der 1997 den Planetary Consciousness Prize für sein Konzept der Terra-Tax, einer Welthandelsabgabe, erhalten hat, argumentiert daher für eine einmalige freiwillige Nullrunde im Vermögenszuwachs bei dieser Gruppe. Und Kofi Annan formulierte es so: »Die Verwirklichung dieser Ziele würde nur einen Bruchteil von dem kosten, was die Welt für Kriegswaffen ausgibt. Doch sie würde Milliarden Menschen Hoffnung bringen und uns allen größere Sicherheit verschaffen.«[192]

## Ziel 3: Faire Mechanismen zur Bereitstellung der Mittel

Noch sind die reichen Länder von dem angestrebten Finanzierungsniveau von 0,7 Prozent für Entwicklungszusammenarbeit auf Basis nationaler Budgets – womit die Millenniumsentwicklungsziele, globale Umsetzung vorausgesetzt, finanziert werden könnten – weit entfernt. Tatsächlich erbringt die EU mit etwa 0,35 Prozent des EU-Bruttoinlandsproduktes fast 65 Prozent der weltweiten Hilfe insgesamt, da sich die USA mit 0,12 Prozent praktisch nicht beteiligen. Die Global Marshall Plan Initiative begrüßt die Erklärung der EU, das 0,7-Prozent-Ziel bis zum Jahr 2015 erreichen zu wollen. Aber selbst unter optimistischen Annahmen werden diese nationalen Mittel nicht ausreichen. Auch wenn es parallel gelänge, eine partnerschaftliche statt asymmetrische Zusammenarbeit zwischen Nord und Süd im Agrarsektor zu verwirklichen, und wenn – etwa über ein ausgewogenes Insolvenzrecht für Staaten – tragfähige Formen der Entschuldung armer und ärmster Länder geschaffen würden, bräuchte man immer noch weitere Quellen der Finanzierung.

Nicht zuletzt aus ordnungspolitischen Gründen soll ein wesentlicher Teil der benötigten Mittel über Abgaben auf globale Transaktionen und den Verbrauch von Weltgemeingütern wie die Atmosphäre, Ozeane oder Wälder aufgebracht werden, ohne dass es dabei zu Wettbewerbsverzerrungen kommt.[193] Das hilft dann gleich mehrfach: durch teilweise höhere Belastung umweltschädigender Transaktionen, durch eine größere Steuergerechtigkeit, durch Erzeugung von »Reibung« in einem viel zu instabilen System und durch massive Erhöhung der Transparenz – neben der Aufbringung der Mittel an sich. Mögliche exemplarische Finanzierungsmechanismen sind:

- Sonderziehungsrechte beim Internationalen Währungsfonds,
- eine Abgabe auf Welt-Finanztransaktionen (Tobin-Abgabe), besser noch: eine *leverage money tax* (Mehrgeldsteuer),
- eine Terra-Abgabe auf den Welthandel,
- eine Kerosinsteuer.

Sonderziehungsrechte können letztlich als ein Teil der direkten Neuschöpfung von Geld und dessen Ausleihen verstanden werden.[194] Das Bankensystem betreibt eine derartige Neuschöpfung beständig, etwa zur finanziellen »Spiegelung« des Wirtschaftswachstums. Diese Neuschöpfung spielt sich im Rahmen der internationalen Finanzarchitektur ebenso wie auf nationaler Ebene ab. Auch die Europäische Zentralbank organisiert die Neuschöpfung und den Verleih von Geld über das Bankensystem. Ein politischer Vorteil, wenn man zur Finanzierung der Millenniumsentwicklungsziele auf dieses Instrument zurückgreifen würde, bestünde darin, dass die Beträge nicht umverteilt werden müssen. Schließlich ist es zunächst »neues« Geld.

Im Grunde sind Sonderziehungsrechte im Rahmen des Internationalen Währungsfonds Kredite, die einem Land gewährt werden, und zwar im Verhältnis zu der von ihm in den IWF-Fonds eingezahlten Quote. Ein »Trick« bei den Sonderziehungsrechten besteht darin, dass Entwicklungsländer Teile der Quote in ihren eigenen, vergleichsweise weniger harten Währungen einzahlen, Auszahlungen aber in harten Devisen aus dem Währungskorb der Sonderziehungsrechte erhalten.

Der große Charme dieses Vorschlags liegt vor allem in der Person seines Erfinders. George Soros[195] ist einer der erfolgreichsten Spekulanten auf dem internationalen Parkett und ein exzellenter Kenner der internationalen Finanzmärkte. Soros regt an, solche Sonderziehungsrechte in Zukunft jährlich zu generieren und zusätzlich die Anteile der entwickelten Länder und damit den Großteil der Mittel ebenfalls für Entwicklungsanliegen einzusetzen. Sein Vorschlag kann sofort umgesetzt werden, sobald eine Mehrheit von 85 Prozent der Stimmrechte beim Internationalen Währungsfonds vorliegt. Das ist eine Marke, die für eine erste Tranche fast erreicht ist; es fehlt »nur« noch, allerdings schon seit einigen Jahren, die Zustimmung des US-Kongresses. Durch Sonderziehungsrechte des IWF sollte es gelingen, ein jährliches Volumen von 30 bis 40 Milliarden US-Dollar bereitzustellen, das für den Transfer von Nord nach Süd wirksam werden könnte.

Die zweite Idee zur Finanzierung globaler Entwicklungsziele wird bereits seit einigen Jahren, und vor allem jetzt in der Folge der Weltfinanzkrise, heftig diskutiert: die Tobin-Abgabe auf internationale Finanztransaktionen. Der hier unterbreitete Vorschlag ist in seiner Ausgestaltung – prozentual gesehen – bewusst sehr niedrig angesetzt. Das Instrument geht zurück auf den Wirtschaftswissenschaftler James Tobin und war dazu gedacht, spekulative Transaktionen einzudämmen.

Vor 20 Jahren gab es nur einen sehr geringen grenzüberschreitenden Handel an den Börsen, heutzutage sind es Hunderte von Milliarden US-Dollar, die täglich in Form von Anleihen und Stammaktien um den Globus geschossen werden, im sekundären Handel sind es Billionen von US-Dollar. Die Tobin-Abgabe ist eine Hauptforderung von Attac, einem Bündnis von Globalisierungsgestaltern, das viel zur Bewusstseinsbildung über Fehlentwicklungen in den heutigen globalen Prozessen beiträgt. Gegen dieses Instrument gibt es massiven Widerstand, insbesondere aus dem Finanzsektor und aus der Wirtschaft. Es zeigt, dass man sich einem neuralgischen Punkt der heutigen Macht-, Eigentums- und Zugriffsstrukturen nähert. Alles, was daran zu rühren versucht, wird mit reflexartigen Abwehrmechanismen beantwortet, die von extrem mächtigen Akteuren über die Medien und andere gesellschaftliche Transformationsprozesse durchgesetzt werden.[196] Die Botschaft heißt dann: Belastungen finanzieller Transaktionen würden die kollektive Intelligenz der Weltfinanzmärkte bedrohen. George Soros fragt angesichts der chaotischen Prozesse an den Finanzmärkten zu Recht, wo dort kollektive Intelligenz zur Geltung komme. Das internationale Bankensystem schämt sich im Übrigen nicht, einem Afrikaner, der in einem Notfall schnell 200 Euro von Deutschland in sein Heimatland zu transferieren versucht, 50 Euro und mehr als Gebühren abzuverlangen. Wir erinnern uns auch alle gut daran, wie teuer Überweisungen ins EU-Ausland waren, bevor die EU mit großem Druck eine andere Lösung durchsetzte. Das alles hat der Markt immer verkraftet. Warum dann nicht auch minimalste Belastungen (bei 200 Euro Transaktionsvolumen zum Beispiel Steuern auf der Cent-Ebene) in den Weltfinanzmärkten? In Wirklichkeit geht es bei dem Widerstand gar nicht um Geld, sondern um Transparenz, die auf diese Weise dem Finanzsektor aufgezwungen würde, analog zur Rolle der Mehrwertsteuer für die Transparenzsicherung in der Realökonomie. Im Kern steht hier also die Frage: Cui bono? Wer hat den Vorteil? Hier gilt es zu bohren, denn viel mehr noch als die Zahlungen lehnt der Finanzsektor die vielfältigen anderen Effekte ab, die durch die Besteuerung entstehen würden. Doch langsam gibt es Fortschritte.

Immerhin wurde die Idee der Tobin-Abgabe am Rande des Weltwirtschaftsforums 2005 in Davos in einer Aktion vom damaligen französischen Präsidenten Jacques Chirac öffentlich unterstützt, flankiert vom ehemaligen britischen Premier Tony Blair und vom deutschen Bundeskanzler Gerhard Schröder. Auch ausgewiesene Finanzmarktkenner, darunter wieder George Soros, unterstreichen den Vorschlag. Und mittlerweile unterstützt in der Folge der Weltfinanzkrise die EU und auch die deutsche Regierung die Idee und hat sie in die aktuelle Diskussion auf G-20-Ebene eingebracht. Ja, der ehemalige Finanzminister hat bereits entsprechende Einnahmen in den Haushalt 2011 eingestellt, obwohl es alles andere als klar ist, dass die Idee letztlich auch umgesetzt wird.

Die Argumentation für eine Tobin-Abgabe im Rahmen eines Global Marshall Plan zielt also *nicht* vorrangig auf eine Eindämmung spekulativer Transaktionen. Es geht um Transparenz, Dokumentation, mehr Reibung, vor allem beim Trading großer Summen in automatischen Vertragsabschlüssen über zweistellige Millionenbeträge zwischen Computern innerhalb von Hundertstelsekunden; es geht darum, investive Mittel für eine weltweite Entwicklung zu generieren.

Um die Größenordnung zu verdeutlichen: Das Weltbruttosozialprodukt liegt heute bei rund 60 Billionen US-Dollar jährlich, der Welthandel bei über 15 Billionen US-Dollar, und die internationalen Finanztransaktionen bewegen sich täglich auf einem sagenhaften Niveau von mehreren Billiarden US-Dollar. Bei einer Belastung von zum Beispiel 0,01 Prozent würde man also nur einen kleinen Teil der Gesamtvolumina belasten müssen, um bereits eine Summe von 30 Milliarden US-Dollar pro Jahr zu erzielen. Und selbst wenn infolge der Steuer die gehandelten Finanzmarkt-Volumina zurückgehen sollten, wäre die Marke von 30 Milliarden US-Dollar leicht erreichbar. Auch die Erfassung und Abbuchung der Tobin-Abgabe stellt kein großes Problem dar, schließlich werden die weltweiten grenzüberschreitenden Finanztransfers längst elektronisch vollzogen; der bürokratische Aufwand wäre entsprechend gering, wenn die Staaten sich der Hilfe der wenigen internationalen Settlementsysteme, die solche Geschäfte abwickeln, bedienen könnten. Dies gilt es auf G-20-Ebene durchzusetzen.

Mit den genannten Vorschlägen könnten also bereits 60 bis 80 Milliarden US-Dollar pro Jahr für einen Global Marshall Plan bereitgestellt werden. Wobei eine Mehrgeldsteuer einen um ein Vielfaches höheren Umfang haben würde. Ein anderer Vorschlag, die sogenannte Terra-Abgabe auf den weltweiten Handel, würde weitere rund 40 Milliarden US-Dollar jährlich erbringen.

Die Terra-Abgabe ist bezogen auf alle internationalen Warentransfers, konkret auf die jeweiligen Importkosten.[197] Dieselbe Grundidee liegt auch dem »fairen Handel«[198] von Kaffee, Kakao oder Bananen, wie er zum Beispiel von NGOs und kirchlichen Organisationen propagiert wird, zugrunde; in diesem Fall akzeptiert der Kunde freiwillig einen kleinen Aufschlag, um faire Arbeitsbedingungen im Entstehungsprozess der Güter zu ermöglichen. Dieses zu verallgemeinernde Prinzip soll verpflichtend für alle global gehandelten Waren gelten. Eine Abgabe in Höhe von 0,5 Prozent auf die jeweiligen Importkosten aller international gehandelten Güter würde zurzeit jährlich etwa 44 Milliarden US-Dollar für weltweite Entwicklung generieren.

Diese Abgabe wäre kaum spürbar, weil der Importkostenanteil an den meisten Produkten selbst weit unter 50 Prozent, in der Mehrzahl der Fälle sogar unter 20 Prozent des Verkaufspreises im Inland liegt. Beim Benzin würde die Terra-Abgabe etwa 0,1 Cent pro Liter betragen, und von Bananen müsste man gleich 35 Stück kaufen, damit an der Kasse ein Cent mehr anfiele; erst bei 3500 Bananen wäre ein Euro mehr zu bezahlen. Und wer immer noch meint, 0,1 Prozent mehr auf den Endpreis sei zu viel, sollte dies mit den jüngsten Kostensteigerungen bei Benzin oder mit der letzten Mehrwertsteuererhöhung um drei Prozentpunkte in Deutschland vergleichen.

Warum sich dieser kleine Aufschlag dennoch zu Milliardenwerten addiert? Weil das Volumen des Welthandels so immens ist. Auch hier gilt, dass die Terra-Abgabe nahezu vollautomatisch erhoben und abgeführt werden könnte, denn die Handelsregister der

Staaten werden wegen der Zollbestimmungen und der Mehrwertsteuerausgleichsabgaben an den Grenzen detailliert geführt. Eine allgemeine Terra-Abgabe wäre außerdem wettbewerbsneutral, weil sie in gleicher Weise auf sämtliche Welthandelsgüter Anwendung fände.

Diese drei Instrumente allein – Sonderziehungsrechte, Tobinsowie Terra-Abgabe – hätten in geeigneter Zusammensetzung das Potenzial, die benötigten 100 Milliarden US-Dollar pro Jahr zu generieren. Tatsächlich ist auch ein deutlich höheres Volumen als angegeben erreichbar.[199]

## Ziel 4: Ein Grand Design für die globale Ökosoziale Marktwirtschaft

Gäbe es die Welthandelsorganisation nicht bereits, dann müsste sie wohl noch erfunden werden. Sie zählt heute zu den wichtigsten internationalen Organisationen und bildet für die Weltökonomie das entscheidende institutionelle Fundament. Mit 149 Mitgliedsstaaten hat sie mittlerweile fast die Reichweite einer »parallelen« UN. Vor allem ihre Schiedsgerichtsbarkeit und die massiven Sanktionsmöglichkeiten – besonders wirkungsvoll sind die von ihr genehmigten Strafzölle – verleihen der WTO ein außerordentlich starkes Gewicht. Was die Einflussmöglichkeiten der ärmeren Länder angeht, ist sie im Gegensatz zu IWF und Weltbank auch deutlich weltdemokratischer. Dazu trägt vor allem das für die WTO konstitutive Konsensprinzip bei. Anders als im Weltsicherheitsrat der Vereinten Nationen haben bei der WTO nicht nur einige privilegierte Nationen ein Vetorecht, sondern alle Mitgliedsländer. Die ärmeren Nationen haben dieses jedoch lange nicht genutzt oder nicht nutzen können[200], denn während der 1990er Jahre entstanden WTO-Vereinbarungen vielfach durch geschickte Lobbyarbeit von Global Playern. Kleinere und schwächere Nationen wurden dabei regelrecht ausgetrickst, auch deshalb, weil ihnen die intellektuellen Kapazitäten fehlten, um ihre eigene Position in das juristische Tauziehen angemessen einbringen zu können. Oder sie – beziehungsweise ihre Eliten – wurden mit bescheidenen Geldzuwendungen geködert. Tatsächlich wurden die Vertreter armer Länder zum Teil sogar davon abgehalten, an den entscheidenden Sitzungen auch nur teilzunehmen. Der Bann wurde endgültig gebrochen, als beim WTO-Treffen in Cancún 2003 Brasilien im Verbund mit Indien und einigen anderen Ländern des Südens von seinem Vetorecht gegen weitere einseitige Liberalisierungsvorschläge Gebrauch machte. Ausgerechnet die vielfach kritisierte WTO hat das Potenzial, in einem konsensfähigen Prozess des Gebens und Nehmens Standards und Regulierungen vom Charakter einer weltweiten Ökosozialen Marktwirtschaft zu formulieren, miteinander zu verschränken und global durchzusetzen.

Sinnvoll wäre es zum Beispiel, innerhalb der WTO zu vereinbaren, dass globaler Handel zwischen Mitgliedsstaaten künftig mit einer Terra-Abgabe versehen wird. Diese sollte zweckgebunden zur Finanzierung von Investitionen für Entwicklung, für eine bessere Balance zwischen den Kulturen und für die Förderung von Umwelt- oder Nachhaltigkeitszielen erhoben werden, was mit den Millenniumsentwicklungszielen vereinbar wäre. Der Ansatz ergibt auch aus Sicht der Wirtschaft Sinn, und viele Unternehmen und einige Wirtschaftsverbände haben sich bereits entsprechend positiv geäußert. Als besonders weitblickend sei an dieser Stelle der Senat der Wirtschaft, Sektion Deutschland e.V., Bonn, erwähnt, zu dessen programmatischen Eckpfeilern eine weltweite Ökosoziale Marktwirtschaft und ein Global Marshall Plan gehören. Gezielte Investitionsprogramme in wichtigen Infrastrukturbereichen wie Energie, Telekommunikation oder Wasserversorgung finden sehr viel Zuspruch. Auch hier wäre eine Terra-Abgabe sinnvoll.

Allein im Bereich internationale Telekommunikation könnte eine Abgabe von 0,5 Prozent 4,5 Milliarden US-Dollar pro Jahr generieren. Diese Mittel könnten zielgenau für ein Programm zur Überwindung der bisher noch weiter fortschreitenden digitalen Spaltung zwischen Industrie- und Entwicklungsländern verwendet werden. Der Anteil einer Welthandelsabgabe, der auf den Austausch von Energieträgern entfallen würde – mehr als 3 Milliarden US-Dollar –, könnte etwa zum Aufbau weltweiter Energiesysteme und insbesondere zur Förderung alternativer Energien dienen. Im Agrarbereich ginge es um 2,9 Milliarden US-Dollar, die auf der Südhälfte des Globus dringend für den Ausbau der Landwirtschaft gebraucht werden. Eine Terra-Abgabe würde schließlich auch auf Militärausgaben erhoben. Dabei kämen Mittel in Höhe von etwa 180 Millionen US-Dollar nur für den Militärbereich zusammen. Das Geld könnte weltweit für den Wiederaufbau nach kriegerischen Handlungen, für die Unterstützung von Kriegswaisen und Minenopfern, die Beseitigung von Minen und für die Friedensforschung eingesetzt werden.

Gut denkbar, dass die Mitgliedsstaaten der WTO beschließen, die Mittel nur an solche Staaten zu vergeben, die Umwelt- und Sozialstandards schrittweise einführen, (sklavenartige) Kinderarbeit verbieten oder den Raubbau von Ressourcen zurückfahren. Auch hier sollte wieder das Prinzip »Kofinanzierung gegen Standards« verfolgt werden. Um sich allerdings den vorgeschlagenen Aufgaben forciert zuwenden zu können, müsste die WTO personell erheblich verstärkt werden.[201]

Eine andere WTO im Rahmen eines *Grand Design* besserer Ordnungsbedingungen der Weltwirtschaft ist das Ziel. Dazu gehören Reformen und eine Verknüpfung bestehender internationaler Regelwerke und Institutionen für Wirtschaft, Umwelt, Soziales und Kultur. Natürlich würden diese Reformen nicht mit einem Schlag eingeführt werden können, sondern nur schrittweise. Von der heutigen WTO bliebe vor allem die Organisationsstruktur, insbesondere eine Gerichtsbarkeit mit Sanktionsmöglichkeiten. Gänzlich neue Institutionen für eine bessere Globalisierung zu schaffen wäre dagegen eine Herkulesaufgabe, die in absehbarer Zeit nach allen historischen Erfahrungen gar nicht geleistet werden kann.

Man stelle sich einen Staat vor, dessen Ministerien für Wirtschaft, für Umwelt, für Arbeit und Soziales ihre je eigenen Gesetze und Verordnungen erlassen würden ohne gegenseitige Abstimmung, womöglich sogar im Widerspruch zueinander. Das Ergebnis wäre ein großes Durcheinander, und in Schlüsselfragen würden ihre Regelwerke sogar kollidieren. Nur zwei von ihnen, nämlich das Wirtschafts- und das Finanzministerium, wären mit einer Gerichtsbarkeit und den entsprechenden Sanktionsmöglichkeiten ausgestattet – hier wäre die Macht konzentriert. Alle anderen Ministerien wären auf den *good will* der Bürger und Firmen, sich regelkonform zu verhalten, angewiesen. Diese Vorstellung mag absurd klingen, aber so oder zumindest so ähnlich sind die Institutionen heutzutage auf globaler Ebene organisiert!

Der neue Gravitationspunkt der globalen Institutionen ist ein Weltvertrag, der die Vereinten Nationen (UN), die Welthandelsorganisation (WTO) und den Internationalen Währungsfonds (IWF) sowie die Weltbank (WB) stärker aneinander bindet und koordiniert. Darin wäre der zentrale Mechanismus »Kofinanzierung gegen Standards« zu verankern. Wie dies in geeigneter Weise geschehen kann, wer daran beteiligt und dafür verantwortlich ist, wie die Mittel erhoben und verteilt werden – all diese Fragen sind Gegenstand des von der Global Marshall Plan Initiative geforderten Weltvertrags. Entsprechende Empfehlungen hat sie dafür bereits erarbeitet.

## Ziel 5: Selbstgesteuerte Entwicklung ermöglichen

Eine mindestens ebenso große Herausforderung wie die Mittelbeschaffung ist im Rahmen des Global Marshall Plan die Klärung der Frage, wie die finanziellen Mittel in der richtigen Art und Weise einzusetzen sind. Maßgeblich ist eine faire, partnerschaftliche Zusammenarbeit zwischen Nord und Süd sowie die Bereitschaft, durch entsprechende Investitionen – sei es in groß angelegten Infrastrukturprojekten wie der Wasserversorgung in Megacitys, oder im kleinen Bereich in Form von Mikrokrediten – eine selbstbestimmte Entwicklung zu ermöglichen.

Der Global Marshall Plan wird dabei für einen geschundenen Kontinent wie Afrika anders konzipiert sein müssen als für dynamische Länder in Entwicklung wie China oder Indien. In Afrika besteht die Herausforderung darin, schwere Not, Hunger oder Krankheiten unter den Bedingungen teilweise unzureichender staatlicher Strukturen zu lindern und zu überwinden.

Wenn nach dem Verständnis der Weltbank die Armutsgrenze heute bei 1,25 US-Dollar pro Tag liegt, so soll nach dem Willen der Initiatoren des Global Marshall Plan schon mittelfristig das absolute Minimum auf 4 bis 5 US-Dollar pro Tag heraufgesetzt werden, um graduell der (früheren) Logik der europäischen Armutsdefinition, extrapoliert auf den Globus, näherzukommen. Das langfristige Ziel heißt: *Make poverty history!* Eine Überwindung der Armut ist – wie die Zahlen oben gezeigt haben – möglich! Darüber hinaus sind strukturelle Benachteiligungen zu entschärfen und zu beseitigen. Positiv formuliert geht es um faire Entwicklungspotenziale und Zugangsmöglichkeiten.

Ein erster Schritt besteht darin, aus Erfolgen zu lernen. Die Global Marshall Plan Initiative arbeitet eng mit dem Friedensnobelpreisträger Muhammad Yunus zusammen, dem Begründer der Kleinkreditbewegung in der sich entwickelnden Welt. Die Bereitstellung kleiner Kredite für die Ärmsten hat sich als das wirkungsvollste Entwicklungsinstrument überhaupt erwiesen.[202] Vielleicht wäre die Verleihung des Nobelpreises für Wirtschaftswissenschaften an Muhammad Yunus noch passender gewesen. Weil er nämlich die Bedeutung von Details in der Frage des ökonomischen Designs deutlich gemacht hat, die von der klassischen Ökonomie gerne völlig ausgeblendet werden. Seine Idee wird inzwischen weltweit kopiert und hat bis heute einige hundert Millionen Menschen aus der Armutsfalle befreit.

Der zweite Schritt auf diesem Weg heißt, aus den Fehlern der Vergangenheit zu lernen. In Mosambik[203], einem der ärmsten Länder der Welt, gab es im Jahr 2003 insgesamt 562 Projekte der Entwicklungshilfezusammenarbeit, 381 davon getragen von Mitgliedsstaaten der Europäischen Union. Der Minister für Soziales in Mosambik hat extrem viel zu tun, wenn er sich mit den Projektleitern aus Schweden, Deutschland und Österreich auseinandersetzen muss, der bürokratische Aufwand ist enorm. Was könnte man dagegen alles bewirken, wenn die Projekte besser koordiniert wären!

Für dynamische Länder in Entwicklung wie China oder Indien bedeutet ein Global Marshall Plan vor allem weitere faire Entwicklungschancen. China wird vom Westen oft als Problem dargestellt, als ein Land, das mit seinem explosiven Wachstum nicht nur Arbeitsplätze aus den reichen Ländern abzieht und durch enorme Währungsreserven das Weltfinanzsystem potenziell destabilisieren könnte, sondern auch eines, das durch enormen Ressourcenverbrauch die globale Umweltsituation gefährdet und die Preise für Rohstoffe in die Höhe treibt. Hinzu kommt, dass China weiter aufrüstet und in großem Umfang Waffensysteme in Russland kauft.

Wenn man eine weltethische Position einnimmt, bei der jedem Menschen dasselbe Recht, etwa bei der Nutzung von Ressourcen, zugestanden wird, ergibt sich allerdings ein völlig anderes Bild. Danach hat der Westen lange Zeit einen *windfall profit* nur deswegen für sich nutzen können, weil die anderen arm waren. Jetzt, wo sie reicher werden und Ähnliches tun wie wir, entsteht ein Problem. China muss sich aus eigener Sicht, so gut es geht, gegen den Zugriff des Westens wappnen, und es wird verständlich, warum es – zulasten seiner Menschen und seiner Natur – ein aggressives Programm zur Steigerung der Industrieproduktion fährt.

Das US-Militärbudget ist um den Faktor 10 größer als das chinesische[204], obwohl China mehr als die vierfache Zahl an Menschen umfasst. China ist immer noch ein armes Land, in dem 900 Millionen Menschen als Bauern auf dem Land leben. Es ist eine gewaltige Aufgabe, dieses Land in eine moderne Ökonomie zu überführen und die größte Armut zu überwinden.

Die kommunistische Grundorientierung und die daraus folgende Entwicklungspolitik weisen in die richtige Richtung. Insofern gibt es keinen ernsthaften Grund, warum es nicht gelingen sollte, China für die Idee eines Global Marshall Plan zu gewinnen. Wenn die ökologischen Standards, unter anderem bei den Kohlendioxidemissionen, durch einen fairen Kyoto-Plus-Vertrag Teil der Weltökonomie würden, könnte China immer noch davon profitieren, während Japan, Europa und noch mehr die USA zu Recht in erheblichem Umfang finanziell belastet würden. Auch die derzeit im Raum stehenden Standards, sei es bei der ILO oder bei der Biodiversitätsverordnung, liegen schon lange auf der chinesischen und übrigens auch indischen Linie.

In einer dem Global Marshall Plan folgenden Welt könnte China als Land mit seinen zukünftig 1,5 Milliarden Menschen reich werden, irgendwann zur stärksten Ökonomie der Welt aufsteigen; Indien könnte die Nummer zwei werden. Ähnlich leistungsfähig wie eine dieser großen Ökonomien könnte Europa werden zusammen mit Russland und einigen früheren Staaten der Sowjetunion sowie der Türkei. Demgegenüber würden die USA wegen der vergleichsweise kleinen Bevölkerung ökonomisch weniger stark sein – es sei denn, sie öffneten die Grenze nach Mexiko. Verglichen mit der sich verschärfenden Konkurrenzsituation gegenüber den USA heute ist eine solche multipolare Welt für China sicher eine angenehme Perspektive.

Weil das indische Bruttoinlandsprodukt heute nur halb so groß ist wie das chinesische, wäre ein Global Marshall Plan für Indien noch viel sinnvoller als für China. Aus Sicht der ärmeren Länder ist der Global Marshall Plan ohnehin ein Gewinn. Insgesamt ist damit zu rechnen, dass die genannten Länder ein Abkommen wie den Global Marshall Plan heute akzeptieren würden. Wie lange das noch gilt, ist eine andere Frage – auch deshalb sollte man voranschreiten.

Ein Thema, das in der Entwicklungshilfezusammenarbeit jahrzehntelang nicht nur geduldet, sondern strikt tabuisiert wurde, ist die Korruption[205] – aus Sicht der industrialisierten Länder so unappetitlich wie unvermeidbar, wenn es darum ging, Aufträge an Land zu ziehen. Das betraf sowohl die Entwicklungszusammenarbeit als auch die Wirtschaft generell. Jedes Geber- und jedes Nehmerland verwies auf die entstehenden Nachteile in der Konkurrenz mit anderen Ländern, wenn etwas gegen Korruption unternommen werden sollte. Der Grundsatz der Nichteinmischung war bei Lichte besehen nichts anderes als ein Förderprogramm für kriminelle Machenschaften auf internationalem Feld.

Erst als die Nichtregierungsorganisation Transparency International[206] begann, Listen mit Firmen, die der Korruption überführt worden waren, ins Internet zu stellen, setzte ein Umdenken ein, und es dämmerte, dass Korruption, von Transparency International als »Missbrauch von Macht zum privaten Nutzen« definiert, immensen Schaden anrichtet. Dort, wo korrupte Strukturen vorliegen, gilt es, besonders klug vorzugehen, das heißt sicherzustellen, dass große Teile des Geldes in die richtigen Hände kommen. Das ist durchaus möglich. Es ist aber auch nötig, bei uns über Korruption nachzudenken und darüber, wer genau im Norden Interesse an Korruption im Süden hat.

Die Eliten ärmerer Länder wollen, was durchaus nachvollziehbar ist, so leben wie gut betuchte Menschen in der reichen Welt. Immerhin, sie sind die »Eliten«. Sie wollen für ihre Kinder entsprechende Schulen und Entwicklungsperspektiven, im Krankheitsfall leistungsfähige Krankenhäuser und für die ganze Familie auch die Möglichkeit, überallhin in Urlaub fahren zu können. Und wenn sie auf Staatsbesuch sind, wollen sie *first class* fliegen und in repräsentativen Hotels wohnen, nicht anders als die Eliten der reichen Welt. Sollte ihnen das nicht geboten werden, haben sie stets die Möglichkeit auszuwandern. Eliten haben Alternativen, ob Green Cards, Verbindungen oder Ressourcen.

Nun tritt ein praktisches Problem auf. Ein armes Land kann die von seinen Eliten beanspruchten finanziellen Mittel, wie sie für reiche Länder unter relativ ausgeglichenen Verteilungsbedingungen typisch sind, nicht aufbringen. Wenn dennoch entsprechende Volumina bereitgestellt werden, führt das unvermeidbar zu einer enormen Ungleichheit innerhalb dieser Gesellschaften, was wiederum ihre Entwicklung blockiert.

Wie bekommen Eliten ihr Geld? Entweder offen über Machtstrukturen, wie in Brasilien, oder eher verdeckt über *relationship management* und Korruption, wie zum Beispiel in vielen Ländern Afrikas und Asiens. Besonders einfach geht es, wenn ein Land über Rohstoffe oder andere Reichtümer verfügt. Dann werden alle involvierten ausländischen Firmen verpflichtet, einen Verantwortlichen des Landes in ihre Führungsstrukturen zu integrieren, etwa in der Geschäftsführung oder im Aufsichtsrat. Oder die Firma muss ohnehin zu mehr als 50 Prozent im Besitz von Eigentümern aus dem jeweiligen Land sein, dann fließt das Geld fast von selbst. Dadurch wird wiederum die hohe Ungleichheit gefördert, und die entsprechenden öffentlichen Einnahmen für Ausbildung und Infrastruktur fehlen in der Breite.

Will man diesen Zustand überwinden, braucht man entweder eine streng asketische Führung, oder man muss über Kofinanzierung aus der reichen Welt eine vernünftige Ausstattung der Eliten vor Ort gewährleisten, die nicht zulasten der Lebenssituation der dortigen Bevölkerung geht. Auch in Deutschland wird über Länderfinanzausgleich und Gemeindefinanzierung dafür gesorgt, dass selbst weit draußen in der Peripherie Lehrer (nach deutschen Maßstäben) angemessen bezahlt werden.

Will man Bad Governance und damit Korruption verhindern, muss Geld aus dem Zentrum eines Systems fließen, auch zu den Eliten in den ärmeren Regionen. Über eine geeignete Form der Kofinanzierung könnte das Problem überwunden und ein ökologisch vertretbarer Wachstumsprozess in Gang gesetzt werden, was derzeit freilich nicht geschieht. Vielleicht auch, weil das von den entscheidenden Machtpromotoren in Nord und Süd gar nicht gewollt wird.

Das Problem besteht darin, dass viele Eliten im Norden gut daran verdienen, wenn sie mit den Eliten des Südens ihre Deals zulasten der dortigen Bevölkerung machen. So kommen vor allem die reichen Länder billig an Ressourcen, die sie benötigen. Aus diesem Grunde gibt es erfolgreiche Akteure im Norden, die kein sehr großes Interesse daran haben, dass die teilweise üblen Eliten des Südens verschwinden, auch wenn sie sich hüten, dies öffentlich so deutlich zu sagen. Stattdessen sprechen sich viele von ihnen unter Verweis auf eben diese korrupten Eliten gegen Entwicklungshilfeleistungen für deren Länder aus und sorgen so dafür, dass genau diese Oberschichten an der Macht bleiben und die Deals weiterlaufen.

Praktisch kann man jedoch sehr wohl dafür sorgen, dass ein Großteil der Hilfe, insbesondere im Ausbildungssektor, ankommt. Damit verändern sich die Bedingungen, Wissen wird auf mehr Köpfe verteilt, die sich anschließend vielleicht gegen ihre Eliten organisieren können. Die schiefe Bahn zeigt dann nicht mehr nach unten, sondern nach oben. So haben die Länder im Süden mittelfristig eine Chance, sich ihrer korrupten Eliten zu entledigen oder sie in ihrem Charakter grundlegend zu verändern.

Der Global Marshall Plan bildet einen Ansatz, den weltweiten Nöten in systemischer Art und Weise zu begegnen. Er ist vielfach modifizierbar und gibt damit der Politik Raum für Aushandelsprozesse. Zugleich ist er spezialisierbar. Aus direkter Betroffenheit, aus historischer Verantwortung und wegen der prinzipiellen Möglichkeiten und Interessenabsicherung besteht ein hohes Potenzial für einen allein von Europa getragenen »Marshall Plan für Afrika«, für den sich seit langem auch der frühere deutsche Bundespräsident Horst Köhler einsetzt und für den ein konkreter Vorschlag bereits vorliegt.[207]

Der Global Marshall Plan ist so aufgebaut, dass die industrialisierten Länder im Norden ihre Zukunft während der kommenden Jahre sichern und ausbauen können. Gleichzeitig eröffnen sich individuelle Entwicklungspfade für die ärmeren und die Schwellenländer. Die Elemente des Global Marshall Plan sind nicht neu. Sie finden sich in vielen anderen Initiativen und Plattformen. Neu ist nur die Verknüpfung verschiedener Elemente in einem aus spieltheoretischer Sicht systemisch durchdachten Design. Dieses ist geeignet, die Gefangenendilemma-Situationen, wie sie auf vielen Politikfeldern Realität sind, aufzulösen und einen konstruktiven Kurs für die überwiegende Mehrheit der Menschen einzuschlagen – eine Win-win-Lösung für den Globus als Ganzes. Der Global Marshall Plan belastet dabei die Bürger der entwickelten Länder und ihre Staatshaushalte nur in einem eng begrenzten Umfang. Gemessen an den Chancen, die sich auftun, ist die anstehende Investition in die Zukunft überschaubar und lohnend. Drohende weltweite Eskalationen können so vermieden werden.

## Ziel 6: Bisherige Entwicklungszusammenarbeit nicht schmälern

Der Global Marshall Plan soll keinesfalls zulasten von Projekten der bisherigen Entwicklungszusammenarbeit gehen, sondern diese substanziell ergänzen. Der Vorschlag zur Etablierung neuer Finanzierungsinstrumente unter Ziel 3, um zusätzliche Mittel für einen Global Marshall Plan zu generieren, berührt die nationalen Etats für die Entwicklungszusammenarbeit und das Ziel von

0,7 Prozent, die dafür vom Bruttoinlandsprodukt aufgebracht werden sollen, deshalb nicht.

## Ziel 7: Parlamentarische Versammlung bei den Vereinten Nationen

Ob wir Kleidung, Fahrräder oder Möbel kaufen, in den meisten Fällen ziehen sich die Wertschöpfungsketten, in Form eines *supply chain management*, über den halben Globus. Zudem wird die globale Ebene für existenzielle Fragen der Zivilisation immer wichtiger, siehe Klima. Und doch leisten wir uns ein politisches System, in dem es keine eindeutigen Ansprechpartner für globale Probleme gibt. Kein Parlament sorgt für transparente Diskussionen, die Exekutive auf Weltebene ist, wie erwähnt, weitgehend inkohärent.

Und selbst wenn es gelingen würde, ein kohärentes Design internationaler Standards – von WTO, IWF, WB, ILO, UNEP etc. – zu schaffen, wäre das zwar ein entscheidender Schritt hin zu einer funktionsfähigen Global Governance. Aber eine glaubwürdige demokratische Legitimation für Entscheidungen auf globaler Ebene wäre damit immer noch nicht gegeben.

Die historische Errungenschaft der Demokratie darf nicht bei den Nationalstaaten ihr Ende finden. Wir brauchen eine politische Handlungsstruktur auf globaler Ebene für jene Themen, die nur auf globaler Ebene entschieden werden können. Die Steuerungsfähigkeit von globalen Prozessen wird zunehmend davon abhängen, in welchem Maße die erforderlichen Prozesse der Entscheidungsfindung demokratischen Prinzipien entsprechen. Je weniger demokratisch sie sind, desto größer ist der Spielraum für nicht zukunftsfähige, neofeudale Strukturen.

Eine Parlamentarische Versammlung bei den Vereinten Nationen hätte großen Einfluss darauf, in welche Richtung die künftigen internationalen Vereinbarungen zielen. Sie wäre ein erster Kristallisationspunkt, aus dem heraus weitere Schritte in Richtung Demokratie auf Weltebene möglich sind.

Unscheinbare Formulierungen in internationalen Verträgen und noch so kleine Vorteile für Interessengruppen auf Weltebene können sich zu großen Wirkungen addieren und schlagen häufig auf darunterliegende Ebenen durch.[208] Auf nationaler oder EU-Ebene sind sie dann nur noch schwer zu beeinflussen. Das sogenannte TRIPS-Abkommen zur Regelung globaler Eigentumsrechte ist praktisch in keinem nationalen Parlament der Welt ernsthaft diskutiert worden.

Der Hebel für politische Interventionen und Lobbyarbeit ist auf globaler Ebene besonders groß. Und wenn in den vergangenen Jahren Lobbygruppen dazu übergegangen sind, Texte für internationale Abkommen gleich selber zu erarbeiten, weil sich sonst kaum jemand damit auskennt, dann ist das kein gutes Zeichen. Die Wirtschaft hat das globale Denken längst gelernt, die Finanzmärkte sowieso. Die Politik noch nicht.

Deshalb ist die demokratische Willensbildung auf Weltebene so wichtig. Eine Parlamentarische Versammlung bei den Vereinten Nationen wäre ein erster Schritt – wenn es nicht anders geht, auch ohne Machtbefugnisse, aber mit dem Recht, sich zu artikulieren. So wie in den Anfangszeiten das EU-Parlament.

## Ziel 8: Klimagerechtigkeit als Grundlage für ein globales Klimaregime

Die Konstruktion des Kyoto-Protokolls hat dazu geführt, dass es bis heute kaum Fortschritte auf dem Weg zu einem funktionierenden Klimaabkommen gegeben hat. Dafür war der Klimagipfel in Kopenhagen Ende 2009 mit einem ans Absurde grenzenden Aufwand an Delegationen, Nichtregierungsorganisationen und Lobbyisten aus Sicht der Beobachter ein eindrucksvoller Beleg. Als der entscheidende Konstruktionsfehler des Kyoto-Protokolls erweist sich die Verweigerung gleicher Rechte, in diesem Fall gleicher Emissionsrechte für Industrie- und Entwicklungsländer.

Ein funktionierendes Klimaregime baut darauf auf, dass das Prinzip der Klimagerechtigkeit allgemein akzeptiert wird. Dafür haben sich auch die deutsche Bundeskanzlerin und ein großer Kreis von Nobelpreisträgern in der sogenannten Potsdamer Erklärung von 2005 ausgesprochen. Auf dieser Grundlage gilt es, wirksame Mechanismen zu entwickeln. Ein pragmatischer Weg ist der Kopenhagen-Ansatz, wie er in Kapitel 3 entwickelt wird. Übrigens liegt er ganz auf der Linie des Weltklimagipfels in Cancún. Ein wichtiger Baustein, gerade mit Blick auf die Anliegen eines Global Marshall Plan, ist ein forciertes Weltaufforstungsprogramm, das von der Weltgemeinschaft getragen und finanziert wird.[209]

## Ziel 9: Für eine Weltsteuerbehörde

Die Besteuerung ist für Gesellschaften eine überaus wichtige Frage. Dabei sind die Regelungen in den Staaten, auch in der Europäischen Union, sehr unterschiedlich. Die Gründe sind oft historischer Natur. Sie gehen zurück auf die Wechselwirkungen von Steuersystem einerseits und der Finanzierung der Sozialsysteme (Familienpolitik, Gesundheit, Alter, Arbeitslosigkeit, Notlagen) und des Ausbildungssektors andererseits. Die Steuersysteme betreffen das Verhältnis von direkter und indirekter Besteuerung, die Behandlung von Unternehmensgewinnen und persönlichem Einkommen sowie von grenzüberschreitenden Aktivitäten. In vielen Punkten ist die Situation wenig transparent. Oft fehlen schlicht Informationen, oft sind vorhandene Daten kaum vergleichbar.

Eine Weltsteuerbehörde hätte zunächst die Aufgabe, Informationen über die verschiedenen Systeme zu sammeln, aufzubereiten und zu vergleichen. Das wäre ein großer Fortschritt in Richtung auf weltweit zukunftsfähige Verhältnisse bei der Besteuerung.

## Ziel 10: Steuerbemessungsbasis und Besteuerung international harmonisieren

Bei der Besteuerung von Unternehmen geht es um Fragen, wie der Gewinn ermittelt wird und was als Aufwendung geltend gemacht werden kann. Entscheidend ist auch die Höhe der Steuern an sich, also welcher Prozentsatz des Gewinns abzuführen ist.

Wie bereits ausgeführt, liegt eines der größten Probleme für die Entwicklung der Welt darin, dass weltweite Wertschöpfungsprozesse sich der Besteuerung weitgehend entziehen. Entsprechende Prozesse und Gewinne profitieren von Vorleistungen der Staaten, die in der Regel von nationalen ökonomischen Akteuren, zum überwiegenden Teil von der Mittelschicht, über ihre Steuerleistungen finanziert werden. Das ist in der Sache unfair, schwächt die Staaten im Verhältnis zum Gesamtvolumen internationaler Wertschöpfungsprozesse und ist auch einer der Gründe für die hohe Verschuldung praktisch aller Staaten. So wirken Anreize in die falsche Richtung.

Vermeintliche Wertschöpfung und hohe Renditen resultieren dann oftmals daraus, Steuerzahlungen zu umgehen. Erschwerend kommt hinzu, dass im Rahmen globaler Wertschöpfungsprozesse auch die Nutzung von Weltgemeingütern, zum Beispiel der Atmosphäre durch die Emission von Klimagasen, teilweise überhaupt nicht bezahlt wird. Das gilt bisher ganz überwiegend auch für den internationalen Flug- und Schiffsverkehr – zulasten nationaler Verkehre. Internationale Absprachen könnten auf diesem Gebiet zu Fortschritten führen. Dabei ist eine Differenzierung der Steuerquoten je nach Entwicklungsstand der Länder, allerdings in balancierter und insbesondere abgestimmter Weise, sinnvoll.

## Ziel 11: Steuerparadiese und Offshore-Handelsplätze einhegen

Oft handelt es sich bei sogenannten Steuerparadiesen um Länder mit geringer Bevölkerung. Das Geschäftsmodell besteht darin, dass selbst prozentual vergleichsweise niedrige Steuerzahlungen internationaler Akteure in derartigen »Oasen« pro Kopf erhebliche Beträge darstellen – letztlich eine Bereicherung zulasten anderer. An manchen Standorten ist es auch problemlos möglich, Bilanzen zu manipulieren, Eigentumsverhältnisse systematisch zu verschleiern und in der Folge illegale Insidergeschäfte zu tätigen *(offshore/off sheet)*.

Als Folge der Weltfinanzkrise haben sich die G 20 des Themas angenommen und massiven Druck ausgeübt. Mittlerweile haben fast alle derartigen »Oasen« eine Kooperation nach den Standards des Financial Stability Forum der OECD zugesagt. Der weitere Weg ist aber noch unklar. Es geht um Neuverhandlungen Hunderter Doppelbesteuerungsabkommen. Dabei wird bisher zum Beispiel nicht thematisiert, wie hoch das Besteuerungsniveau ausfallen soll. Zumindest bewegt sich die Debatte in die richtige Richtung. Als Schritt auf diesem Weg kann das deutsch-schweizerische Doppelbesteuerungsabkommen gewertet werden, das kürzlich abgeschlossen wurde.

## Ziel 12: Konsistente Regulierung des Weltfinanzsystems

Der Beinahe-GAU des Weltfinanzsystems geht wesentlich auf eine ungenügende Global Governance zurück, wie in Kapitel 5 beschrieben. Dabei ist es zu unglaublichen Bereicherungen einzelner Akteure gekommen. Vernichtet wurden im Gegenzug große Kapitalvolumina, woran die Lebensperspektive vieler Menschen hängt, zum Beispiel ihre Altersversorgung. Leistungsstarke Staaten, die gewaltig von diesen Prozessen profitiert haben, namentlich die USA und Großbritannien, tragen in diesem Zusammenhang eine große Verantwortung.

Eine der größten Herausforderungen für die Weltgemeinschaft besteht nun darin, zu einer deutlich besser regulierten globalen Finanzarchitektur zu kommen. Dazu gehören die Themen: Regulierung aller einschlägigen Akteure und Produkte, insbesondere Finanzmarktprodukte, höhere Eigenkapitalbasis, Transparenz und Haftungsverantwortung von Akteuren, strikte Vorgaben für Ratingagenturen und die Honorierung von Führungskräften. Bleibt zu hoffen, dass die Diskussionen auf G-20-Ebene in diesem Sinne erfolgreich sein werden.

Entscheidend ist mit Blick auf die Zukunft die Entschuldung der Staaten. Das Thema Steuerparadiese wurde bereits genannt. Darüber hinaus geht es um eine adäquate Besteuerung finanzieller Transaktionen, vor allem auf globaler Ebene. Als zielführend erwähnt wurden bereits eine generalisierte Tobin-Steuer sowie die Mehrgeldsteuer *(leverage money tax).*

## Ziel 13: Ein kohärentes Labelsystem ökosozialer Standards für Produkte und Dienstleistungen

Konsumenten sollten ihre Kaufentscheidung auf der Grundlage qualifizierter Informationen fällen. Dafür hat Georgios Zervas[210] das sogenannte Global Fair Trade System entwickelt. Grundlage sollen die bereits existierenden Umweltstandards nach ISO 14001 und Sozialstandards nach SA 8000 sein. Georgios Zervas schlägt vor, dass die Europäische Union mit einem solchen Label beginnt. Bisher ist die Zertifizierung freiwillig. In Zukunft sollen alle europäischen Unternehmen, die ihre Produkte und Dienstleistungen im Welthandel anbieten, verpflichtet werden, sich an dem System zu beteiligen.

Die Vorteile: Westliche Unternehmen würden im globalen Wettbewerb besser gegen Öko- und Sozialdumping geschützt. Zugleich würde in allen Ländern, deren Unternehmen mit der EU kooperieren möchten, für faire Arbeitsbedingungen gesorgt. Gültige Mindestlöhne würden die Lebenssituation vieler Menschen schlagartig verbessern. Für westliche Unternehmen wäre die Wettbewerbsverzerrung zumindest geringer. Zugleich würde sich die gesamtwirtschaftliche Lage in den Schwellen- und Entwicklungsländern durch höhere Einkommen und Binnennachfrage erheblich verbessern. Die Konsumenten in den Industrieländern würden zwar teilweise höhere Preise bezahlen müssen, die Teuerung wäre aber minimal.

Für die Weltwirtschaft wäre dies ein Plus-Summen-Spiel, weil die Kaufkraft breiter Gruppen von Arbeitnehmern in Entwicklungs- und Schwellenländern deutlich gestärkt würde. Ein solches Labelsystem wirkt sehr schnell und könnte einen erheblichen Beitrag leisten, um die Millenniumsentwicklungsziele der Vereinten Nationen zu erreichen.

## Ziel 14: Ein Labelsystem für die gesamte Wertschöpfungskette

Optimal wäre es, wenn die Welthandelsorganisation ein faires ökosoziales Labelsystem verpflichtend einführen und überwachen würde. Sollte das in absehbarer Zeit nicht gelingen, sollte die EU vorangehen wie beschrieben.

Auch dann würde das Labelsystem einen großen Teil der Weltwirtschaft erreichen und grundlegend reformieren. Schließlich müsste jedes Produkt und jede Dienstleistung, die die EU erreichen, zertifiziert werden. Da es sich für ein Unternehmen oftmals nicht lohnt, zwei parallele Produktionsprozesse zu organisieren – einen, der die Standards beachtet, einen anderen, der das nicht tut –, hätte ein solches Global Fair Trade System auch für den Fall einer zunächst ausschließlich europäischen Lösung bereits eine annähernd globale Wirkung. Allerdings müsste ausgetestet werden, ob ein solches isoliertes, verpflichtendes Vorgehen der EU mit den WTO-Regeln konform ist. Dafür ist es auf jeden Fall wichtig, jede Diskriminierung zu vermeiden und auch zu prüfen, ob angestrebte Ziele vielleicht auf anderem Wege leichter erreicht werden können.

## Ziel 15: Globale Ökoeffizienzrevolution

Im Jahr 1980 wurden den globalen Ökosystemen knapp 40 Milliarden Tonnen an Material entnommen. Heute beträgt der weltweite Verbrauch rund 60 Milliarden Tonnen jährlich, Tendenz steigend. Im 21. Jahrhundert stößt die Menschheit an die Grenzen ihres Biotops: nicht nur bei Kohlendioxidemissionen und Erdöl, sondern auch bei Wasser und Lebensmitteln. Angesichts steigender Weltbevölkerung und einer gewaltigen Aufholjagd bevölkerungsreicher Schwellenländer ist ein Verteilungskampf um Ressourcen vorgezeichnet.

Durch Intelligenz kann man mit weniger Input mehr Output schaffen. Dabei ist die Dematerialisierung keine neue Erfindung, sondern eine normale Begleiterscheinung des technischen Fortschritts, vor allem unter Marktbedingungen.[211] Das kann man für die Bauwirtschaft ebenso zeigen wie für die Produktion von Stahl oder Zement, in der Landwirtschaft und für den Verkehr.

Um einen Euro Wertschöpfung zu erzeugen, wird weltweit ein Viertel weniger Material benötigt als noch vor 40 Jahren. Die Weltwirtschaft produziert also immer effizienter, gleichzeitig aber auch immer mehr Güter und Dienstleistungen, so dass die – relative – Entkoppelung zu keiner Entlastung des Planeten führt, im Gegenteil.

Mittlerweile wissen wir aber, wie solche Bumerangeffekte vermieden werden können, nämlich durch Gebote und Verbote, Anreizmechanismen und die adäquate Internalisierung externer Kosten in das weltökonomische System, zum Beispiel bei den Klimagasemissionen.

Die Steigerung der Ressourcenproduktivität ist ein wichtiger Baustein jeder Nachhaltigkeitsstrategie. Nur so kann es gelingen, die Ökosysteme intakt zu halten und gleichzeitig das Weltbruttosozialprodukt zu vergrößern.

# Epilog: Ultimative Ressource Zeit

## Ökosozial statt marktradikal

Wettbewerb sorgt für eine hohe Effizienz der wirtschaftlichen Prozesse. Aber um welche Ziele geht es hierbei eigentlich? Die Ziele sind das Entscheidende, das, was wir miteinander verfolgen: Frieden, Nachhaltigkeit, Freiheit, Gerechtigkeit, eine gute Zukunft für alle. Wettbewerb ist für Ziele »blind« – ein Mittel zum Zweck, ein extrem wichtiger Mechanismus, nicht mehr, nicht weniger.

Entscheidend sind die Rahmenbedingungen, unter denen der Wettbewerb stattfindet; sie bestimmen, welche Ziele die Wirtschaft verwirklicht. Bei falschen Rahmenbedingungen optimiert der Wettbewerb genauso effizient das Falsche wie unter richtigen Bedingungen das Richtige. Zu den Folgen der heutigen, überwiegend marktradikalen Wirtschaftsstrukturen gehört, dass große Teile der Bevölkerung im Norden eine Verschlechterung ihrer wirtschaftlichen Lage erleben, während im Süden der soziale Graben noch tiefer wird. Parallel hierzu verschärft sich der Konflikt innerhalb und zwischen den Kulturen. Die ökologischen Systeme des Globus geraten immer mehr unter Stress, bis sie im schlimmsten Fall sogar kollabieren.

Die Ideenwelt einer weltweiten Ökosozialen Marktwirtschaft hält dagegen: Nur gesellschaftlich ausgeglichene Länder sind reiche Länder, nur sie verfügen über eine exzellent und breit ausgebildete Bevölkerung, ökologische Leitplanken (im Inland) sind dort fester Bestandteil ihrer Ökonomie. Und immer ist zu beachten, dass Kooperationsfähigkeit, Arbeitsteilung und historische Prozesse über die Zeit noch wichtiger sind als Wettbewerb. In diesem Sinne gilt es, die Märkte zu organisieren, der Wettbewerb als Suchmechanismus sorgt dann für die besten Lösungen, insbesondere für dringend erforderliche Innovation. Auf Dauer bringt die Ökosoziale Marktwirtschaft sogar das höhere Wachstum. Jetzt geht es darum, sie weltweit zu etablieren, sonst ist sie in Zukunft auch national nicht mehr zu halten. Ein Zwischenschritt auf dem Weg zu einer weltweiten Ökosozialen Marktwirtschaft ist ein Global Marshall Plan.

## Eine bessere Globalisierung ist möglich

Die Globalisierung wird angetrieben durch technische Innovationen, vor allem aus den Bereichen Information und Kommunikation sowie Verkehrstechnik und Logistik und damit korrespondierende Liberalisierungsprozesse im Bereich der Ökonomie. Hinzu kommen die immer problematischeren Regulierungen im Bereich des Weltfinanzsystems, wie etwa bei Basel II (jetzt in Vorbereitung: Basel III), den Vorschriften zu Kreditvergaben von Banken in Abhängigkeit von einer Bonitätseinschätzung der Kreditnehmer.

Das Geldsystem ist in seinen Wirkungen schon lange nicht mehr neutral, wie dies von Seiten der ökonomischen Standardtheorie gerne behauptet wird, sondern wird immer mehr zu einem beherrschenden Faktor. Was an sich schon problematisch ist, wurde und wird in seiner Brisanz noch dadurch verschärft, dass sich das Weltfinanzsystem mittlerweile mehr und mehr einer wirkungsvollen staatlichen Regulierung entzieht und zudem eine Inflationierung der Geldmenge in Gang gesetzt hat. Dies bezieht sich zunächst auf die Märkte für Eigentum (Asset-Märkte), bedroht aber indirekt auch die »normale« Ökonomie.

Die Weltfinanzmarktkrise und die nachfolgende Weltwirtschaftskrise haben hier ihren Ausgangspunkt genommen. Die Staaten der Welt haben bisher auf G-20-Ebene nicht die erforderlichen Regulierungsschritte durchsetzen können, auch wenn erste

Schritte erfolgt sind und erstmals das Thema der »Steuerparadiese« engagiert angegangen wurde. Hoffentlich gelingt noch ein »großer Wurf« in globaler Regulierung. Sonst ist die nächste Krise nicht mehr weit – vor allem auch wegen der mittlerweile extrem verschärften Verschuldung der Nationalstaaten, insbesondere auch der USA.

Die Globalisierung lässt sich nicht aufhalten, aber man kann und muss sie aktiv gestalten. Heute läuft sie in vielen Aspekten in eine falsche Richtung und ist in ihren Auswirkungen extrem asymmetrisch, weil sie sehr viele Verlierer hervorbringt und große Zukunftsrisiken erzeugt. Die Verhältnisse zwischen Arm und Reich sind unakzeptabel, die Beziehungen zwischen den verschiedenen Kulturen unausgewogen, Spannungen nehmen zu, Hass und Terror eskalieren, die Umwelt wird brutal zerstört.

Gesteuert wird die Globalisierung vor allem durch das Regelwerk der Welthandelsorganisation und die Mechanismen der Weltfinanzmärkte. Will man die Regeln verändern, muss man an den entscheidenden Stellschrauben ansetzen und zum Beispiel die WTO-Regelwerke um die Pflicht zur Beachtung bestimmter sozialer, kultureller und ökologischer Standards erweitern. Konsens darüber wird nur zu erreichen sein, wenn sich die reicheren Staaten in größerem Umfang als bisher zur Kofinanzierung von Entwicklung bereitfinden (Kofinanzierung gegen Standardangleichung). Wir haben nur diesen einen Planeten. Die Schicksalsfrage der Menschheit ist eine bessere Gestaltung der Globalisierung.

## Technik ist eine Chance

Fortschrittliche Technik trägt dazu bei, mit weniger Naturverbrauch mehr Produkte und Dienstleistungen zu generieren. Dann gibt es potenziell mehr Wohlstand für alle, bei richtiger Vorgehensweise sogar in Verbindung mit konsequentem Umwelt- und

Ressourcenschutz. Das ist eine wichtige Voraussetzung für eine friedliche zukünftige Entwicklung auf dem Globus. Der Bumerangeffekt aber macht die Dinge kompliziert: Immer effizientere Technik beansprucht unter ungenügenden Rahmenbedingungen in der Summe immer mehr Ressourcen, weil der Verbrauch immer noch schneller wächst, als die Technik die Umweltbelastungen pro Einheit senkt. Auch deshalb ist die rechtlich bindende weltweite Begrenzung des Naturverbrauchs eine ökologische Notwendigkeit und prioritär. Ökologische Grenzen müssen über Regulierung und Preise (Internalisierung) beziehungsweise über *incentives* oder breit verankerte ethische Verhaltensregeln (zum Beispiel »ehrbarer Kaufmann«) und damit letztlich über Governance-Strukturen fest in den Rahmen der Weltökonomie verankert werden. Entscheidend ist nicht allein oder in erster Linie der technische Fortschritt, sondern wie und in welchem Rahmen er genutzt wird.

## Für ein ökosoziales Weltwirtschaftswunder

Die Menschheit muss ihr Biotop, die Erde, in Ordnung halten. Zusätzlich muss der Norden dem Süden die Chance geben aufzuholen; das erfordert in der reichen Welt eine doppelte Zurückhaltung, nämlich zugunsten der Umwelt und zugunsten des Südens. Alles andere führt zur Zerstörung der Umwelt und/oder zu noch mehr Armut, Ungerechtigkeit, Brasilianisierung und eventuell Terror.

Dieses Programm bedeutet aber nicht schmerzhaften Verzicht oder die Aufforderung, »den Gürtel enger zu schnallen«. Vielmehr geht es um Intelligenz, Vernunft und systemisches Verständnis. Wenn man intelligent mit Grenzen des ökologisch Möglichen umgeht, wird ein neuer Aufbruch möglich. Effiziente Technik erlaubt über 50 bis 100 Jahre hinweg eine Verzehnfachung des Weltbruttosozialprodukts in einer mit dem Schutz der Umwelt verträglichen Art und Weise (Grünes Wachstum). Bedingung ist, dass die Umweltanliegen vernünftig in den Preisstrukturen des Weltmarkts zum Tragen kommen (Internalisierung). Dann gibt es Raum für Entwicklung. Reiche Länder können so weiterhin jährliche reale Wachstumsraten im Mittel von vielleicht 1,5 bis 2 Prozent pro Kopf erreichen, ärmere Länder, je nach Entwicklungsstand, zunächst 6 bis 7 Prozent, später weniger.

Die soziale Balance zwischen Nord und Süd verbessert sich dabei um ein Vielfaches, während beide Seiten wohlhabender werden und sich dieser Reichtum immer stärker dematerialisiert. Dazu gehören veränderte Lebensstile, auch im Sinne von mehr Suffizienz: weg vom Ressourcenverbrauch, hin zu einer stärkeren Nutzung von Kreativität und vielfältigen Dienstleistungen. Der Schlüssel zu dieser Entwicklung liegt in einer ehrlichen Preisstruktur der Weltökonomie und einer intelligenten Förderung beziehungsweise Kofinanzierung der Entwicklung des Südens durch den Norden. In der Summe übersetzt sich das im Laufe der Jahrzehnte in einen völligen Umbau der Industriegesellschaft wie in neue Pfade für sich entwickelnde Staaten *(global green new deal)*. In diesem Zusammenhang gilt es auch, vernünftig regulierte gemeinsame Märkte zu entwickeln sowie den Verbrauch bestimmter Ressourcen und die Erzeugung kritischer Umweltbelastungen wirksam zu begrenzen.

Das funktioniert jedoch nur, wenn der Süden seinerseits weltweit bindende Regeln akzeptiert, um das Beste in sozialen wie in Umweltfragen zu erreichen. Dies wiederum setzt die Bereitschaft der reichen Welt zur Kofinanzierung voraus, da der Süden einen wichtigen Wettbewerbsvorteil aufgeben soll, nämlich die Möglichkeit, die Standards der reichen Welt zu unterlaufen. Gelingt hier ein Übereinkommen, hat die Menschheit eine neue Perspektive. Ein anhaltender Boom zum Wohle aller wäre das Ergebnis.

## Zukunft braucht Werte

Erstens ist es notwendig, nicht verhandelbar und imperativ, die Umwelt und kritische Ressourcenreservoire für uns alle und insbesondere für kommende Generationen intakt zu halten, zweitens die Würde jedes einzelnen Menschen zu achten. Das sind die beiden zentralen weltethischen Prinzipien. Die großen Weltreligionen stimmen darin ebenso überein wie die interkulturelle humanistische Bewegung. Dem Projekt Weltethos ist es gelungen, in diesem Sinne eine übergeordnete globale Werte-Plattform zu formulieren. Religiöse und nichtreligiöse Menschen gleichermaßen können sich darauf verständigen. Die Welt ist sich – auf der Ebene der Worte – in den wesentlichen Zielen durchaus einig und weiß, was sie will. Allerdings klaffen Worte und Taten beziehungsweise Worte und Systembedingungen derzeit weit auseinander.

## Aufklärung in Zeiten der Globalisierung

Wenn sich das Falsche rechnet, man aber das Richtige tut, ist man der »Dumme«. Ökonomisch betrachtet ist man der Verlierer und scheitert. Infolge der Globalisierung gibt es heute nur noch einen einzigen Weltmarkt. Das macht es europäischen Ländern, aber auch Japan und Kanada so schwer. Sozialer Ausgleich, der Schutz der Umwelt und die Förderung kultureller Vielfalt sind feste und sinnvolle Bestandteile ihrer Tradition, aber die Globalisierung nimmt darauf wenig Rücksicht.

Die Doppelstrategie bietet eine systemisch angemessene und aufgeklärte Reaktion: zur Not auch das Falsche tun, weil es sich rechnet und erforderlich ist, um (ökonomisch) zu überleben; zugleich aber deutlich und immer wieder sagen, dass es falsch ist, und sich offensiv für eine richtige Gesamtlösung, für adäquate weltweite Ordnungsstrukturen einsetzen. Innerhalb derer käme dann das Richtige zum Zuge. Und für niemanden rechnete es sich mehr, das Falsche zu tun, zum Beispiel die Umwelt zu plündern oder das eigene Vermögen zulasten der Lebensbedingungen und der Würde der Ärmsten exzessiv weiter zu vergrößern.

## Der Global Marshall Plan

Es handelt sich um ein Investitionsprogramm für die Welt als Ganzes: also für Entwicklungsländer ebenso wie für Schwellenländer und industrialisierte Staaten. Das gilt übrigens auch für das als notwendig erachtete und vorgeschlagene globale Aufforstungsprogramm von fünf Millionen Quadratkilometern Fläche – entsprechend dem Motto *Plant for the planet*. Es geht um den Schutz der Umwelt, Bildung für alle, medizinische Versorgung, Ausbau von Infrastrukturen, klimaneutrale Energieversorgung, Investitionen in Governance – gemäß den von 189 Staaten im Jahr 2000 vereinbarten Millenniumsentwicklungszielen der Vereinten Nationen und darüber hinaus. Insgesamt ein anschlussfähiges Konzept für eine Welt in Balance – mit benennbarem Finanzbudget, fairen Mechanismen, wie die Mittel aufzubringen wären (zum Beispiel eine Abgabe auf Welt-Finanztransaktionen und auf den Welthandel), sowie konkreten Vorstellungen, wie diese Volumina sinnvoll und effektiv eingesetzt werden sollen.

Die Welt könnte viel reicher sein, als sie derzeit ist, und zwar in materieller wie in immaterieller Hinsicht. Entscheidend dafür sind insbesondere adäquate globale Ordnungsbedingungen als Rahmen für weltweites Wirtschaften. Dazu ist eine Verknüpfung von heute noch separat gehandhabten Regelbereichen inklusive Auflösung bestehender innerer Widersprüche zwischen den »Regulierungswelten« vonnöten: einerseits die Welt der Vereinten Nationen mit ihren sozialen, kulturellen und ökologischen Vereinbarungen in Bezug auf die allgemeinen Menschenrechte und den Schutz der

Biosphäre, andererseits wirtschaftliche Regelwerke und die Ausgestaltung der Weltfinanzmärkte – etwa in der Welthandelsorganisation, beim Internationalen Währungsfonds, in der Weltbank und bei der Bank für Internationalen Zahlungsausgleich. All das ist in einem *Grand Design* globaler Institutionen zusammenzuführen und dabei in konsistenter und ausgewogener Weise abzustimmen. Eine schwierige Aufgabe. Aber die Welt braucht endlich einen vernünftigen Gesellschaftsvertrag für diesen Globus, einen Weltvertrag und damit die Basis für eine wirkungsvolle Weltinnenpolitik, aufbauend auf einer leistungsfähigen weltweiten Ökosozialen Marktwirtschaft. In diesem Sinne gilt es zu handeln, und zwar sofort. Denn Zeit ist heute die knappste Ressource.

# Anhang

# Anmerkungen

1 Wouter van Dieren: *Mit der Natur rechnen*. Basel 1995

2 Ernst Ulrich von Weizsäcker / Amory B. Lovins / L. Hunter Lovins: *Faktor 4: doppelter Wohlstand, halbierter Naturverbrauch*. München 1995

3 Ernst Ulrich von Weizsäcker / Oran R. Young / Matthias Finger (Hrsg.): *Grenzen der Privatisierung. Wann ist des Guten zu viel? Bericht an den Club of Rome*. Stuttgart 2006

4 Orio Giarini / Patrick M. Liedtke: *Wie wir arbeiten werden. Bericht an den Club of Rome*. Hamburg 1998

5 Donella H. Meadows / Dennis L. Meadows / Jorgen Randers: *The Limits to Growth: The 30-year Update*. White River Junction (Vermont) 2004

6 Siehe Sergej P. Kapitza: *Global Population Blow-Up and After. The Demographic Revolution and Information Society*. Report to the Club of Rome and the Global Marshall Plan Initiative. Hamburg 2006

7 Vgl. hierzu z.B. Mihajlo Mesarovic / Robert Pestel / Franz Josef Radermacher: »Which Future?«. Manuscript of the EU Project TERRA 2000, FAW 2003

8 Eines der grundlegenden Werke von Eduard Pestel und Mike Mesarovic ist ihr Bericht an den Club of Rome: *Mankind at the turning point*. New York 1974

9 Vgl. hierzu das sehr interessante Buch von George Lakoff: *Don't Think of an Elephant! Know Your Values and Frame the Debate. The Essential Guide for Progressives*. Vermont 2004

10 Sergej P. Kapitza: *Global Population Blow-Up and After. The Demographic Revolution and Information Society*. Report to the Club of Rome and the Global Marshall Plan Initiative. Hamburg 2006

11 Lester R. Brown: *Outgrowing the Earth. The Food Security Challenge in an Age of Falling Water Tables and Rising Temperatures*. New York 2005. Die folgenden Zahlen stützen sich wesentlich auf dieses Werk.

12 José L. Lozán / Hartmut Graßl u.a.: *Warnsignal Wasser. Genügend Wasser für alle?* Hamburg 2005

13 www.worldenergyoutlook.org/; siehe auch: www.peakoil.net/

14 Mojib Latif / Klaus Wiegandt (Hrsg.): *Bringen wir das Klima aus dem Takt? Hintergründe und Prognosen*. Frankfurt a.M. 2007

15 Donella H. Meadows / Dennis L. Meadows / Jorgen Randers: *The Limits to Growth: The 30-Year Update*. White River Junction (Vermont) 2004

16 Niklas Luhmann: *Soziologische Aufklärung*. Bd. 3. *Soziales System, Gesellschaft, Organisation*. Wiesbaden 2005; Niklas Luhmann: *Die Gesellschaft der Gesellschaft*. Frankfurt a. M. 1997

17 Sergej P. Kapitza: *Global Population Blow-Up and After. The Demographic Revolution and Information Society.* Report to the Club of Rome and the Global Marshall Plan Initiative. Hamburg 2006

18 Mehr zur mikrobiologischen Seite der Eroberung der Welt, speziell der Expansion der Europäer, findet sich in dem spannenden Text von Alfred W. Crosby: *Ecological Imperialism – The Biological Expansion of Europe, 900–1900*. Cambridge 1986.

19 Jacques Neirynck: *Der göttliche Ingenieur. Die Evolution der Technik*. Renningen-Malmsheim 1998. Das folgende Kapitel stützt sich wesentlich auf die Darstellung des genannten Buches.

20 Ernst Ulrich von Weizsäcker, der diese Thematik in seinen Arbeiten – wie er es selbst sagte – viele Jahre ausgeklammert hat, widmete dem Phänomen in seinem jüngsten Buch ein eigenes Kapitel. Ernst Ulrich von Weizsäcker u. a.: *Faktor Fünf. Die Formel für nachhaltiges Wachstum*. München 2010, S. 289 ff.

21 Die erste Ingenieurschule für das Bauwesen war die 1747 gegründete École Nationale des Ponts et Chaussées in Paris. Ihr folgte 1794 die École Polytechnique, eine der französischen Elitehochschulen.

22 Jürgen Mittelstraß: *Leonardo-Welt. Über Wissenschaft, Forschung und Verantwortung*. Frankfurt a. M. 1992

23 Die Ausführungen gehen zurück auf eine Viererebenen-Architektur der Repräsentation von Wissen, wie sie am FAW in der 1990er Jahren entwickelt wurde; siehe: Franz Josef Radermacher: »Bewusstsein aus systemtheoretischer Sicht: Einige Beobachtungen«, in: Valentino Braitenberg / Franz Josef Radermacher (Hrsg.): *Interdisciplinary Approaches to a New Understandig of Cognition and Consciousness*. Ulm 2007

24 Humberto R. Maturana / Francisco J. Varela: *Der Baum der Erkenntnis – Die biologischen Wurzeln des menschlichen Erkennens*. Bern 1987

25 Hinweise zu wichtigen Forschungsergebnissen aus jüngerer Zeit in diesem Feld, auch zu Fragen der Sprachentwicklung, finden sich in: Michael Tomasello: *Die Ursprünge der menschlichen Kommunikation*. Frankfurt a. M. 2009

26 Franz Josef Radermacher: »Cognition in Systems«, in: *Cybernetics and Systems 27*, No. 1, 1996, S. 1–41

27 Ernst Schlegel: Zur Zivilisationsgeschichte. *Ein Grundmodell der Gesellschaftsentwicklung. Dokumentation, Arbeitskreis Informationsgesellschaft der Humboldt-Universität zu Berlin*, 1997, und Ernst Schlegel: »Transformationsforschung und Selbsttransformation der Wissenschaften – Versuch, sich einer allgemeinen Theorie der Eigenschaften und Verhaltensweisen sozialer Systeme zu nähern«, in: *BISS public* 20, Berlin 1996, S. 105–118.
Ernst Schlegel sieht die Historie des technischen Fortschritts als eine Abfolge, die durch Begriffe wie Gestalttransformation, Stofftransformation, Energietransformation und Informationstransformation gekennzeichnet werden kann. Bezüglich der Informationstransformation liegen entscheidende Herausforderungen noch vor uns. In den Worten Schlegels formiert sich ein vierschichtiges System »Zivilisationsgesellschaft«, das in seiner Grundstruktur dem in Jahrmilliarden entstandenen »Öko-System« Biosphäre ähnelt. Heute sind wir (noch immer etwas sehschwache) Zeugen eines Evolutionsprozesses, in dem ein bisher nicht ausreichend modelliertes technikgestütztes Informationsverarbeitungssystem als spezielle Produktionssphäre der menschlichen Gesellschaft entsteht, das einmal die systemgerechte Entwicklung einer optimal proportionierten Spezies Homo sapiens vollenden kann. Diese Transitionsphase von einer energiezeitlich dominierten in eine zukünftige Informationsgesellschaft ist äußerst problemreich und erreicht die erforderliche Dynamik nicht durch quasichaotische Spontaneität und »Selbstregulierung«. Sie erfordert einen Grad kollektiver Bewusstheit, der bisher leider nicht erreicht ist.
Das Integrationspotenzial, das nötig wäre, um an die Stelle schwer integrierbarer individueller Gedanken- und Sprachspiele eine technikgestützte kollektive Informationsverarbeitung zu setzen, mit der die nötigen diagnostisch-prognostischen Informationsmodelle für individuelle und kollektive Verhaltensentscheidungen produziert werden können, ist noch nicht herangereift. Es ist noch viel zu tun, um die zukünftigen internen Reaktionsmöglichkeiten und -geschwindigkeiten des in manchen Merkmalen defizitären Systems Menschheit dramatisch zu verbessern.

28 Ervin Laszlo: *Zu Hause im Universum – Die neue Vision der Wirklichkeit*. Berlin 2005

29 Siehe die Arbeiten von Stefan Bringezu vom Wuppertal Institut für Klima, Umwelt, Energie.
www.dematerialisierung.de/politik/bringezubroktober-2006/interview-bringezu/

30 Vaclav Smil: *The earth's biosphere. Evolution, dynamics, and change.* Cambridge, London 2003, S. 95f.

31 Stanley Jevons: *The Coal Question: An Inquiry Concerning the Progress of the Nation, and the Probable Exhaustion of our Coal Mines.* London 1865, zit. nach: Vaclav Smil: *Energy at the Crossroads. Global Perspectives and Uncertainties.* Cambridge, London 2005, S. 332

32 Ein anderes Beispiel aus dem Energiebereich ist das amerikanische CAFE-Programm (Corporate Average Fuel Economy). Mitte der 1970er Jahre stieg die Energieeffizienz amerikanischer Autos von 18 Meilen pro Gallone Benzin auf 27 Meilen. Dieser Effekt wurde durch die Weigerung von Präsident Reagan (1981–1989), höhere Steuern auf Benzin einzuführen, konterkariert. Verbrauchsintensive SUV (sport utility vehicles) wurden sogar noch steuerlich bessergestellt. Das Ergebnis war eine deutliche Steigerung des Benzinverbrauchs. Ernst Ulrich von Weizsäcker u.a.: *Faktor Fünf. Die Formel für nachhaltiges Wachstum.* München 2010, S. 291f.

33 Arnulf Grübler: *Technology and Global Change.* Cambridge 1998

34 Eine gute Darstellung der Beiträge Schumpeters findet sich in: Thomas K. McCraw: *Joseph A. Schumpeter. Eine Biografie.* Hamburg 2008.

35 Rainer Beck: *Unterfinning. Ländliche Welt vor Anbruch der Moderne.* München 2004

36 Vaclav Smil: *Energy. A beginner's guide.* Oxford 2006, S. 68

37 Klaus Hahlbrock: *Kann unsere Erde die Menschen noch ernähren? Bevölkerungsexplosion – Umwelt – Gentechnik.* Frankfurt a.M. 2007, S. 253ff.

38 Clive Ponting: *A New Green History of the World. The Environment and the Collapse of Great Civilisations.* London 2007, S. 71f.

39 Die Einschätzung der Zukunft der Ernährung folgt: Joachim von Braun in einem Interview mit der *Zeit,* 07.01.2010, Nr. 02.
www.zeit.de/2010/02/N-Interview-von-Braun?page=all

40 »Buying farmland abroad. Outsourcing's third wave«, in: *The Economist*, 21.05.2009. www.economist.com/world/international/displayStory.cfm?story_id=13692889/Neokolonialismus in Afrika.

»Großinvestoren verdrängen lokale Bauern«, in: *Spiegel Online*, 29.07.09, www.spiegel.de/wirtschaft/0,1518,638435,00.html

41 Josef H. Reichholf: *Ende der Artenvielfalt? Gefährdung und Vernichtung von Biodiversität*. Frankfurt a.M. 2008, S. 132; siehe auch Vaclav Smil: *The Earth's Biosphere. Evolution, Dynamics, and Change*. Cambridge (Mass.) 2003

42 Jeremy Rifkin: *Das Imperium der Rinder: Der Wahnsinn der Fleischindustrie*. Frankfurt a.M. 2001

43 www.fao.org/

44 Die Zahl 24 000 Hungertote pro Tag geht zurück auf das UN World Food Programme. Es handelt sich dabei um eine Abschätzung. Die genauen Zusammenhänge zwischen Mangelernährung und den Folgen, insbesondere für Kinder, sind vielschichtig. Zieht man den Kreis weiter, kommt man auf Größenordnungen von 100 000 Hungertoten täglich. www.one.wfp.org/german/?NodeID=43&k=251#aTop. Die Food and Agriculture Organization (FAO) der UN konstatiert einen starken Anstieg des Hungers auf der Welt infolge der Finanz- und Wirtschaftskrise. Für das Jahr 2009 schätzt die FAO die Anzahl der Hungernden auf mehr als eine Milliarde, das heißt, jeder sechste Mensch hungert. www.fao.org/hunger/hunger-home/en/

45 www.desertec.org/

46 Stefan Bringezu / Raimund Bleischwitz: *Sustainable Resource Management. Global Trends, Vision and Policies*. Sheffield 2009, S. 201

47 Ebd., Kap. 4

48 Petrus Hoff: *$CO_2$: a gift from heaven – The blue $CO_2$ booklet*. Delft 2009

49 Latif Mojib: *Bringen wir das Klima aus dem Takt? Hintergründe und Prognosen*. Frankfurt a.M. 2007, S. 153

50 Daniel G. Boyce / Marlon R. Lewis / Boris Worm: »Global phytoplankton decline over the past century«, in: *Nature* 466, Juni 2010. www.nature.com/nature/journal/v466/n7306/full/nature09268.html

51 *Welt online*, 20.06.2010. www.welt.de/wirtschaft/article8120502/BP-Papier-beschreibt-neues-Horror-Szenario.html

52 www.nobel-cause.de/Potsdam_Memorandum.pdf

53 »Die deutsche Wirtschaft erlaubt es damit der Wirtschaft anderer europäischer Länder, genauso viel zusätzliches $CO_2$ in die Luft zu blasen, wie sie selbst einspart.« Hans-Werner Sinn: *Das grüne Paradoxon. Plädoyer für eine illusionsfreie Klimapolitik*. Berlin 2008, S. 176

54 »Eine effiziente Förderstrategie für grüne Technologien bedient sich nicht eines Sammelsuriums unterschiedlicher finanzieller Anreize, sondern sorgt dafür, dass ein einheitlicher Preis für die $CO_2$-Vermeidung gesetzt wird. Mit Blick auf die soziale Frage sind dabei Steuern beispielsweise auf Kraftstoffe wahrscheinlich wichtiger als international gehandelte $CO_2$-Zertifikate.« Hans-Werner Sinn: *Das grüne Paradoxon. Plädoyer für eine illusionsfreie Klimapolitik*. Berlin 2008, S. 187

55 Der Copenhagen Accord wurde von einer Gruppe von etwa 30 Staats- und Regierungschefs ausgehandelt. Voraussetzung war eine Einigung von Präsident Barack Obama mit China und anderen wichtigen Schwellenländern. Am 19. Dezember 2009 nahm das Plenum der UN-Konferenz mit 193 Staaten den Vorschlag nach langem Streit »zur Kenntnis«.
unfccc.int/documentation/documents/advanced_search/items/3594.php?rec=j&priref=600005735#beg
www.welt.de/politik/ausland/article5588882/Die-Kernpunkte-der-Vereinbarung-von-Kopenhagen

56 Die folgenden vereinfachten Ausführungen stützen sich auf eine Studie des Forschungsinstituts für anwendungsorientierte Wissensverarbeitung, vgl.: Franz Josef Radermacher: »Weltklimapolitik nach Kopenhagen – Umsetzung der neuen Potentiale«. FAW/n Report, Ulm 2010; www.faw-neu-ulm.de

57 Wissenschaftlicher Beirat der Bundesregierung Globale Umweltveränderungen (WBGU): »Kassensturz für den Weltklimavertrag – Der Budgetansatz«. Sondergutachten, Berlin 2009

58 Der Umrechnungsfaktor Kohlenstoff zu Kohlendioxid beträgt 3,67; www.wald.de

59 Mehr Informationen zu der extrem erfolgreichen Kinderinitiative finden sich unter: www.plant-for-the-planet.org

60 Siehe Kap. 10: Der Global Marshall Plan

61 Zum Beispiel: Prima Klima, www.prima-klima-weltweit.de; my climate, www.myclimate.org; www.bauminvest.de

62 In einer Untersuchung des FAW/n in Ulm wird deutlich, dass bis 2007 das Zwei-Grad-Ziel noch ohne ein forciertes Weltaufforstungsprogramm mit Wachstumsperspektiven in der Wirtschaftsleistung hätte erreicht werden können. Fünf Millionen Quadratkilometer aufgeforstete Fläche öffnen ein Zeitfenster bis 2013, nicht länger. Dann muss ein wirkungsvolles Klimaregime etabliert sein. Verdoppelt man die Auf-

forstfläche auf zehn Millionen Quadratkilometer, was wahrscheinlich von der Sache her nicht möglich ist, erweitert dies den Spielraum bis 2017 – ein großer Aufwand für wenig Zeitgewinn. Wir müssen schnell handeln, sonst zahlen wir einen hohen Preis. Zeit ist heute die »knappste Ressource«.

63 Auch hier handelt es sich um eine vereinfachte Darstellung. Eine vollständige Textversion unter: Franz Josef Radermacher: »Weltklimapolitik nach Kopenhagen – Umsetzung der neuen Potentiale«. FAW/n Report, Ulm 2010; www.faw-neu-ulm.de

64 Der größere Denkrahmen einer Doppelstrategie ist überzeugend herausgearbeitet in einem Bericht des Nachhaltigkeitsbeirats Baden-Württemberg (NBBW): »Nachhaltigkeits-Doppelstrategie: Wirksame Beiträge Baden-Württembergs zur weltweiten nachhaltigen Entwicklung«. Stuttgart 2010; www.nachhaltigkeitsbeirat-bw.de

65 www.hm-treasury.gov.uk/stern_review_report.htm

66 Nachhaltigkeitsbeirat der Landesregierung Baden-Württemberg (NBBW): »Weiterentwicklung der baden-württembergischen Klimadoppelstrategie: Was kann die Landesregierung tun, um das Plus 2°C-Klimaziel global zu erreichen?«. Sondergutachten, Stuttgart 2010

67 Jared Diamond: *Kollaps. Warum Gesellschaften überleben oder untergehen*. Frankfurt a. M. 2005

68 Mathis Wackernagel / Bert Beyers: *Der Ecological Footprint. Die Welt neu vermessen*. Hamburg 2010

69 Helmut S. Haberl / Karlheinz Erb u. a.: »Quantifying and mapping the human appropriation of net primary production in earth's terrestrial ecosystems«. www.pnas.org/content/104/31/12942.abstract

70 »Mit den Begriffen Primärproduktion oder Primärproduktivität bezeichnet man die Menge an organischem Material, die von autotrophen Organismen auf einer bestimmten Fläche und in einem bestimmten Zeitraum (aus Sonnenenergie umgewandelt) fixiert wird. Meist gibt man sie als Rate – etwa als Menge pro Tag oder Jahr – an, einschließlich des Anteils, den die Pflanzen für ihre eigenen Bedürfnisse verwenden, während die Nettoprimärproduktion der Menge entspricht, die von den Pflanzen (nach Abzug des Eigenbedarfs für die Atmung) gespeichert wird und daher für Heterotrophe zumindest potenziell verfügbar ist.« Eugene P. Odum: *Prinzipien der Ökologie. Lebensräume, Stoffkreisläufe, Wachstumsgrenzen*. Heidelberg 1991, S. 91

71 Jared Diamond: *Kollaps. Warum Gesellschaften überleben oder untergehen*. Frankfurt a. M. 2005, S. 605

72 Arno Behrens / Stefan Giljum: »Erste Zeichen einer Entkoppelung«, in: *Ökologisches Wirtschaften* 1/2005

73 Intergovernmental Panel on Climate Change (IPCC): *Climate Change 2007: The Physical Science Basis*. Genf 2007. www.ipcc-wg1.ucar.edu/wg1/docs/WG1AR4_SPM_PlenaryApproved.pdf

74 Pascal Lamy: »Trade can be a friend, and not a foe of conversation«, Rede 10.10.2005. www.wto.org/English/news_e/sppl_e/sppl07_e.htm

75 www.forbes.com

76 Thomas Pogge: »Keynote Address: Poverty, Climate Change, and Overpopulation«, in: *Georgia Journal of International and Comparative Law* 38, 2010; Thomas Pogge: »Millions Killed by Clever Dilution of our Promise«, in: *Crop Poverty Brief*, August 2010. www.crop.org/storypg.aspx?id=374&MenuNode=&zone=12

77 Hans-Peter Martin / Harald Schumann: *Die Globalisierungsfalle. Der Angriff auf Demokratie und Wohlstand*. Reinbek 1996

78 Karl Georg Zinn: *Wie Reichtum Armut schafft. Verschwendung, Arbeitslosigkeit und Mangel*. Köln 2006

79 Huschmand Sabet: *Globale Maßlosigkeit – Der (un)aufhaltbare Zusammenbruch des weltweiten Mittelstands. Ein Report an die Global Marshall Plan Initiative*. Düsseldorf 2005

80 Richard Wilkinson / Kate Pickett: *Spirit Level – Why Equality is Better for Everyone*. London 2009/2010

81 Vgl. hierzu Franz J. Radermacher: *Balance oder Zerstörung – Ökosoziale Marktwirtschaft als Schlüssel zu einer weltweiten nachhaltigen Entwicklung*. Ökosoziales Forum Europa 2002.

82 Garry Jacobs / Ivo Šlaus: »Indicators of Economic Progress: The Power of Measurement and Human Welfare«. *Cadmus,* Vol. 1, Nr. 1, Oktober 2010, S. 53 – 113.

83 Jean Ziegler: *Das Imperium der Schande. Der Kampf gegen Armut und Unterdrückung*. München 2005, S. 11

84 Ausgaben für Arbeitslosengeld II im Jahr 2006: 26,4 Mrd. Euro. Deutsches Bruttoinlandsprodukt 2006: 2302,7 Mrd. Euro. Quellen: Statistisches Bundesamt Deutschland: www.destatis.de/presse/deutsch/pk/2007/ bip2006i.pdf

Landeszentrale für politische Bildung Baden-Württemberg: www.lpb.bwue.de/aktuell/hartz_iv.php3

85 Hermann Maurer: *Das Paranetz. Zusammenbruch des Internets.* Linz 2004

86 Karl R. Popper: *Die offene Gesellschaft und ihre Feinde.* Stuttgart 1992

87 Interessante und neuartige Überlegungen zu diesen für unsere Gesellschaft besonders wichtigen Themen finden sich in Peter Mersch: *Die Familienmanagerin. Kindererziehung und Bevölkerungspolitik in Wissensgesellschaften.* Norderstedt 2006

88 Frans de Waal: *Der Affe in uns – Warum wir sind, wie wir sind.* München, Wien 2005

89 Der Median stellt den Wert dar, bei dem rechts und links gleich viele »Individuen« liegen, wohingegen das arithmetische Mittel den Durchschnitt anzeigt. Extrem hohe oder extrem niedrige Einkommen schlagen in Berechnungen des arithmetischen Mittels deutlich stärker zu Buche als beim Median. Insbesondere liegt die Hälfte der Weltbevölkerung seit 30 Jahren unter etwa 2 US-Dollar pro Tag. Dieser Wert ist daher seit langem in etwa der Median, obwohl sich die Weltwirtschaftsleistung in diesem Zeitraum vervielfacht hat. Der arithmetische Mittelwert ist um genau dieses Vielfache gewachsen, der Median ist im Wesentlichen gleich geblieben. Der gesamte Wohlstandszuwachs ging zur reichen Hälfte. Der Median vermittelt den Eindruck, als hätte sich die Lage der Ärmeren nicht verschlechtert, obwohl sie in relativer Leistungsstärke deutlich verloren haben; siehe Thomas Kämpke: »The use of mean values vs. medians in inequality analysis«, in: *Journal of Economic and Social Measurement* 35/2010, S. 43–62

90 George Lakoff: *Don't think of an elephant! Know Your Values and Frame the Debate. The Essential Guide for Progressives.* White River Junction (Vermont) 2004

91 George Soros: *Das Ende der Finanzmärkte – und deren Zukunft. Die heutige Finanzkrise und was sie bedeutet.* München 2008, S. 14

92 Andrew Ross Sorkin: *Too Big to Fail. Inside the Battle to Save Wall Street.* London 2010

93 Dies ist eine vereinfachte Darstellung der Subprime-Krise. Eine vertiefende Analyse in: Franz Josef Radermacher / Marianne Obermüller / Peter Spiegel: *Global Impact. Der neue Weg zur globalen Verantwortung.* München 2009, Kap. 3. Schon vor Beginn der Weltfinanzkrise

erschienen war: Dirk Solte: *Weltfinanzsystem am Limit. Einblicke in den »Heiligen Gral« der Globalisierung*. Berlin 2007.

94 Die Geschichte des Bankenwesens (vereinfacht) folgt: Paul Krugmann: *Die neue Weltwirtschaftskrise*. Frankfurt a.M. 2008, S. 180f.

95 Dirk Solte: *Weltfinanzsystem am Limit. Einblick in den »Heiligen Gral« der Globalisierung*. Berlin 2007. Die vorliegende Passage stützt sich auf: Wolfgang Eichhorn/Dirk Solte: *Das Kartenhaus Weltfinanzsystem. Rückblick – Analyse – Ausblick*. Frankfurt a.M. 2009

96 Exemplarisch erwähnt sei die »Innovation« der massenhaften Verbriefung von Krediten, politisch »verkauft« mit dem Argument der Risikostreuung. Durch die Verbriefung wird zugleich eine massive Ausweitung der Kreditvergabe bei gleichem Eigenkapital ermöglicht, was die Risiken extrem erhöht. Dies umso mehr, als der Verkauf von Krediten zu einer deutlichen Absenkung der Sorgfalt bei der Kreditvergabe geführt hat, weil die Risiken ja nun bei anderen liegen.

97 George Soros: *Das Ende der Finanzmärkte – und deren Zukunft. Die heutige Finanzkrise und was sie bedeutet*. München 2008, S. 29

98 Ebd., S. 28

99 Heinrich Wohlmeyer: *Globales Schafe Scheren. Gegen die Politik des Niedergangs*. Klosterneuburg 2006

100 In Teilen wird das Finanzvermögen direkt durch institutionelle Investoren verwaltet, in Teilen aber auch direkt oder indirekt über *custodians*, die Depotverwahrer der großen institutionellen Anleger, die zum Beispiel das Cashmanagement übernehmen oder beispielsweise über Indizes, die bestimmte Anlagestrategien abbilden, große Anlagemittel poolen.

101 Wolfgang Eichhorn/Dirk Solte: *Das Kartenhaus Weltfinanzsystem. Rückblick – Analyse – Ausblick*. Frankfurt a.M. 2009, S. 158

102 *Die Zeit*, 15.03.2009

103 Anlässlich des Antrittsbesuchs von Gordon Brown beim neuen US-Präsidenten 2009, in: *Die Zeit* 04.03.2009. www.zeit.de/online/2009/10/obama-brown-antrittsbesuch?page=all

104 Saskia Sassen: *Metropolen des Weltmarkts. Die neue Rolle der Global Cities*. Frankfurt a.M., New York 1996

105 Zum Thema Netzwerkstruktur und *fat hubs* siehe: Reka Albert/Hawoong Jeong/Albert-Lászlό Barábasi: »Diameter of the world-wide web«, in: *Nature* 401/1999, S. 130–131; Albert-Lászlό Barabási: *Linked:*

*the new science of networks.* Cambridge (Mass.) 2002; Mark Buchanan: *Nexus. Small worlds and the groundbreaking science of networks.* New York, London 2002

106 Das Bild und die Informationen stammen von Lester Brown, dem Leiter des Earth Policy Instituts. www.earth-policy.org

107 Friedrich Schmidt-Bleek: *Das MIPS-Konzept. Weniger Naturverbrauch – mehr Lebensqualität durch Faktor 10.* München 1998; Ernst Ulrich von Weizsäcker/Amory B. Lovins/L. Hunter Lovins: *Faktor vier. Doppelter Wohlstand, halbierter Naturverbrauch.* München 1995

108 Diese Formulierung stammt unseres Wissens nach von Ernst Ulrich von Weizsäcker.

109 Das Bild der Welt als Dorf hat Donella Meadows Anfang der 1990er Jahre entworfen. Diese Skizze hier ist mit den aktuellen Zahlen versehen; es geht nicht um die Details, sondern um eine Veranschaulichung der Größenordnungen.

110 Eine angestrebte Verzehnfachung der Weltwirtschaftsleistung in vielleicht 70 Jahren soll sich – verwirklicht als Grünes Wachstum – etwa in folgender Weise auf die dann zehn Milliarden Menschen verteilen:

- reiche Welt: heute 80% des Welteinkommens mit etwa 20% der Menschen (1,4 Milliarden von 7 Milliarden), zukünftig etwa 32% (32 = 4 x 80 x 0,1) des (um den Faktor 10 vergrößerten) Welteinkommens bei dann etwa 2 Milliarden (von 10 Milliarden) Menschen
- sich entwickelnde Welt: heute 20% der Weltwertschöpfung mit etwa 80% der Menschen (5,6 Milliarden von 7 Milliarden Menschen), zukünftig etwa 68% (68 = 34 x 20 x 0.1) der dann um den Faktor 10 vergrößerten Weltwertschöpfung mit etwa 8 Milliarden (von 10 Milliarden) Menschen.

Das heißt, das 10-fache Welteinkommen wird als Zuwachsfaktor im Verhältnis 4 : 34 zwischen der reichen Welt und der sich entwickelnden Welt aufgeteilt. Dies führt etwa zu einer sozialen Balance, wie wir sie heute in Europa haben. Ein Absinken der Weltbevölkerung wird die Folge sein. Parallel ist die Ressourceneffizienz um einen Faktor 10 zu verbessern, um die 10-fach größere Weltwertschöpfung mit dem heutigen Umwelt- und Ressourcenverbrauch zu ermöglichen (forcierte Dematerialisierung/Faktor 10). Zusätzlich sind die $CO_2$-Emissionen aus fossilen Energieträgern etwa auf ein Drittel der heutigen Werte zu reduzieren.

111 Franz Josef Radermacher: *Balance oder Zerstörung: Ökosoziale Markt-*

*wirtschaft als Schlüssel zu einer weltweiten nachhaltigen Entwicklung.* Hrsg. v. Ökosoziales Forum Europa, Wien 2002

112 Wouter van Dieren: *Mit der Natur rechnen.* Basel 1995

113 »Die ethische Basis der Sozialen Marktwirtschaft ist programmatisch neu zu bedenken! Eine ethisch fundierte ökologisch-soziale Marktwirtschaft wird gerade so ein wirtschaftspolitisches Leitbild von nur instrumentalem Charakter bleiben und nicht zu einem eigenständigen Grundwert der Gesellschaft hochstilisiert. Die Politik muss demnach nicht nur ›marktgerecht‹ und ›marktkonform‹ sein (keine direkten Interventionen in den Marktprozess), sondern muss in der Gestaltung der Rahmenbedingungen (Ordnungspolitik), nach allen Seiten wohl abgewogen, immer die Interessen aller betroffenen Menschen (und nicht nur die der Kapitaleigner) im Auge haben. Der Rahmen für die Marktmechanismen (auch die Regulierungen für Finanzmärkte) muss sich an bestimmten politischen und ethischen Werten und Maßstäben orientieren.« Hans Küng: *Anständig wirtschaften – Warum Ökonomie Moral braucht.* München 2010, S. 81 f.

114 Stiftung Weltethos: www.weltethos.de

115 Immanuel Kant: *Kritik der praktischen Vernunft,* A 54, in: *Werke,* Bd. IV. Frankfurt a. M., Darmstadt 1956, S. 140

116 John Rawls: *Eine Theorie der Gerechtigkeit.* Frankfurt a. M. 1979

117 Vgl. das Interviewmit Paul Samuelsen in: Gabor Steingart: *Weltkrieg um Wohlstand. Wie Macht und Reichtum neu verteilt werden.* München 2006

118 Joseph E. Stiglitz / Andrew Charlton: *Fair Trade. Agenda für einen fairen Welthandel.* Hamburg 2006

119 Insgesamt führt das zu einem konsistenten doppelstrategischen Politikentwurf, dessen Grundzüge in Publikationen des Bundesverbandes für Wirtschaftsförderung und Außenwirtschaft (BWA) studiert werden können. Siehe Franz Josef Radermacher: *Globalisierung gestalten. Die neue zentrale Aufgabe der Politik.* Berlin 2006.
www.bwa-deutschland.de

120 Vgl. auch die Grundsatzpublikation des Nachhaltigkeitsbeirats Baden-Württemberg zum Thema Doppelstrategie:
www.nachhaltigkeitsbeirat-bw.de

121 Götz W. Werner: *Ein Grund für die Zukunft: das Grundeinkommen, Interviews und Reaktionen.* Stuttgart 2006

122 www.wcf-dresden.com/index.php?ILNK=News&iL=1

123 Ebd.

124 Zitat von Hans Glauber, Mitbegründer und Präsident des Ökoinstituts Südtirol in Bozen.

125 Frank Biermann / Rainer Brohm: »Implementing the Kyoto Protocol without the United States: The Strategic Role of Energy Tax Adjustments at the Border«, Global Governance Working Paper Nr. 5, Potsdam, Berlin, Oldenburg: The Global Governance Projekt. January 2003; www.glogov.org

126 Das Bild der *plane people* stammt von Peter Schwartz.

127 Vgl. zum Beispiel Mihajlo D. Mesarovic / Robert Pestel / Franz Josef Radermacher: »Which Future?«. Manuscript to the EU Project TERRA 2000, FAW 2003

128 Ernst Ulrich von Weizsäcker: *Faktor fünf – Die Formel für nachhaltiges Wachstum.* München 2010

129 Jared Diamond: *Kollaps. Warum Gesellschaften überleben oder untergehen.* Frankfurt a. M. 2005, S. 613. Donella H. Meadows / Dennis L. Meadows / Jorgen Randers: *The Limits to Growth: The 30 Year Update.* White River Junction (Vermont) 2004

130 Doug Randal /Peter Schwartz: »An Abrupt Climate Change Scenario and Its Implications for United Statates National Security«, 2003. www.environmentaldefence.org/documents/3566_AbruptClimate-Change.pdf

131 www.worldenergyoutlook.org/, siehe auch www.peakoil.net

132 www.eroei.com

133 Zentrum für Transformation der Bundeswehr, Dezernat Zukunftsanalyse: »Peak oil. Sicherheitspolitische Implikationen knapper Ressourcen«. Strausberg 2010.
www.peak-oil.com/peak-oil-studie-bundeswehr.php

134 Laszlo, Ervin: *Zu Haus im Universum – Die neue Vision der Wirklichkeit.* Berlin 2005

135 Malcolm Gladwell: *The Tipping Point. How Little Things Can Make a Big Difference.* Boston, New York, London 2000

136 Franz Fischler / Christian Ortner: *Europa – Der Staat, den keiner will.* Salzburg 2006

137 Paul Bernd Spahn: »Zur Durchführbarkeit einer Devisentransaktionssteuer«, Gutachten im Auftrag des Bundesministeriums für Wirt-

schaftliche Zusammenarbeit und Entwicklung. Bonn, Frankfurt a.M. 2002

138 Vgl. hierzu aus jüngster Zeit: Stephan Schulmeister: »Eine generelle Finanztransaktionssteuer – Konzept, Begründung, Auswirkungen«. WIFO Working Papers, 352/2009. Diese Untersuchung wurde durch das Ökosoziale Forum Europa initiiert und unterstützt.

139 Vgl. hierzu auch die Ausführungen in: Franz Josef Radermacher: *Balance oder Zerstörung. Ökosoziale Marktwirtschaft als Schlüssel zu einer weltweiten nachhaltigen Entwicklung.* Hrsg v. Ökosoziales Forum Europa, Wien 2002

140 Global Contract Foundation – Stiftung Weltvertrag: »Global Contract Report« – Diskussionspapier. Hamburg 2005. Um dieses Thema hat sich insbesondere Herr Armin Frey, Vorstandsmitglied der Stiftung Weltvertrag, verdient gemacht, der über dieses Thema promoviert hat. Die Arbeit ist erschienen unter dem Titel: *Zielerreichung internationaler Verträge. Das Konzept Weltvertrag.* Baden-Baden 2008

141 Naomi Klein: *The shock doctrine. The rise of disaster capitalism.* London 2007

142 Franz Josef Radermacher hat das Ringen der Menschheit um einen Weltvertrag in einem Musical beschrieben: *The Globalization Saga* (FAW Ulm, 2003). Darin kommt es 2012 in Shanghai zu einem wichtigen Gipfel der Welthandelsorganisation. Es geht um die Frage, ob ein stärker ausgeprägtes ökosoziales Modell in enger Verzahnung mit der WTO als zukünftige Weltordnung etabliert werden kann oder nicht. Die Erwartungen sind hoch. Asien, namentlich Japan, äußert sich sehr positiv über eine ökosoziale Ordnung. Die Europäer stimmen ebenfalls zu, binden ihr Wort aber an die Freunde aus den USA. Die Ölstaaten äußern sich ebenso. Die Entscheidung gegen den längst überfälligen Schritt in Richtung Ökosozialer Marktwirtschaft kommt letztlich aus den Reihen der Wirtschaft, die einen starken Einfluss auf die US-Regierung ausübt. In der Folge entlädt sich die Wut der Menschen in einer gigantischen Straßenschlacht. Demonstrationen von dieser Heftigkeit sind für China und Shanghai etwas gänzlich Neues. In den Jahren 2012 bis 2025 wird die Welt Opfer einer Serie furchtbarer Katastrophen, Konflikte, Terroranschläge und kriegerischer Verwicklungen, die den Globus an den Rand der Zerstörung bringen. In ihrer Not findet sich die Weltgemeinschaft im Jahre 2025 in Wien zu einer Sondersitzung der UN-Institutionen zusammen. Dort wird – endlich – das Grand Design ökosozialer Ordnung implementiert. Die Frage ist, ob die Zeit

noch reicht oder ob es für den Globus bereits zu spät ist. In dem entsprechenden Song heißt es: »Finally it happened, however it may already be too late.« Das Stück endet mit einem religiös-humanistisch inspirierten Friedensmarsch, der einen Bund für eine bessere Welt zum Gegenstand hat und Hoffnung signalisiert (vgl. hierzu: Franz Josef Radermacher / Solvig Wehsener: »The Globalization Saga. Balance or Destruction – Balance oder Zerstörung«, Ulm 2003).

143 J. Tremmel: »A Theory of Intergenerational Justice«, London 2009 (Dissertation)

144 Jane Goodall: *In the Shadow of Man.* Boston 2000

145 Die erste Formulierung der Fundamentalidentität findet sich in E. L. A. Herlyn / F. J. Radermacher: »Ökosoziale Marktwirtschaft – Ideen, Bezüge, Perspektiven«. FAW/n-Bericht, Ulm 2010. Zum Hintergrund dieser Arbeit vgl. auch E. L. A. Herlyn / F. J. Radermacher: »Governance, Demokratie, Zukunftsfragen – Zur Rolle der Millenniumsentwicklungsziele und eines Global Master Plan im Kontext der Globalisierung«. FAW/n-Bericht, Ulm 2008

146 www.transparency.de/

147 Franz Josef Radermacher: »Was macht Gesellschaften reich? Die Infrastruktur als wesentlicher Baustein«, in: Reinhard Loske / Roland Schaeffer (Hrsg.): *Die Zukunft der Infrastrukturen. Intelligente Netzwerke für eine nachhaltige Entwicklung.* Marburg 2005

148 Hernando de Soto: *The Mystery of capital. Why capitalism triumphs in the west and fails everywhere else.* New York 2000

149 Ebd., S. 33

150 Siehe Kapitel 5

151 Lorenz Jarass / Gustav M. Obermair: *Jeder sollte Steuern zahlen – Ein Beitrag zur Unternehmenssteuerreform 2008.* Ulm 2006

152 Johan Rockström: »Planetary Boundaries«, in: *Nature* 461/September 2009, S. 472–475

153 Siehe Kapitel 1 und 2

154 Siehe Kapitel 6

155 Um es mit dem ehemaligen Vizepräsidenten der USA, Al Gore, der schon lange für einen Global Marshall Plan eintritt, zu sagen: »Die Welt braucht heute einen ›globalen Marshall Plan‹, um die Umwelt zu retten und um Milliarden mittelloser Menschen die Instrumente zugänglich zu machen, die Voraussetzung dafür sind, vernünftig am Marktgesche-

hen teilnehmen zu können. ... Vergessen Sie nicht, dass richtig immer noch richtig ist, selbst wenn niemand danach handelt. Falsch ist immer noch falsch, selbst wenn jeder es tut. Es ist nicht übertrieben zu sagen: Unser Überleben hängt davon ab. Seien Sie Teil der Veränderung, die auch Sie von der Welt erwarten.« Al Gore im Jahr 2005 in einer Rede vor Studenten der Wirtschaftswissenschaften der Stanford University. www.daily.stanford.edu/article/2005/11/14/AlGoreSpeaksToBusinessStudents

156 Siehe Kapitel 6

157 »Jetzt im 21. Jahrhundert realisieren fast alle politischen Parteien Europas, dass Boden, Wasser und Luft die zentralen Lebensgrundlagen der Menschheit sind, die weltweit in ihrer Existenz und Qualität bedroht sind. Deshalb drängt sich heute als programmatische Forderung auf: Die Soziale Marktwirtschaft ist, was Ordoliberale schon in den 1960er-Jahren erkannten, verstärkt auf ökologische Ziele auszurichten. Sie muss zu einer nicht nur sozial, sondern auch ökologisch verpflichteten Wirtschafts- und Gesellschaftsordnung werden, welche die Probleme der Umweltbelastung und Umweltgefährdung von der Landwirtschaft über den Verkehr bis zur Kernenergie und zum Klimawandel ernst nimmt und deshalb sozial- und umweltverträgliche Produktionsweisen anstrebt: eine *öko-soziale Marktwirtschaft.*« Hans Küng: *Anständig wirtschaften – Warum Ökonomie Moral braucht.* München 2010, S. 80

158 Siehe Kapitel 6

159 Siehe das Interview mit Muhammad Yunus im *Handelsblatt*, 15.11.2010. www.handelsblatt.com/unternehmen/banken-versicherungen/muhammad-yunus-ein-boersengang-sendet-die-falsche-botschaft;2692493

160 Hubert Weiger: »Zur Diskussion gestellt: Ökologisches Umweltkonzept«, in: *Blätter für Natur und Umweltschutz* (heute: *Natur und Umwelt*), Jg. 55, S. 39–41

161 Einen genauen Einblick in diese spannende Historie des Konzepts »Ökosoziale Marktwirtschaft« über 35 Jahre liefert das Buchmanuskript »Ökosoziale Marktwirtschaft – Historie, Programm und Perspektiven eines zukunftsfähigen globalen Wirtschaftssystems« der Autoren Franz Josef Radermacher, Josef Riegler und Hubert Weiger, 2010. Das Buch erscheint 2011 im oekom Verlag.

162 Josef Riegler: *Den Blick nach vorn. Ökosozial leben und wirtschaften.* Wien 2009

163 Josef Riegler / Anton Moser: *Ökosoziale Marktwirtschaft. Denken und Handeln in Kreisläufen.* Graz 1996, S. 48

164 Franz Josef Radermacher war hier wesentlich beteiligt, ebenso Robert Pestel, angestellt bei der EU-Kommission und Sohn von Eduard Pestel, einer der Gründer des Club of Rome.

165 Forschungsinstitut für anwendungsorientierte Wissensverarbeitung (Hrsg.): »Informationsgesellschaft und Nachhaltige Entwicklung«, Ergebnisband der Stuttgart-Konferenz, 2. Juli 1998. Ulm 2000. Siehe auch: Information Society Forum der EU: »The European Way for the information society«. EU-Kommission, Brüssel 2000

166 Siehe Kapitel 6

167 Werner Götz: *Ein Grund für die Zukunft: das Grundeinkommen.* Stuttgart 2007

168 Vgl. Franz Josef Radermacher: »Warum sollte die Einkommensspreizung balanciert sein?« FAW/n-Bericht. Ulm 2010

169 Richard Wilkinson / Kate Pickett: *The Spirit Level. Why Equality is Better for Everyone.* London 2010 (Hinweis: »Spirit Level« bedeutet Wasserwaage).

170 John Kay: *The truth about markets.* London 2004

171 World Culture Forum (Hrsg.): »Dresdener Manifest. Zehn Wünsche und Forderungen an die Regierungschefs der G-20«. Dresden 10.10.2009

172 Peter H. Grassmann: *Plateau 3 – Zukunft vererben.* Hamburg 2007 sowie ders.: *Burn out: Wie wir eine aus den Fugen geratene Wirtschaft wieder ins Lot bringen.* München 2010

173 Siehe auch Peter Spiegel: *Faktor Mensch. Ein humanes Wirtschaftswunder ist möglich.* Stuttgart 2005, S. 101 f.

174 Zitiert nach *TAZ*, 16.12.2010, S. 5: »Porträt Manmohan Singh: Der unbeirrte Weltökonom«

175 Dieser vermeintlich demokratische Ansatz ist wenig tragfähig, wenn man bedenkt, dass es Staaten mit weniger als einer Million Menschen und solche mit weit mehr als einer Milliarde Menschen gibt. Ganz abgesehen davon, dass es sich (nur) um eine Vertretung der Staaten, nicht der Menschen handelt (ähnlich dem deutschen Bundesrat). Der Ansatz wird weiterhin durch reale Machtasymmetrien massiv transformiert, denn die Mitglieder im Sicherheitsrat sind eben signifikant bedeutender als die Nichtmitglieder. Die wichtigsten ökonomischen und finan-

ziellen Fragen werden, bei einer solchen Governance-Struktur wenig überraschend, zudem ausgespart.

176 »Der kreative Imperativ«. Rede von Bundeskanzlerin Angela Merkel beim Weltwirtschaftsforum am 25.1.2006 in Davos www.germany.info/relaunch/politics/speeches/012606_1.html

177 Ganz in diesem Sinne hat sich auch der britische Schatzkanzler Gordon Brown geäußert: »Die Welt braucht mehr Globalisierung, nicht weniger. Mehr freien Handel und fairen Handel. Wir brauchen ein Manifest für ein globales Zeitalter, worauf sich fortschrittliche Unternehmer ebenso berufen können wie global denkende Regierungen ... Ich glaube, mittlerweile gibt es genug Gemeinsamkeiten unter Führungspersönlichkeiten aus Politik und Wirtschaft für einen Konsens, der Globalisierung nicht nur als weltweiten Fluss von Kapital und Waren, sondern ebenso sehr als eine Gerechtigkeit des Handels auf globaler Ebene definiert ... Und weil die Bedürfnisse der Entwicklungsländer ebenso auf Sicherheit wie auf ethische Standards abzielen, brauchen wir nicht mehr und nicht weniger als einen modernen Marshallplan für Afrika und die sich entwickelnde Welt.« Im Ergebnis wäre dies ein globaler *new deal*. Gordon Brown: »We Need to Be More Fair«, in: *Newsweek* 18/September 2006, S. 39

178 Carl Friedrich von Weizsäcker/Georg Picht: *Bedingungen des Friedens*. Göttingen 1964

179 Die folgende Darstellung lehnt sich eng an Peter Spiegel: *Faktor Mensch. Ein humanes Wirtschaftswunder ist möglich*. Stuttgart 2005, S. 137 ff.

180 www.globalmarshallplan.org

181 Zwischen Graz und Wien verkehrt zeitweise sogar ein IC mit dem Namen »Global Marshall Plan«.

182 Eine englischsprachige Doppelpublikation zum G-8-Gipfel in Deutschland zeigt den großen Unterstützerkreis international führender Akteure aus unterschiedlichen gesellschaftlichen Bereichen und ihre spezifischen Überlegungen zum Thema: Global Marshall Plan Initiative (Hrsg.): *Towards a World in Balance & European Hope*. Hamburg 2007

183 In Österreich haben sich alle Bundesländer für einen Global Marshall Plan ausgesprochen; dort gibt es auch einen Beschluss der Landeshauptleute zu diesem Thema. Ähnliches gilt für mehrere norditalienische Provinzen. In Deutschland haben sich zwischenzeitlich Thüringen und Nordrhein-Westfalen für einen Global Marshall Plan ausgespro-

chen. In einigen anderen Bundesländern sind entsprechende Beschlüsse in Vorbereitung.

184 Ralf K. Stappen: *A Sustainable World is Possible. Der Wise Consensus: Problemlösungen für das 21. Jahrhundert.* Eichstätt 2006

185 Kofi Annan: UN Secretary Generals's Message for New Year 2004,. www.un.org/News/Press/docs/2003/sgsm9095

186 www.un.org/millenniumgoals

187 Jane Roberts: *34 Million Friends: Of the Women of the World.* Sonora 2005

188 www.un.org/reports/financing/full_report.pdf

189 www.globalpolicy.org/socecon/ffd/2002/1216brown.htm

190 George Soros: *Die Krise des globalen Kapitalismus. Offene Gesellschaft in Gefahr.* Berlin 1998; George Soros: *Der Globalisierungsreport. Weltwirtschaft auf dem Prüfstand.* Berlin 2001

191 Huschmand Sabet: *Globale Maßlosigkeit. Der (un)aufhaltbare Zusammenbruch des weltweiten Mittelstandes.* Düsseldorf 2005

192 Kofi Annan: UN Secretary Generals's Message for New Year 2004. www.un.org/News/Press/docs/2003/sgsm9095

193 Eine detaillierte Darstellung zum Thema der Generierung der Mittel findet sich in: Franz Josef Radermacher: »Global Marshall Plan. Ein Planetary Contract«. www.globalmarshallplan.org

194 Franz Josef Radermacher: *Global Marshall Plan / A Planetary Contract. Für eine weltweite Ökosoziale Marktwirtschaft.* Hrsg. von Ökosoziales Forum Europa / Global Marshall Plan Foundation, Wien 2004

195 Siehe George Soros: *Der Globalisierungsreport. Weltwirtschaft auf dem Prüfstand.* Berlin 2001

196 Hinweise auf die Mechanismen, die in diesem Kontext wirksam werden, finden sich in dem wichtigen Grundsatzwerk von George Lakoff: *Don't Think of an Elephant! Know Your Values and Frame the Debate. The Essential Guide for Progressives.* Vermont 2004

197 Die folgende Darstellung stützt sich auf: Peter Spiegel: *Faktor Mensch. Ein humanes Wirtschaftswunder ist möglich.* Stuttgart 2005, S. 124 ff.; siehe auch Peter Spiegel: *Das Terra-Prinzip. Das Ende der Ohnmacht in Sicht.* Stuttgart 1996

198 Wuppertal Institut (Hrsg.): *Fair Future.* München 2005

199 Vgl. die Ausführungen in Franz J. Radermacher: »Weltfinanzmarkt-

krise: Hintergründe, Wirkungsmechanismen, Perspektiven«. FAW/n-Bericht. März 2009

200 Siehe Peter Spiegel: *Faktor Mensch. Ein humanes Wirtschaftswunder ist möglich*. Stuttgart 2005, S. 142 f.

201 Was hier für die Terra-Abgabe skizziert wird, wäre analog für die Tobin-Abgabe denkbar.

202 Paul Spiegel: *Muhammad Yunus – Banker der Armen*. Freiburg 2006. Zum Thema Mikrokredite siehe Naoko Felder-Kuzu: *Making Sense – Mikrofinanzierung und Mikrofinanzinvestitionen*. Hamburg 2005

203 Anders Wijkman: »Umdenken in der Entwicklungszusammenarbeit«, in: Global Marshall Plan Initiative (Hrsg.): *Welt in Balance. Zukunftschance Ökosoziale Marktwirtschaft*. Hamburg 2004

204 Stockholm International Peace Research Institute (SIPRI),. www.sipri.org/contents/milap/milex/mex_major_spenders.pdf

205 Peter Spiegel: *Faktor Mensch. Ein humanes Wirtschaftswunder ist möglich*. Stuttgart 2005, S. 144 ff.

206 www.transparency.de

207 Kernelemente eines europäischen »Marshall Plan für Afrika«:
- Ein europäisches Sonderprogramm, um den afrikanischen Staaten bei der Umsetzung der Millenniumsentwicklungsziele zu helfen.
- Ein bis 2015 auf 40 Milliarden Euro pro Jahr anwachsendes Geldvolumen, ausschließlich gespeist aus europäisch-supranationalen Einnahmen. Europa koordiniert sowohl die supranationalen als auch die nationalen Hilfen europäischer Staaten für jedes afrikanische Land, dem jeweils ein europäischer Pate zugeordnet wird.
- Aufbringen der Mittel für den Marshall Plan für Afrika durch supranationale Steuern in Europa, die zugleich ökologische Funktion haben, wie zum Beispiel die Reduktion wenig wertschöpfender Transporte. Herbeiführung von mehr Gleichbehandlung in der Besteuerung von global und europäisch/national/lokal operierenden Akteuren, insbesondere von internationalen Großkonzernen, die am stärksten von globalen Transaktionen profitieren. Exemplarisch genannt seien Kerosinsteuer, Devisentransaktionssteuer, Abgaben auf Handel, Kohlendioxidzertifikate im Luft- und Schiffsverkehr in Europa sowie eventuell eine Abgabe bei der Vergabe von Krediten beziehungsweise von neu geschöpftem Geld an nichtstaatliche Marktteilnehmer, die ein bestes Rating aufweisen, also besonders günstig an neu geschaffenes Geld herankommen können (Mehrgeldsteuer).

- Verknüpfung der Zusatzhilfe eines Global Marshall Plan für Afrika mit einem WTO-konformen Handelsvertrag Europa–Afrika, bei dem sich die beteiligten Länder auf soziale und ökologische Mindeststandards einigen. Dies kann den Verzicht auf die Wahrnehmung von Rechten und Klagemöglichkeiten der Partner im wechselseitigen Handel bezüglich der WTO-Schiedsgerichtsbarkeit beinhalten.
- Basisnaher Einsatz der Mittel, zum Beispiel Kleinstkredite und Hilfemodelle, Einbindung von Transparency International. Mehr als 90 Prozent der Mittel sollen direkt vor Ort eingesetzt werden. Orientierungslinien sind das Subsidiaritätsprinzip und das Basis-Ownership-Prinzip. Versuch der Herbeiführung einer Win-win-Partnerschaft mit Afrika unter Einbindung der Eliten vor Ort.

208 Dieser Teil stützt sich auf den Text von Peter Spiegel: »Mit einem UN-Parlament demokratische Prinzipien bei globalen Entscheidungen durchsetzen«, in: Franz Josef Radermacher / Marianne Obermüller / Peter Spiegel: *Global Impact. Der neue Weg zur globalen Verantwortung.* München 2009

209 Franz Josef Radermacher: »Weltklimapolitik nach Kopenhagen: Umsetzung der neuen Potentiale«, FAW/n-Report 2010

210 Georgios Zervas: *Global fair trade. Transparenz im Welthandel.* Mannheim 2008

211 Siehe Kapitel 1 und 2

# Was jeder Einzelne tun kann

Hier sind einige Vorschläge. Vielleicht wählen Sie zwei oder drei aus, die zu Ihnen passen. Versuchen Sie es! Üben Sie ein wenig, bis es zur Routine geworden ist. Vielleicht nehmen Sie dann noch einige andere Punkte hinzu:

- Sachbücher zu Fragen der Globalisierung, Nachhaltigkeit und Zukunft lesen
- Weniger Fleisch und Fisch essen
- Vermehrt Produkte aus lokaler ökologischer Produktion / Fair Trade kaufen
- Als Konsument klug und weltgemeinwohlorientiert agieren
- Öfter einmal Urlaub in der Nähe machen
- Das Auto ab und an stehen lassen, langsamer fahren
- Nichtregierungsorganisationen unterstützen
- Zeit in ehrenamtliche, gemeinwohlorientierte Tätigkeiten investieren
- Vor Ort oder weltweit eine Coach- oder Mentor-Rolle für andere übernehmen
- Für Geldanleger: in ethisch ausgerichtete Fonds, Unternehmen oder Produkte investieren
- Zu Stichtagen das Münzgeld im Portemonnaie für einen guten Zweck einsetzen
- Newsletter einschlägiger Organisationen abonnieren
- Bäume pflanzen; Kinder und Organisationen unterstützen, die Bäume pflanzen
- Für ein forciertes Weltaufforstungsprogramm (5 Millionen Quadratkilometer) eintreten
- Persönliche Reisen und energieintensive Aktivitäten klimaneutral stellen
- Sich öffentlich für internationale Entwicklungszusammenarbeit aussprechen

- »Spenden statt Geldgeschenke« als Prinzip für Feste und Events propagieren
- Weniger auf den eigenen Vorteil bedacht sein
- Die Beiträge anderer würdigen und fair dafür bezahlen
- Für die Sinnhaftigkeit von sozialem Ausgleich argumentieren
- Für Besteuerung nach Leistungsfähigkeit argumentieren
- Die Besteuerung aller Finanzmarkttransaktionen fordern, zum Beispiel mit 0,01 Prozent
- Argumentieren, dass man seine Steuern zahlen sollte
- Die Einhegung von Steuerparadiesen fordern
- Sich gegen den Begriff Umverteilung in Verbindung mit Besteuerung wehren

# Equity-Situation 2009

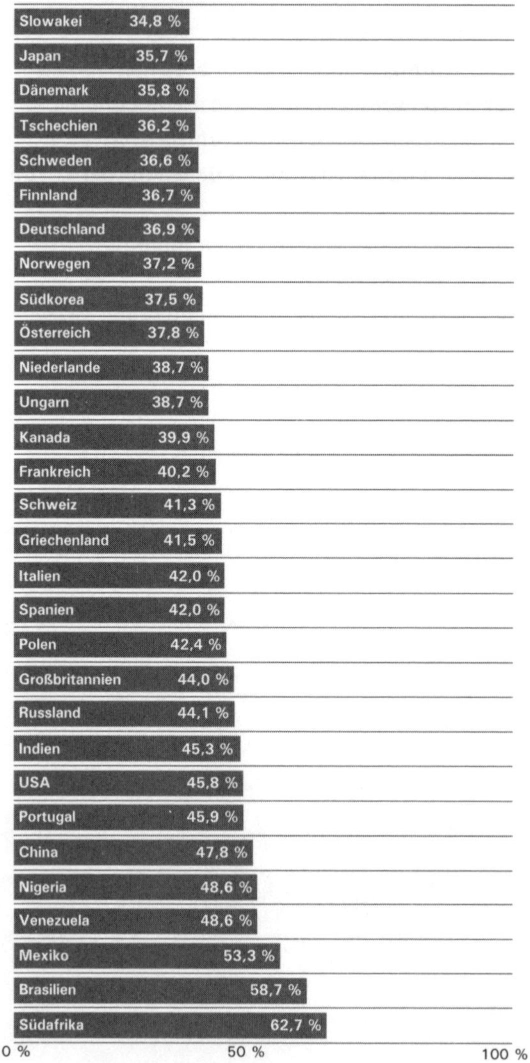


Angegeben ist das kumulierte Einkommen der 20 Prozent der Bevölkerung mit den höchsten Einkommen auf Basis von Weltbankdaten 2009. Dieser Wert entspricht größenordnungsmäßig dem sogenannten Equity-Parameter eines Landes. Die Staaten sind nach steigenden Werten, also gemäß abnehmender sozialer Balance sortiert.

# Webadressen

Club of Rome: www.clubofrome.org

Club of Rome – European Support Centre: www.clubofrome.at

Cologne Science Center / Odysseum Köln: www.odysseum.de

Forschungsinstitut für anwendungsorientierte Wissensverarbeitung/n: www.faw-neu-ulm.de

Global Economic Network: www.globaleconomicnetwork.org

Global Marshall Plan Initiative: www.globalmarshallplan.org

Hochschultage »Ökosoziale Marktwirtschaft und Nachhaltigkeit«: www.hochschultage.org

Ökosoziales Forum Deutschland: www.oesf.de

Ökosoziales Forum Europa: www.oesfo.at/osf

Robert-Jungk-Bibliothek für Zukunftsfragen: www.jungk-bibliothek.at

Senat der Wirtschaft e.V.: www.senat-der-wirtschaft.de

# Literatur

Albert, Reka / Jeong, Hawoong / Barabási, Albert-Lázsló: »Diameter of the world-wide web«, in: *Nature* 401, 1999, S. 130–131

Barabási, Albert-Lázsló: *Linked: the new science of networks*. Cambridge (Mass.) 2002

Beck, Rainer: *Unterfinning. Ländliche Welt vor Anbruch der Moderne*. München 2004

Behrens, Arno / Giljum, Stefan: »Erste Zeichen einer Entkoppelung«, in: *Ökologisches Wirtschaften* 1/2005

Biermann, Frank / Brohm, Rainer: »Implementing the Kyoto Protocol without the United States: The Strategic Role of Energy Tax Adjustments at the Border.« Global Governance Working Paper Nr. 5, Potsdam, Berlin, Oldenburg: The Global Governance Projekt. January 2003; www.glogov.org

Boyce, Daniel G. / Lewis, Marlon R. / Worm, Boris: »Global phytoplankton decline over the past century«, in: *Nature* 466/2010 www.nature.com/nature/journal/v466/n7306/full/nature09268.html

Braitenberg, Valentino / Radermacher, Franz Josef (Hrsg.): »Interdisciplinary Approaches to a New Understanding of Cognition and Consciousness«. FAW/n Ulm 2007

Bringezu, Stefan / Bleischwitz, Raimund: *Sustainable Resource Management. Global Trends, Vision and Policies*. Sheffield 2009

Brown, Lester R.: *Outgrowing the Earth. The Food Security Challenge in an Age of Falling Water Tables and Rising Temperatures*. New York 2005

Buchanan, Mark: *Nexus. Small worlds and the groundbreaking science of networks*. New York, London 2002

Crosby, Alfred W.: *Ecological Imperialism – The Biological Expansion of Europe, 900–1900*. Cambridge 1986

Davis, M.: *Planet of Slums*. London 2006

De Waal, Frans: *Der Affe in uns – Warum wir sind, wie wir sind*. München, Wien 2005

De Weck, Roger: *Nach der Krise: Gibt es einen anderen Kapitalismus?* Zürich 2009

Diamond, Jared: *Kollaps. Warum Gesellschaften überleben oder untergehen.* Frankfurt a. M. 2005

Dieren van, Wouter: *Mit der Natur rechnen.* Basel 1995

Eichhorn, Wolfgang / Sollte, Dirk: *Das Kartenhaus Weltfinanzsystem. Rückblick – Analyse – Ausblick.* Frankfurt a. M. 2009

Felder-Kuzu, Naoko: *Making Sense – Mikrofinanzierung und Mikrofinanzinvestitionen.* Hamburg 2005

Fischler, Franz / Ortner, Christian: *Europa – Der Staat, den keiner will.* Salzburg 2006

Follath, Erich / Jung, Alexander (Hrsg.): *Der neue Kalte Krieg. Kampf um die Rohstoffe.* München 2006

Frey, Armin: *Zielerreichung internationaler Verträge. Das Konzept Weltvertrag.* Baden-Baden 2008

Geißler, Heiner: *Ou Topos: Suche nach einem Ort, den es geben müsste.* Köln 2009

Giarini, Orio / Liedtke, Patrick M.: *Wie wir arbeiten werden.* Hamburg 1998

Gladwell, Malcolm: *The Tipping Point. How Little Things Can Make a Big Difference.* Boston, New York, London 2000

Global Challenges Network (Hrsg.): *Ölwechsel! Das Ende des Erdölzeitalters und die Weichenstellung für die Zukunft.* München 2002

Global Marshall Plan Initiative (Hrsg.): *European Hope. Strategy of Partnership.* Hamburg 2007

–: *Towards a World in Balance. A Virtual Congress for a Better Balanced World.* Hamburg 2007

Glotz, Peter: *Die beschleunigte Gesellschaft – Kulturkämpfe im digitalen Kapitalismus.* München 1999

Glück, Alois: *Warum wir uns ändern müssen: Wege zu einer zukunftsfähigen Kultur.* München 2010

Goodall, Jane: *Mein Leben für Tiere und Natur. 50 Jahre in Gombe.* München 2010

Gore, Al: *Angriff auf die Vernunft.* München 2009

–: *Wege zum Gleichgewicht. Ein Marshallplan für die Erde.* Frankfurt a. M. 2007

Grassmann, Peter H.: *Burn Out: Wie wir eine aus den Fugen geratene Wirtschaft wieder ins Lot bringen.* München 2010

–: *Plateau 3 – Zukunft vererben*. Hamburg 2007

Grübler, Arnulf: *Technology and Global Change*. Cambridge 1998

Haberl, Helmut S./Erb, Karlheinz u.a.: »Quantifying and mapping the human appropriation of net primary production in earth's terrestrial ecosystems«, www.pnas.org/content/104/31/12942.abstract

Hahlbrock, Klaus: *Kann unsere Erde die Menschen noch ernähren? Bevölkerungsexplosion – Umwelt – Gentechnik*. Frankfurt a.M. 2007

Hawken, Paul/Lovins, Armory B./Lovins, L. Hunter: *Natural Capitalism. Creating the Next Industrial Revolution*. Boston, New York, London 1999

Heinberg, Richard: *The Party's Over. Oil, War and the Fate of Industrial Societies*. Gabriola Island 2005

Herlyn, Estelle L.A./F.J. Radermacher: »Ökosoziale Marktwirtschaft – Ideen, Bezüge, Perspektiven«. FAW/n-Bericht. Ulm 2010

–: »Governance, Demokratie, Zukunftsfragen – Zur Rolle der Millenniumsentwicklungsziele und eines Global Marshall Plan im Kontext der Globalisierung«. FAW/n-Bericht. Ulm 2008

Hesse, P./Global Marshall Plan Initiative (Hrsg.): *Solidarität die ankommt! Ziel-effiziente Mittelverwendung in der Entwicklungszusammenarbeit*. Hamburg 2006

Hobsbawm, Eric J.: *Das Zeitalter der Extreme. Weltgeschichte des 20. Jahrhunderts*. München, Wien 1995

Hoff, Petrus: *$CO_2$: a gift from heaven – The blue $CO_2$ booklet*. Delft 2009

Information Society Forum der EU: *The European Way for the information society*. EU-Kommission. Brüssel 2000

Intergovernmental Panel on Climate Change (IPCC): *Climate Change 2007: The Physical Science Basis*. Genf 2007

Jacobs, Garry/Ivo Šlaus: »Indicators of Economic Progress: The Power of Measurement and Human Welfare«. *Cadmus*, Vol. 1, Nr. 1, Oktober 2010, S. 53–113

Jarass, Lorenz/Obermair, Gustav M.: *Jeder sollte Steuern zahlen – Ein Beitrag zur Unternehmenssteuerreform 2008*. Hamburg 2006

Jevons, Stanley: *The Coal Question: An Inquiry Concerning the Progress of the Nation, and the Probable Exhaustion of our Coal Mines*. London 1865, zit. nach: Smil, Vaclav: *Energy at the Crossroads. Global Perspectives and Uncertainties*. Cambridge, London 2005

Juritisch, Erhard / Kämpke, Thomas /Pestel, Robert /Radermacher, Franz Josef / Schönegger, Hans: »Entfaltung von Regionen in Zeiten der Globalisierung. Erfahrungen in Kärnten«, Kärntner Wirtschaftsförderungs Fonds (KWF), Klagenfurt 2006

Kämpke, Thomas / Pestel, Robert / Radermacher, Franz Josef: »A computational concept for normative equity«, in: *European Journal of Law and Economics* No. 15, Vol. 2, 2003, S. 129–163

Kämpke, Thomas: »The use of mean values vs. medians in inequality analysis«, in: *Journal of Economic and Social Measurement* 35/2010, S. 43–62

Kant, Immanuel: *Kritik der praktischen Vernunft,* A 54, in: *Werke,* Bd. IV, Frankfurt a. M., Darmstadt 1956

Kapitza, Sergej P.: Global *Population Blow-Up and After. The Demographic Revolution and Information Society.* Report to the Club of Rome and the Global Marshall Plan Initiative. Hamburg 2006

Kaup, Johannes: »Gebt uns keine Fische, sondern eine Angel«, Öl-Features von Johannes Kaup aus der Sendereihe Radiokolleg, hrsg. von Ökosoziales Forum Europa, Wien 2006

Kay, John: *The truth about markets.* London 2004

Klein, Naomi: *The shock doctrine. The rise of disaster capitalism.* London 2007

Köhler, Horst: »Das ungezähmte Monster – Die Reform der Weltfinanzordnung verlangt Beteiligung der Gewerkschaften«. Ansprache von Bundespräsident Horst Köhler anlässlich der Festveranstaltung *60 Jahre DGB* am 05.09.2009

Küng, Hans: *Anständig wirtschaften. Warum Ökonomie Moral braucht.* München 2010

–: *Projekt Weltethos.* München 2004

–: *Weltethos für Weltpolitik und Weltwirtschaft.* München 1997

Krugmann, Paul: *Die neue Weltwirtschaftskrise.* Frankfurt a. M. 2008

Lakoff, George: *Don't Think of an Elephant! Know Your Values and Frame the Debate. The Essential Guide for Progressives.* White River Junction (Vermont) 2004

Laszlo, Ervin: *Zu Hause im Universum – Die neue Vision der Wirklichkeit.* Berlin 2005

–: *Das fünfte Feld. Materie, Geist und Leben – Vision der neuen Wissenschaften.* Bergisch Gladbach 2000

Latif, Mojib: *Bringen wir das Klima aus dem Takt? Hintergründe und Prognosen*. Frankfurt a.M. 2007

Layard, Richard: *Die glückliche Gesellschaft – Kurswechsel für Politik und Wirtschaft*. Frankfurt a.M. 2005

Lozán, José L./Graßl, Hartmut u.a.: *Warnsignal Wasser. Genügend Wasser für alle?* Hamburg 2005

Luhmann, Niklas: *Die Gesellschaft der Gesellschaft*. Frankfurt a.M. 1997

Martin, Hans-Peter/Schumann, Harald: *Die Globalisierungsfalle. Der Angriff auf Demokratie und Wohlstand*. Reinbek 1996

Maturana, Humberto R./Varela, Francisco J.: *Der Baum der Erkenntnis – Die biologischen Wurzeln des menschlichen Erkennens*. Bern 1987

Maurer, Hermann: *Das Paranetz. Zusammenbruch des Internets*. Linz 2004

McCraw, Thomas: *Joseph A. Schumpeter. Eine Biografie*. Hamburg 2008

Meadows, Dennis L. u.a: *The Limits to Growth*. New York 1972

Meadows, Donella H./Meadows, Dennis L./Randers, Jorgen: *The Limits to Growth: The 30-Year Update*. White River Junction (Vermont) 2004

Merkel, Angela: »Der kreative Imperativ«. Rede auf dem Weltwirtschaftsforum am 25.1.2006 in Davos. www.germany.info/relaunch/politics/speeches/012606_1.html

Mersch, Peter: *Die Familienmanagerin. Kindererziehung und Bevölkerungspolitik in Wissensgesellschaften*. Norderstedt 2006

Mesarovic, Mihajlo D./Pestel, Robert/Radermacher, Franz Josef: »Which Future?« Manuscript to the EU Project TERRA 2000. FAW 2003

Mittelstraß, Jürgen: *Leonardo-Welt. Über Wissenschaft, Forschung und Verantwortung*. Frankfurt a.M. 1992

*Mit einem Planetary Contract für eine Ökosoziale Marktwirtschaft weltweit Frieden, Freiheit und nachhaltigen Wohlstand ermöglichen*. Stuttgart 2004

Möller, Uwe/Radermacher, Franz Josef/Riegler, Josef/Soekadar, Surjo R./Spiegel, Peter: *Global Marshall Plan. Statement der Global Marshall Plan Initiative*. Stuttgart 2004

Müller, Klaus: *Globalisierung*. Frankfurt a.M., New York 2002

Nachhaltigkeitsbeirat der Landesregierung Baden-Württemberg (NBBW): »Weiterentwicklung der baden-württembergischen Klimadoppelstrategie: Was kann die Landesregierung tun, um das Plus 2°C-Klimaziel global zu erreichen?« Sondergutachten, Stuttgart 2010

Neirynck, Jacques: *Der göttliche Ingenieur. Die Evolution der Technik.* Renningen-Malmsheim 1998

Odum, Eugene P.: *Prinzipien der Ökologie. Lebensräume, Stoffkreisläufe, Wachstumsgrenzen.* Heidelberg 1991

Oö. Akademie für Umwelt und Natur, Institut für Umwelt und Nachhaltige Entwicklung (Hrsg.): »Oberösterreich als europäische Nachhaltigkeitsregion – eine Antwort auf die Herausforderungen der Globalisierung«. Bericht des FAW/n, Ulm, an das Land Oberösterreich, Linz 2007 (Autoren: Franz Josef Radermacher und Dirk Solte)

Pestel, Eduard / Mesarovic, Mihajlo: *Mankind at the turning point.* New York 1974

Pestel, Robert / Radermacher, Franz Josef: »Equity, Wealth and Growth: Why Market Fundamentalism Makes Countries Poor«, Manuscript to the EU Project TERRA 2000, FAW, 2003

–: / Radermacher Franz Josef: »ICT and Sustainability: Is there a chance?« Manuscript to the EU Project TERRA 2000, FAW 2003

–: / Radermacher, Franz Josef (Hrsg.): »Information Society, Globalisation and Sustainable Development: The promise of a ›European Way‹«, EXPO 2000 Conference, Convention Center, Hannover. Ulm 2004

Pogge, Thomas: »Keynote Address: Poverty, Climate Change, and Overpopulation«, in: *Georgia Journal of International and Comparative Law* 38, 2010

Ponting, Clive: *A New Green History of the World. The Environment and the Collapse of Great Civilisations.* London 2007

Popper, Karl R.: *Die offene Gesellschaft und ihre Feinde.* Stuttgart 1992

Radermacher, Franz Josef / Josef Riegler / Hubert Weiger: *Ökosoziale Marktwirtschaft: Historie, Programm und Perspektive eines zukunftsfähigen globalen Wirtschaftssystems.* München 2011

Radermacher, Franz Josef: *Die Zukunft unserer Welt. Navigieren in schwierigem Gelände.* Essen 2010

–: »Weltklimapolitik nach Kopenhagen – Umsetzung der neuen Potentiale«, FAW/n Report, Ulm 2010

–: / Obermüller, Marianne / Spiegel, Peter: *Global Impact. Der neue Weg zur globalen Verantwortung.* München 2009

–: »Bewusstsein aus systemtheoretischer Sicht: Einige Beobachtungen«, in: Braitenberg, Valentino / Radermacher, Franz Josef (Hrsg.): *Inter-*

*disciplinary Approaches to a New Understandig of Cognition and Consciousness*. Ulm 2007

–: *Globalisierung gestalten. Die neue zentrale Aufgabe der Politik*. Berlin 2006

–: »Was macht Gesellschaften reich? Die Infrastruktur als wesentlicher Baustein«, in: Loske, Reinhard / Schaeffer, Roland (Hrsg.): *Infrastruktur für eine nachhaltige Entwicklung*. Marburg 2005

–: *Global Marshall Plan / A Planetary Contract. Für eine weltweite Ökosoziale Marktwirtschaft*. Hrsg. v. Ökosoziales Forum Europa / Global Marshall Plan Foundation, Wien 2004

–: »Perspektiven für den Globus – welche Zukunft liegt vor uns?« in: *zfv – Zeitschrift für Geodäsie, Geodateninformation und Landmanagement*, Teil 1 in Heft 3/2004, 129. Jg., Teil 2 in Heft 4/2004, S. 242–248

–: »Die neue Zukunftsformel«, in: *bild der wissenschaft*, Heft 4, 2002, S. 78–86

–: *Balance oder Zerstörung: Ökosoziale Marktwirtschaft als Schlüssel zu einer weltweiten nachhaltigen Entwicklung*. Hrsg. v. Ökosoziales Forum Europa, Wien 2002

–: »Cognition in Systems«, in: *Cybernetics and Systems* 27, No. 1, 1996, S. 1–41

–: / Wehsener, Solvig: »The Globalization Saga. Balance or Destruction – Balance oder Zerstörung«. Ulm 2003

Rawls, John: *Eine Theorie der Gerechtigkeit*. Frankfurt a. M. 1979

Riegler, Josef: *Den Blick nach vorn – Ökosozial leben und wirtschaften*. Club Niederösterreich, Ökosoziales Forum Steiermark und Ökosoziales Forum Österreich, 2009

–: / Moser, Anton: *Ökosoziale Marktwirtschaft. Denken und Handeln in Kreisläufen*. Graz 1996

Rifkin, Jeremy: *Das Imperium der Rinder: Der Wahnsinn der Fleischindustrie*. Frankfurt a. M. 2001

Rockström, Johan: »Planetary Boundaries«, in: *Nature* 461, 24. 09. 2009, S. 472–475

Sabet, Huschmand: *Globale Maßlosigkeit – Der (un)aufhaltbare Zusammenbruch des weltweiten Mittelstands*. Düsseldorf 2005

Santa Barbara, J. / Dubee, F. / Galtung, Johan: *Peace Business – Humans and Nature Above Markets and Capital,* Transcend University Press, www.transcend.org/tup 2009

Sassen, Saskia: *Metropolen des Weltmarkts. Die neue Rolle der Global Cities.* Frankfurt a. M., New York 1996

Scheiber, Ernst: *quer-sch(r)eiber. Von einer neoliberalen zu einer ökosozialen Energiepolitik.* Ökosoziales Forum Österreich, Wien 2004

Schlegel, Ernst: »Zur Zivilisationsgeschichte. Ein Grundmodell der Gesellschaftsentwicklung«. Dokumentation, Arbeitskreis Informationsgesellschaft der Humboldt-Universität zu Berlin, 1997

–: »Transformationsforschung und Selbsttransformation der Wissenschaften – Versuch, sich einer allgemeinen Theorie der Eigenschaften und Verhaltensweisen sozialer Systeme zu nähern«, in: *BISS public,* Heft 20, 1996, S. 105–118

Schmidt, Helmut: *Allgemeine Erklärung der Menschenpflichten.* München 1997

Schmidt-Bleek, Friedrich: *Das MIPS-Konzept. Weniger Naturverbrauch – mehr Lebensqualität durch Faktor 10.* München 1998

Schulmeister, Stephan: »Eine generelle Finanztransaktionssteuer – Konzept, Begründung, Auswirkungen«. WIFO Working Papers, 352/2009

Schwartz, Peter / Leyden, Peter / Hyatt, Joel: *The Long Boom, A Vision for the Coming Age of Prosperity.* Reading 1999

Sen, Amartya: *Die Identitätsfalle / Warum es keinen Krieg der Kulturen gibt.* München 2008

–: *Ökonomie für den Menschen. Wege zu Gerechtigkeit und Solidarität in der Marktwirtschaft.* München, Wien 1999

Sinn, Hans-Werner: *Das grüne Paradoxon. Plädoyer für eine illusionsfreie Klimapolitik.* Berlin 2008

Smil, Vaclav: *Energy. A beginner's guide.* Oxford 2006

–: *The earth's biosphere. Evolution, dynamics, and change.* Cambridge, London 2003

Solte, Dirk: *Weltfinanzsystem am Limit. Einblick in den »Heiligen Gral« der Globalisierung.* Berlin 2007

Sorkin, Andrew Ross: *Too Big to Fail. Inside the Battle to Save Wall Street.* London 2010

Soros, Georges: *Das Ende der Finanzmärkte – und deren Zukunft. Die heutige Finanzkrise und was sie bedeutet.* München 2008

–: *Der Globalisierungsreport. Weltwirtschaft auf dem Prüfstand.* Berlin 2001

–: *Die Krise des globalen Kapitalismus. Offene Gesellschaft in Gefahr.* Berlin 1998

Soto de, Hernando: *The Mystery of capital. Why capitalism triumphs in the west and fails everywhere else.* New York 2000

Spahn, Paul Bernd: »Zur Durchführbarkeit einer Devisentransaktionssteuer«. Gutachten im Auftrag des Bundesministeriums für Wirtschaftliche Zusammenarbeit und Entwicklung. Bonn, Frankfurt a. M. 2002

Spiegel, Peter: *Eine humane Weltwirtschaft. Erfolgsfaktor Mensch.* Düsseldorf 2007

–: *Muhammad Yunus – Banker der Armen.* Freiburg 2006

Stappen, Ralf K.: *A Sustainable World is Possible. Der Wise Consensus: Problemlösungen für das 21. Jahrhundert.* Eichstätt 2006

Steingart, Gabor: *Weltkrieg um Wohlstand. Wie Macht und Reichtum neu verteilt werden.* München 2006

Stiglitz, Joseph E.: *Making Globalization Work. The Next Steps to Global Justice.* London 2006

–: / Charlton, Andrew: *Fair Trade. Agenda für einen fairen Welthandel.* Hamburg 2006

Töpfer, Klaus: »Kapitalismus und ökologisch vertretbares Wachstum – Chancen und Risiken«, in: *Kapitalismus im 21. Jahrhundert* (Alfred Herrhausen Gesellschaft, Hrsg.), München 1999, S. 175–185

Tomasello, Michael: *Die Ursprünge der menschlichen Kommunikation.* Frankfurt a. M. 2009

Tremmel, Jörg: *Eine Theorie der Generationengerechtigkeit.* Paderborn 2011

Wackernagel, Mathis / Beyers, Bert: *Der Ecological Footprint. Die Welt neu vermessen.* Hamburg 2010

–: / Rees, William: *Unser ökologischer Fußabdruck. Wie der Mensch Einfluss auf die Umwelt nimmt.* Basel 1997

Weizsäcker von, Carl Friedrich / Picht, Georg: *Bedingungen des Friedens.* Göttingen 1964

Weizsäcker von, Ernst Ulrich: *Faktor fünf – Die Formel für nachhaltiges Wachstum.* München 2010

– / Young, Oran R. / Finger, Matthias: *Grenzen der Privatisierung. Wann ist des Guten zu viel?* Stuttgart 2006

– / Lovins, Amory B. / Lovins, L. Hunter: *Faktor vier. Doppelter Wohlstand – halbierter Naturverbrauch.* München 1995

Werner, Götz W.: *Ein Grund für die Zukunft: das Grundeinkommen, Interviews und Reaktionen.* Stuttgart 2006

Wicke, Lutz / Spiegel, Peter / Wicke-Thüs, Inga: *Kyoto Plus – so gelingt der Klimawandel.* München 2006

Wijkman, Anders: »Umdenken in der Entwicklungszusammenarbeit«, in: Global Marshall Plan Initiative (Hrsg.): *Welt in Balance. Zukunftschance Ökosoziale Marktwirtschaft.* Hamburg 2004

Wilkinson, Richard / Pickett, Kate: *Spirit Level – Why Equality is Better for Everyone.* London 2010

Wissenschaftlicher Beirat der Bundesregierung Globale Umweltveränderungen (WBGU): »Kassensturz für den Weltklimavertrag – Der Budgetansatz«, Sondergutachten Berlin 2009

Wohlmeyer, Heinrich: *Globales Schafe Scheren. Gegen die Politik des Niedergangs.* Klosterneuburg 2006

World Culture Forum (Hrsg.): »Dresdener Manifest. Zehn Wünsche und Forderungen an die Regierungschefs der G-20«, Dresden 10.10.2009

Wuppertal Institut (Hrsg.): *Fair Future.* München 2005

Yunus, Muhammad: *Creating a world without poverty: Social business and the future of capitalism.* Public Affairs 2009

–: *Die Armut besiegen. Das Programm des Friedensnobelpreisträgers.* München 2008

–: *Grameen – eine Bank für die Armen der Welt.* Köln 2001

Zentrum für Transformation der Bundeswehr, Dezernat Zukunftsanalyse: »Peak oil. Sicherheitspolitische Implikationen knapper Ressourcen«, Strausberg 2010, www.peak-oil.com/peak-oil-studie-bundeswehr.php

Zervas, Georgios: *Global fair trade. Transparenz im Welthandel.* Mannheim 2008

Ziegler, Jean: *Das Imperium der Schande. Der Kampf gegen Armut und Unterdrückung.* München 2005

Zinn, Karl Georg: *Wie Reichtum Armut schafft. Verschwendung, Arbeitslosigkeit und Mangel.* Köln 2006

# Danksagung

Das vorliegende Buch wäre in seiner ersten Form aus dem Jahr 2007 und in der jetzt vorliegenden wesentlichen Erweiterung aus 2011 nicht ohne eine enge Wechselwirkung mit zahlreichen Partnern und Unterstützung von vielen Seiten entstanden. Nur in dieser Vernetzung war es möglich, in großer Breite verschiedene Themen zu bearbeiten, die Voraussetzung für ein Verständnis der weltweiten Entwicklung ist.

Als Arbeitsumfeld sind zunächst die Universität Ulm und das Forschungsinstitut für anwendungsorientierte Wissensverarbeitung/n (FAW/n) in Ulm als Thinktank wichtig. Hier gilt der Dank den Partnern, Kollegen, Förderern, Auftraggebern, Stiftern, Freunden und den Mitarbeitern des FAW/n, insbesondere Peter Spiertz, Thomas Kämpke, der wesentliche Beiträge zu einer mathematischen Theorie des sozialen Ausgleichs geleistet hat, Dirk Solte, der wichtige Einblicke in die jüngsten Entwicklungen des Weltfinanzsystems erarbeitet hat, Michael Gerth, Halit Ünver und anderen.

Dank gebührt ebenso den Partnern im Club of Rome und seinem Umfeld, im Besonderen Prinz El Hassan bin Talal von Jordanien, dem Präsidenten des Club of Rome in 2007, der zu diesem Buch das Vorwort beigesteuert hat, und Uwe Möller, damals Generalsekretär des Club of Rome. Besonders hervorgehoben sei der leider viel zu früh verstorbene Robert Pestel (1941–2003) von der deutschen Sektion des Club of Rome und das Club-of-Rome-Urgestein Mike Mesarovic, die beide wesentlich zu den Grundlagen dieses Buches im Themenbereich »Equity and Wealth« beigetragen haben.

Robert Pestel hat weiterhin die Verbindung zu dem Club-of-Rome-Mitglied Sergej P. Kapitza hergestellt, dessen Buch *Global Population Blow Up and After* eine wichtige Rolle für den vorliegenden Text gespielt hat. Sergej P. Kapitza und seine Arbeiten zu Weltbevölkerungsfragen bilden zugleich die Brücke zur Deutschen Stiftung Weltbevölkerung und zur Rotarian Initiative on Population & Development mit den beiden für dieses Buch wichtigen Förderern Robert Zinser und Hans Martin Scheuch.

Der Dank gilt allen Partnern im Senat der Wirtschaft e.V. und im Global Economic Network, die die Themen Ökosoziale Marktwirtschaft und Global Marshall Plan zentral in ihrem Programm verankert haben. Namentlich erwähnt sei der Vorsitzende Dieter Härthe. Ferner gilt der Dank dem mit dem Senat der Wirtschaft e.V. eng verbundenen Institut für Gemeinwohlorientierte Politikberatung (IGP) und seinem Vorsitzenden Günter Grzega und Peter Spiegel, GENISIS Institute for Social Business and Impact Strategies gemeinnützige GmbH in Berlin.

Ein besonderer Dank gilt den Partnern im Ökosozialen Forum Europa in Wien (OESFO), die sehr engagiert die ökosoziale Idee verbreiten. In Österreich ist in diesem Themenfeld besonders viel passiert. Als wichtige Bezugspersonen erwähnt seien hier neben den vielen aktiven Promotoren besonders der frühere österreichische Vizekanzler Josef Riegler (Ehrenpräsident des OESFO), auf den im politischen Bereich die Idee der Ökosozialen Marktwirtschaft zurückgeht und der das zusätzliche Vorwort für die neue Ausgabe des vorliegenden Buches geschrieben hat, der ehemalige EU-Agrarkommissar Franz Fischler (Präsident des OESFO) und Ernst Scheiber (früher Generalsekretär des OESFO). Sehr hilfreich war und ist auch die Unterstützung durch Klemens Riegler-Picker, Geschäftsführer des OESFO Europa.

Die Global Marshall Plan Initiative, im Besonderen Frithjof Finkbeiner und Andreas Huber, haben tatkräftig den Weg zu diesem Buch begleitet. Für die jüngere Zeit gilt Gleiches auch für das Ökosoziale Forum Deutschland und verschiedene Partnerorganisationen, zum Beispiel in der Initiierung der Hochschultage »Ökosoziale Marktwirtschaft und Nachhaltigkeit«, die einen engen Bezug zu dem vorliegenden Buch aufweisen.

Wesentliche Erkenntnisse und inhaltliche Beiträge resultieren aus der Zusammenarbeit mit Estelle L. A. Herlyn. Die Ergebnisse sind auch in einer Reihe gemeinsamer Publikationen zum Thema niedergelegt, die für vorliegenden Text ein wertvoller Input waren. Das Themenspektrum reicht von Fragen einer balancierten Equity über die Qualifizierung der sozialen Seite der Nachhaltigkeit bis hin zu Beiträgen zum Thema Demokratie und Globalisierung.

Auf der inhaltlichen Seite seien wichtige Kontakte zu Themenfeldern und Personen erwähnt wie Klaudius Gansczyk (interkultureller Humanismus), Peter Grassmann (Branchencodes und Eco Ethics), Gerhard Heise (Informations- und Wissensgesellschaft), Holger Hinkel (Rolle der Technik), Manfred Höhl (Industriepolitik), Peter Mersch (Demografie), Rolf Möhring (Wissenschaftspolitik), Huschmand Sabet (Weltfinanzsystem), Jutta Saase (Weltfinanzsystem), Knut Schwedler (Informationstheorie), Jörg Tremmel (Rechte zukünftiger Generationen) und Detlef Wendt (Ökosoziale Marktwirtschaft).

Ein wichtiger Promotor für eine bessere Global Governance ist die Stiftung Weltvertrag. Hier seien besonders die Vorstands- und Kuratoriumsmitglieder Maike Sippel, Armin Frey, Surjo Soekadar, Ulrich Martin Drescher sowie Ernst Ulrich von Weizsäcker hervorgehoben.

Wir haben inhaltliche Unterstützung und wichtige Anregungen von vielen Organisationen erhalten, so vom Club of Budapest, von Resultate e.V. und in Zukunftsfragen von der Robert-Jungk-Bibliothek in Salzburg. Für das wichtige Themensegment Energie seien besonders Werner Foppe (SuperGeoPower) und Jörg Schlaich (Aufwindkraftwerke) erwähnt.

Für viele Inputs gedankt sei weiterhin den Mitgliedern so interessanter Beratungsgremien wie dem Nachhaltigkeitsbeirat des Landes Baden-Württemberg, dem Wissenschaftlichen Beirat beim Bundesminister für Verkehr, Bau und Stadtentwicklung, dem Zukunftsforum Energie von EnBW, dem Weltkulturforum in Dresden und dem Wissenschaftlichen Beirat des Cologne Science Center / Odysseum Köln, einem neuartigen Erlebnishaus des Wissens, das 2009 in Köln eröffnet wurde. Dort werden viele der in diesem Buch thematisierten Inhalte für Tausende von Besuchern erlebnisnah aufbereitet.

Wir danken den vielen Mitstreitern in Orts-, Landes- und Hochschulgruppen zum Global Marshall Plan und zur Ökosozialen Marktwirtschaft. Hervorheben wollen wir die Bundesländer und die dort für das Thema handelnden Personen, die bereits mit Parlamentsbeschluss die Global Marshall Plan Initiative unterstützen: alle Bundesländer in Österreich, in Norditalien die Provinzen Südtirol und Trento, in Deutschland Nordrhein-Westfalen und Thüringen. Wir danken all denen, die die Visionen der Global Marshall Plan Initiative in anderen Staaten verbreiten. Der Dank gilt ferner denjenigen, die das Thema in Seminaren, Dissertationen und in Diplomarbeiten bearbeiten und uns so von inhaltlicher Seite her bereichern, ebenso wie den vielen Autoren, die unsere Themen mit Berichten an die Global Marshall Plan Initiative stützen und diese in ihren Büchern und Schriften erweitern oder vertreten.

In Österreich danken wir in diesem Kontext den Partnern auf regionaler Ebene, auch für Beiträge zum Thema der Umsetzung des ökosozialen Marktmodells in der Region. Besonders hilfreich war in Kärnten der Austausch mit Horst P. Gross, Erhard Juritsch, Hans Schönegger und Dietmar Schwarzenbacher sowie mit Günther Humer in Oberösterreich.

Für die zentrale Frage der Entwicklungszusammenarbeit, genauer: einer Partnerschaft zwischen Nord und Süd für die Erarbeitung einer tragfähigen Zukunft, haben wir sehr von Hinweisen und Klarstellungen von Fachleuten wie Petra Gruber, Peter Hesse, Rupert Neudeck und Winfried Pinger profitiert. Ein ganz besonderer Dank geht an die Studenten bei AIESEC, die mit ihrem DRIVE-Team und in verschiedenen Kampagnen wesentlich zur Verbreitung der Idee beitragen. Der große Unterstützerkreis der Global Marshall Plan Initiative in diesem Umfeld von hervorragend qualifizierten Studenten unterschiedlicher Fächer ist besonders motivierend. Dies gilt entsprechend für die hochkarätige »Ökosoziale Marktwirtschaft und Nachhaltigkeit«.

Wir danken Jürgen Schampel für 30 Jahre Diskussion sowie Joerg Altekruse von Zeitfilm Media für begleitende Filmaufnahmen während des Schreibens. Dank gebührt auch dem Vater des Gedankens der Dematerialisierung, Friedrich Schmidt-Bleek. Das Konzept gehört zum Kernbestandteil jeder Nachhaltigkeitsstrategie. Ebenso gilt das für die Arbeiten von Mathis Wackernagel zum ökologischen Fußabdruck und von Jacques Neirynck zum Thema Bumerangeffekt. Wir freuen uns über die persönliche Verbindung zu diesen Autoren wie zur Aachener Stiftung Kathy Beys, die viele der beschriebenen Themen aufgegriffen und weitergetragen hat.

Im FAW/n danken wir Sabine Grau-Corsépius, Regina Simon und

Carmen Weizinger, die wesentlich in die permanente Be- und Überarbeitung der Texte integriert waren.

Ohne alle diese vielfältigen Unterstützungen, zu der dann auch die koordinierende und regelnde Hand des Murmann Verlages, insbesondere unseres Lektors Bernd Brunner für die Ausgabe 2007 und unserer Lektorin Evelin Schultheiß für den jetzt vorliegenden Text, kam, hätte dieses Buch in der vorliegenden Form nicht entstehen können.

*Ulm/Hamburg, im Januar 2011*
*Franz Josef Radermacher, Bert Beyers*

# Über die Autoren

**Prof. Dr. Dr. Franz Josef Radermacher**, Jahrgang 1950, ist Leiter des Forschungsinstituts für anwendungsorientierte Wissensverarbeitung (FAW/n)in Ulm, gleichzeitig Professor für »Datenbanken und Künstliche Intelligenz« an der Universität Ulm. Er ist Mitglied des Club of Rome, Präsident des Senats der Wirtschaft e.V. sowie des Global Economic Network (Wien), dessen Ehrenpräsident Muhammad Yunus ist. Radermacher ist Träger des Global Consciousness Award und ausgezeichnet mit dem Preis des Landes Salzburg für Zukunftsforschung (Robert-Jungk-Preis). Bücher: *Balance oder Zerstörung: Ökosoziale Marktwirtschaft als Schlüssel zu einer weltweiten nachhaltigen Entwicklung* (2002). *Global Marshall Plan/A Planetary Contract – For a Worldwide Eco-Social Market Economy* (2004). *Globalisierung gestalten – Die neue zentrale Aufgabe der Politik* (2006). *Global Impact – Der neue Weg zur globalen Verantwortung* (Koautor, 2009). *Die Zukunft unserer Welt – Navigieren in schwierigem Gelände* (2010).

**Bert Beyers**, Jahrgang 1956, ist studierter Philosoph, Germanist und Kunsthistoriker. Er ist Redakteur beim Norddeutschen Rundfunk in Hamburg und befasst sich in Büchern, Features und Artikeln seit Jahren mit Zukunftsfragen. Bücher: *Die Zukunftsmacher – Denker, Planer, Manager des 21. Jahrhunderts* (1999). *Corporate Foresight – Unternehmen gestalten Zukunft* (Koautor, 2004). *Der Ecological Footprint – Die Welt neu vermessen* (Koautor, 2010).

Hans Christoph Binswanger

## Die Glaubensgemeinschaft der Ökonomen

130 Seiten, ISBN 978-3-86774-136-1

»Die Geld-Schöpfung muss der Natur-Schöpfung untergeordnet werden. Nur dann kann es gelingen, die ökonomisch-ökologische Synthese herzustellen, die wir suchen.«

Mit jedem Tun – auch dem wirtschaftlichen – ist ein Glaube verbunden, ein Glaube an den Sinn dieses Tuns. Aber immer mehr Menschen werden skeptisch, was das Tun der Geldwirtschaft angeht – wenn deren Arbeit ins Leere trifft, über das Ziel hinausschießt oder auch das Gegenteil des eigentlich Beabsichtigten bewirkt. Hans Christoph Binswanger, der »WeltÖkonom«, stellt den Glauben der Ökonomen dar und vor allem die notwendigen Zweifel an dieser angeblich alles umfassenden Anschauung.

Die Glaubensgemeinschaft der Ökonomen versammelt fünf wegweisende Essays zur Kultur der Wirtschaft als Appelle an die Vernunft der Menschen, wenn es ums Geld geht.

Horst W. Opaschowski

**WIR!**

Warum Ichlinge keine Zukunft mehr haben

221 Seiten, ISBN 978-3-86774-104-0

In unsicheren Zeiten suchen die Menschen wieder mehr nach Halt und sozialer Geborgenheit. Sie erkennen immer deutlicher: Das Zeitalter der Egoisten und Ichlinge geht zu Ende. Die Gesellschaft kommt wieder zur Besinnung. Die Renaissance der Familie, das Comeback der guten Nachbarn sowie die Entdeckung der Freunde als lebenslange Begleiter werden zum Anker für den sozialen Zusammenhalt. In der neuen Gemeinschaft auf Gegenseitigkeit ist kein Platz für Ichlinge mehr. Mit anderen zusammen und füreinander da zu sein, wird als neuer sozialer Reichtum empfunden. Hilfsbereitschaft zahlt sich aus – als soziale Dividende.